Der gesetzliche Mindestlohn in Deutschland und im Vereinigten Königreich

Studien zum Arbeitsrecht und zur Arbeitsrechtsvergleichung

Herausgegeben von Manfred Weiss, Bernd Waas und Spiros Simitis

34

Zur Qualitätssicherung und Peer Review der vorliegenden Publikation
Die Qualität der in dieser Reihe erscheinenden Arbeiten wird vor der Publikation durch einen Herausgeber der Reihe geprüft.

Notes on the quality assurance and peer review of this publication
Prior to publication, the quality of the work published in this series is reviewed by one of the editors of the series.

Kristina Jahn

Der gesetzliche Mindestlohn in Deutschland und im Vereinigten Königreich

Eine rechtsvergleichende Untersuchung

Bibliografische Information der Deutschen Nationalbibliothek
Die Deutsche Nationalbibliothek verzeichnet diese Publikation
in der Deutschen Nationalbibliografie; detaillierte bibliografische
Daten sind im Internet über http://dnb.d-nb.de abrufbar.

Zugl.: Jena, Univ., Diss., 2021

D 27
ISSN 1615-4606
ISBN 978-3-631-87013-6 (Print)
E-ISBN 978-3-631-87157-7 (E-PDF)
E-ISBN 978-3-631-87158-4 (EPUB)
DOI 10.3726/b19329

© Peter Lang GmbH
Internationaler Verlag der Wissenschaften
Berlin 2022
Alle Rechte vorbehalten.
PL Academic Research ist ein Imprint der Peter Lang GmbH.

Peter Lang –Berlin· Bern · Bruxelles · New York ·
Oxford · Warszawa · Wien

Das Werk einschließlich aller seiner Teile ist urheberrechtlich
geschützt. Jede Verwertung außerhalb der engen Grenzen des
Urheberrechtsgesetzes ist ohne Zustimmung des Verlages
unzulässig und strafbar. Das gilt insbesondere für
Vervielfältigungen, Übersetzungen, Mikroverfilmungen und die
Einspeicherung und Verarbeitung in elektronischen Systemen.

Diese Publikation wurde begutachtet.

www.peterlang.com

Inhaltsverzeichnis

Abkürzungs- und Übersetzungsverzeichnis 17

Vorwort 23

Kapitel 1 Einleitung 25

Kapitel 2 Supranationale Mindestlohnregelungen 31

§ 1 Die Europäische Sozialcharta und deren Auswirkung auf die Mindestlöhne in Deutschland und im Vereinigten Königreich 31
    I. Einführung 31
    II. *Conclusions* des Europäischen Ausschusses für soziale Rechte 33
        1. Deutschland 33
        2. Vereinigtes Königreich 34
    III. Zur Geltung der ESC in Deutschland 35
        1. Umsetzung in nationales Recht 35
        2. Unmittelbare Anwendbarkeit 35
    IV. Zur Geltung der ESC im Vereinigten Königreich 38
    V. Zusammenfassung 39

§ 2 Der Richtlinienentwurf über angemessene Mindestlöhne innerhalb der Europäischen Union 40
    I. Entwicklung 40
        1. Konsultationsphasen – Der soziale Dialog 41
        2. RL-Entwurf der Europäischen Kommission 43
    II. Rechtliche Probleme des Richtlinienentwurfs 45
        1. Zuständigkeit der Europäischen Union – ein Akt ultra vires? 45
            a) Ansicht der Kommission 45

       b) Kritik an der Zuständigkeit 46
         aa) Sozialpolitische Kompetenz nach
           Art. 153 AEUV 46
         bb) „Kompetenzergänzungsklausel" des
           Art. 352 AEUV 48
         cc) Art. 31 GRCh 49
         dd) Ergebnis 50
    2. Probleme des persönlichen
       Anwendungsbereichs – der Arbeitnehmerbegriff 51
  III. Folgen für Deutschland und für das Vereinigte
      Königreich 52

Kapitel 3 Das Vereinigte Königreich 55

  § 1 Einführung in das britische Recht 55
    I. Das Common Law im Vereinigten Königreich 55
    II. Quellen des britischen Arbeitsrechts 57
    III. Die Mindestlohngesetzgebung 58

  § 2 Geschichte des britischen gesetzlichen Mindestlohns 59
    I. *Fair Wages Resolution* – Anfänge staatlicher
       Lohnbestimmungen 60
      1. Das sog. *Sweated Labour* 61
      2. Die Resolution aus dem Jahr 1891 62
      3. Die Resolutionen aus den Jahren 1909 und 1946 64
      4. Die Abschaffung der *Fair Wages Resolutions* 65
    II. Der *Trade Boards Act* aus dem Jahr 1909 66
      1. Der lange Weg zu den Trade Boards 67
      2. *Trade Boards Act* aus dem Jahr 1909 – Inhalt
         und Umfang 70
      3. Mindestlöhne im Ersten Weltkrieg und der
         Amendment Act aus dem Jahr 1918 72
      4. Entwicklungen bis zur Änderung 1945 74
      5. *Wage Councils* 74
      6. Einschränkungen in den 1960er- bis 1980er-Jahren . 76

Inhaltsverzeichnis

7. Die endgültige Abschaffung der *Wage Councils* 79
8. Der gesetzliche Mindestlohn 79

§ 3 Mindestlöhne durch Kollektivvereinbarungen 80
    I. Geschichte der Gewerkschaften (*Trade Unions*) und des britischen Kollektivrechts 82
    II. Kollektivvereinbarungen 88
        1. Gewerkschaften (*Trade Unions*) 89
            a) Definition und allgemeine Grundsätze 89
            b) Der TUC (*Trade Union Congress*) 90
            c) *Closed shops* 90
            d) Die Anerkennung (*Recognition*) einer Gewerkschaft 92
        2. Die Kollektivvereinbarung 93
            a) Bindung und Durchsetzbarkeit 93
            b) Einbeziehung in den Arbeitsvertrag (*incorporation*) 95
                aa) Stellvertretertheorie 95
                bb) Ausdrückliche und konkludente Inbezugnahme 96
            c) Konkurrenz von Kollektivvereinbarungen 96
            d) Ablauf von Kollektivverhandlungen 98
            e) Verhältnis zur Gesetzgebung 98
            f) Mindestlöhne durch Kollektivvereinbarungen ... 100

§ 4 Der gesetzliche Mindestlohn im Vereinigten Königreich 101
    I. Der *National Minimum Wage Act* 103
    II. Der Anwendungsbereich des gesetzlichen Mindestlohns 104
        1. Persönlicher Anwendungsbereich 104
            a) Begriff des „*worker*" und Abgrenzung zum Arbeitnehmer und Selbstständigen 104
            b) Einzelfälle i.S.v. *sect.* 34–40 *National Minimum Wage Act* 107
            c) Ausnahmen vom persönlichen Anwendungsbereich des Gesetzes 108

    aa) Ausnahmen nach dem *National Minimum Wage Act* 108

    bb) Ausnahmen durch *reg.* 12 *National Minimum Wage Regulations* 1999 (außer Kraft) 109

    cc) Ausnahmen durch *reg.* 51–58 der *National Minimum Wage Regulations* 2015 109

   d) Zusammenfassung 110

  2. Der räumliche Anwendungsbereich 111

   a) Grundsatz 111

   b) Arbeitnehmerentsenderichtlinie RL 96/71/EG .. 112

   c) *The Posted Workers (Enforcement of Employment Rights) Regulations* 2016 112

   d) Weitere internationale Vorgaben für den räumlichen Anwendungsbereich des Minimum Wage Act 113

   e) Zusammenfassung 114

 III. Höhe des gesetzlichen Mindestlohns 115

  1. Die jährliche Anpassung des Mindestlohns durch die *Low Pay Commission* 118

   a) Die *Low Pay Commission* 118

   b) Das Verfahren der Anpassung und die Empfehlungen 120

  2. Berechnung des Mindestlohns 122

   a) Referenzzeitraum (Bezugszeit für die Bezahlung) 122

   b) Arbeitsentgelt 122

   c) Arbeitszeit 123

    aa) Gehaltsempfänger (*salaried worker*) 124

    bb) Zeitarbeiter (*Time worker*) 125

    cc) Leistungsarbeit 125

 IV. Überwachung und Durchsetzung des Mindestlohns ... 126

  1. Aufzeichnungs- und Dokumentationspflichten 126

  2. Gerichtliche und behördliche Durchsetzung 127

Inhaltsverzeichnis

        a) Vollstreckungsbeamte 127
        b) Gerichtliche Durchsetzung 129
        c) *Pay and Work Rights Helpline and complaints* des ACAS 129
    3. Weitere Sanktionsmaßnahmen 129
§ 5 Living Wage – eine menschenwürdige Entlohnung? 131
  I. Living Wage 131
    1. Die *Living Wage Foundation* und die *Living Wage Commission* 132
    2. Berechnung 133
  II. Abgrenzung zum gesetzlichen Mindestlohn 134

Kapitel 4 Deutschland 135

§ 1 Der Mindestlohn in Deutschland – Geschichte und Überblick 135
  I. Geschichte des deutschen Mindestlohns 135
    1. Die geschichtliche Entwicklung bis zum Ende des Zweiten Weltkriegs und in der Deutschen Demokratischen Republik 135
        a) Die Entwicklung des Sozialstaates 135
        b) Hindernisse der Gewerkschaftsbewegung und Mindestlohnpolitik 137
        c) Erste Ansätze staatlicher Lohnregulierung 141
        d) Öffentliche Auftragsvergabe 143
        e) Das Schlichtungswesen 145
            aa) Die Schlichtungsverordnung vom 30. Oktober 1923 146
            bb) Ergebnis 149
        f) Notverordnung durch Heinrich Brüning im Jahr 1931 149
        g) Lohnpolitik im Dritten Reich 150
            aa) Gesetz über die Treuhänder der Arbeit und das Gesetz zur Ordnung der nationalen Arbeit (AOG) 150

bb) Festsetzung von Höchstlöhnen 151
h) Nachkriegszeit 152
i) Mindestlöhne in der DDR 153
j) Zusammenfassung 156
2. Das Gesetz über die Festsetzung von
Mindestarbeitsbedingungen 157
   a) Das Gesetz über die Festsetzung von
Mindestarbeitsbedingungen in seiner
ursprünglichen Fassung (MiArbG 1952) 159
      aa) Formelle Voraussetzungen einer
Rechtsverordnung nach dem MiArbG 1952 160
      bb) Materielle Voraussetzungen einer
Rechtsverordnung nach dem MiArbG 1952 161
   b) Das Mindestarbeitsbedingungsgesetz in der
Fassung von 2009 (MiArbG 2009) 162
      aa) Verfahren nach dem MiArbG 2009 163
         (1) Formelle Voraussetzungen 163
         (2) Materielle Voraussetzungen 164
      bb) Außerkraftsetzung des Gesetzes 165
3. Der Weg zum Mindestlohngesetz 165
II. Tarifgestützte und tarifunabhängige Mindestlöhne 168
  1. Das Verbot des Lohnwuchers 170
     a) Der subjektive Tatbestand 172
     b) Der objektive Tatbestand 173
        aa) Objektiver Wert einer Arbeitsleistung 173
        bb) Das auffällige Missverhältnis zwischen
Leistung und Gegenleistung 174
     c) Ergebnis 176
  2. Mindestlöhne durch Kollektivvereinbarungen
der Sozialpartner 178
     a) Einführung 178
     b) Das „Problem" der Tarifautonomie 179
  3. Tarifgestützte Mindestlöhne 181

- a) Allgemeinverbindlichkeitserklärung nach § 5 TVG 181
  - aa) Die materiell-rechtlichen Voraussetzungen einer AVE nach § 5 Abs. 1 TVG 183
  - bb) Die formellen Voraussetzungen einer AVE – das Verfahren 185
- b) Arbeitnehmerentsendegesetz 186
  - aa) Entwicklung des AEntG 187
  - bb) Systematik des AEntG 189
    - (1) Mindestarbeitsbedingungen aus Gesetzen, Rechtsverordnungen oder Verwaltungsvorschriften nach § 2 AEntG 190
    - (2) Tarifnormerstreckung i. S. d. § 3 AEntG 191
      - (aa) Die Allgemeinverbindlicherklärung nach § 3 S. 1 Nr. 1 AEntG 192
      - (bb) Rechtsverordnung nach § 3 S. 1 Nr. 2 AEntG 193
        - i. Verfahren 193
        - ii. Rechtsfolge 194
- 4. Tarifunabhängige Mindestlöhne 195
  - a) Landesvergabe- und Landesmindestlohngesetze 195
  - b) Vergaberecht und Tariftreuegesetze 197
    - aa) Konstitutive Tariftreueerklärungen 198
      - (1) Entscheidung des EuGH in der Rechtssache *Rüffert* 198
      - (2) Entscheidung des EuGH in der Rechtssache *Bundesdruckerei* 200
      - (3) Entscheidung des EuGH in der Rechtssache *RegioPost* 201
      - (4) Zusammenfassung 202
    - bb) Deklaratorische Tariftreueerklärungen 202

III. Zusammenfassung zu § 1: historische Entwicklung und Systematik der Mindestlöhne in Deutschland 203

§ 2 Das Mindestlohngesetz der Bundesrepublik Deutschland 205

    I. Einführung 205

    II. Anwendungsbereich 205

        1. Der persönliche Anwendungsbereich des gesetzlichen Mindestlohns 206

            a) Grundsatz 206

            b) Einzelfälle 206

                aa) Scheinselbstständige 206

                bb) Arbeitnehmerähnliche Personen 207

                cc) Heimarbeiter und Hausgewerbetreibende . 208

                dd) Behinderte Menschen 208

                ee) Strafgefangene 208

                ff) Praktikanten 209

                gg) Sonstige Fallgruppen 211

            c) Ausnahmen 211

                aa) Unter 18-jährige ohne abgeschlossene Berufsausbildung, § 22 Abs. 2 MiLoG 212

                bb) Zur Berufsausbildung Beschäftigte, § 22 Abs. 3 MiLoG 212

                cc) Ehrenamt, § 22 Abs. 3 MiLoG 213

                dd) Einstiegslohn für Arbeitslose, § 22 Abs. 4 MiLoG 213

                ee) Flüchtlinge 215

        2. Der räumliche Anwendungsbereich des gesetzlichen Mindestlohns 216

            a) Grundsatz 216

            b) Die Besonderheit der kurzfristigen Entsendung im Rahmen sog. Transit- oder Kabotagefahrten 217

                aa) Europarechtliche Bedenken und jüngere Entscheidungen des EuGH 218

        bb) Zeitkomponente 220
        cc) Erfordernis einer „Beschäftigung" 221
        dd) Das „Wirkungselement" 221
        ee) Ziele des MiLoG im Rahmen einer
            kurzfristigen Entsendung 222
        ff) Praxisbezogene Erwägungen 222
        gg) Ergebnis – Kurzfristige Entsendung 223
     3. Der sachliche Anwendungsbereich 224
     4. Der „zeitliche" Anwendungsbereich 225
  III. Inhalt und Umfang des gesetzlichen Mindestlohns 225
     1. Unabdingbarkeit, Fälligkeit und Höhe des
        gesetzlichen Mindestlohnanspruchs 226
        a) Unabdingbarkeit 226
        b) Fälligkeit 227
        c) Höhe 228
     2. Die Mindestlohnkommission 228
        a) Zusammensetzung §§ 4–7 MiLoG 228
        b) Aufgabe der Mindestlohnkommission § 9
           MiLoG 230
        c) Funktionsweise der Mindestlohnkommission ... 231
     3. Anpassung 231
        a) Beschluss und Verfahren §§ 9, 10 MiLoG 231
           aa) Der Beschluss nach § 9 MiLoG und die
               Beschlussfassung i.S.v. § 10 MiLoG 231
           bb) Verfahren §§ 9 Abs. 2, 10 MiLoG 233
        b) Rechtsverordnung § 11 MiLoG 236
  IV. Berechnungsgrundlagen 237
     1. Referenzzeitraum 238
     2. Arbeitszeit im Sinne des MiLoG 240
        a) Bereitschaftsdienst 240
        b) Überstunden 241
        c) Sonstige Zeiten der Nichtarbeit 242
     3. Arbeitsentgelt im Sinne des MiLoG 242

a) Rechtsprechung des EuGH und des BAG 243
b) Ansichten der Literatur 246
c) Einzelne Vergütungsbestandteile 247
aa) Sonderzahlungen 247
bb) Zulagen und Zuschläge 249
cc) Sonstige Entgeltbestandteile 253
V. Durchsetzung und Überwachung 254
1. Überwachung und Sanktionen 254
a) Prüfung der Zollbehörden 254
b) Betriebsprüfung der Rentenversicherung 255
c) Melde- und Aufzeichnungspflichten §§ 16, 17 MiLoG 255
d) Sanktionen 258
2. Durchsetzung 258
VI. Die bürgengleiche Haftung nach § 13 MiLoG 259

Kapitel 5 Vergleichende Betrachtung 261

§ 1 Gegenüberstellung 261
I. Einleitung 261
II. Geschichte des Mindestlohns 262
1. Die Entwicklung der Gewerkschaften 262
2. Gesetzliche Entwicklungen 264
3. Entwicklungen im Bereich öffentlicher Auftragsvergabe 266
4. Entwicklungen im Bereich der Schlichtung 267
III. Mindestlöhne durch Tarifrecht 268
IV. Der gesetzliche Mindestlohn 269
1. Anwendungsbereich 269
2. Lohnbestandteile 272
3. Arbeitszeit 274
4. Anpassung 275
a) Die *Low Pay Commission* und die Mindestlohnkommission 275

   b) Freiheit der Kommissionen oder doch
    Lohnindexierung? 276
  5. Dokumentation, Überwachung und Durchsetzung . 278
  6. Der freiwillige Mindestlohn – *Living Wage* 279
 V. Die Auswirkung der Europäischen Sozialcharta auf
   Deutschland und das Vereinigte Königreich 280
§ 2 Zusammenfassung 281

Thesen zum Abschluss 283

Anhänge 289

Literaturverzeichnis 303

Abkürzungs- und Übersetzungsverzeichnis

ACAS	Advisory, Conciliation and Arbitration Service (Schlichtungs- und Schiedsstelle)
Acts of Parliament	Parlamentsgesetz
AEntG	Arbeitnehmer-Entsendegesetz
AEUV	Vertrag über die Arbeitsweise der Europäischen Union
a. F.	alte Fassung
a. K.	außer Kraft
AGB	Arbeitsgesetzbuch der DDR von 1977
Agricultural Wages Act	Gesetz über Löhne in der Landwirtschaft
Amendment Act	Änderungsgesetz
AOG	Gesetz zur Ordnung der nationalen Arbeit
ArbRAktuell	Arbeitsrecht Aktuell (Zeitschrift)
ArbZG	Arbeitszeitgesetz
AsylbLG	Asylbewerberleistungsgesetz
AÜG	Arbeitnehmerüberlassungsgesetz
AVE	Allgemeinverbindlicherklärung
BArBl.	Bundesarbeitsblatt (Zeitschrift)
BBiG	Berufsbildungsgesetz
BDA	Bundesvereinigung Deutscher Arbeitgeber
BGBl.	Bundesgesetzblatt
BJIR	British Journal of Industrial Relations (Zeitschrift)
BMAS	Bundesministerium für Arbeit und Soziales
Board of Trade	Handelsministerium
BUrlG	Bundesurlaubsgesetz
closed shops	Unternehmen, das nur Gewerkschaftsmitglieder einstellt
Coal Mines	Kohlebergbau
Collective Agreements	Kollektivvereinbarungen

Combination	Vereinigung
Common Law	ungeschriebenes Recht des angloamerikanischen Rechtsraums
Conciliation/Arbitration	Schlichtung
Conclusions	Schlussfolgerungen
contract	Vertrag
Council of Europe	Europarat
Court of Appeal	Berufungsgericht
DAF	Deutsche Arbeitsfront
DB	Der Betrieb (Zeitschrift)
DGB	Deutscher Gewerkschaftsbund
DJZ	Deutsche Juristen-Zeitung (Zeitschrift)
Drs.	Drucksache
EFZG	Entgeltfortzahlungsgesetz
employee	Arbeitnehmer
employer	Arbeitgeber
Employment Appeal Tribunal	Berufungsgericht in arbeitsrechtlichen Angelegenheiten
Employment Tribunal	Arbeitsgericht
Employment Protection Act	Kündigungsschutzgesetz (Vereinigtes Königreich)
EMRK	Europäische Menschenrechtskonvention
ErfK	Erfurter Kommentar
ESC	Europäische Sozialcharta
EStG	Einkommensteuergesetz
European Committee of Social Rights	Europäischer Ausschuss für soziale Rechte
EVÜ	Übereinkommen über das auf vertragliche Schuldverhältnisse anzuwendende Recht
Fair Wages Resolution	Resolution über gerechte Löhne
FDGB	Freier Deutscher Gewerkschaftsbund
FS	Festschrift

GBl. DDR	Gesetzblatt der DDR
GBA	Gesetzbuch der Arbeit von 1961 (DDR)
GdA	Gesetz der Arbeit von 1950 (DDR)
Gentlemen's agreement	Vereinbarung ohne vertragliche Verpflichtung
GewO	Gewerbeordnung
GOMiloKo	Geschäftsordnung der Mindestlohnkommission
GRCh	Charta der Grundrechte der Europäischen Union
GS	Gedächtnisschrift
GVBl.	Gesetz- und Verordnungsblatt
GWB	Gesetz gegen Wettbewerbsbeschränkungen
HAG	Hausarbeitsgesetz/Heimarbeitsgesetz
HGB	Handelsgesetzbuch
HK	Handkommentar
Homework	Hausarbeit
House of Commons	Britisches Unterhaus
House of Lords	Britisches Oberhaus
IAB	Institut für Arbeitsmarkt und Berufsforschung
ILJ	Industrial Law Journal (Zeitschrift)
IMK	Institut für Makroökonomie und Konjunkturforschung
Industrial Relations	Arbeitgeber-Arbeitnehmer-Beziehungen
IRJ	Industrial Relations Journal (Zeitschrift)
JArbSchG	Jugendarbeitsschutzgesetz
jM	Juris die Monatszeitschrift (Zeitschrift)
laissez-faire	machen-lassen (Begriff des Wirtschaftsliberalismus)
Living Wage	existenzsichernde Entlohnung
LPC	*Low Pay Commission* (Niedriglohnkommission Vereinigtes Königreich)
MiArbG	Mindestarbeitsbedingungsgesetz
National Minimum Wage Act	Mindestlohngesetz (Vereinigtes Königreich)

MiLoAufZV	Mindestlohnaufzeichnungsverordnung
MiLoDokV	Mindestlohndokumentationspflichtenverordnung
MiLoG	Mindestlohngesetz (Deutschland)
MiLoV	Mindestlohnanpassungsverordnung
MüKo	Münchener Kommentar
NachwG	Nachweisgesetz
officers	Beamte
OK/OGK	Online Kommentar/Online Groß-Kommentar
PRP	Pay Reference Period (Referenzperiode)
RABl.	Reichsarbeitsblatt
recognition	Anerkennung
reg.	Paragraf einer Verordnung
Regulations	Verordnungen
RGBl.	Reichsgesetzblatt
RGO	Reichsgewerbeordnung
RL	Richtlinie
salary	Gehalt
Schedule	Anhang
SchlVO	Schlichtungsverordnung
SchwarzArbG	Schwarzarbeitsbekämpfungsgesetz
sect.	*Section* (Paragraf)
SGB	Sozialgesetzbuch
SMAD	Sowjetische Militäradministration Deutschlands
statutes	Gesetze
StGB	Strafgesetzbuch
strike and picketing	Streiken und Streikposten stehen
StVollzG	Strafvollzugsgesetz
sweated labour	Arbeit in Schwitzgewerben
to truck	eintauschen/in Waren entlohnen

Trade	Gewerbe
Trade Boards	Gewerbeämter/Gewerbekammer
Trade Union	Gewerkschaft
TUC	*Trades Union Congress* (Spitzenverband britischer Gewerkschaften)
TULRA	Trade Union and Labour Relations Act (1974)
TULRCA	Trade Union and Labour Relations Act (1992)
TURERA	Trade Union Reform and Employment Rights Act (1993)
TVG	Tarifvertragsgesetz
TVGDV	Verordnung zur Durchführung eines Tarifvertrags
TVVO	Tarifvertragsverordnung von 1918
TzBfG	Teilzeit- und Befristungsgesetz
VOB	Verdingungsordnung für Bauleistungen
VOL	Verdingungsordnung für Leistungen
voluntarism	Voluntarismus
wage	Lohn
Wage Councils	Lohnausschüsse
VWL	Vermögenswirksame Leistungen
WRV	Weimarer Verfassung
WSI	Wirtschafts- und Sozialwissenschaftliches Institut
WVK	Wiener Übereinkommen über das Recht der Verträge
ZAF	Zeitschrift für Arbeitsmarktforschung
ZfEval	Zeitschrift für Evaluation
ZPO	Zivilprozessordnung

Im Übrigen wird verwiesen auf: *Kirchner*, Abkürzungsverzeichnis der Rechtssprache, 9. Auflage.

Vorwort

Die vorliegende Arbeit wurde im Juni 2020 von der Rechtswissenschaftlichen Fakultät der Friedrich-Schiller-Universität Jena als Dissertation angenommen. Änderungen in Gesetzgebung, Rechtsprechung und Literatur wurden bis Dezember 2021 berücksichtigt.

Für die unterschiedlichste Unterstützung bei der Fertigstellung meiner Arbeit bin ich an dieser Stelle zu Dank verpflichtet.

An erster Stelle ist hier mein Doktorvater Herr Prof. Dr. Achim Seifert zu nennen, dem ich für seine außerordentliche Betreuung und sein Engagement von Herzen danken möchte. Er hat durch seine Diskussionsbereitschaft, seine Motivierung sowie seine zahlreichen Anregungen zum Gelingen dieser Arbeit in besonderem Maße beigetragen.

Des Weiteren danke ich Herrn Prof. Dr. Christian Fischer für die freundliche Übernahme und Erstellung des Zweitgutachtens.

Mein Dank gilt weiter Frau Prof. Dr. Ruth Dukes von der *University of Glasgow*, die zu jeder Zeit ein offenes Ohr für meine Fragen hatte und mir mit ihrer freundlichen Art Einblicke in und Verständnis für das britische Recht gegeben hat.

Gleichermaßen möchte ich mich bei meinen Gesprächspartnern, insbesondere Herrn Paul Seller vom *Trades Union Congress* sowie Joseph Wilkinson von der britischen *Low Pay Commission,* für ihre Zeit und die Beantwortung all meiner Fragen bedanken.

Der größte Dank gilt meiner Familie und meinem Partner. Meine Eltern Volker und Katrin Jahn haben mich auf meinem bisherigen Lebensweg bedingungslos unterstützt und sind immer für mich da.

Dr. Daniel Ullmann stand mir sowohl während meiner Promotionsphase als auch im Referendariat in jeder erdenklichen Art und Weise zur Seite und hat mir stets den notwendigen Rückhalt und die erforderliche Kraft gegeben. Seine Ruhe und sein allzeitiges Verständnis sind unvergleichbar. Ihm widme ich diese Arbeit.

Udersleben, Weihnachten 2021　　　　　　　　　　　　　　　　　Kristina Jahn

Kapitel 1 Einleitung

> *„Wir preisen unser Zeitalter besonders als das der Humanität; erst wenn wir auch den Arbeitern und Arbeiterinnen, die aus eigener Kraft nicht imstande sind, zur anständigen Lebensführung ausreichende Löhne zu erlangen, solche Löhne verschaffen, wenn auch durch unsere Gesetzgebung, erst dann können wir unser Zeitalter mit mehr Recht das der wahren Humanität nennen. Möge diese Zeit nicht mehr allzuferne sein!"*
>
> Pesl[1] im Jahr 1914, 100 Jahre vor der Einführung eines gesetzlichen Mindestlohns in Deutschland

Seit dem 01.01.2015[2] verfügt Deutschland über einen gesetzlichen und branchenunabhängigen Mindestlohn für alle Arbeitnehmer[3]. Dieser beträgt seit dem 01.01.2022 9,82 EUR pro Stunde.

In Großbritannien und Nordirland wird seit dem 01.04.2021 ein Mindestlohn von £8,91 gezahlt, was ungefähr 10,01 EUR[4] entspricht. Dieser basiert auf dem *National Minimum Wage Act* aus dem Jahr 1998 und den darauf basierenden Verordnungen (*National Minimum Wage Regulations*).

Im europäischen Vergleich mögen Deutschland und das Vereinigte Königreich als Nachzügler erscheinen. Andere Länder entschieden sich bereits sehr zeitig dafür, den Arbeitslohn gesetzlich zu regulieren. Als erstes europäisches Land führte Luxemburg im Jahr 1944 einen branchenübergreifenden gesetzlichen Mindestlohn ein[5]. Es folgten Frankreich in den 1950er-Jahren[6] und die Niederlande im Jahr 1968 durch den *wettelijk minimumloon*.[7] Auch in Polen gibt es bereits seit 1990[8] gesetzliche Mindestlöhne.

---

1 *Pesl,* Der Mindestlohn, S. 388.
2 Eingeführt durch das „Gesetz zur Stärkung der Tarifautonomie" vom 11.08.2014, BGBl. I, S. 1348.
3 In der folgenden Arbeit wird aus Gründen der besseren Lesbarkeit ausschließlich die männliche Form verwendet. Sie bezieht sich auf die Personen beiderlei Geschlechts.
4 Umrechnung in Euro zum Jahresmittelkurs von 2020 (1,00 EUR = £0,89).
5 *Schulten,* in: ders./Bispinck/Schäfer, Mindestlöhne in Europa, 71 (77).
6 *Schulten,* in: ders./Bispinck/Schäfer, Mindestlöhne in Europa, 71 (83); ausführlich zur Geschichte des französischen Mindestlohns: *Heukenkamp,* Gesetzlicher Mindestlohn in Deutschland und Frankreich, S. 61 ff.
7 *Schmid/Schulten,* in: Schulten/Bispinck/Schäfer, Mindestlöhne in Europa, 102 (105).
8 Näher dazu *Kohl/Platzer,* in: Schmidt/Bispinck/Schäfer, Mindestlöhne in Europa, 148 (159).

Insbesondere die aktuelle Entwicklung um einen einheitlichen Europäischen Mindestlohn macht die Relevanz einer rechtsvergleichenden Analyse unverzichtbar. Auch wenn das Vereinigte Königreich nicht mehr der Europäischen Union angehört und von der Einführung eines supranationalen Mindestlohns nicht betroffen wäre, so gewinnt eine rechtsvergleichende Betrachtung dennoch an Bedeutung zur Systematisierung und Einordnung einzelner Mindestlohnregime.

Auch die Tatsache, dass der deutsche Gesetzgeber die Mindestlohnkommission am Vorbild der britischen *Low Pay Commission* ausgerichtet hat, gebietet eine tiefere Auseinandersetzung und Gegenüberstellung der beiden Mindestlohnsysteme.

In Deutschland wird seit dem Wahlsommer 2021 außerdem über die Erhöhung des gesetzlichen Mindestlohns diskutiert. Auch unter diesem Aspekt steht die Frage nach unterschiedlichen Lohnanpassungsmechanismen im Raum, weswegen ein rechtsvergleichender Blick eine Hilfestellung sein kann.

Aus diesem Grund soll im Folgenden das Mindestlohnrecht in Deutschland und dem Vereinigten Königreich näher untersucht werden.

Dabei bedarf es eines komplexen Einblicks in die verschiedenen Bereiche der arbeitsrechtlichen Beziehungen der beiden Länder. Berücksichtigt werden muss hier sowohl die Rolle der Gesetzgebung als auch die Stärke der Arbeitnehmervereinigungen. Vor allem die Bedeutung von Tarifverträgen und Kollektivvereinbarungen spielte in den beiden Ländern eine große Rolle bei der Entwicklung der staatlichen Lohnkontrolle.[9] *Collective agreements* im Vereinigten Königreich sind lediglich *gentlemen's agreements,* also Vereinbarungen die zwar moralisch verpflichtend, aber nicht rechtlich durchsetzbar sind. In Deutschland hingegen wirken Tarifverträge unmittelbar und zwingend zwischen den Tarifparteien. Daher fand bis zu den 1990er-Jahren eine Lohnregulierung überwiegend durch die Sozialpartner statt. Aufgrund sinkender Tarifbindung in der Zeit ab der Wiedervereinigung bedurfte es jedoch ergänzender Korrekturmechanismen.[10]

Auch im Vereinigten Königreich verlor die Gewerkschaftsbewegung an Bedeutung. Diese Entwicklung wird oft der Regierungszeit von Margaret Thatcher zwischen 1979 und 1990 zugeschrieben.[11] Die Konservative Regierung erließ bereits ab den 1960/1970er-Jahren Gesetze[12], die eine Schwächung der Gewerkschaften nach sich zogen.[13]

Die Lohnregulierung durch den Staat begann jedoch nicht erst in den 1990er-Jahren. Bereits im 19. Jh. sind sowohl im Vereinigten Königreich als auch in

---

9 Siehe hierzu Kapitel 3 § 3 sowie Kapitel 4 § 1 II.
10 Zur sinkenden Tarifbindung zwischen 1996 und 2018 vgl. Abb. 1 in: *Kohaut*, Tarifbindung, IAB-Forum 2019.
11 Vgl. https://www.businessinsider.com/thacher-versus-the-unions-2013-4 (zuletzt abgerufen am 19.12.2021).
12 Unter anderem den *Industrial Relations Act* 1971, *Employment Act* 1980, *Wages Act* 1986, *Employment Act* 1988.
13 Siehe hierzu Kapitel 3 § 2 II. 6., § 3 I.

Deutschland erste Eingriffe in die Arbeitsbeziehungen durch Gesetze vorgenommen worden. Erwähnenswert sind dabei vor allem die „Truck Gesetze"[14], die in beiden Ländern ein Verbot der Warenkreditierung einführten.[15]

Im Jahr 1891 erließ das britische *House of Commons* die *Fair Wages Resolution* (Resolution über gerechte Löhne). Ziel dieser *Resolution* war es, Arbeitgeber, die öffentliche Aufträge entgegennahmen, zur Zahlung bestimmter Mindestlohnsätze zu verpflichten.[16]

Auch in Deutschland wurden bereits zu Beginn des vergangenen Jahrhunderts Lohnklauseln bei der Vergabe öffentlicher Aufträge verwendet.[17]

Sowohl in Deutschland als auch in Großbritannien wurden in bestimmten Branchen zeitig Lohnsetzungsmechanismen geschaffen, welche sektorale Mindestlöhne ermöglichten.[18]

So ist die Einführung eines gesetzlichen Mindestlohns im Vereinigten Königreich und Deutschland im europäischen Vergleich zwar spät, aber nicht die erste Intervention des Staates in die Lohnpolitik.

Zu beobachten sind in diesem Zusammenhang die Auswirkungen des Mindestlohns im Vereinigten Königreich auf die Debatte um Mindestlöhne in Deutschland.[19]

Wie bereits erwähnt, zeigte sich bereits in der Diskussion des Bundestags über die Einführung eines Mindestlohngesetzes, dass die Ausgestaltung und Durchsetzung des *National Minimum Wage Act* aus dem Jahr 1999 teilweise als Vorbild für das MiLoG herangezogen wurde.[20]

Vor allem die Mindestlohnkommission erinnert auf den ersten Blick sehr stark an die *Low Pay Commission* auf britischem Boden. Auch die Ausgestaltung des Mindestlohns als Stundenlohn oder der Umfang des Anwendungsbereiches gleichen in vielerlei Hinsicht dem britischen Vorbild. Besonderes Augenmerk sollte aber nicht nur auf den offensichtlichen Gemeinsamkeiten liegen, sondern vor allem auf den Unterschieden in der Ausgestaltung des gesetzlichen Mindestlohns.

Die folgende Untersuchung behandelt daher schwerpunktmäßig die einzelnen Regelungsbereiche der Mindestlöhne in Deutschland und des Vereinigten Königreichs auf mit Blick auf die unterschiedlichen Rechtssysteme und deren Auswirkung auf die Entwicklung einer Mindestlohngesetzgebung sowie auf die Geschichte der

---

14 *To truck*, zu deutsch: eintauschen, in Waren entlohnen.
15 Hierbei handelte es sich um die *Truck Acts* von 1831, 1887, 1896 sowie die „Königliche Verordnung vom 08.02.1849" (Preußen), welche das Gebot der Barzahlung und das Verbot des Warenkreditierens einführte; vgl. dazu heute: § 107 GewO.
16 Siehe hierzu Kapitel 3 § 2 I.
17 Siehe hierzu Kapitel 4 § 1 I. 1. d).
18 Siehe hierzu Kapitel 3 § 2 II. und Kapitel 4 § 1 I. c).
19 Auch der französische Mindestlohn wurde zur Debatte herangezogen: *Horn/Joebges/Logeay/Sturn*, IMK Report Nr. 31 2008, passim.
20 BT-Drs. 18/1558, S. 62 (zur Mindestlohnkommission); BT-Drs. 18/2010 (neu), S. 11 (zur altersbezogenen Ausnahme vom Anwendungsbereich des Mindestlohngesetzes).

Sozialpartner und alternative Lohnsetzungsmechanismen. Insbesondere wird auf die Mindestlohngesetze der beiden Länder eingegangen werden. Von Interesse ist dabei, wer Anspruch auf den gesetzlichen Mindestlohn hat und worin dabei die Unterschiede der beiden gesetzlichen Regelungen liegen. Des Weiteren stellt sich die Frage, welche Entgeltbestandteile als mindestlohnwirksame Zahlungen anerkannt werden. Während die *National Minimum Wage Regulations* 2015[21] ausdrücklich regelt, welche Zahlungen eines Arbeitgebers nicht auf den Mindestlohn angerechnet werden dürfen, so enthält das MiLoG dazu überhaupt keine Vorgabe. Lediglich aus der Gesetzesbegründung lassen sich dafür Anhaltspunkte erkennen, wobei die Auslegung des MiLoG anhand der Gesetzesbegründung zu Recht kritisiert wird.[22]

Interessant ist weiterhin die Anpassung der gesetzlichen Mindestlöhne. So wurde in beiden Ländern eine unabhängige Kommission geschaffen, die regelmäßig über die Anpassung der Höhe der Mindestlöhne zu entscheiden hat.

Diese Arbeit behandelt zunächst die britische Mindestlohnreglung. Hierfür ist zunächst eine kurze Einleitung in das britische Rechtssystem[23] erforderlich, die zum besseren Verständnis der Thematik beitragen soll. Im Anschluss werden die historische Entwicklung der britischen Mindestlohngesetzgebung[24] und die Lohnsetzungsmöglichkeiten aufgrund kollektiver Einigungen[25] betrachtet. Interessant ist hierbei der Vergleich zur deutschen Entwicklung. Deutlich wird, dass in beiden Ländern vorrangig eine starke Gewerkschaftsbewegung die Setzung von Mindestarbeitsbedingungen forcierte und dass staatliche Eingriffe nur punktuell erfolgten.[26]

Im Anschluss wird die geschichtliche Entwicklung staatlicher Lohnregulierung in Deutschland[27] näher beleuchtet sowie auf alternative Lohnsetzungsmechanismen[28] und auf die Tarifverträge der Sozialpartner[29] in Deutschland eingegangen.

Sodann erfolgt die Untersuchung des Mindestlohngesetzes[30], das seit 2015 die gesetzliche Grundlage für Mindestlöhne in der Bundesrepublik Deutschland darstellt.

Aus rechtsvergleichender Sicht ist ebenfalls die Europäische Sozialcharta von Interesse, die in Art. 4 Abs. 1 ESC das *Recht auf ein gerechtes Entgelt* festschreibt.[31]

---

21 *Reg.* 10 *National Minimum Wage Regulations* 2015
22 Kapitel 4 § 2 IV. 3.
23 Kapitel 3 § 1.
24 Kapitel 3 § 2.
25 Kapitel 3 § 3.
26 Kapitel 3 § 3 und Kapitel 4 § 1 I., II. 2.
27 Kapitel 4 § 1 I.
28 Kapitel 4 § 1 II. 1., 3. und 4.
29 Kapitel 4 § 1 II. 2.
30 Kapitel 4 § 2.
31 Kapitel 2 § 1.

Neben diesem völkerrechtlichen Vertrag wird derzeit auch über die Einführung eines unionsrechtlichen Mindestlohns auf der Grundlage einer Richtlinie diskutiert. In diesem Zusammenhang ist zu untersuchen, inwiefern eine solche Richtlinie Einfluss und Auswirkungen auf die nationalen Mindestlohnregularien haben wird.

Kapitel 2 Supranationale Mindestlohnregelungen

§ 1 Die Europäische Sozialcharta und deren Auswirkung auf die Mindestlöhne in Deutschland und im Vereinigten Königreich

I. Einführung

Die ESC[32] wird unter anderem als „natürliches Gegenstück"[33] oder „große Fußnote"[34] der Europäischen Menschenrechtskonvention bezeichnet, die ergänzend zu den Grund- und Menschenrechten auch soziale Rechte für die Bürger der Vertragsstaaten garantieren soll.

Art. 4 Abs. 1 der ESC legt das Recht der Beschäftigten auf ein gerechtes Arbeitsentgelt fest, das der Sicherung eines angemessenen Lebensstandards dienen soll. Demnach verpflichten sich die Vertragsparteien dazu, das Recht der Arbeitnehmer auf ein Arbeitsentgelt anzuerkennen, welches ausreicht, um ihnen und ihren Familien einen angemessenen Lebensstandard zu sichern.

Die ESC wurde 1961 als völkerrechtlicher Vertrag abgeschlossen und durch ein Zustimmungsgesetz (Transformationsgesetz) in das deutsche Recht umgesetzt.[35] Auch das Vereinigte Königreich hat die ESC am 11.07.1962 ratifiziert und Art. 4 Abs. 1 ESC in diesem Zug anerkannt.[36] Die ESC ist seit dem 26.02.1965 in Kraft.

Zu beachten ist in diesem Zusammenhang, dass die Vertragsstaaten nicht die gesamte Charta ratifizieren mussten, es genügte, wenn der überwiegende Teil der

---

32 Die Europäische Sozialcharta ist nicht mit der „*Community Charter of the Fundamental Social Rights of Workers*" (Gemeinschaftscharta der sozialen Grundrechte der Arbeitnehmer) aus 1989, die ebenfalls oft als „*European Social Charter*" bezeichnet wird, zu verwechseln. Diese Erklärung enthält in Art. 5 ebenfalls die Forderung auf ein faires/gerechtes Arbeitsentgelt, jedoch kein Lohnminimum. Die Erklärung enthält überdies, im Gegensatz zur ESC von 1961, keine Obligationen für den jeweiligen Unterzeichnerstaat und ist daher eher als feierliche Urkunde anzusehen. Die *Community Charter* wurde ursprünglich von allen Mitgliedstaaten der EU unterzeichnet, mit Ausnahme des Vereinigten Königreichs. Die Unterzeichnung wurde erst nach dem Wahlsieg der *Labour Party* im Jahr 1997 nachgeholt, vgl. *Alcock/May*, Social Policy in Britain, S. 93, 209; *Barnard*, EU Employment Law, S. 569.
33 *Alston*, in: de Búrca/de Witte (Hrsg.), Social Rights in Europe, 45 (46 m.w.N.).
34 *Kahn-Freund*, in: Jacobs (Hrsg.), European Law and the Individual, 181 (182).
35 BGBl. II 1964, S. 1261.
36 *Declaration contained the instrument of ratification, deposited on 11 July 1962*, abgedruckt in European Social Charter – collected texts, S. 154.

Artikel aus der Charta von dem jeweiligen Staat anerkannt wurde.[37] Art. 4 Abs. 1 ESC wurde sowohl vom Vereinigten Königreich als auch von Deutschland ratifiziert. Die ESC wurde im Jahr 1996 überarbeitet.[38] Deutschland hatte die Revidierte Sozialcharta zunächst lediglich unterzeichnet und erst im Jahr 2020 ratifiziert.[39] Das Vereinigte Königreich hingegen hat diese bisher nur unterschrieben, aber nicht ratifiziert.[40] Da Art. 4 Abs. 1 ESC jedoch nicht verändert wurde, hat dies keine Auswirkungen auf die folgende Bearbeitung.[41]

Im Jahr 1995 wurde ein Zusatzprotokoll über Kollektivbeschwerden erlassen. Dadurch wurde den Sozialpartnern und nichtstaatlichen Organisationen das Recht eingeräumt, die nicht zufriedenstellende Anwendung der Charta zu monieren.[42] Dieses Zusatzprotokoll wurde bisher weder von Deutschland noch vom Vereinigten Königreich unterschrieben bzw. ratifiziert.[43]

Im Gegensatz zur EMRK kann die ESC nicht gerichtlich durchgesetzt werden und enthält daher keine individuell einklagbaren Rechte.[44] Allerdings haben sich die Unterzeichnerstaaten dazu verpflichtet, ihre innerstaatlichen Regelungen mit der ESC in Einklang zu bringen. Die Einhaltung der ESC wird von einem Sachverständigenausschuss, dem *European Committee of Social Rights*,[45] überwacht. Hierbei handelt es sich um ein aus unabhängigen Experten bestehendes Organ. Gemäß Art. 21 ESC legen die Mitgliedstaaten dem Europäischen Ausschuss für soziale Rechte alle zwei Jahre Berichte vor, welche die Einhaltung der sozialen Rechte hervorheben sollen.[46] Der Ausschuss stellt dann in einem Verfahren i.S.v. Art. 24, 25 ESC in sog. *Conclusions* (Schlussfolgerungen/Ergebnissen) fest, ob das nationale Recht mit den Bestimmungen der Sozialcharta im Einklang steht.[47] Hinsichtlich der gerechten Löhne wurde nach Art. 4 Abs. 1 ESC bestimmt, dass diese dann angemessen sind, wenn sie 60 % des nationalen durchschnittlichen

---

37 *Frenz*, Handbuch Europarecht – Europäische Grundrechte, S. 1058, Rn. 3536.
38 *Nassibi*, Schutz vor Lohndumping in Deutschland, S. 99.
39 Gesetz zur Revision der Europäischen Sozialcharta vom 03.05.1996, BGBl. II 2020, S. 900.
40 Vgl. dazu: *Świątkowski*, Charter of Social Rights of the Council of Europe, S. 31.
41 Vgl. auch *Körner*, NZA 2011, 425 (427).
42 *Świątkowski*, Charter of Social Rights of the Council of Europe, S. 23; zur Bedeutung der Kollektivbeschwerden: *Alston*, in: de Búrca/de Witte (Hrsg.), Social Rights in Europe, 45 (66).
43 https://www.coe.int/en/web/conventions/full-list/-/conventions/treaty/158/signatures?module=signatures-by-treaty&treatynum=158 (zuletzt abgerufen am 19.12.2021).
44 *Kahn-Freund*, in: Jacobs (Hrsg.), European Law and the Individual, 181 (192); *Körner*, NZA 2011, 425 (427); *Nermerich*, Mindestlohn – eine kritische Einordnung, S. 50; *Neubeck*, Die Europäische Sozialcharta und deren Protokolle, S. 128.
45 *Nermerich*, Mindestlohn – eine kritische Einordnung, S. 50.
46 *Kau*, in: Vitzthum/Proelß, Völkerrecht, Rn. 269; *Schubert*, in: Franzen/Gallner/Oetker, Kommentar zum Europäischen Arbeitsrecht, ESC, Teil I, Rn. 55 ff.
47 *Neubeck*, Die Europäische Sozialcharta und deren Protokolle, S. 82 ff.

Nettolohns betragen.[48] Die Berechnung des Nettolohns erfolgt, indem vom Bruttolohn Sozialversicherungsbeiträge und Steuern abgezogen werden. Soziale Beihilfen, die der Sicherstellung eines angemessenen Lebensstandards dienen, werden hierbei ebenfalls berücksichtigt.[49] Ein Nettolohn, der unterhalb der 60 %-Schwelle liegt, ist nicht per se ungerecht im Sinne der Sozialcharta. Sofern der Lohn 50 % bis 60 % des durchschnittlichen Nettolohns beträgt und der jeweilige Mitgliedstaat nachweisen kann, dass dieser Lohn dennoch einen geeigneten Lebensstandard garantiert[50], sind die Voraussetzungen der Sozialcharta erfüllt.[51]

Wenn in dem Vertragsstaat kein gesetzlicher Mindestlohn festgeschrieben ist, werden die Tarifvereinbarungen der repräsentativen Branchen zugrunde gelegt und auf ESC-Konformität überprüft.[52]

II. *Conclusions* des Europäischen Ausschusses für soziale Rechte

1. Deutschland

In der *Conclusion* aus dem Jahr 2007[53] hat der Europäische Ausschuss für soziale Rechte festgestellt, dass die Rechtslage in Deutschland nicht den Vorgaben der ESC entspricht, da aus dem von Deutschland eingereichten Bericht nicht schlüssig hervorgehe, wie die Sicherstellung eines angemessenen Lebensstandards durch Löhne gewährleistet werde. In dem Bericht erklärte Deutschland, dass keine statistischen Angaben über die durchschnittliche Höhe der Niedriglöhne bereitgestellt werden können. Dies resultiere daraus, dass der Nettolohn eines Beschäftigten individuell von der Höhe seiner Steuer- und Sozialversicherungslast abhinge. Jedoch existiere in Deutschland ein Sozialsystem, das durch staatliche Unterstützung in Form von Arbeitslosengeld II oder Sozialhilfe einen angemessenen Lebensstandard für jede Person sicherstelle. In dem Bericht wurde außerdem auf die bestehenden Branchenmindestlöhne nach dem AEntG sowie auf das Institut der Allgemeinverbindlicherklärung hingewiesen. Der Ausschuss bat um die Bereitstellung von weiteren Informationen in dem kommenden Bericht.[54]

---

48 Conclusion XIV-2, Statement of Interpretation on Article 4§1; zur Entwicklung dieses Maßstabs: *Adams/Deakin,* in: Bruun et al. (Hrsg.), The European Social Charter and the Employment Relation, 198 (201).
49 *Świątkowski,* Charter of Social Rights of the Council of Europe, S. 94.
50 Bspw. aufgrund geringer Lebenserhaltungskosten in dem jeweiligen Staat.
51 Digest of the Case Law of the European Committee of Social Rights, S. 85; *Mikkola,* Social Human Rights of Europe, S. 178.
52 *Adams/Deakin,* in: Bruun et al. (Hrsg.), The European Social Charter and the Employment Relation, 198 (205).
53 Conclusion XVIII-2 (2007).
54 Conclusion XVIII-2 (2007), S. 30 f.

Im darauffolgenden Bericht wies Deutschland erneut auf die Sicherstellung von Branchenmindestlöhnen durch das AEntG sowie auf die Bestimmungen des MiArbG hin. Hier wurde vor allem auf die Ausweitung der Branchen aufmerksam gemacht, in denen Mindestlöhne gesetzt werden konnten. Erneut wurde betont, dass die Sicherstellung eines angemessenen Lebensstandards durch Sozialleistungen gewährleistet werde, sofern dieser nicht durch die Lohnzahlung erreicht werden könne. Jedoch wurde auch in der darauf bezogenen *Conclusion* durch den Europäischen Ausschuss für soziale Rechte festgestellt, dass vor allem die Umstände in der Niedriglohnbranche den Vorgaben des Art. 4 Abs. 1 ESC offenkundig widersprechen, wenngleich eine positive Entwicklung festgestellt werden könne. Deutschland wurde erneut aufgefordert, im nächsten Bericht alle relevanten Informationen, vor allem in Bezug auf Entgeltersatzleistungen, einzureichen.[55]

Selbst nach Einführung des gesetzlichen Mindestlohns sah der Ausschuss die Anforderungen an ein gerechtes Arbeitsentgelt in Deutschland als nicht erfüllt an. Laut der *Conclusion* aus dem Jahr 2018[56] entspricht der ursprünglich eingeführte Mindestlohn in Höhe von 8,50 EUR nicht der erforderlichen Mindestrate von 60 % des durchschnittlichen Nettolohns des Landes. Der Ausschuss betont dabei erneut, dass, wenn der Mindestlohn zwischen 50 % bis 60 % des Durchschnittslohnes eines Landes liege, von dem Vertragsstaat ausdrücklich nachgewiesen werden müsse, dass auch dieser geringere Lohn der Sicherstellung eines angemessenen Lebensstandards diene. Anhand der Bruttolöhne für den Dienstleistungssektor aus dem Jahr 2016, die der Europäische Ausschuss für soziale Rechte anhand der Daten des Statistischen Bundesamtes (DESTATIS) sowie der Daten von EUROSTAT ermittelt hatte, betrug die Höhe des gesetzlichen Mindestlohns zum damaligen Zeitpunkt lediglich 38,9 % des Durchschnittslohnes. Die Bundesregierung wurde erneut aufgefordert, genauere Informationen über Nettomindestlöhne sowie Nettomedianlöhne einzureichen.

2. Vereinigtes Königreich

Identisch ist der Zustand im Vereinigten Königreich. Der Europäische Ausschuss für soziale Rechte bewertete die Rechtslage in den Jahren 2007[57], 2014[58] sowie 2018[59] als nicht übereinstimmend mit Art. 4 Abs. 1 ESC.[60] Der *National Minimum*

---

55 Conclusion XIX-3 (2010), S. 20, 69.
56 Conclusion XXI-3 (2018), S. 33 f.
57 Conclusion XVIII-2 (2007), S. 33.
58 Conclusion XX-3 (2014).
59 Conclusion XXI-3 (2018), S. 39 ff.
60 Zusammenfassend zu den *Conclusions* in Deutschland und dem Vereinigten Königreich: *Adams/Deakin*, in: Bruun et al. (Hrsg.), The European Social Charter and the Employment Relation, 198 (207 ff.) für das Vereinigte Königreich sowie *Wippermann*, Der Einfluss der Europäischen Sozialcharta auf den Mindestlohn bzw. die Sittenwidrigkeit des Lohnes nach § 138 BGB, S. 47 f., 49 ff. für die BRD.

Wage läge unter der 60 %-Grenze des durchschnittlichen Nettoeinkommens und stelle somit keine faire Entlohnung im Sinne von Art. 4 Abs. 1 ESC dar. Der Ausschuss befürwortete jedoch die Einführung des *National Living Wage* im Jahr 2016, der die schrittweise Anhebung des gesetzlichen Mindestlohns auf das Niveau des Medianlohns bis zum Jahr 2020 vorsah.[61] Zu beachten in diesem Zusammenhang ist, dass bei der Erhöhung des gesetzlichen Mindestlohns auf ein Niveau von 60 % des Medianlohns kein Bezug zur ESC hergestellt wurde.[62] Allerdings wurde die 60 %-Grenze nicht rein willkürlich gewählt. Diese wird im Vereinigten Königreich unter anderem bei der Bestimmung der Armutsgrenze zugrunde gelegt.[63]

III. Zur Geltung der ESC in Deutschland

1. Umsetzung in nationales Recht

Fraglich ist jedoch, ob Art. 4 Abs. 1 ESC und die darin vorgegebene Mindestlohnforderung überhaupt eine bindende Wirkung in Deutschland erreicht.

Völkerrechtliche Verträge werden nach Art. 59 Abs. 2 GG in deutsches Recht inkorporiert.[64]

Bei der Unterzeichnung völkerrechtlicher Verträge wird zunächst ein Ratifikationsvorbehalt eingearbeitet, der klarstellt, dass einer Unterschrift keine Bindungswirkung zukommen soll.[65] Sodann folgt der innerstaatliche Prozess, das sog. Zustimmungsverfahren nach Art. 59 Abs. 2 S. 1 GG.

Die Zustimmung zur ESC erfolgte durch Gesetz am 19.09.1964[66] bzw. am 12.11.2020[67]. Aufgrund des Zustimmungsgesetzes wird der völkerrechtliche Vertrag in den Rang eines einfachen Bundesgesetzes transformiert.[68]

2. Unmittelbare Anwendbarkeit

Von der innerstaatlichen Geltung ist jedoch die unmittelbare Anwendbarkeit zu unterscheiden, aufgrund derer die tatbestandliche Norm Rechtswirkungen entfalten und Staatsorgane verpflichten kann.[69] Ob die ESC unmittelbar anwendbar ist, ist

---

61 Siehe hierzu Kapitel 3 § 4 III.
62 Gespräch mit Joseph Wilkinson, *Head of Policy Low Pay Commission.*
63 *Francis-Devine,* Poverty in the UK, Briefing Paper Number 7096 aus 2020, S. 6.
64 *Pieper,* in: Epping/Hillgruber, BeckOK GG, Art. 59, Rn. 20.
65 *Nettesheim,* in: Maunz/Dürig (hrsg. v. Dürig/Herzog/Scholz), GG Kommentar, Art. 59, Rn. 74; näher dazu *Bleckmann,* Grundgesetz und Völkerrecht, S. 285 ff.; *Geiger,* Grundgesetz und Völkerrecht, S. 96.
66 BGBl. II 1964, S. 1261.
67 BGBl. II 2020, S. 900.
68 BVerfGE 1, 396 (411).
69 Somit ist zu differenzieren zwischen der unmittelbaren Wirkung der ESC im deutschen Recht und der unmittelbaren Anwendbarkeit; näher dazu *Körner,* NZA 2011,

umstritten.[70]
Zur unmittelbaren Anwendbarkeit wurden von *Neubeck*[71] drei verschiedene Lösungsansätze zusammengetragen. Hierbei wird zunächst die Herangehensweise der Vereinigten Staaten erwähnt, durch die „self-executing treaties" (also unmittelbar anwendbare Vereinbarungen) zur innerstaatlichen Anwendung keiner weiteren Ausführungsgesetzgebung bedürfen. Des Weiteren könne sich, anlehnend an ein Gutachten des Ständigen Internationalen Gerichtshofs, die unmittelbare Anwendbarkeit völkerrechtlicher Verträge allein aus dem Parteiwillen ergeben. Außerdem wird die Herangehensweise des Europäischen Gerichtshofs erläutert, nach der Verträge dann unmittelbar anwendbar sind, wenn diese *justiziabel* sind. Das bedeutet, dass aus der Vorschrift klar hervorgehen muss, welche vertraglichen Pflichten ein Staat zu erfüllen hat, ohne dass diesem ein Ermessensspielraum zusteht.[72]

Eine unmittelbare Anwendbarkeit von Art. 4 der ESC wird vom BAG abgelehnt[73], sodass ein Verstoß gegen die ESC dem Arbeitnehmer keinen Anspruch auf eine angemessene Vergütung i.S.d. § 612 Abs. 1 BGB begründet. In anderer Sache, nämlich in Bezug auf das Streikrecht i.S.d. Art. 6 Abs. 4 ESC, entschied das BAG, dass Gesetzeslücken anhand von Wertentscheidungen des Gesetzgebers durch die Justiz ausgefüllt werden müssen und dabei völkerrechtliche Verpflichtungen nicht umgangen werden dürfen.[74] Insofern hat sich das BAG für eine völkerrechtskonforme Auslegung ausgesprochen.

Auch sonst wird überwiegend vertreten, dass im Fall von Art. 4 Abs. 1 ESC eine unmittelbare Anwendung nicht erfolgen kann, da sich aus dem Grundsatz der fairen und angemessenen Lohnzahlung kein subjektives Recht für den Einzelnen ableiten lässt, sondern nur eine Verpflichtung für den jeweiligen Vertragsstaat.[75]

---

425 (429); *Geiger*, Grundgesetz und Völkerrecht, S. 151 f.; *Heintschel von Heinegg*, in: Epping/Hillgruber, BeckOK GG, Art. 25, Rn. 17.
70 Ablehnend wohl *Däubler*, Das Arbeitsrecht 1, Rn. 20.
71 *Neubeck*, Die Europäische Sozialcharta und deren Protokolle, S. 163 f.
72 Vgl. auch *Bleckmann*, Grundgesetz und Völkerrecht, S. 386.
73 BAG Urteil vom 24.03.2004 – 5 AZR 303/03 = BAGE 110, 79 (89); hierbei handelt es sich um eine Entscheidung des BAG in Bezug auf die Sittenwidrigkeit von Löhnen (§ 138 BGB), in der das BAG feststellte, das „die Vorschrift [gemeint ist Art. 4 Abs. 1 ESC, Anmerkung d. Verf.] [...] keine unmittelbare Wirkung für den einzelnen Bürger" hat.
74 BAG Urteil vom 12.09.1984 – 1 AZR 342/83 = BAGE 46, 322 (349 f.); BAG, Urteil vom 19.06.2007 – 1 AZR 396/06 = NZA 2007, 1055, Rn. 24.
75 *Bleckmann*, Grundgesetz und Völkerrecht, S. 386, nach dem sich eine unmittelbare Anwendbarkeit nur für den Fall ergibt, in dem die ESC eine hinreichend bestimmte rechtliche Verpflichtung ausdrückt; *Lakies*, in: Däubler (Hrsg.), Kommentar TVG, § 5 TVG, Anhang 1, Rn. 42; *Neubeck*, Die Europäische Sozialcharta und deren Protokolle, S. 166; *Wippermann*, Der Einfluss der Europäischen Sozialcharta auf den Mindestlohn bzw. die Sittenwidrigkeit des Lohnes nach § 138 BGB, S. 24.

Dem ist zuzustimmen. Art. 4 Abs. 1 ESC ist nicht *justiziabel*. Aus der Norm geht nicht ausreichend hervor, welche konkreten Pflichten ein Vertragsstaat erfüllen muss. Insofern kann der Einzelne keine subjektiven Rechte aus Art. 4 Abs. 1 ESC ableiten.

Sofern man die unmittelbare Anwendbarkeit der ESC ablehnt, kann diese im Rahmen einer völkerrechtskonformen Auslegung nationaler Vorschriften, wie § 138 BGB,[76] herangezogen werden.[77]

Die von dem Europäischen Ausschuss für soziale Rechte vorgeschlagene 60 %-Grenze müsste demnach bei der Auslegung von § 138 BGB berücksichtigt werden, wobei beachtet werden muss, dass die ESC eine Angemessenheits- und keine Sittenwidrigkeitsgrenze begründet.[78]

Jedoch ist auch diese Herangehensweise umstritten.[79]

Das LAG Berlin-Brandenburg[80] äußert sich entschieden dagegen. Es befürwortet zunächst die Beachtung des Art. 4 Abs. 1 ESC als ratifiziertes Bundesrecht im Rahmen methodisch vertretbarer Auslegung. Demnach ist Art. 4 Abs. 1 ESC bei der Auslegung des nationalen Rechts, also auch für § 138 BGB, zu beachten und anzuwenden. Ein Maßstab für eine Lohnuntergrenze ergibt sich aus Art. 4 Abs. 1 ESC jedoch nicht. Wie hoch ein Arbeitsentgelt sein soll, ergibt sich lediglich aus den *Conclusions* des Europäischen Ausschusses für soziale Rechte, der eine Lohnuntergrenze in Höhe von 60 % des nationalen Nettoeinkommens vorschlägt. Diese *Conclusions* haben jedoch nicht den Rang eines Bundesgesetzes und sind daher auch nicht bei der Auslegung nationalen Rechts anzuwenden. Durch Ratifizierung der Art. 21 ff. ESC habe Deutschland zwar die Prüfungen durch den Sachverständigenausschuss legitimiert, jedoch die von diesem Ausschuss vorgeschlagenen Richtwerte nicht als verbindlich angenommen.[81] Somit ist nach Ansicht des LAG Berlin-Brandenburg zwar der Art. 4 Abs. 1 ESC bei der völkerrechtskonformen Auslegung von § 138 BGB zu berücksichtigen, nicht aber die 60 %-Grenze.

---

76 *Wippermann*, Der Einfluss der Europäischen Sozialcharta auf den Mindestlohn bzw. die Sittenwidrigkeit des Lohnes nach § 138 BGB, S. 30 f., 187 f., 224 ff.

77 *Körner*, NZA 2011, 425 (430); *Nassibi*, Schutz vor Lohndumping in Deutschland, S. 103 m.w.N.; *Neubeck*, Die Europäische Sozialcharta und deren Protokolle, S. 182; so auch das BAG zu Art. 6 Abs. 4 ESC in seinen Entscheidungen vom 12.09.1984 – 1 AZR 342/83 = BAGE 46, 322 (349 f.) und vom 19.06.2007 – 1 AZR 396/06 = NZA 2007, 1055, Rn. 24.

78 *Nassibi*, Schutz vor Lohndumping in Deutschland, S. 109; a. A. *Wippermann*, Der Einfluss der Europäischen Sozialcharta auf den Mindestlohn bzw. die Sittenwidrigkeit des Lohnes nach § 138 BGB, S. 224 ff.

79 Vgl. dazu *Nassibi*, KJ 2010, 194 (203 f.).

80 LAG Berlin-Brandenburg, Urteil vom 18.02.2016 – 5 Sa 1904/15 = BeckRS 2016, 111936.

81 LAG Berlin-Brandenburg, Urteil vom 18.02.2016 – 5 Sa 1904/15 = BeckRS 2016, 111936, Rn. 22, 23.

Gegen die zwingende Berücksichtigung des Schwellenwerts von 60 % spreche ebenfalls der Vergleich mit der EMRK, die in Art. 46 Abs. 1 die Pflicht der Vertragsstaaten festsetzt, die Entscheidungen des EGMR zu beachten. Die Entscheidungen des Europäischen Ausschusses für soziale Rechte werden hingegen nur dem Ministerkomitee vorgelegt, welcher sich anschließend mit einer Empfehlung an die Vertragsstaaten wenden kann, aber dazu nicht verpflichtet ist.[82]

Des Weiteren wird der Berücksichtigung der Schlussfolgerungen des Europäischen Ausschusses für soziale Rechte entgegengehalten, dass Art. 4 Abs. 1 ESC und § 138 BGB unterschiedliche Ziele verfolgen. Die ESC ziele auf „ein gerechtes Arbeitsentgelt" hin, während § 138 BGB eine absolute Lohnuntergrenze darstelle.[83]

Eine andere Auffassung vertritt in diesem Rahmen unter anderem *Wippermann*, die den Schlussfolgerungen als *„absoluten Richtwerten"* bei der Auslegung des § 138 BGB Rechnung tragen möchte.[84] Somit würden bei der Bestimmung des auffälligen Missverhältnisses im Rahmen der Sittenwidrigkeitskontrolle die vorgeschlagenen Werte des Sachverständigenausschusses zur Berücksichtigung herangezogen werden. Für die Anwendung der *Conclusions* bei der völkerrechtsfreundlichen Auslegung nationalen Rechts spricht sich auch *Nassibi*[85] aus und verweist darauf, dass durch die Unterzeichnung der ESC die Arbeit des Europäischen Ausschusses für soziale Rechte implizit anerkannt worden sei. Des Weiteren wird eine Parallele zum UN-Sozialausschuss gezogen, dessen allgemeine Bemerkungen ebenfalls als Auslegungshilfe herangezogen werden.

Zustimmung verdient hier letztere Ansicht. Durch Ratifizierung der ESC hat die Bundesrepublik zwar nicht die *Conclusions* des Europäischen Ausschusses für soziale Rechte anerkannt, die Arbeitsweise des Ausschusses nach Art. 21 ff. ESC jedoch schon. Diese dienen der Konkretisierung von Art. 4 Abs. 1 ESC und sind daher ebenfalls bei der völkerrechtskonformen Auslegung heranzuziehen.

IV. Zur Geltung der ESC im Vereinigten Königreich

Die ESC wurde 1961 unterschrieben und im darauffolgenden Jahr vom Vereinigten Königreich ratifiziert.[86] Insgesamt wurden 60 der 72 Bestimmungen unterzeichnet,

---

82 Art. 28, 29 ESC, vgl. dazu: *Stütze*, Die Kontrolle der Entgelthöhe im Arbeitsrecht, S. 273; *Wippermann*, Der Einfluss der Europäischen Sozialcharta auf den Mindestlohn bzw. die Sittenwidrigkeit des Lohnes nach § 138 BGB, S. 54 ff.
83 *Stütze*, Die Kontrolle der Entgelthöhe im Arbeitsrecht, S. 274 f.
84 *Wippermann*, Der Einfluss der Europäischen Sozialcharta auf den Mindestlohn bzw. die Sittenwidrigkeit des Lohnes nach § 138 BGB, S. 289 ff., 294.
85 *Nassibi*, Schutz vor Lohndumping in Deutschland, S. 107 f. m.w.N.; *Reinecke*, NZA-Beilage 2000, 23 (32).
86 *Declaration contained the instrument of ratification, deposited on 11 July 1962*, abgedruckt in European Social Charter – collected texts, S. 154.

was, abgesehen von Dänemark, die niedrigste Anerkennungsquote der ESC ausmacht.[87]

Der Einfluss der ESC auf das britische Recht blieb jedoch gering.[88] So wurde festgestellt, dass das Vereinigte Königreich nicht nur einer der Vertragsstaaten mit der niedrigsten Anerkennungsquote war, es kam außerdem den Verpflichtungen der ESC am wenigsten nach.[89] Wie in Deutschland besteht im Vereinigten Königreich ein sog. dualistisches System, was zur Folge hat, dass völkerrechtlich abgeschlossene Verträge nicht automatisch, sondern erst durch einen nationalen Rechtsanwendungsbefehl Bestandteil der innerstaatlichen Rechtsordnung werden.[90] Eine Inkorporation der ESC erfolgte bisher, anders als in Deutschland, jedoch nicht,[91] weshalb dem völkerrechtlichen Vertrag auch keine weitreichende rechtliche Bedeutung zukommt. Die ESC kann somit auf nationaler Ebene keine subjektiven Rechte für den Einzelnen bewirken.

Die ESC findet auch in der Praxis kaum Anwendung, weder in politischen Kampagnen noch in der Rechtsprechung der Gerichte. Auch die (meist negativen) *Conclusions* des Ausschusses haben weder rechtliche noch finanzielle Auswirkungen auf die Mitgliedstaaten, und selbst wenn diese negativen *Conclusions* die Öffentlichkeit erreichen, ist die Regierung in der Lage, die Kritik abzuwehren.[92]

V. Zusammenfassung

Aufgrund seiner rechtlich nicht einklagbaren Bestimmungen wird die ESC auch als „Verein" beschrieben, dessen Mitglieder lediglich der Einhaltung sozialer Rechte zustimmen.[93] Wie oben erläutert, hat die ESC keinen bedeutenden Einfluss in Deutschland oder im Vereinigten Königreich. In Deutschland wurde die Sozialcharta zwar in nationales Recht umgesetzt und hat somit auch nationale Geltung, unmittelbar anwendbar sind die Bestimmungen jedoch nicht. Lediglich im Rahmen der völkerrechtlichen Auslegung nationaler Vorschriften, wie § 138 BGB, erlangt sie Bedeutung.[94] Das Vereinigte Königreich hat die ESC zwar ratifiziert aber anders als Deutschland nicht in das nationale Recht umgesetzt. Auch bei der Erhöhung des gesetzlichen Mindestlohns im Vereinigten Königreich auf ein Niveau in Höhe

---

87 *Weir,* Unequal Britain, S. 44.
88 *O'Cinneide,* King's Law Journal 2018, 275 (283); *Weir,* Unequal Britain, S. 44; der Einfluss der ESC auf den *Equal Pay Act*: vgl. *Kahn-Freund,* Arbeit und Recht, S. 43.
89 *O'Cinneide,* King's Law Journal 2018, 275 (283); *Weir,* Unequal Britain, S. 45; vgl. dazu *Hepple,* ILJ 1988, 124 (125).
90 *Nettesheim,* in: Maunz/Dürig (hrsg. v. Dürig/Herzog/Scholz), GG Kommentar, Art. 59, Rn. 167–172; ausführlich zum monistischen und dualistischen System der einzelnen Staaten: *Gori,* in: de Búrca/de Witte (Hrsg.), Social Rights in Europe, 69 (72).
91 Vgl. *Simpson,* Human Rights Law Review 2018, 745 (745, 749).
92 *O'Cinneide,* King's Law Journal 2018, 275 (282, 284).
93 *Alcock/May,* Social Policy in Britain, S. 88.
94 So auch *Körner,* NZA 2011, 425 (429).

von 60 % des Medianlohns haben die Empfehlungen des Europäischen Ausschusses für soziale Rechte keine Rolle gespielt.

Ein einklagbarer Anspruch ergibt sich aus der ESC für die einzelnen Bürger der Mitgliedstaaten überdies nicht.[95] Die Verpflichtungen der ESC richten sich lediglich an den jeweiligen Mitgliedstaat. Dass Deutschland und das Vereinigte Königreich diesen Verpflichtungen nicht gerecht werden, geht aus den *Conclusions* des Sachverständigenausschusses der vergangenen Jahre regelmäßig hervor. Die jedoch wiederholte Monierung dieser Verstöße zeigt, dass eine Missachtung der *Conclusions* ansonsten keine negativen Konsequenzen für den Mitgliedstaat bringt.

§ 2 Der Richtlinienentwurf über angemessene Mindestlöhne innerhalb der Europäischen Union

I. Entwicklung

Bereits seit Langem wird über die Einführung eines Europäischen Mindestlohns debattiert.[96] Derzeit gibt es in 21 Mitgliedstaaten der EU einen gesetzlichen nationalen Mindestlohn[97] – in sechs weiteren Mitgliedstaaten werden die Löhne durch Tarifverhandlungen festgelegt.[98]

Einen entscheidenden Schritt in Richtung europäische Mindestlöhne ging *Ursula von der Leyen*, als sie zur Kommissionspräsidentin ernannt wurde. In ihrer „Agenda für Europa"[99] bestärkte sie ihr Vorhaben zur Einführung von Europäischen Lohnuntergrenzen.[100]

Ziel der EU-Initiative für gerechte Mindestlöhne ist ein angemessener Lohn – gemessen an den wirtschaftlichen und sozialen Bedingungen des Mitgliedstaates –, ein wirksamer Schutz der Arbeitnehmer durch eine breite Abdeckung mit dem Mindestlohnschutz, die Beteiligung der Sozialpartner bei der Mindestlohnanpassung, die Förderung von Tarifverträgen sowie die Schaffung klarer und fester Kriterien bei der Festlegung von Mindestlöhnen.[101] Aus diesem Grund ist zunächst ein sozialer Dialog zwischen den Sozialpartnern angestoßen worden.

---

95 *Pennings/Seeleib-Kaiser*, EU Citizenship and Social Rights, S. 21.
96 *Petrache/Rudolph*, Europäischer Mindestlohn, cepInput Nr. 13/2020, S. 4.
97 Vgl. DEStatis, abrufbar unter: https://www.destatis.de/Europa/DE/Thema/Bevoelkerung-Arbeit-Soziales/Arbeitsmarkt/Mindestloehne.html (zuletzt abgerufen am 19.12.2021).
98 Eine Übersicht bietet: *Petrache/Rudolph*, Europäischer Mindestlohn, cepInput Nr. 13/2020, S. 5, Tab. 1.
99 *Leyen*, „Eine Union, die mehr erreichen will. Meine Agenda für Europa." (zuletzt abgerufen am 19.12.2021).
100 Ebd., S. 11.
101 1. Konsultationspapier vom 14.01.2020: „Erste Phase der Konsultation der Sozialpartner gemäß Artikel 154 AEUV zu einer möglichen Maßnahme zur Bewältigung

1. Konsultationsphasen – Der soziale Dialog

Unter dem sozialen Dialog versteht man ein Verfahren der Sozialpartner auf europäischer Ebene, welches einen allgemeinen Austausch von Ideen und Platz für Diskussion schafft mit der Möglichkeit, Vereinbarungen zu schließen (Art. 151 ff. AEUV). Das Verfahren sieht hierfür eine Anhörung der Sozialpartner durch die Kommission vor (Art. 154 Abs. 2 AEUV).

In der ersten Konsultationsphase der Sozialpartner wurde in dem Konsultationspapier[102] vom 14.01.2020 zusammengefasst, dass sich in der Vergangenheit die Situation der Niedriglohnempfänger in einigen Mitgliedstaaten verschlechtert und sich die Lohnunterschiede verstärkt haben. Exemplarisch zu nennen ist hier die steigende Tendenz der Niedriglohnempfänger[103] sowie der unzureichende Schutz durch Mindestlöhne. Auch sei die Tarifbindung in den letzten 20 Jahren erheblich zurückgegangen.[104] Auch das Verhältnis der einzelnen Mindestlöhne zum jeweiligen Durchschnitts- oder Medianlohn wurde in den Mitgliedstaaten untersucht. Ergebnis dieser Untersuchung war, dass im Jahr 2018 der Bruttomindestlohn im Vergleich zum Bruttomedianlohn in einigen Ländern bei fast 80 % lag (Dänemark und Italien), während das Verhältnis in anderen Mitgliedstaaten von 40 % bis 60 % lag. Der Nettomindestlohn lag dagegen in fast allen Ländern unter 60 % des Nettodurchschnittslohns und sogar in etwa der Hälfte der Mitgliedstaaten unter 50 % des Nettodurchschnittslohns.[105]

Auf die Fragen der Kommission, ob die Sozialpartner die Einleitung eines sozialen Dialogs i.S.d. Art. 155 AEUV befürworteten und welche Anregungen die Sozialpartner in Bezug auf die o.g. Problemfelder hätten, gingen unterschiedliche Reaktionen ein.[106] Im Ergebnis kamen die Vertreter der Arbeitnehmerseite zu dem Schluss, dass die Kommission die Kernprobleme nur teilweise ermittelt habe. Vor

---

der Herausforderungen im Zusammenhang mit gerechten Mindestlöhnen", Brüssel, C(2020) 83 final., S. 11 f.
102 1. Konsultationspapier vom 14.01.2020: „Erste Phase der Konsultation der Sozialpartner gemäß Artikel 154 AEUV zu einer möglichen Maßnahme zur Bewältigung der Herausforderungen im Zusammenhang mit gerechten Mindestlöhnen", Brüssel, C(2020) 83 final.
103 Ebd., S. 2.
104 Ebd., S. 4.
105 Ebd., S. 5.
106 Die Rückmeldung kam von fünf Gewerkschaften: Europäischer Gewerkschaftsbund (EGB), Euracadres, CEC European Managers (Europäischer Führungskräfteverband), Europäische Allianz für Kunst und Unterhaltung (EAEA), Europäische Union Unabhängiger Gewerkschaften (CESI) und 18 Arbeitgeberorganisationen: u.a. BusinessEurope, Europäischer Verband der öffentlichen Arbeitgeber und Unternehmen (CEEP), SMEUnited, CEEMET, CEI-Bois, RGRE, CoESS, ECEG.

allem müsste die Unterstützung der Tarifverhandlungen mehr herausgearbeitet werden.[107]

Auf Arbeitgeberseite gingen die Meinungen auseinander. Teilweise wurde der Maßnahme eines europäischen Mindestlohns positiv entgegengetreten, teilweise wurde jedoch auch die unzureichende Berücksichtigung wirtschaftlicher Argumente kritisiert, unter anderem die negativen Auswirkungen auf die Beschäftigung und Wettbewerbsfähigkeit sowie auf die Produktivität. Weiterhin wurde die Bestimmung des Angemessenheitsmaßstabs moniert und angeregt, die Bestimmung der Nettolöhne zu überprüfen.[108] Bereits in diesem Stadium wurde durch einige Verbände die Unzuständigkeit der EU in Bezug auf die Lohndeckung gerügt. Auch Bedenken zum Nachteil der Tarifautonomie wurden geäußert.[109] Insgesamt vertraten jedoch auch einige Arbeitgeberverbände die Auffassung, eine EU-Maßnahme zu Mindestlöhnen biete trotz all seiner Nachteile auch einen Mehrwert.[110]

Anhand dieser Rückmeldungen sah sich die Europäische Kommission veranlasst, eine zweite Konsultationsphase einzuleiten.[111]

In einem 2. Konsultationspapier gemäß Art. 154 Abs. 3 AEUV vom 03.06.2020[112] wurden sodann die Sozialpartner zu möglichen Inhalten und Instrumentarien eines Europäischen Mindestlohns konsultiert.

Die Kommission strebte dabei Maßnahmen zur Förderung von Tarifverhandlungen an und Vorgaben für die Festlegung und Aktualisierung gesetzlicher Mindestlöhne, die Beteiligung der Sozialpartner bei der Anpassung des Mindestlohns sowie Überwachungsmechanismen.[113]

Im Ergebnis stimmten die Arbeitnehmerorganisationen den Zielen und dem möglichen Inhalt der Maßnahme im Großen und Ganzen zu. Während die

---

107 Vgl. hierzu 2. Konsultationspapier vom 03.06.2020 „Zweite Phase der Konsultation der Sozialpartner gemäß Artikel 154 AEUV zu einer möglichen Maßnahme zur Bewältigung der Herausforderungen im Zusammenhang mit gerechten Mindestlöhnen", Brüssel, C(2020) 3570 final, S. 3 f.
108 Vgl. hierzu 2. Konsultationspapier vom 03.06.2020 „Zweite Phase der Konsultation der Sozialpartner gemäß Artikel 154 AEUV zu einer möglichen Maßnahme zur Bewältigung der Herausforderungen im Zusammenhang mit gerechten Mindestlöhnen", Brüssel, C(2020) 3570 final, S. 4.
109 Ebd., S. 5.
110 Ebd., S. 6.
111 Pressemitteilung Europäische Kommission vom 03.06.2020, abrufbar unter: https://ec.europa.eu/commission/presscorner/detail/de/IP_20_979 (zuletzt abgerufen am 19.12.2021).
112 2. Konsultationspapier vom 03.06.2020 „Zweite Phase der Konsultation der Sozialpartner gemäß Artikel 154 AEUV zu einer möglichen Maßnahme zur Bewältigung der Herausforderungen im Zusammenhang mit gerechten Mindestlöhnen", Brüssel, C(2020) 3570 final.
113 Ebd., S. 17 f.

Gewerkschaften daraufhin die Kommission aufforderten, einen Richtlinienvorschlag zu entwerfen, befürwortete keine der Arbeitgebervereinigungen eine Richtlinie für Mindestlöhne. Mithin konnten sich die Sozialpartner nicht auf Verhandlungen i.S.v. Art. 155 AEUV einigen.[114]

2. RL-Entwurf der Europäischen Kommission

Aufgrund der gescheiterten Einigung der Sozialpartner hat die Europäische Kommission dem Europäischen Parlament und dem Rat am 28.10.2020 einen Richtlinienvorschlag (im Folgenden: RL-Entwurf) über angemessene Mindestlöhne in der Europäischen Union[115] vorgelegt. Mit diesem Vorschlag zielt die Kommission auf einen Schutz aller Arbeitnehmer der Union durch angemessene Mindestlöhne ab, die ihnen am Ort ihrer Arbeit einen angemessenen Lebensstandard ermöglichen sollen.[116] Die Kommission stützt sich dabei auf die Ziele der Union, konkret auf die Entwicklung einer wettbewerbsfähigen sozialen Marktwirtschaft (Art. 3 AEUV) sowie auf die Förderung besserer Lebens- und Arbeitsbedingungen (Art. 151 AEUV). Weiterhin bezieht sie sich auf die in der Charta der Grundrechte der Europäischen Union (GRCh) verankerten Rechte der Arbeitnehmer auf gerechte und angemessene Arbeitsbedingungen (Art. 31 GRCh) und auf die Grundsätze der europäischen Säule sozialer Rechte[117].[118]

Die Richtlinie soll dabei jedoch nicht in die Freiheit der Mitgliedstaaten eingreifen, gesetzliche Mindestlöhne festzulegen oder den Zugang zum tarifvertraglichen Mindestlohn der Sozialpartner zu fördern (Art. 1 Nr. 2, 3 RL-Entwurf).[119] Art. 1 Nr. 1 RL-Entwurf soll lediglich einen Rahmen für die Festlegung angemessener Mindestlöhne schaffen und sicherstellen, dass die Arbeitnehmer Zugang zum Mindestlohn haben.

Vom persönlichen Geltungsbereich werden nach Art. 2 RL-Entwurf Arbeitnehmer erfasst, die nach den Rechtsvorschriften, den Tarifverträgen oder den Gepflogenheiten des jeweiligen Mitgliedstaates einen Arbeitsvertrag haben oder in einem Arbeitsverhältnis stehen, wobei in diesem Zusammenhang die Rechtsprechung des EuGH zu berücksichtigen ist.[120]

---

114 Vorschlag für eine Richtlinie des Europäischen Parlaments und des Rates über angemessene Mindestlöhne in der Europäischen Union, Brüssel den 28.10.2020, COM(2020) 682 final, S. 9.
115 Ebd.
116 Ebd., S. 3.
117 Grundsatz 6 (Löhne und Gehälter), Grundsatz 8 (Sozialer Dialog und Einbeziehung der Beschäftigten), Grundsatz 2 (Gleichstellung der Geschlechter), Grundsatz 3 (Chancengleichheit)
118 Vorschlag für eine Richtlinie des Europäischen Parlaments und des Rates über angemessene Mindestlöhne in der Europäischen Union, S. 6, 18 ff. (Erwägungsgründe).
119 Ebd., S. 13 f.
120 Ebd., S. 14.

Art. 4 RL-Entwurf hat die Förderung von Tarifverhandlungen zum Ziel. So müssen Mitgliedstaaten, in denen die tarifvertragliche Abdeckung nicht mindestens 70 % der Arbeitnehmer umfasst, einen Rahmen für Tarifverhandlungen schaffen (Art. 4 Nr. 2 RL-Entwurf).[121]

Nach Art. 5 RL-Entwurf sind die Mitgliedstaaten, die bereits über einen gesetzlichen Mindestlohn verfügen, verpflichtet, solide und klare nationale Kriterien für die Festlegung und Anpassung des gesetzlichen Mindestlohns zu schaffen, die einen angemessenen Lohn fördern und angemessene Arbeits- und Lebensbedingungen schaffen. Weiterhin wird ihnen auferlegt, regelmäßige und rechtzeitige Aktualisierungen des gesetzlichen Mindestlohns zu gewährleisten sowie Beratungsgremien in Bezug auf die Anpassung des Mindestlohns einzurichten.

Wichtig ist in diesem Zusammenhang, dass die Art. 5 bis 8 RL-Entwurf nur für Mitgliedstaaten gelten, in denen bereits ein gesetzlicher Mindestlohn existiert. Der RL-Entwurf verpflichtet die Mitgliedstaaten hingegen nicht zur Einführung eines gesetzlichen Mindestlohns.

Nach Art. 5 Nr. 3 RL-Entwurf legen die Mitgliedstaaten bei ihrer Bewertung der Angemessenheit der gesetzlichen Mindestlöhne im Verhältnis zum allgemeinen Niveau der Bruttolöhne Richtwerte zugrunde, wie sie auf internationaler Ebene üblich sind. Nach Erwägungsgrund 21 sollen hierfür etwa 60 % des Bruttomedianlohns oder 50 % des Bruttodurchschnittslohns als Richtwerte dienen.[122] Nach Art. 7 sind die Sozialpartner bei der Festlegung und Aktualisierung des gesetzlichen Mindestlohns zu beteiligen, unter anderem durch die Beteiligung an den in Art. 5 RL-Entwurf genannten Beratungsgremien. Auch ist nach Art. 8 RL-Entwurf vorgesehen, dass die bestehenden Kontroll- und Inspektionssysteme gestärkt werden und dass Durchsetzungsbehörden errichtet werden, um die Zahlung der Mindestlöhne überwachen und die Arbeitnehmer über die geltenden Mindestlohnbestimmungen informieren zu können.[123]

Art. 9 RL-Entwurf bestimmt, dass im Rahmen der öffentlichen Auftragsvergabe sowohl die tarifvertraglichen als auch die gesetzlichen Mindestlöhne eingehalten werden müssen. Art. 10 RL-Entwurf sieht ein Monitoring- und Datenerhebungssystem vor, durch das die Informationen über bestehende Tarifverträge und Mindestlohnregelungen transparent und öffentlich zugänglich gemacht werden sollen. Art. 11 RL-Entwurf sieht darüber hinaus vor, dass Arbeitnehmern neben bereits bestehenden nationalen Rechtsbehelfen ein wirksamer Schutz vor unangemessener Benachteiligung gewährleistet wird, wenn diese ihren Mindestlohnanspruch durchsetzen wollen.[124] Auch werden die Mitgliedstaaten verpflichtet, Verstöße bei der Verletzung der nationalen Vorschriften zu sanktionieren (Art. 12 RL-Entwurf).

---

121 Ebd., S. 14, S. 22 (Erwägungsgrund 19).
122 Ebd., S. 22 (Erwägungsgrund 21).
123 Ebd., S. 15, 23 (Erwägungsgrund 23).
124 Ebd., S. 16, 24 (Erwägungsgrund 26).

II. Rechtliche Probleme des Richtlinienentwurfs

1. Zuständigkeit der Europäischen Union – ein Akt ultra vires?

Während sich die Europäische Kommission bezüglich ihres Regelungsauftrags zur Festlegung eines europäischen Mindestlohns auf Art. 31 der Charta der Grundrechte der Europäischen Union („Gerechte und angemessene Arbeitsbedingungen"), Art. 151 AEUV („Soziale Ziele"), auf die sozialpolitische Kompetenzklausel des Art. 153 Abs. 1 lit. b AEUV („Arbeitsbedingungen") sowie die Ziele der Vereinten Nationen, die Erklärungen Nr. 98[125], 154[126], 131[127], 26[128] der Internationalen Arbeitsorganisation (IAO) und die Europäische Sozialcharta des Europarats bezieht,[129] wird die Regelungsbefugnis der Union im Zusammenhang mit Mindestlöhnen von vielen Seiten kritisiert.

a) Ansicht der Kommission

Die Europäische Kommission begründet die Rechtmäßigkeit der Mindestlohnrichtlinien-Entwürfe zunächst damit, dass weder darauf abgezielt werde, die Höhe des Mindestlohns in der gesamten EU zu harmonisieren noch einen einheitlichen Mechanismus für die Festlegung von Mindestlöhnen vorzugeben. Auch würden weiterhin die nationalen Traditionen und die Autonomie der Sozialpartner geachtet. Die Kommission würde weiterhin kein nationales Lohnniveau festlegen und überdies nicht die Einführung eines gesetzlichen Mindestlohns in allen Mitgliedstaaten anstreben.[130]

In ihrem Richtlinienvorschlag stützt die Kommission die Kompetenz der Union auf die sozialpolitische Kompetenzklausel des Art. 153 Abs. 1 lit. b AEUV, nach dem der Union für Regelungen über Arbeitsbedingungen die notwendige Ermächtigung zusteht. Eine Rückausnahme bildet in diesem Zusammenhang Art. 153 Abs. 5 AEUV, nach welchem keine Kompetenz bzgl. Regelungen über das Arbeitsentgelt bestehe.

Die Kommission sieht den Ausnahmetatbestand des Art. 153 Abs. 5 AEUV vorliegend nicht als erfüllt an, da die Maßnahmen keine unmittelbaren Auswirkungen auf die Höhe des Arbeitsentgeltes haben.[131] „Der Mindestlohnschutz [(...),

---

125 Vereinigungsrecht und das Recht auf Kollektivverhandlungen.
126 Tarifverhandlungen.
127 Festsetzung von Mindestlöhnen.
128 Einrichtung von Verfahren zur Festsetzung von Mindestlöhnen.
129 Vgl. hierzu 1. Konsultationspapier vom 14.01.2020, S. 8–10 sowie 2. Konsultationspapier vom 03.06.2020, S. 19.
130 Vgl. hierzu 2. Konsultationspapier vom 03.06.2020 „Zweite Phase der Konsultation der Sozialpartner gemäß Artikel 154 AEUV zu einer möglichen Maßnahme zur Bewältigung der Herausforderungen im Zusammenhang mit gerechten Mindestlöhnen", Brüssel, C(2020) 3570 final, S. 2.
131 Vorschlag für eine Richtlinie des Europäischen Parlaments und des Rates über angemessene Mindestlöhne in der Europäischen Union, S. 7 sowie 21 (Erwägungsgründe).

werde] weiterhin entweder durch Tarifverträge oder durch Rechtsvorschriften unter uneingeschränkter Achtung der nationalen Zuständigkeiten und der Vertragsfreiheit der Sozialpartner gewährt".[132] Die Richtlinie lege nach Ansicht der Kommission keinen der Höhe nach einheitlichen Mindestlohn fest, noch werde ein einheitlicher Mechanismus für die Festsetzung von Mindestlöhnen geschaffen. Es werde auch kein Lohnniveau festgelegt, da dies der Vertragsfreiheit der nationalen Sozialpartner und in die Zuständigkeit der Mitgliedstaaten falle.[133]

b) Kritik an der Zuständigkeit

In der Literatur ist die Rechtmäßigkeit des RL-Entwurfs hoch umstritten. So können nach teilweise vertretener Ansicht weder Art. 153 Abs. 1 lit. b AEUV (sozialpolitische Kompetenz) noch Art. 352 AEUV (Kompetenzergänzungsklausel) oder Art. 329 AEUV (zwischenstaatliche Kooperation in Form einer verstärkten Zusammenarbeit) als Befugnisnormen herangezogen werden. Auch Art. 31 GRCh begründe demnach keine Kompetenz für Maßnahmen der EU.[134]

Problematisch sei einerseits eine Kompetenzüberschreitung im Rahmen des Art. 5 Abs. 2 EUV und andererseits ein Verstoß gegen die Beachtung der Rolle der Sozialpartner i.S.v. Art. 152 AEUV.[135] Art. 5 Abs. 2 EUV formuliert das Prinzip der begrenzten Einzelermächtigung. Nach diesem Grundsatz kann die Union nur solche Materien regeln, die ihr von den Mitgliedstaaten übertragen worden sind. Anders als die einzelnen Mitgliedstaaten verfügt die EU also nicht über eine sog. Kompetenz-Kompetenz.[136] Art. 152 AEUV zielt darauf ab, einem Spannungsverhältnis entgegenzutreten, das aufgrund der unterschiedlichen nationalen Systeme resultiert. Das bedeutet in diesem Zusammenhang, dass das Unionsrecht den Sozialpartnern nichts erlauben kann, was nach dem nationalen Recht nicht zulässig wäre.[137] Weiterhin schützt die Union dadurch primärrechtlich die Autonomie der Sozialpartner auf europäischer Ebene.[138]

aa) Sozialpolitische Kompetenz nach Art. 153 AEUV

Aus Art. 153 Abs. 1 lit. b, c AEUV ergibt sich eine Unionskompetenz auf dem Gebiet der Arbeitsbedingungen sowie im Rahmen der sozialen Sicherheit und des sozialen Schutzes der Arbeitnehmer. Nach Art. 153 Abs. 5 AEUV gilt diese Kompetenz aber nicht für das Arbeitsentgelt. Zu untersuchen ist in diesem Rahmen

---

132 Ebd., S. 8.
133 Ebd., S. 21 (Erwägungsgrund 16).
134 *Petrache/Rudolph*, Europäischer Mindestlohn, cepInput Nr. 13/2020 passim.
135 Ebd., S. 3.
136 *Calliess*, in: ders./Ruffert (Hrsg.), Kommentar EUV/AEUV, Art. 5 EUV, Rn. 6.
137 *Krebber*, in: Calliess/Ruffert (Hrsg.), Kommentar EUV/AEUV, Art. 152 AEUV, Rn. 7.
138 *Franzen*, in: ders./Gallner/Oetker (Hrsg.), Kommentar zum Europäischen Arbeitsrecht, Art. 152 AEUV, Rn. 5.

die unionsrechtliche Definition des Arbeitsentgelts. Einen Anhaltspunkt bietet hier Art. 157 Abs. 2 AEUV. Demnach umfasst „Entgelt" im Sinne dieses Artikels die üblichen Grund- oder Mindestlöhne sowie alle sonstigen Vergütungen, die der Arbeitgeber aufgrund des Dienstverhältnisses dem Arbeitnehmer mittelbar oder unmittelbar in bar oder in Sachleistungen zahlt.

Fraglich ist jedoch, ob diese Definition nach Art. 157 Abs. 2 AEUV auch auf das „Arbeitsentgelt" i.S.v. Art. 153 Abs. 5 AEUV übertragbar ist.

Für die Anwendbarkeit der Definition aus Art. 157 auf Art. 153 AEUV spricht zunächst die begriffliche Dogmatik, also der einheitliche Wortlaut.[139] Dies hätte zur Folge, dass der Kompetenzbereich der Union im Rahmen des Art. 153 AEUV erheblich eingeschränkt wäre. Gegen die Übertragung der Definition sprechen hingegen Sinn und Zweck der einzelnen Vorschriften.[140] Art. 157 AEUV, der die Entgeltgleichheit zwischen Männern und Frauen festschreibt, soll dem Unionsrecht einen breiten Anwendungsbereich sichern. Art. 153 Abs. 5 AEUV wiederum grenzt die Möglichkeiten der Union ein. In diesem Zusammenhang ist es also möglich, den Begriff des Arbeitsentgelts im Rahmen des Art. 153 Abs. 5 AEUV enger auszulegen als im Rahmen des Art. 157 Abs. 2 AEUV.[141]

Auch der EuGH hat sich bereits mit der Frage auseinandergesetzt, was unter dem Arbeitsentgelt i.S.v. Art. 153 Abs. 5 AEUV zu verstehen ist. Demnach sollen unmittelbare Regelungen des Arbeitsentgelts nach Art. 153 Abs. AEUV nicht in der Kompetenz der Union liegen.[142] Rein mittelbare Entgeltregelungen seien hingegen aber zulässig, denn die Ausnahme erfasse nicht schlechthin alle Fragen, die mit dem Arbeitsentgelt in Verbindung stehen, da dies dem Anwendungsbereich des Art. 153 Abs. 1 AEUV (ex-Artikel 137 EGV) im Wesentlichen der „Substanz berauben würde". Die Ausnahmeregelung des Art. 153 Abs. 5 AEUV sei somit eng auszulegen.[143] Somit regele der Grundsatz der Nichtdiskriminierung von Teilzeitbeschäftigten bspw. die Höhe der Entgeltbestandteile nicht direkt, und könne mithin zulässig von dem Unionsgesetzgeber vorgegeben werden.[144] Im Ergebnis lässt

---

139 *Franzen*, in: ders./Gallner/Oetker (Hrsg.), Kommentar zum Europäischen Arbeitsrecht, Art. 153 AEUV, Rn. 47; *Krebber*, in: Calliess/Ruffert (Hrsg.), Kommentar EUV/AEUV, Art. 153 AEUV, Rn. 11.
140 *Benecke*, in: Grabitz/Hilf/Nettesheim (Hrsg.): Das Recht der Europäischen Union, Art. 153 AUEV, Rn. 103.
141 Streit dargestellt in: *Krebber*, in: Calliess/Ruffert (Hrsg.), Kommentar EUV/AEUV, Art. 153 AEUV, Rn. 11.
142 EuGH vom 10.06.2010 Rs. C-395/08 und C-396/08, ECLI:EU:C:2010:329, Rn. 37 – *INPS*.
143 EuGH vom 15.04.2008 Rs. C-268/06, ECLI:EU:C:2008:223, Rn. 122, 125 m.w.N.; EuGH vom 10.06.2010 Rs. C-395/08 und C-396/08, ECLI:EU:C:2010:329, Rn. 37 – *INPS*.
144 EuGH vom 15.04.2008 Rs. C-268/06, ECLI:EU:C:2008:223, Rn. 126; EuGH vom 10.06.2010 Rs. C-395/08 und C-396/08, ECLI:EU:C:2010:329, Rn. 39, 40 – *INPS*.

der EuGH somit Maßnahmen, die die Bedingungen des Arbeitsentgelts regeln, zu, solange diese nicht direkt das Niveau des Arbeitsentgelts betreffen.[145]

Dem EuGH ist in diesem Zusammenhang zuzustimmen. Aufgrund des Ausnahmecharakters des Art. 153 Abs. 5 AEUV ist die Vorschrift eng auszulegen. Maßnahmen, die das Arbeitsentgelt eines Arbeitnehmers zwar mittelbar beeinträchtigen, aber primär der Schaffung angemessener Arbeitsbedingungen dienen, müssen in diesem Zusammenhang zulässig sein und werden nicht von der Ausnahmeregelung des Art. 153 Abs. 5 AEUV erfasst. Die unmittelbare Ausgestaltung von Arbeitsentgelten verbleibt jedoch weiterhin im Zuständigkeitsbereich der einzelnen Mitgliedstaaten.

bb) „Kompetenzergänzungsklausel" des Art. 352 AEUV

Die Flexibilitätsklausel, oft bezeichnet als „Kompetenzergänzungsklausel", des Art. 352 AEUV wurde für Regelungsbereiche geschaffen, in denen der Union die Befugnis zum Handeln fehlt, ein Tätigwerden aber dennoch zur Verwirklichung der Ziele der Verträge erforderlich ist (sog. „Allgemeine Befugnis der Zielverwirklichung"). Art. 352 AEUV lockert somit – durchbricht aber nicht – das Prinzip der begrenzten Einzelermächtigung aus Art. 5 Abs. 1, 2 EUV.[146]

Das in Art. 352 Abs. 3 AEUV normierte Verbot jedoch legt fest, dass in anderen Vorschriften festgelegte Harmonisierungsbeschränkungen nicht durch die Flexibilitätsklausel umgangen werden dürfen.[147] Mithin ist in diesem Zusammenhang fraglich, ob die Kompetenzergänzungsklausel bei der EU-Maßnahme zur Festlegung von Mindestlöhnen überhaupt anwendbar ist, oder ob ihr Anwendungsbereich bereits durch Art. 153 Abs. 5 AEUV ausgeschlossen ist. Harmonisierungsverbote finden sich in den Verträgen vielfach. Unterschieden wird dabei zwischen allgemeinen und speziellen Harmonisierungsverboten.[148] Art. 153 Abs. 5 AEUV legt allerdings kein Harmonisierungsverbot fest (anders bspw.: Art. 153 Abs. 2 lit. a AEUV), sondern grenzt lediglich den Anwendungsbereich einer Befugnisnorm ein, weswegen die Kompetenzergänzungsklausel nicht bereits nach Art. 352 Abs. 3 AEUV ausgeschlossen ist.[149]

Zu prüfen sind daher die weiteren Voraussetzungen der Kompetenzergänzungsklausel, nämlich, ob eine Zielverwirklichung vorliegt und weiterhin, ob eine dafür erforderliche Kompetenz nicht gegeben ist. Die Ziele der Union finden sich in Art. 3 EUV, in der Präambel sowie in speziellen Vorschriften, wie bspw. Art. 21 Abs. 2 EUV oder Art. 151 AEUV.[150] Gemäß Art. 151 Abs. 1 AEUV verfolgt

---

145 Vgl. hierzu auch *Franzen*, in: ders./Gallner/Oetker (Hrsg.), Kommentar zum Europäischen Arbeitsrecht, Art. 153 AEUV, Rn. 48.
146 *Rossi*, in: Calliess/Ruffert (Hrsg.), Kommentar EUV/AEUV, Art. 352 AEUV, Rn. 12a, 14.
147 *Rossi*, in: Calliess/Ruffert (Hrsg.), Kommentar EUV/AEUV, Art. 352 AEUV, Rn. 89.
148 *Streinz*, Kommentar EUV/AEUV, Art. 352 AEUV, Rn. 16 f.
149 A.A.: *Petrache/Rudolph*, Europäischer Mindestlohn, cepInput Nr. 13/2020, S. 8.
150 *Streinz*, Kommentar EUV/AEUV, Art. 352 AEUV, Rn. 28 f.

die Union das Ziel, die Beschäftigung zu fördern und die Lebens- und Arbeitsbedingungen zu verbessern. Durch die geplante Maßnahme eines EU-Mindestlohns sollen genau diese Ziele erreicht werden. Fraglich ist somit nur, ob keine anderweitige spezielle Befugnis gegeben ist. Demnach dürfte in diesem Bereich überhaupt keine Ermächtigung gemäß EUV oder AEUV bestehen.[151] Streitig ist, ob Art. 352 AEUV auch dann herangezogen werden kann, wenn zwar eine Befugnisnorm besteht, diese den Anwendungsbereich aber nur „unzureichend" regelt.[152] Dies kann hier jedoch dahinstehen, da die AEUV in Art. 153 Abs. 1 und Abs. 5 AEUV hinreichende Regelungen zu den Arbeitsbedingungen, insbesondere zum Arbeitsentgelt, enthält.

Mangels spezieller Befugnisse ist die Anwendung der Kompetenzergänzungsklausel ausgeschlossen.

cc) Art. 31 GRCh

Art. 31 Abs. 1 GRCh normiert das Recht eines jeden Arbeitnehmers auf gesunde, sichere und würdige Arbeitsbedingungen. Fraglich ist einerseits, ob sich hieraus ein Anspruch von Arbeitnehmern auf faire Löhne ableiten lässt und andererseits, ob Art. 31 GRCh als Kompetenzgrundlage für unionsrechtliches Handeln herangezogen werden kann.[153]

Art. 31 Abs. 1 GRCh statuiert ein echtes einklagbares Recht und richtet sich zunächst an die Union als Verpflichteter.[154] Er dient als materielle Grundlage des Art. 153 Abs. 1 lit. b AEUV,[155] begründet aber gemäß Art. 51 Abs. 2 GRCh keine neuen Zuständigkeiten und ändert auch keine festgelegten Zuständigkeiten der Union. Mithin kann Art. 51 GRCh zwar zur Auslegung der Kompetenz nach Art. 153 Abs. 1 AEUV herangezogen werden, aber nicht als eigene Kompetenz zur Schaffung von EU-Mindestlöhnen dienen.

Auch soll Arbeitsentgelt nicht unter den Begriff der Arbeitsbedingungen i.S.d. Art. 31 Abs. 1 GRCh fallen. Zum einen wird zur Begründung der Sinn und Zweck des Art. 31 Abs. 1 GRCh herangezogen. Zum anderen der fehlende Verweis auf Art. 4 ESC (Recht auf ein gerechtes Entgelt) in den Erläuterungen der Charta der Grundrechte[156], wohingegen auf Art. 3 ESC (Recht auf sichere und gesunde Arbeitsbedingungen) Bezug genommen wurde.[157]

---

151 *Streinz*, Kommentar EUV/AEUV, Art. 352 AEUV, Rn. 40.
152 Näher dazu vgl. *Streinz*, Kommentar EUV/AEUV, Art. 352 AEUV, Rn. 40.
153 *Petrache/Rudolph*, Europäischer Mindestlohn, cepInput Nr. 13/2020, S. 10.
154 *Jarass*, Charta der Grundrechte der EU, Art. 31, Rn. 2 f.
155 Ebd., Rn. 2.
156 Erläuterungen zur Charta der Grundrechte, ABl. 2007, vom 14.12.2007, C 303/02, S. 26.
157 *Schubert*, in: Franzen/Gallner/Oetker (Hrsg.), Kommentar zum Europäischen Arbeitsrecht, Art. 31 GRCh, Rn. 12 m.w.N.

Somit kann Art. 31 Abs. 1 GRCh nicht als Kompetenznorm für die Festlegung von EU-Mindestlöhnen herangezogen werden.

dd) Ergebnis

Zu untersuchen war, ob die Union Maßnahmen zur Schaffung eines europäischen Mindestlohns erlassen darf.

Aus der GrCh ergibt sich keine eigenständige Befugnis. Dies begründet sich aus Art. 51 Abs. 2 GRCh, der zum Inhalt hat, dass die Grundrechtecharta nicht in bestehende Zuständigkeiten eingreift, diese nicht erweitert und auch keine neuen Zuständigkeiten begründet. Eine Kompetenzergänzungsbefugnis nach Art. 352 AEUV besteht auch nicht, da Art. 153 Abs. 1 AEUV bereits die Kompetenz vorsieht, die Mitgliedstaaten im Rahmen der Arbeitsbedingungen ihrer Arbeitnehmer zu unterstützen.

Zu untersuchen war aber, ob sich die Union hier auf Art. 153 Abs. 1 lit. b AEUV stützen kann oder ob ihr Handeln gemäß Art. 153 Abs. 5 AUEV ausgeschlossen ist. Nach Art. 153 Abs. 5 AUEV hat die Union keine Kompetenz bezüglich Regelungen zum Arbeitsentgelt. Im Lichte der Rspr. des EuGH kommt es dabei darauf an, ob die Richtlinie nur mittelbar die Höhe des Arbeitsentgeltes beeinflusst (dann ist Art. 153 Abs. 5 AEUV nicht betroffen und die Union wäre zuständig) oder ob durch die Richtlinie unmittelbar das Arbeitsentgelt der Arbeitnehmer geregelt wird, denn in diesem Fall hätte die Union keine Kompetenz zum Handeln. Durch den RL-Entwurf selbst wird kein einheitlicher Mindestlohn vorgegeben, anders als bspw. in § 1 Abs. 2 MiLoG, der jedem Arbeitnehmer einen Bruttostundenlohn von 8,50 EUR gewährt. Der RL-Entwurf selbst legt auch nicht fest, dass in einem Mitgliedstaat ein gesetzlicher Mindestlohn geschaffen werden muss, wenn in diesem Mitgliedstaat tarifliche Mindestlöhne gelten. Jedoch regelt Art. 5 Nr. 1 i.V.m. Nr. 3 RL-Entwurf, dass die Mitgliedstaaten mit gesetzlichen Mindestlöhnen erforderliche Maßnahmen zu ergreifen haben, um sicherzustellen, dass die gesetzlichen Mindestlöhne anhand von bestimmten Kriterien festgelegt und aktualisiert werden, die die Angemessenheit der Löhne fördern. Dabei haben die „Mitgliedstaaten [...] bei ihrer Bewertung der Angemessenheit der gesetzlichen Mindestlöhne im Verhältnis zum allgemeinen Niveau der Bruttolöhne Richtwerte zugrunde [zu legen], wie sie auf internationaler Ebene üblich sind". Nach Erwägungsgrund 21 sollen hierfür etwa 60 % des Bruttomedianlohns oder 50 % des Bruttodurchschnittslohns als Richtwerte dienen.[158] Auch wenn die Union keinen einheitlichen Mindestlohn vorgibt, so wird über diese „Angemessenheitsregelung" doch die Höhe der nationalen Mindestlöhne zumindest weitgehend gesteuert, sofern diese einem Prozentsatz des Bruttomedian- bzw. Bruttodurchschnittslohns entsprechen müssen.

---

158 Ebd., S. 22 (Erwägungsgrund 21).

Allerdings ist zu berücksichtigen, dass der Indikator des Bruttolohns nur einer von verschiedenen Faktoren ist, die die Mitgliedstaaten bei der Festlegung eines angemessenen Mindestlohns zu berücksichtigen haben. Die prozentualen Vorgaben der Bruttolöhne sind dabei lediglich als Richtschnur für einen angemessenen Mindestlohn gedacht. Die Mitgliedstaaten haben weiterhin die Kaufkraft und die Produktivitätsentwicklung zu berücksichtigen.

Aufgrund des weiterhin bestehenden Spielraums der Mitgliedstaaten mit der Möglichkeit einer Gesamtabwägung unter den einzelnen Faktoren wird die Mindestlohnhöhe nicht unmittelbar durch den RL-Entwurf vorgegeben. Da somit keine direkte Lohnsteuerung durch die RL in der derzeitigen Entwurfsfassung folgen würde, greift auch der Ausschlussgrund des Art. 153 Abs. 5 AEUV nicht. Diese Auslegung wird auch weiter dadurch bekräftigt, dass der Ausschlussgrund des Art. 153 Abs. 5 AEUV nach dem Grundsatz des *effet utile* eng auszulegen ist.

Die RL liegt somit im Kompetenzbereich der Union.[159]

2. Probleme des persönlichen Anwendungsbereichs – der Arbeitnehmerbegriff

Der RL-Entwurf wendet sich gemäß Art. 2 an Arbeitnehmer, die nach den Rechtsvorschriften, den Tarifverträgen oder den Gepflogenheiten in dem jeweiligen Mitgliedstaat einen Arbeitsvertrag haben oder in einem Arbeitsverhältnis stehen, wobei die Rspr. des EuGH zu berücksichtigen ist. *Sagen/Witschen/Schneider*[160] bezweifeln bereits zutreffend, ob der Richtliniengeber Rechtsetzungsaufgaben an die europäische Gerichtsbarkeit delegieren kann.

Darüber hinaus ist der Arbeitnehmerbegriff des EuGH wesentlich weiter als der deutsche Arbeitnehmerbegriff des § 611a BGB, da dieser weitgehend im Lichte der Arbeitnehmerfreizügigkeit i.S.d. Art. 45 AEUV entwickelt worden ist.[161] Der unionsrechtliche Arbeitnehmerbegriff erfasst im Gegensatz zum nationalen Arbeitnehmerbegriff i.S.d. § 611a BGB unter anderem Beamte[162], Richter[163] und Soldaten[164]. Auch Referendare und Heimarbeiter könnten somit unter den Anwendungsbereich der RL fallen.

---

159 So im Ergebnis auch *Eichenhofer*, Rechtsgutachten im Auftrag des DGB: Statthaftigkeit eines EU-Rechtsrahmens für gesetzliche Mindestlöhne nach dem Entwurf der Kommission über eine Richtlinie für angemessene Mindestlöhne, S. 18 f.; a.A.: *Franzen*, EuZA 2021, 1 (2).
160 *Sagan/Witschen/Schneider*, ZESAR 2021, 103 (107).
161 *Henssler/Pant*, RdA 2019, 321 (324); kritisch hierzu *Wank*, EuZA 2018, 327 (331 f.).
162 Grundlegend hierzu: EuGH vom 12.02.1974 Rs. 152–73, ECLI:EU:C:1974:13 – *Sotgiu*.
163 Im Fall eines britischen Richters entschied hier der EuGH mit Urteil 1.03.2012 Rs. C-393/10. ECLI:EU:C:2012:110 – *O´Brian*.
164 EuGH vom 11.01.2000 Rs. C-285/98, ECLI:EU:C:2000:2 – *Kreil*.

III. Folgen für Deutschland und für das Vereinigte Königreich

Zu untersuchen ist im Folgenden, welche Auswirkungen die Richtlinie für Deutschland und für das Vereinigte Königreich hätte und ob die Umsetzung der Richtlinie eine Änderung der Mindestlohngesetze zur Folge haben würde.

Für das Vereinigte Königreich hätte der Erlass der Richtlinie aufgrund des EU-Austritts keine weiteren Folgen.

In Deutschland ergeben sich jedoch einige Folgeüberlegungen.

Zunächst ist der Anwendungsbereich des MiLoG zu überprüfen, der sich zwar ebenso wie die Richtlinie an alle Arbeitnehmer richtet, wobei nach der Richtlinie jedoch der Arbeitnehmerbegriff des EuGH zugrunde zu legen ist, der wesentlich weiter als der nationale Arbeitnehmerbegriff ist und somit auch Beamte, Richter und Soldaten künftig in den Anwendungsbereich des Mindestlohns fallen würden, auch wenn dies aufgrund der verhältnismäßig höheren Vergütung dieser Berufsgruppen keine praktischen Folgen hätte. Würden künftig jedoch auch bspw. Referendare unter den Anwendungsbereich des Mindestlohngesetzes fallen, würden diese in erheblichem Umfang von der Anhebung ihres Stundenlohns profitieren.

Weiterhin nimmt das MiLoG einige Arbeitnehmergruppen vom Anwendungsbereich des Mindestlohns aus, wie bspw. Langzeitarbeitslose in den ersten sechs Monaten ihrer Neuanstellung oder bestimmte Praktikantenverhältnisse. Eine solche Ausnahmeregelung sieht der Richtlinienentwurf nach jetzigem Stand nicht vor.[165] In Betracht käme für diese Arbeitnehmergruppen aber in Zukunft ein gestaffelter Mindestlohn, der nach Art. 6 Nr. 1 des Richtlinienentwurfs zulässig wäre.

Zu überprüfen sein wird auch die Höhe des Mindestlohns. Während nach derzeitigem Verfahren gemäß § 9 Abs. 2 MiLoG durch den Mindestlohn ein angemessener Mindestschutz der Arbeitnehmer gewährleistet, faire und funktionierende Wettbewerbsbedingungen ermöglicht und eine Gefährdung der Beschäftigung vermieden werden sollen, so sollen aufgrund der Richtlinie die Kaufkraft der Mindestlöhne, das allgemeine Niveau der Bruttolöhne und ihre Verteilung, die Wachstumsrate der Bruttolöhne und die Entwicklung der Arbeitsproduktivität berücksichtigt werden (Art. 5). Weiterhin sollen mit der Richtlinie angemessene Mindestlöhne gewährleistet werden, wobei international übliche Indikatoren heranzuziehen sind. Mithin sollen als Richtwerte etwa 60 % des Bruttomedianlohns und 50 % des Bruttodurchschnittslohns dienen. Dies würde zu einer merklichen Anhebung des derzeitigen deutschen Mindestlohns in Höhe von 9,82 EUR[166] pro Stunde auf ca. 13,61 EUR[167] führen. Gemäß § 9 Abs. 2 S. 2 MiLoG orientiert sich

---

165 Vorschlag für eine Richtlinie des Europäischen Parlaments und des Rates über angemessene Mindestlöhne in der Europäischen Union, S. 14, 21 (Erwägungsgrund 17).
166 Stand: 01.01.2022.
167 Entspricht 50 % des Bruttodurchschnittslohns aller Arbeitnehmer in Deutschland pro Stunde (= ca. 27,23 EUR, errechnet aus den Brutto-Durchschnittslöhnen pro Monat aus dem Jahr 2020, vgl. https://de.statista.com/themen/293/durchschnittseinkommen/ (zuletzt abgerufen am 19.12.2021).

die Mindestlohnkommission nicht an fixen Prozentsätzen der Durchschnitts- oder Medianlöhne, sondern an der Tarifentwicklung.[168]

Zu untersuchen sein wird auch die Anrechenbarkeit von Sachleistungen auf den Mindestlohn. Nach Art. 6 Nr. 2 der Richtlinie können durch Gesetz Abzüge zugelassen werden, solange diese notwendig, objektiv gerechtfertigt und verhältnismäßig sind. Das MiLoG selbst schweigt zur Anrechenbarkeit von Sachleistungen, Sonderzahlungen oder Zulagen und Zuschlägen auf den gesetzlichen Mindestlohn. Hierbei ist auf die bisher entwickelte Rechtsprechung zurückzugreifen.[169]

Eine weitere zusätzliche Aufgabe ergibt sich aus Art. 10 des Richtlinienentwurfs, nach dem die Mitgliedstaaten jährlich erhobene Daten an die Kommission weiterleiten müssen. Diese beinhalten die Höhe des gesetzlichen Mindestlohns und den Anteil der davon erfassten Arbeitnehmer, bestehende Variationen und Abzüge sowie die Quote tarifvertraglicher Abdeckung aufgeschlüsselt nach Geschlecht, Alter, Behinderung, Unternehmensgröße und Branche.

---

168 Näher dazu unter: Kapitel 4 § 2 III. 3. a) bb).
169 Vgl. hierzu auch: Kapitel 4 § 2 IV. 3.

Kapitel 3 Das Vereinigte Königreich

§ 1 Einführung in das britische Recht
I. Das Common Law im Vereinigten Königreich

Um die unterschiedlichen Entwicklungen des Mindestlohnrechts in Deutschland und im Vereinigten Königreich zu verstehen, muss man sich zunächst mit den grundlegenden Voraussetzungen der jeweiligen Rechtsgebiete auseinandersetzen. Das britische Recht, einschließlich des Arbeitsrechts, unterscheidet sich deutlich von dem in Deutschland. Das im angloamerikanischen Rechtskreis maßgebende *Common Law* ist sog. *Case Law* und beruht auf der Rechtsanwendung von Präzedenzfällen. Dem gegenüber steht das *Civil Law* bzw. *Statute Law*, das auf dem kontinentaleuropäischen Boden angewandt wird. Das *Statute Law*, welches unter dem Einfluss des römischen Rechts entstanden ist, basiert auf parlamentarisch erlassenen Gesetzen.

In England wurden bereits im 13. Jh. richtungsweisende Urteile der Gerichte von Anwälten niedergeschrieben und kommentiert. Die Aufzeichnungen der Anwälte wurden in der darauffolgenden Zeit sukzessive veröffentlicht, wobei zunächst rein informelle Zwecke im Vordergrund standen. Erst später wurden diese sog. Präzedenzfälle zitiert und als Argumentationsgrundlage für weitere gerichtliche Entscheidungen genutzt.[170] Das *Common Law* ist daher grundsätzlich nicht in Parlamentsgesetzen (*Acts of Parliament*) niedergeschrieben, sondern hat sich im Laufe der Jahrhunderte entwickelt.[171] Es ist daher als fortgeschriebenes Gewohnheitsrecht zu verstehen, das keiner konkreten Kodifizierung bedarf, sondern implizit in Präjudizien enthalten ist.[172] Mithin ergibt sich die Rechtserkenntnis in dem angloamerikanischen Rechtssystem aus einem Schluss vom Besonderen zum Allgemeinen und nicht wie im *Statute Law* vom Allgemeinen auf das Besondere.[173]

Da eine Niederschrift von Normen und Regeln im Vereinigten Königreich weitestgehend vermieden wurde, mussten Richter und Staatsdiener stets Analogien zu bereits entschiedenen Rechtsstreitigkeiten bilden.[174] Gegenüber dem *Statute Law* bestand sehr lange eine tief greifende Aversion, denn man nahm an, dass diese geschriebenen Rechtssätze das Gewohnheitsrecht gefährden würden.[175]

---

170 *Geldart*, Elements of English Law, S. 6; *Samuel*, A Short Introduction to the Common Law, S. 12 f.
171 *Berlins/Dyer*, The Law Machine, S. 71.
172 *Windolf*, in: Windolf (Hrsg.), Gewerkschaften in Großbritannien, S. 11 (20).
173 *Bensinger*, Die Stellung des Gesetzes im englischen Arbeitsrecht, S. 4.
174 *Kahn-Freund*, Labour and the Law, S. 55 f.
175 *Steinmetz*, Begegnungen vor Gericht, S. 129.

Mittlerweile sind jedoch viele der Rechtssätze, die durch die britische Rechtsprechung entwickelt wurden, in einzelnen Parlamentsgesetzen niedergeschrieben worden.[176] Im Jahr 1965 wurde in diesem Zusammenhang eine *Law Commission* einberufen, die sich mit der Reformierung der Gesetzgebung auseinandersetzen sollte.[177]

Dennoch existiert im Vereinigten Königreich bisher kein geschlossenes Arbeitsrecht, ebenso wenig wie in Deutschland. Wenn auch, vor allem nach dem Jahre 1945, eine ganze Reihe von Gesetzen zur Regelung der industriellen Beziehungen erlassen wurden,[178] so wurde dennoch nie ein einheitliches Regelwerk für die arbeitsrechtlichen Beziehungen entwickelt. Somit setzen sich sowohl das britische als auch das deutsche Arbeitsrecht wie ein Puzzle aus einer Vielzahl von Einzelgesetzen zusammen.

Die Rechte und Pflichten eines Arbeitsverhältnisses im Vereinigten Königreich sind umfassend durch die Rechtsprechung des *Common Law* geregelt. Diese Rechtsgrundsätze sind zwingend und können vertraglich nicht abbedungen werden.[179] Es besteht jedoch die Möglichkeit, die als falsch angesehenen Rechtsentwicklungen der Gerichte durch Gesetze zu beschränken bzw. aufzuheben oder Lücken im bestehenden Gesetzesrecht zu füllen.[180] Eine Bindung an überholte und irreführende Präjudizien besteht somit nicht. In diesem Zusammenhang ist klarzustellen, dass bei einem Konflikt zwischen gesetztem Recht und den Regelungen des *Common Law* der Vorrang stets dem Gesetz gebührt, denn kein Richter darf einen Akt des Parlaments ignorieren.[181]

Trotz der zunehmenden Zahl an Gesetzen, die bis hin zur Magna Charta aus dem Jahr 1215 zurückzuführen sind, ist das „herrschende" Recht des Vereinigten Königreichs weiterhin das *Common Law*.[182]

Die britischen Gewerkschaften standen den gesetzgeberischen Eingriffen, im Vergleich zu den kontinentaleuropäischen Gewerkschaften, stets kritisch gegenüber. Sie vertrauten auf das freie Wirken der kollektiven Kräfte. Kollektivvereinbarungen waren nach ihrer Ansicht der Ausdruck des britischen Voluntarismus.[183] Schließlich könnten durch Gesetze die von Gewerkschaften obsiegten Rechtsstreitigkeiten aufgehoben werden. Gewerkschaften im Vereinigten Königreich handeln oft pragmatisch und bevorzugen friedliche Einigungen in einem kleinen Rahmen anstelle von großen Streitigkeiten mit hoher Aufmerksamkeit.[184] Natürlich stehen

---

176 *Stein/Rabe von Pappenheim*, Arbeitsrecht in Großbritannien, S. 1.
177 *Rheinstein*, in: Borries (Hrsg.), Einführung in die Rechtsvergleichung, S. 91.
178 *Bandholz*, Die englischen Gewerkschaften, S. 41.
179 *Stein/Rabe von Pappenheim*, Arbeitsrecht in Großbritannien, S. 3.
180 *Bensinger*, Die Stellung des Gesetzes im englischen Arbeitsrecht, S. 14, 45.
181 *Geldart*, Elements of English Law, S. 3.
182 *Geldart*, Elements of English Law, S. 2.
183 *Flanders*, BJIR 1974, 352 (352).
184 Gespräch mit Paul Seller vom TUC am 24.07.2019.

sich Gesetzgebung und Kollektivvereinbarungen nicht in einem Ausschlussverhältnis gegenüber[185], dennoch ist davon auszugehen, dass die Gewerkschaften im *Common Law* weitaus mehr Entfaltungsmöglichkeiten als ihre kontinentaleuropäischen Pendants hatten.

II. Quellen des britischen Arbeitsrechts

Für das Arbeitsverhältnis im Vereinigten Königreich ist neben der individuellen Vertragsabrede sowohl geschriebenes als auch ungeschriebenes Recht maßgeblich.

Bei den geschriebenen Rechtsquellen handelt es sich um alle vom Parlament erlassenen Gesetze (*Statutes, Acts of Parliament*) sowie die aufgrund delegierter Gesetzgebungsbefugnis erlassenen Rechtsnormen (*Rules, Regulations* und *Orders*).[186] Bei Letzteren handelt es sich um sog. *Statutory Instruments*, die der Ausgestaltung von Parlamentsgesetzen dienen.[187] Die Ermächtigung zur Setzung einer solchen Verordnung enthält das jeweilige Parlamentsgesetz selbst. Diese sekundäre bzw. delegierte Gesetzgebung wird nicht vom Parlament, sondern von einzelnen Ministern erlassen. *Rules, Regulations* und *Orders* werden bspw. eingesetzt, um weit gefasste Regelungsbereiche eines Gesetzes zu konkretisieren oder auch um das Inkrafttreten eines Gesetzes festzulegen.[188]

Das ungeschriebene Recht setzt sich im Vereinigten Königreich aus dem anhand von Gerichtsurteilen entstandenen Gewohnheitsrecht (*Common Law*) sowie dem Billigkeitsrecht (*Equity Law*) zusammen.[189]

Darüber hinaus gibt es noch eine auf freiwilliger Basis zustande gekommene Rechtsgrundlage – die Kollektivvereinbarung. Diese regelt nicht nur das Arbeitsverhältnis zwischen Arbeitnehmern und Arbeitgebern (normative Funktion), sondern auch die Beziehung zwischen Arbeitgebern und Gewerkschaften (prozessuale Funktion).[190]

Neben den bereits genannten Quellen existieren außerdem Empfehlungen und sog. *Codes of Practices*, welche beispielsweise vom ACAS (*Advisory, Conciliation and Arbitration Service*), der EOC (*Equal Opportunities Commission*) oder der CRE (*Commission for Racial Equality*) erlassen werden und lediglich als Richtlinien für arbeitsrechtliche Beziehungen dienen, weshalb sie auch nicht rechtlich durchsetzbar sind.[191]

---

185 So auch *Kahn-Freund*, Arbeit und Recht, S. 44.
186 *Berlins/Dyer*, The Law Machine, S. 9.
187 *Statutory Instruments Act* von 1946.
188 *Kelly*, Statutory Instruments, S. 4.
189 Vgl. dazu *Samuel*, A Short Introduction to the Common Law, S. 3.
190 *Deakin/Morris*, Labour Law, 7. Auflage, S. 54, 259.
191 *Deakin/Morris*, Labour Law, 7. Auflage, S. 52 f.; *Lockton*, Employment Law, S. 4.

III. Die Mindestlohngesetzgebung

Wie bereits festgestellt, verzichtet das *Common Law* grundsätzlich auf legislative Eingriffe innerhalb (arbeits-)rechtlicher Beziehungen. Die sog. *Laissez-faire*-Haltung der Regierung, die sich durch Nichteinmischung (*„non-intervention by the law"*)[192] in das freie Treiben der wirtschaftlichen Kräfte auszeichnet, führte auch für lange Zeit dazu, dass keine Mindestlohngesetze eingeführt wurden.[193]

Eine Ausnahme wurde jedoch bereits ab Ende des 19. Jh. für Fabrik- und Minenarbeiter in Bezug auf den Gesundheitsschutz und die Arbeitssicherheit sowie im Hinblick auf die Arbeitszeit von Frauen und Kindern unternommen.[194]

Auch im Zusammenhang mit Lohnzahlungen führte der englische Gesetzgeber zaghaft entsprechende Regelungen ein. Hierbei handelt es sich zunächst um die *Truck Acts* aus den Jahren 1831, 1887 und 1896, die das Verbot der Warenkreditierung einführten. Dies verhinderte die Arbeitgeber ihre Beschäftigten mit eigenen Waren anstatt mit Lohn zu vergüten oder die Lohnzahlungen davon abhängig zu machen, dass die Beschäftigten ihren Lohn in den Läden des Arbeitgebers ausgaben (sog. *Truck-* oder *Tommy Shop System*).[195] Durch die *Truck Acts* waren Löhne somit bar auszuzahlen, sodass eine Lohnschmälerung durch Warenkreditierung ausgeschlossen wurde.

Nicht nur bezüglich der Auszahlung des Lohnes wurden Regelungen festgesetzt, sondern auch im Rahmen der Mindestbezahlung einzelner Arbeitnehmergruppierungen wurden ab den 1880er-Jahren erste Vorstöße unternommen. Die neu gegründete *Labour Party* reagierte zu Beginn des 20. Jh. auf die Missstände vieler Arbeiter in den sog. *sweated labours*[196] und kämpfte in kleinen Schritten für eine gesetzliche Kontrolle von Löhnen.

Durch den *Trade Boards Act* aus dem Jahr 1909 wurde in Europa erstmalig einer begrenzten Gruppe von Arbeitnehmern ein gesetzliches Lohnminimum garantiert. Die Entfaltung der Mindestlohnregelungen bezeichnete *Kahn-Freund* als eine der „beachtlichsten sozialen Entwicklungen" des vergangenen Jahrhunderts.[197]

Eine derart wachsende gesetzlich regelnde Gestaltung der Arbeitsbeziehungen ist erstaunlich, da, wie bereits festgestellt wurde, im Vereinigten Königreich das *Common Law* vorherrscht. Das Festhalten am Gewohnheitsrecht und die Abneigung gegenüber Eingriffen der Legislative wurde darüber hinaus durch

---

192 *Wedderburn*, The Worker and the Law, S. 16.
193 *Webb/Webb*, The History of Trade Unionism, S. 50, 360.
194 *Mines and Collieries Act* 1842; *Factory Act* 1844; *Print Works Act* 1845; *Factory (Ten Hours) Act* 1847 (vgl. dazu *Hueck/Nipperdey*, Lehrbuch des Arbeitsrechts, 1. Band, S. 1066).
195 *Bensinger*, Die Stellung des Gesetzes im englischen Arbeitsrecht, S. 78.
196 „Schwitzgewerbe", also Industriezweige, in denen kaum gewerkschaftliche Organisation existierte und in denen sich schlecht zahlende Arbeitgeber unterbieten konnten; siehe hierzu Kapitel 3 § 2 I. 1.
197 *Kahn-Freund*, Labour Law, in: Selected Writings, 1 (27).

den sog. „*Laissez-faire*-Gedanken" des 19. Jh. verstärkt. Diese liberale Einstellung bestimmte die Wirtschaftsverhältnisse in der Zeit nach der Industrialisierung stark und konnte sich in einem *Common Law*, das nicht durch gesetztes Recht bestimmt wird, gut entwickeln und in der Gesellschaft verankern. Man war außerdem der Ansicht, ein freies Kräftemessen der einzelnen Wirtschaftspartner würde deren ökonomische Höchstleistungen fördern.[198]

Bemerkenswert ist vor diesem Hintergrund, dass das Vereinigte Königreich, ein vom Voluntarismus bzw. vom *Laissez-faire*-Gedanken geprägtes Land,[199] 1909 als erstes europäisches Land durch staatliche Mindestvorgaben in die Arbeitsbeziehungen der Arbeiter und Arbeitnehmer eingriff und dass erst 36 Jahre[200] später weitere europäische Länder diesem Vorbild folgten. Dennoch ist festzuhalten, dass durch die Einführung dieses *Trade Boards Act* aus dem Jahr 1909 zwar eine gesetzliche Grundlage für die Festlegung von Mindestlöhnen geschaffen wurde, dieser Mindestlohn allerdings auf eine begrenzte Anzahl an Gewerben beschränkt war. Gegen die Einführung eines flächendeckenden und einheitlichen Mindestlohns hat sich das von Kollektivverhandlungen und Gewerkschaften dominierte Vereinigte Königreich lange gesträubt. Gewerkschaften sahen sich in ihrer Autonomie eingeschränkt, wenn staatliche Eingriffe in die Lohnpolitik erfolgten. In den 1980/1990er-Jahre begannen diese jedoch zögerlich, ihre ablehnende Haltung zu überdenken.[201]

Weitere 90 Jahre nach dem Erlass des *Trade Boards Act* wagte sich auch das Vereinigte Königreich an die Einführung eines *Minimum Wage,* eines flächendeckenden Mindestlohns.

Der *National Minimum Wage Act* trat am 01.04.1999 in Kraft und stellte erstmals ein Mindestmaß der Lohnzahlung für Beschäftigte des Vereinigten Königreichs sicher. Dieses Mindestlohngesetz findet automatische Anwendung in allen Arbeitsverträgen, die vom Anwendungsbereich erfasst sind, und bedarf keiner weiteren Umsetzung.[202]

§ 2 Geschichte des britischen gesetzlichen Mindestlohns

Im 19. Jh. herrschte im britischen Arbeitsrecht das Prinzip des „*Laissez-faire*".[203] Hierunter versteht man eine liberale Grundidee, die das britische Freiheitsgefühl zum Ausdruck brachte. Kennzeichnend für die *Laissez-faire*-Bewegung war es, Eingriffe des Gesetzgebers in die Vertragsfreiheit oder eine tief greifende Verrechtlichung der Privatautonomie abzulehnen.[204] *Kahn-Freund* beschrieb das Prinzip als

---

198 *Bensinger*, Die Stellung des Gesetzes im englischen Arbeitsrecht, S. 27.
199 *Webb/Webb*, The History of Trade Unionism, S. 44.
200 Luxemburg führte im Jahr 1945 den gesetzlichen Mindestlohn ein.
201 *Bosch/Weinkopf*, WSI Mitteilungen 2006, 125 (125).
202 *Deakin/Morris*, Labour Law, 7. Auflage, S. 294.
203 *Card/Krueger*, Myth and Measurement, S. 8.
204 *Steinmetz*, Begegnungen vor Gericht, S. 101.

ein „freies Spiel der kollektiven Kräfte einer Gesellschaft auf dem Markt und der Begrenzung staatlicher Intervention".[205] Anhänger des *„Laissez-faire"* waren der Ansicht, dass staatliche Eingriffe in arbeitsrechtlichen Beziehungen die Wettbewerbsfähigkeit der britischen Industrie gefährden würden und eine gesetzliche Regelung mit dem freien Handel unvereinbar wäre.[206]

Gegen Ende des 19. Jh. fand jedoch eine politische und gesellschaftliche Wende statt, die sich in einem Verlangen nach mehr staatlicher Intervention ausdrückte.[207] Diesen Forderungen wurde im Jahr 1875 durch den *Public Health Act* sowie den *Workshop and Factory Act* aus dem Jahr 1878 Rechnung getragen.[208] Daneben wurden außerdem Gesetze erlassen, die der Gesundheit und der Sicherheit dienen und die Rechte der Arbeitnehmer verstärken sollten. Hierbei handelte es sich um die Gesetze zum Schutz bei Arbeitsunfällen, zur Arbeitsvermittlung, Altersvorsorge sowie zur Arbeitslosen- und Krankenversicherung.[209]

Die ersten Instrumente einer staatlichen Lohnkontrolle waren die *Fair Wages Resolution* aus dem Jahr 1891[210] sowie das System der *Trade Boards* ab 1909[211]. Vorreiter solcher Mindestlohnregelungen waren Neuseeland und Australien. In Australien bestand seit Ende des 19. Jh. das sog. *Wage Boards System*[212], durch das bestimmten Arbeitnehmern ein gesetzliches Lohnminimum zustand.[213]

I. *Fair Wages Resolution* – Anfänge staatlicher Lohnbestimmungen

Die *Fair Wages Resolution* (Erklärung über gerechte Löhne) legte fest, dass Arbeitgeber, die sich für öffentliche Aufträge bewarben, Löhne zahlen mussten, die in der jeweiligen Branche üblich waren.[214] Die Resolution wurde am 13.02.1891 vom britischen Unterhaus (dem *House of Commons*) angenommen. Grund dafür war

---

205 *Kahn-Freund*, Labour Law, in: Selected Writings, 1 (8).
206 *Card/Krueger*, Myth and Measurement, S. 21; *Davidson*, The Historical Journal 1978, 571 (578).
207 *Blackburn*, A Fair Day's Wage for a Fair Day's Work?, S. 70; *Card/Krueger*, Myth and Measurement, S. 21.
208 Vgl. dazu *Potter*, The Nineteenth Century 1890, 885 (897), *Webb/Webb*, The History of Trade Unionism, S. 357.
209 Vgl. zur Sozialgesetzgebung *Kahn-Freund*, Labour Law, in: Selected Writings, 1 (5); *Richardson*, Industrial Relations in Great Britain, S. 31 f.; *Waltman*, Minimum Wage Policy in Great Britain and the United States, S. 40.
210 Siehe hierzu sogleich Kapitel 3 § 2 I. 2.
211 Siehe hierzu Kapitel 3 § 2 II.
212 *Factory and Shops Act of Victoria*, Australien von 1896 [Punkt 15].
213 *Blackburn*, BJIR 2009, 214 (221); *Sells*, The British Trade Boards System, S. 1; *Starr*, Minimum Wage Fixing, S. 1.
214 *Fair Wages Resolution* 1891, siehe Anhang 1.

ein Bericht des sog. *Select Committee on Sweating (Sweatingenquete)*.[215] Der „Sweating"-Ausschuss des britischen Oberhauses bestand von 1888 bis 1890 und setzte sich mit den Ursachen und Folgen des sog. „Sweating" sowie dessen Bekämpfung auseinander.[216]

1. Das sog. Sweated Labour

Der Begriff „Sweating" darf in dem oben beschriebenen Zusammenhang nicht ohne Weiteres als „Schwitzen" verstanden werden. Auch wenn die *„sweated trades"* hierzulande oft als „Schwitzgewerbe"[217] bezeichnet werden, so umfasst der Begriff des *„Sweating"* wesentlich mehr. Definiert wurde dieser Ausdruck zunächst als ein Zusammenspiel von 1. unangemessen niedrigen Löhnen, 2. übermäßig vielen Arbeitsstunden sowie 3. unhygienischen und gesundheitsschädigenden Arbeitsplätzen.[218] Das *„Sweating"* wurde jedoch schnell zum Synonym für nur einen der drei Faktoren, nämlich für unangemessen niedrige Löhne.[219]

Ursächlich für das *Sweating*-System waren verschiedene Aspekte. Zunächst spielte das Überangebot von Arbeitskräften eine enorme Rolle.[220] Ende des 19. Jh. entstand aufgrund des höheren Bedarfs an Arbeitsplätzen im Verhältnis zu Arbeitskräften eine sog. „industrielle Reservearmee"[221]. Des Weiteren mangelte es in dieser Zeit an einer ausgereiften Gewerkschaftsorganisation und die *sweated workers*, also die ausgebeuteten Arbeitnehmer, waren allein nicht stark genug, gerechte Löhne auszuhandeln. Nur wenn ihre Löhne ein so niedriges Niveau erreichten, dass sie hungern mussten, traten die Arbeitnehmer Arbeitskämpfe an.[222] Problematisch war weiterhin, dass die *sweated workers* nicht ausreichend finanzielle Mittel besaßen, einer Gewerkschaft beizutreten. Zusammengefasst bedeutete dies: Sie hatten nicht genügend Lohn, um einer Gewerkschaft beizutreten, und hatten niedrige Löhne, da sie keiner Gewerkschaft angehörten.[223]

---

215 *Bercusson*, Fair Wages Resolutions, S. 11; *Field*, The Minimum Wage, S. 18; *Waltman*, Minimum Wage Policy in Great Britain and the United States, S. 42 f.
216 *Blackburn*, BJIR 2009, 214 (217); *Waltman*, Minimum Wage Policy in Great Britain and the United States, S. 42; *Weber*, in: Nutzinger u.a. (Hrsg.), Schriften zur Wirtschafts- und Sozialpolitik (1897–1932), S. 27.
217 Vgl. *Schachner*, Der englische Gesetzesentwurf zur Regelung der Schwitzgewerbe (Sweated Industry Bill), Archiv für Sozialwissenschaft und Sozialpolitik 1909, S. 464 ff.
218 Vgl. *Fabian Society*, Fabian Tract No. 130, Home Work and Sweating – The Causes and the Remedies, S. 3; *Potter*, The Nineteenth Century 1890, 885 (886).
219 *Blackburn*, IRJ 1988, 124 (125).
220 *Blackburn*, A Fair Day's Wage for a Fair Day's Work?, S. 3.
221 Näher dazu *Heimburger*, Die Theorie von der industriellen Reservearmee, S. 43 ff.
222 *Blackburn*, A Fair Day's Wage for a Fair Day's Work?, S. 6.
223 Vgl. *Blackburn*, A Fair Day's Wage for a Fair Day's Work?, S. 6.

Das *House of Lords* rief im Jahr 1888 ein Komitee ein, das sich mit den Auswirkungen des *Sweating* auseinandersetzen sollte. Ursächlich dafür war ein Bericht, der von dem *Labour*-Korrespondenten *John Burnett* im Handelsministerium über das *Sweating*-System im Londoner East End eingereicht wurde. Der Bericht löste unterschiedliche Reaktionen aus. Diese reichten von einer Großdemonstration im Hyde Park bis hin zu einem Antrag im *House of Lords* über die Errichtung eines Ausschusses, der sich mit dem *Sweating*-System auseinandersetzen sollte. Das Komitee hielt sodann sein erstes Treffen am 16.03.1888.[224]

Die umfassenden Ergebnisse dieses SCSS (*Selected Committee on Sweating System*) wurden im Derby's Report, benannt nach seinem Vorsitzenden Lord Derby, zusammengeführt und dem britischen Unterhaus vorgelegt.[225] Dieser Report war laut *Beatrice Potter*, später *Webb*[226], der erste Meilenstein der staatlichen Schaffung von Arbeitgeberverantwortlichkeit zugunsten des Wohls der Arbeitnehmer[227] und somit auch der *Fair Wages Resolution*.

2. Die Resolution aus dem Jahr 1891

Die Mindestlohngesetzgebung im Vereinigten Königreich hat ihre ersten Ursprünge im Jahr 1891, als das *House of Commons*, das britische Unterhaus, einstimmig seine Zustimmung zur *Fair Wages Resolution*[228] erteilte.[229]

Durch die *Fair Wages Resolution* wurde Arbeitgebern, die sich für Regierungsaufträge bewarben oder diese entgegennahmen, auferlegt, ihren Arbeitnehmern solche Löhne zu zahlen, die in der jeweiligen Branche allgemein anerkannt waren.[230] Diese Vorgabe stellte sich schnell als unzureichend spezifisch heraus und bereitete deswegen in der Praxis Probleme. Lange wurde darüber diskutiert, wie diese *vergleichbaren Löhne* bestimmt werden sollten. Nach fast zwei Jahrzehnten konnte das *Fair Wages Committee*,[231] das sich eingehend mit dieser und anderen Fragen zur Resolution beschäftigte, im Jahr 1908 bekannt geben, dass bei der Festlegung des aktuellen Lohnsatzes die einschlägigen Kollektivvereinbarungen maßgeblich sein sollten.[232]

---

224 Vgl. *Feltes*, Social History 1992, 441 (442).
225 *Blackburn*, A Fair Day's Wage for a Fair Day's Work?, S. 71; näher dazu *Blackburn*, The Historical Journal 1991, 43 (47 f.).
226 Beatrice Webb war eine britische Sozialreformerin und Sozialistin sowie Aktivistin in der Fabian Society, vgl. *Mackenzie*, The Letters of Sidney and Beatrice Webb – Volume I, S. xi.
227 *Potter*, The Nineteenth Century 1890, 885 (895).
228 *Fair Wages Resolution* vom 13.02.1891, siehe Anhang 1.
229 Vgl. *Field*, The Minimum Wage, S. 18.
230 Vgl. *Field*, The Minimum Wage, S. 18; *Metcalf*, Low Pay, Occupational Mobility, and Minimum-Wage Policy in Britain, S. 72.
231 Das Komitee wurde im Jahr 1907 durch die Regierung eingesetzt, siehe sogleich.
232 Vgl. *Bercusson*, Fair Wages Resolutions, S. 41.

Ziel dieser Resolution war, den Ursachen des „*sweating*" entgegenzutreten, indem durch Lohndumping verursachten Wettbewerbsverzerrungen im öffentlichen Arbeitssektor Einhalt geboten wurde. Arbeitgeber, die öffentliche Aufträge annahmen, sollten sich nicht mehr gegenseitig durch die Zahlung von Niedriglöhnen unterbieten können.[233]

Außerdem wurde beabsichtigt, durch die Einführung dieser Resolution die Entwicklung der Gewerkschaftsorganisation und Kollektivverhandlungen voranzutreiben.[234]

Die Formulierung der *Fair Wages Resolution* aus dem Jahr 1891 war sehr weit gefasst und enthielt ausschließlich vage Bestimmungen, was deren Umsetzung sehr schwierig machte.[235] Wie bereits festgestellt, bestanden vor allem Unklarheiten bezüglich der Bestimmung *aktueller Lohnsätze*. Des Weiteren wurde kritisiert, dass sich die Resolution nur an „*workmen*", also Arbeiter, richtete – daher blieb zunächst offen, ob auch Frauen von der Resolution erfasst werden sollten. Außerdem richtete sich die Resolution nur an Beschäftigte aus den „*sweated trades*", also den Gewerben, in denen die Löhne exorbitant niedrig waren. Andere Beschäftigte, deren Lohn nicht nahe dem Existenzminimum lag, wurden mithin nicht vom Wortlaut der *Resolution* erfasst.[236] Zusätzliche Schwierigkeiten bereitete die Zuordnung der Arbeiter zu einem bestimmten „*trade*", also dem maßgebenden Gewerbe. Beispielhaft zu nennen sind hier die Berufszweige der Zimmermänner bzw. Tischler und der Möbelschreiner. Beide Berufszweige gehörten unterschiedlichen Gewerkschaften an, und erhielten verschiedene Lohnsätze. Die Zuordnung zu einem der beiden gestaltete sich kompliziert, da Arbeiter oft Merkmale beider Berufszweige in sich vereinten.[237]

Zu beachten ist, dass eine ausschließlich vom Unterhaus erlassene *Resolution* kein Akt der Legislative, also kein Parlamentsgesetz, ist.[238]

Gesetze im Vereinigten Königreich bedürfen eines Gesetzesentwurfes seitens der Regierung, welche an das Parlament weitergeleitet werden. Dieses behandelt den Gesetzesentwurf anschließend in drei Lesungen und leitet ihn danach an das Oberhaus weiter. Das Oberhaus prüft den Gesetzesvorschlag des Unterhauses und reicht ihn bei Zustimmung an den Monarchen zur Verkündung weiter.[239]

Die *Fair Wages Resolution* wurde jedoch lediglich vom Unterhaus beschlossen und nicht im ordentlichen Gesetzgebungsverfahren erlassen. Alles in allem konnte die *Resolution* daher nur als Disziplinarpflicht angesehen und nur dann vor Gericht

---

233 Vgl. *Bercusson*, Fair Wages Resolutions, S. 31; *Metcalf*, BJIR 1999, 171 (172).
234 *Bercusson*, Fair Wages Resolutions, S. 101.
235 *Bercusson*, Fair Wages Resolutions, S. 11, 36 f.
236 *Bercusson*, Fair Wages Resolutions, S. 36 f.
237 Vgl. *Bercusson*, Fair Wages Resolutions, S. 45.
238 Näher dazu *Kahn-Freund*, The Modern Law Review 1948, 269 (274); *Wedderburn*, The Worker and the Law, S. 347.
239 *Loewenstein*, Staatsrecht und Staatspraxis von Großbritannien – Band I, S. 316 ff.

geltend gemacht werden, wenn sie Bedingung eines Vertrages zwischen einem Auftraggeber und einem Auftragnehmer wurde. In diesem Fall konnten Arbeitnehmer Rechte gegenüber ihrem Arbeitgeber durchsetzen, der sich wiederum gegenüber seinem Auftraggeber verpflichtet hatte, angemessene Löhne zu zahlen. Ansprüche aus der *Fair Wages Resolution* selbst konnten sie jedoch nicht geltend machen.[240]

Aufgrund der zahlreichen Kritikpunkte wurde 1907 im Auftrag der Regierung[241] das *Fair Wages Committee* eingerichtet, das sich mit den Fragen und Problemen der ersten *Fair Wages Resolution* auseinandersetzen sollte.[242] Das Komitee arbeitete einen Abschlussbericht aus, in dem es einige Verbesserungsvorschläge hervorbrachte. Diese beinhalteten unter anderem die Einführung eines Verzeichnisses, aus denen aktuelle Lohnsätze hervorgehen sollten, sowie alternative Methoden zur Durchsetzung der Mindestlohnsätze.[243]

Trotz heftiger Kritik, vor allem in Bezug auf die Nichtdurchsetzbarkeit der *Resolution*, wurde 1909 die zweite *Fair Wages Resolution* erlassen. Die Änderung der Resolution in Richtung einer rechtlichen Verbindlichkeit wurde von der Regierung abgelehnt.[244] Insofern spiegeln sich bereits hier die Gedanken des *Common Law* und die Praxis des *Laissez-faire* wider. Staatliche Eingriffe wurden nur sehr zurückhaltend eingesetzt und man vertraute auf eine freiwillige Durchsetzung der *Resolution*.

3. Die Resolutionen aus den Jahren 1909 und 1946

Die *Fair Wages Resolution* aus dem Jahr 1909[245] änderte und löste ihre Vorgängerregelung aus dem Jahr 1891 ab. Diese war umfangreicher und berücksichtigte die Vorschläge des *Fair Wages Committee* in großen Teilen. Der Begriff „*workmen*" wurde vollständig entfernt. Des Weiteren sah die *Resolution* Sanktionen gegen die Arbeitgeber vor, die ihrer Verpflichtung nach fairen Löhnen nicht nachkamen („*[...] under the penalty of a fine [...]*"). Zusätzlich wurde klargestellt, wie die *üblichen Löhne* bestimmt werden sollten. Arbeitgeber wurden außerdem verpflichtet, ihre Beschäftigten über deren Rechte zu informieren und aufzuklären. Die Zahlung üblicher Lohnsätze wurde um die Gewährleistung üblicher Arbeitszeiten ergänzt.

Die Zeit bis zum Erlass der dritten *Resolution* im Jahr 1946[246] war sehr konflikt- und facettenreich. Sie war durch Kriege, wirtschaftliche Depressionen und

---

240 Card/Krueger, Myth and Measurement, S. 28; Kahn-Freund, The Modern Law Review 1948, 269 (274).
241 Durch das Finanzministerium (*Treasury*), vgl. dazu *Ministry of Labour* (Hrsg.), Industrial Relations Handbook, S. 149.
242 Bercusson, Fair Wages Resolutions, S. 90 ff.
243 *Report of the Fair Wages Committee* von 1908, S. 19 para 90; 25 f.
244 Bercusson, Fair Wages Resolutions, S. 107.
245 *Fair Wages Resolution* vom 01.03.1909, siehe Anhang 1.
246 *Fair Wages Resolution* vom 14.10.1946, siehe Anhang 1.

Hochkonjunkturen bestimmt.[247] Auf Beschluss der Regierung wurde ein neuer Ausschuss[248] gegründet, der die Überarbeitung der 1909er-Resolution in Angriff nehmen sollte. Aufgrund des Ausbruchs des Zweiten Weltkriegs konnten diese Ergebnisse jedoch nur verzögert umgesetzt werden.[249]

Die *Fair Wages Resolution* aus dem Jahr 1946 ersetzte und erweiterte ihre Vorgängerregelung.[250] Sie sollte so konkret wie möglich gefasst sein, sodass die Umsetzung einfacher zu realisieren wäre als nach der aus dem Jahr 1909.[251] Die *Resolution* bezog sich nun nicht mehr nur auf Lohnsätze und Arbeitszeiten, sondern auch auf sonstige Arbeitsbedingungen, die aufgrund von Kollektivvereinbarungen oder aufgrund eines Schlichtungsverfahrens (*arbitration*) in einem Industriezweig des jeweiligen Bezirks eingeführt wurden. Des Weiteren mussten Auftragnehmer eine Versicherung abgeben, in der sie bestätigten, nach bestem Wissen im Rahmen der *Resolution* zu verfahren und in der sie die Gewerkschaftsfreiheit ihrer Beschäftigten anerkannten.

Ein Vergleich aller drei Resolutionen zeigt auf, dass die Zielsetzung anfangs lediglich auf die Abschaffung des *„sweating"* gerichtet war. Die Anpassung der *Resolution* führte zu einer umfassenden Anerkennung allgemeiner Arbeitsstandards.[252]

Aber auch die *Resolution* aus dem Jahr 1946 erfuhr starke Kritik und erfüllte nicht die gesetzten Erwartungen.[253] Bemängelt wurde vor allem, dass die traditionelle Berechnung der Mindestlöhne immer komplexer wurde, da es mühsam war, vergleichbare Löhne zu bestimmen.[254]

4. Die Abschaffung der Fair Wages Resolutions

Die konservative Regierung leitete in den 80er-Jahren des 20. Jh. eine Wende in der Mindestlohnpolitik des Vereinigten Königreichs ein.[255] Der Regierung unter *Margaret Thatcher* gelang es, die *Fair Wages Resolution* aus dem Jahr 1946 abzuschaffen[256] und den Umfang der *Wage Councils*[257] einzuschränken.

---

247 Näher dazu *Bercusson*, Fair Wages Resolutions, S. 132 ff., 158 ff., 168 ff.
248 *Fair Wages Committee* von 1937–1939, vgl. *Bercusson*, Fair Wages Resolutions, S. 216.
249 Ministry of Labour (Hrsg.), Industrial Relations Handbook, S. 150 f.
250 *Bercusson*, Fair Wages Resolutions, S. 241, 247; *Kahn-Freund*, The Modern Law Review 1948, 479 (479).
251 *Bercusson*, Fair Wages Resolutions, S. xxii.
252 *Kahn-Freund*, University of Pennsylvania Law Review 1949, 778 (781).
253 *Bercusson*, Fair Wages Resolutions, S. 251 f.
254 *Bercusson*, Fair Wages Resolutions, S. 269 ff.
255 *Card/Krueger*, Myth and Measurement, S. 31 f.; *Wills/Linneker*, Transactions of the Institute of British Geographers 2014, 182 (185).
256 Durch die *House of Commons Resolution* vom 21.09.1982, vgl. *Keevash*, ILJ 1985, 217 (227).
257 Siehe hierzu Kapitel 3 § 2 II. 6.

Die Regierung begründete die Aufhebung der *Resolution* im Jahr 1982 unter anderem damit, dass das Mindestlohnsystem längst veraltet wäre. Es wurde als Heilmittel gegen die *sweatshops* am Ende des 19. Jh. entwickelt. Diese unzumutbaren Arbeitsbedingungen seien jedoch ein Problem der Vergangenheit. Nach Ansicht der Regierung seien Arbeitnehmer nun besser organisiert und verfügten über umfangreichere Rechte als im Zeitpunkt des Erlasses der ersten *Resolution*. Eine *Resolution* über die Höhe von Arbeitsentgelten sei somit überflüssig gewesen.[258]

II. Der *Trade Boards Act* aus dem Jahr 1909

Nach dem Wahlsieg der Liberalen Partei im Jahr 1906 war der Weg zu einer neuen Reform im Kampf gegen die Missstände des *sweated labours* geöffnet.[259] *Winston Churchill*, der zur damaligen Zeit im Handelsministerium (*Board of Trade*) tätig war, reichte beim Parlament einen Gesetzesentwurf ein, der die Errichtung von Gewerbeämtern (*Trade Boards*) vorsah.[260]

Am 20.10.1909 trat der *Trade Boards Act*[261] in Kraft.

Die Gewerbeämter wurden durch das Gesetz ermächtigt, in ihren jeweiligen Gewerbezweigen Lohnsätze festzulegen. Diese Lohnsätze waren als absolute Mindestwerte zu verstehen, die keinesfalls unterschritten werden durften.

Das Gesetz zur Schaffung von Gewerbeämtern deckte anfangs nur vier Gewerbezweige ab. Dem Handelsministerium stand allerdings die Befugnis zu, weitere *Trade Boards* zu errichten, sofern in einem Gewerbe besonders niedrige Löhne gezahlt wurden.[262]

Die sog. *Trade Boards* setzten sich aus Vertretern der Arbeitgeber- und Arbeitnehmerseite sowie aus unabhängigen Mitgliedern zusammen.[263] Die Arbeitnehmer- und Arbeitgebervertreter waren zu gleichen Teilen vertreten und wurden von den Betroffenen selbst ernannt. Arbeitnehmer wählten hier oft Gewerkschaftsmitglieder, die ihre Interessen effektiver geltend machen konnten. Die unabhängigen Mitglieder der *Trade Boards* waren Außenstehende, Experten aus der Industrie oder Professoren, die mit ihrem Spezialwissen zu einem konstruktiven Diskurs beitragen sollten.[264]

Der entsprechende Lohnsatz wurde individuell von der jeweils zuständigen Gewerbekammer festgelegt.[265] Falls sich die Arbeitgeber- und Arbeitnehmerseite

---

258 *Blackburn*, A Fair Day's Wage for a Fair Day's Work?, S. 191.
259 *Waltman*, Minimum Wage Policy in Great Britain and the United States, S. 40.
260 *Bean/Boyer*, BJIR 2009, 240 (259).
261 *Trade Boards Act* vom 20.10.1909, siehe Anhang 2.
262 *Bean/Boyer*, BJIR 2009, 240 (241); *Hatton*, Institute of Economic Affairs 1997, 22 (23).
263 *Kahn-Freund*, University of Pennsylvania Law Review 1949, 778 (784 f.).
264 *Sells*, The British Trade Boards system, S. 14; *Smith*, Journal of Political Economy 1914, 605 (611 f.).
265 *Hatton*, Institute of Economic Affairs 1997, 22 (23).

auch nach langen Diskussionen und Verhandlungen nicht auf einen Mindestsatz einigen konnten, hatten die sog. *appointed members*, also die unabhängigen Mitglieder, die Möglichkeit, für einen der vorgeschlagenen Lohnsätze zu stimmen.[266] Anschließend musste diese Lohnhöhe von dem Minister genehmigt werden, erst dann war diese bindend. Sofern der Minister nicht mit der vorgeschlagenen Lohnhöhe einverstanden war, konnte er sie ablehnen und die Kammer auffordern, erneut über einen Lohnsatz zu beraten.[267]

Der *Trade Boards Act* differenzierte ausdrücklich zwischen Stundenlöhnen (verpflichtend) und Stücklöhnen (optional).[268] Die Höhe bestimmte sich dabei nicht anhand des Bedarfs der Arbeiter, sondern anhand der wirtschaftlichen Bedingungen des jeweiligen Industriezweigs.[269]

Von der Befugnis, zusätzliche Gewerbeämter zu errichten, machte das Handelsministerium erstmalig 1913 durch den *Trade Boards Provisional Orders Confirmation Act*[270] Gebrauch. Der *Trades Boards Act* deckte ab diesem Zeitpunkt weitere fünf Gewerbe ab.[271]

1. Der lange Weg zu den Trade Boards

Die Forderung nach einem gesetzlichen Mindestlohn begann im Vereinigten Königreich lange vor dem Sieg der Liberalen Partei im Jahr 1906.

Die 1890er-Jahre waren eine schlechte Zeit für Kollektivverhandlungen.[272] Zwar wurde 1871 der *Trade Union Act* erlassen, durch den Gewerkschaften mehr Rechte und Anerkennung erlangen sollten,[273] es bestanden dennoch weiterhin Unklarheiten in Bezug auf das Streikrecht. Diese Unstimmigkeiten führten insgesamt zu einer abwehrenden Einstellung gegenüber Gewerkschaften.

Aus diesem Grund sahen einige Ökonomen Handlungsbedarf für die Gesetzgebung.

Beatrice Potter[274] untersuchte bereits in den 1880er-Jahren die *sweated*-Konditionen des Schneidereigewerbes im East End von London. Ihren Bericht

---

266 *Sells*, The British Trade Boards system, S. 21.
267 *Sells*, The British Trade Boards system, S. 16.
268 *Smith*, Journal of Political Economy 1914, 605 (613).
269 *Waltman*, Minimum Wage Policy in Great Britain and the United States, S. 49; Zu den einzelnen Lohnsätzen: *Keeling*, The Economic Journal 1914, 157 (157).
270 *Trade Boards Provisional Orders Confirmation Act* vom 15.08.1913, abgedruckt in: U. S. Department of Labor (Hrsg.), Bulletin of the United States Bureau of Labor Statistics, April 1915, S. 303 ff.
271 Siehe hierzu sogleich Kapitel 3 § 2 II. 2., 3.
272 *Blackburn*, A Fair Day's Wage for a Fair Day's Work?, S. 81.
273 Vgl. *McCready*, The Canadian Journal of Economics and Political Science 1956, 141 (147).
274 Später *Beatrice Webb*.

reichte sie an das *Sweating*-Komitee des britischen Oberhauses weiter.[275] Der abschließende Bericht des *Sweating*-Enquete wurde 1889 vom britischen Oberhaus veröffentlicht. Folge des Berichts war die Einführung der *Fair Wages Resolution* aus dem Jahr 1891.[276] Weitere Schritte, insbesondere gegen die Missstände in den Ausbeutegewerben, wurden jedoch nicht unternommen.[277] *Sir Charles Dilke*, damaliger Politiker der Liberalen Partei,[278] forderte, jedoch noch erfolglos, bereits in dieser Zeit die Einführung eines gesetzlichen Mindestlohns.[279] Er unternahm Reisen nach Neuseeland und Australien – Länder, in denen bereits Ende des 19. Jh. Gesetze zur Setzung von Lohnuntergrenzen eingeführt wurden.[280] Er untersuchte die jeweiligen Mindestlohnsysteme und sprach sich für ein *„Trade Boards System"*, ähnlich dem in Australien, aus.[281] Viele Gesetzesentwürfe, die er ab 1900 regelmäßig einbrachte, wurden jedoch nie einer zweiten Lesung unterzogen.[282]

Weitere Unterstützer seiner Mindestlohnpolitik fand *Sir Charles Dilke* in *Beatrice* und *Sidney Webb* sowie in weiteren Anhängern der *Fabian Society*.[283] Bei der *Fabian Society* handelt es sich um eine linksliberal sozialistische Gruppierung, die 1884 in London gegründet wurde.

In der darauffolgenden Zeit wurde außerdem die NASL (*National Anti-Sweating League*) gegründet, eine unpolitische Vereinigung, die zum Ziel hatte, eine extensive Mindestlohnpolitik zu etablieren.[284]

Die große Wende in der Mindestlohnpolitik erfolgte im Jahr 1906. Eine liberale Regierung, bestehend aus vielen *„Anti-Sweating"*-Mitgliedern, gewann die Mehrheit bei den Parlamentswahlen; die *Fabian Society* veröffentlichte eine Abhandlung zum Mindestlohn[285] und in London wurde eine Ausstellung eröffnet, die sich

---

275 *Metcalf*, On the impact of the British National Minimum Wage on pay and employment, S. 3.
276 Siehe hierzu soeben Kapitel 3 § 2 I. 2.
277 Näher dazu *Blackburn*, IRJ 1988, 124 (126); *Smith*, Journal of Political Economy 1914, 605 (605 f.).
278 *Waltman*, Minimum Wage Policy in Great Britain and the United States, S. 48.
279 *Metcalf*, On the impact of the British National Minimum Wage on pay and employment, S. 3.
280 *Smith*, Journal of Political Economy 1914, 605 (606 f.).
281 *Blackburn*, A Fair Day's Wage for a Fair Day's Work?, S. 9, 83.
282 *Blackburn*, A Fair Day's Wage for a Fair Day's Work?, S. 83; *Hatton*, Institute of Economic Affairs 1997, 22 (22); *Smith*, Journal of Political Economy 1914, 605 (607); *Waltman*, Minimum Wage Policy in Great Britain and the United States, S. 48.
283 *Blackburn*, A Fair Day's Wage for a Fair Day's Work?, S. 9; *Blackburn*, IRJ 1988, 124 (126).
284 *Blackburn*, A Fair Day's Wage for a Fair Day's Work?, S. 9; *Blackburn*, IRJ 1988, 124 (126); *Blackburn*, BJIR 2009, 214 (224); *Grover*, Social Security and Wage Poverty, S. 170 f.; *Richardson*, Industrial Relations in Great Britain, S. 122; *Waltman*, Minimum Wage Policy in Great Britain and the United States, S. 47 f.
285 Im Jahr 1906 veröffentlichte die *Fabian Society* „The Case for a legal Minimum Wage", Fabian Tract No. 128.

mit den Ursachen und Folgen des *Sweating* auseinandersetzte.[286] Die Ausstellung sorgte bei den meisten Besuchern für Bestürzung, als diese feststellen mussten, dass qualitativ hochwertige und preisintensive Güter von Arbeitern hergestellt wurden, die einen „Hungerlohn" dafür bekamen.[287]

Hierzu saßen 45 Arbeiter in Ständen in der Queen's Hall in London und gingen ihrem Handwerk nach. Die Besucher flanierten durch das Gebäude und konnten auf Informationstafeln erfahren, wie viel das erstellte Produkt kostete, wie viel ein Arbeiter verdiente und wie viel er zum Leben benötigte.[288] Das Publikum konnte so einen Einblick in das Leben ausgebeuteter Arbeiter nehmen und einzelne Lebensgeschichten nachempfinden. Die Zustände des *sweated labour* waren ab diesem Zeitpunkt im Bewusstsein der Gesellschaft.[289] Das Erschreckende für die Besucher war jedoch die Erkenntnis, welche Auswirkungen das *Sweating* auf die wirtschaftliche Effizienz hatte.[290] Das Ziel der Ausstellung war „*to shock and to shame*"[291] (zu schockieren und zu beschämen); und das gelang, denn die Ausstellung erlangte so großen Erfolg, dass sie um weitere zwei Wochen verlängert wurde und zusätzliche Ausstellungen folgten.[292]

Ebenfalls im Jahr 1906 wurde ein Komitee vom *Board of Trade* damit beauftragt, Daten über Verdienste und Arbeitsstunden zu sammeln und zusammenzufassen.[293] Im darauffolgenden Jahr wurde ein weiterer Ausschuss vom britischen Oberhaus eingesetzt, der sich mit dem *Sweating* im Heimarbeitsgewerbe beschäftigte, das *Select Committee on Home-Work*.[294] Ergebnis dieses Komitees war ein Report mit dem Ergebnis, dass nur eine Gesetzgebung effektiv gegen die „Ausbeuterlöhne" wirken könne. Diese vorgesehene Mindestlohngesetzgebung sollte sich an der in Victoria (Australien) aus dem Jahr 1896[295] orientieren.[296]

Die Regierung stand in dieser Zeit unter großem politischem Druck. Aus diesem Grund wurde der Beamte *Ernest Aves*, später Vorsitzender des *Board of Trade*, im Jahr 1907 nach Australien geschickt, um die Funktionsweise des dortigen Mindestlohnsystems zu untersuchen.[297] Die Grundlage für den *Trade Boards Act* aus dem Jahr 1909 war somit gelegt.

---

286 *Blackburn*, BJIR 2009, 214 (223 f.); *Smith*, Journal of Political Economy 1914, 605 (608).
287 *Blackburn*, IRJ 1988, 124 (126).
288 *Waltman*, Minimum Wage Policy in Great Britain and the United States, S. 47.
289 *Blackburn*, A Fair Day's Wage for a Fair Day's Work?, S. 92 ff.
290 *Blackburn*, A Fair Day's Wage for a Fair Day's Work?, S. 99.
291 *Blackburn*, A Fair Day's Wage for a Fair Day's Work?, S. 102.
292 *Blackburn*, A Fair Day's Wage for a Fair Day's Work?, S. 102 f
293 Vgl. *Blackburn*, A Fair Day's Wage for a Fair Day's Work?, S. 91.
294 *Smith*, Journal of Political Economy 1914, 605 (609).
295 Näher dazu *Boehringer*, Die Lohnämter in Victoria, passim.
296 Report des SCH (*Select Committee on home work*), S. viii ff.
297 *Richardson*, Industrial Relations in Great Britain, S. 123; *Waltman*, Minimum Wage Policy in Great Britain and the United States, S. 48.

Durchgesetzt wurde das Gesetz von *Winston Churchill*, der zu dieser Zeit die Position des Handelsministers innehatte.[298] Der Gesetzesentwurf umfasste zunächst nur schlecht aufgestellte Gewerbe, in denen Kollektivverhandlungen lediglich Gelegenheitscharakter besaßen. Die *Labour Party* forderte die Ausweitung des Gesetzes auf mehr als vier Gewerbe, wurde jedoch mit der Begründung überstimmt, dass man eine neue Gesetzgebung langsam angehen müsste.[299]

Die britische Mindestlohngesetzgebung in Gestalt des *Trade Boards Act* weist somit lediglich einen Gelegenheitscharakter auf, denn sie fand nur auf bestimmte Gewerbe Anwendung, und es profitierten nur die Arbeitnehmer davon, die wirklich ein Lohnminimum benötigten.[300]

Der *Trade Boards Act* stellt die erste Grundlage staatlicher Mindestlöhne innerhalb Europas dar. Selbst weltweit konnten lediglich in Australien und Neuseeland Arbeiter von vergleichbaren Regelungen profitieren.[301]

2. Trade Boards Act aus dem Jahr 1909 – Inhalt und Umfang

Der *Trade Boards Act* legte selbst keinen Mindestlohn fest. Er war lediglich die rechtliche Grundlage für die Errichtung von sog. *Trade Boards* (Gewerbeämtern),[302] die dann für ihre jeweilige Branche individuell einen Stunden- oder Stücklohn festlegten.[303] Letzterer war vor allem für die Heimarbeiter bedeutend, also für jene, die ihre Arbeit von den Fabriken erhielten und zu Hause verrichteten.[304]

Aufgabe des *Trade Boards Act* war somit die Bereitstellung eines Lohnsetzungsmechanismus in den Industriezweigen, in denen einerseits die Löhne, verglichen mit anderen Industrien, sehr niedrig waren und andererseits keine funktionsfähige Kollektivverhandlungsmaschinerie existierte.[305] Ein Langzeitziel der Gewerbeämter war, dass diese durch ein System von Kollektivvereinbarungen ersetzt wurden.[306]

Die ersten vier Gewerbe, die vom *Trade Boards Act* abgedeckt wurden, waren die Kettenschmiede (*chain making*), die Papierschachtelherstellung (*paper box making*), die Spitzenfabrikation und das Fischen (*machine-made Lace and net*

---

298 Vgl. *Bean/Boyer*, BJIR 2009, 240 (259); *Finn*, The National Minimum Wage in the United Kingdom, S. 11; *Hatton*, Institute of Economic Affairs 1997, 22 (22); *Pyper*, The National Minimum Wage: historical background, S. 3.
299 Vgl. *Blackburn*, A Fair Day's Wage for a Fair Day's Work?, S. 115.
300 *Kahn-Freund*, Labour and the Law, S. 34.
301 *Bean/Boyer*, BJIR 2009, 240 (258).
302 *Deakin/Green*, BJIR 2009, 205 (205).
303 *Deaking/Green*, CentrePiece 2009, 6 (7); *Grover*, Social Security and Wage Poverty, S. 169; *Kahn-Freund*, University of Pennsylvania Law Review 1949, 778 (787).
304 *Metcalf*, On the impact of the British National Minimum Wage on pay and employment, S. 68.
305 *Card/Krueger*, Myth and Measurement, S. 4; *Keevash*, ILJ 1985, 217 (217).
306 *Finn*, The National Minimum Wage in the United Kingdom, S. 11.

fishing) und die Konfektionsindustrie (*Ready-made and wholesale bespoke tailoring*)[307], was insgesamt ca. 400.000 Arbeiter ausmachte.[308] Erfasst wurden davon rund 250.000 Arbeiter,[309] denn nicht jeder Beschäftigte aus den vier Gewerben erhielt ein Lohnminimum. Ausgenommen waren alte und gebrechliche Menschen sowie Auszubildende.[310] Von der Einsetzung der *Trade Boards* profitierten am meisten weibliche Arbeiterinnen, denn diese waren überwiegend in der schlecht bezahlten Heimarbeit tätig.[311]

Die Umsetzung der Mindestlöhne wurde durch sog. *Investigating officers* (Untersuchungsbeamte) gewährleistet, die die Einhaltung der Zahlung überprüften.[312] Allerdings waren diese Posten anfangs so unterbesetzt, dass eine umfassende Kontrolle nicht möglich war und so die Mindestlohnregelungen von vielen Arbeitgebern umgangen werden konnten.[313] Arbeitgeber, die weniger als das vorgeschriebene Minimum zahlten, wurden durch Geldstrafen zur Verantwortung gezogen.[314]

Die Gewerbeämter waren paritätisch aus Vertretern der Arbeitnehmer- und Arbeitgeberseite sowie aus unabhängigen Mitgliedern zusammengesetzt.[315] Bis zum Tod von *Ernest Ave* im Jahr 1917 gab es einen Vorsitzenden für alle *Trade Boards*. Nach diesem Zeitpunkt hat der Arbeitsminister für jeden *Trade Board* individuell einen Vorsitzenden bestimmt.[316]

Die damaligen Gewerkschaften erkannten die Gewerbeämter als einen entscheidenden Schritt in Richtung Gerechtigkeit an, und gewissenhafte Arbeitgeber befürworteten das *Trade-Boards*-System vor allem im Hinblick auf die Eindämmung der Lohnunterbietung.[317]

Das Gesetz beinhaltete die Befugnis, weitere Gewerbeämter zu errichten. Im Jahr 1913 wurde das bestehende System auf weitere fünf Industriezweige ausgedehnt.[318]

---

307 *Blackburn*, Twentieth Century British History 1999, 107 (112); *Sells*, The British Trade Boards system, S. 2; *Steinmetz*, Begegnungen vor Gericht, S. 69.
308 Vgl. *Waltman*, Minimum Wage Policy in Great Britain and the United States, S. 63.
309 *Blackburn*, A Fair Day's Wage for a Fair Day's Work?, S. 1.
310 *Blackburn*, The Historical Journal 1991, 43 (57); *dies.*, BJIR 2009, 214 (228); näher zu der Arbeitsgruppe der Auszubildenden vgl. *Sells*, The British Trade Boards system, S. 66.
311 *Bean/Boyer*, BJIR 2009, 240 (247, 257 f.); *Waltman*, Minimum Wage Policy in Great Britain and the United States, S. 63.
312 *Keeling*, The Economic Journal 1914, 157 (159).
313 *Blackburn*, BJIR 2009, 214 (228).
314 *Blackburn*, BJIR 2009, 214 (227).
315 *Sells*, The British Trade Boards system, S. 8; näher dazu *Waltman*, Minimum Wage Policy in Great Britain and the United States, S. 63.
316 *Sells*, The British Trade Boards system, S. 15; *Smith*, Journal of Political Economy 1914, 605 (612 f.).
317 *Blackburn*, IRJ 1988, 124 (124 f.).
318 *Trade Boards Provisional Orders Confirmation Act* 1913.

Dies waren die Branchen der Zuckerwaren und Lebensmittelkonservierung, die Hemdschneiderei, die Kesselindustrie und die Blechbüchsenherstellung sowie die Leinen- und Baumwollstickerei.[319]

Ein weiterer Schritt im Rahmen der Mindestlohnpolitik wurde 1912 durch den *Coal Mines (Minimum Wage) Act* unternommen. Hierbei handelte es sich um eine vom *Trade Boards Act* unabhängige Regelung zur Setzung von Lohnuntergrenzen für Untertagearbeiter durch Bezirkskammern.[320]

3. Mindestlöhne im Ersten Weltkrieg und der Amendment Act aus dem Jahr 1918

In der Zeit des Ersten Weltkriegs wurden Mindestlöhne in weiteren Industrien eingeführt. Hierbei handelte es sich namentlich um die Waffenindustrie (*Munitions of War Act*) sowie die Landwirtschaft (*Corn Production Act*).[321] Durch den *Temporary Regulation Act* aus dem Jahr 1918 erhielt nahezu die komplette Arbeiterklasse einen Mindestlohn.[322] Dieser wurde durch den *Industrial Courts Act* aus dem Jahr 1919 abgeändert.[323]

Ein einheitlicher Mindestlohn wurde überwiegend abgelehnt und damit begründet, die Erfahrung aus den *Trade Boards* zeige, dass Lohnuntergrenzen von Industrie zu Industrie individuell festgelegt werden müssten.[324]

Nach dem Kriegsende kehrte eine wirtschaftliche Wende ein.[325] Ein neues Komitee, das *Whitley Committee*, wurde eingesetzt, welches die Nachkriegsbeziehungen zwischen Arbeitgebern und Arbeitern untersuchen sollte. Der Ausschuss sprach sich für die Stärkung von Kollektivvereinbarungen und die Änderung des *Trade Boards Act* aus dem Jahr 1909 aus sowie für die Einführung von *Joint Industrial Councils* (auch bekannt als *Whitley Councils*).[326] Unter den *Joint Industrial Councils* verstand man paritätisch besetzte Ausschüsse der Arbeitgeber- und Arbeitnehmerseite. Die Empfehlung des *Whitley Committee* hatte einen großen Einfluss auf das Änderungsgesetz. Der *Trade Boards (Amendment) Act* aus dem Jahr 1918 sah

---

319 Blackburn, A Fair Day's Wage for a Fair Day's Work?, S. 175; Keeling, The Economic Journal 1914, 157 (159); Richardson, Industrial Relations in Great Britain, S. 123; Smith, Journal of Political Economy 1914, 605 (626); Waltman, Minimum Wage Policy in Great Britain and the United States, S. 64.
320 Bercusson, Fair Wages Resolutions, S. 119; Sells, The British Trade Boards system, S. 2.
321 Näher zum *Munitions of War Acts* und *Corn Production Act* vgl. Hatton, Institute of Economic Affairs 1997, 22 (23); Sells, The British Trade Boards system, S. 2 f.
322 Blackburn, A Fair Day's Wage for a Fair Day's Work?, S. 176 f.
323 Industrial Courts Act von 1919, Part III; Kahn-Freund, The Modern Law Review 1948, 269 (280).
324 Vgl. Blackburn, A Fair Day's Wage for a Fair Day's Work?, S. 177; Card/Krueger, Myth and Measurement, S. 22.
325 Bercusson, Fair Wages Resolutions, S. xix.
326 Ministry of Labour (Hrsg.), Industrial Councils – The Whitley Report, S. 9 ff.

vor, dass der Arbeitsminister eine neue Handelskammer errichten konnte, sofern keine adäquate Lohnsetzungsmaschinerie in diesem Gewerbe existierte.[327] Somit wurde das Gesetz aus dem Jahr 1909 abgeändert und erweitert. Zunächst wurden die Voraussetzungen, unter denen eine Handelskammer errichtet werden konnte, modifiziert. Während es anfangs noch hieß, dass ein *Trade Board* nur in einem Sektor errichtet werden konnte, wo die Löhne äußerst niedrig waren, so wurde ab 1918 vorausgesetzt, dass in dem entsprechenden Wirtschaftszweig keine adäquaten Lohnsetzungsmechanismen bestanden.[328]

Weiterhin wurde die Lohnfestsetzungsbefugnis der Kammern erweitert und schließlich wurde die Verantwortung des Arbeitsministers gestärkt.[329] Die Gewerbeämter (*Trade Boards*) wurden also von nun an vom Arbeitsministerium und nicht weiter von der Handelskammer (*Board of Trade*) errichtet.[330] Ziel war es erneut, die *Trade Boards* durch ein funktionierendes System von Lohnverhandlungen und Kollektivvereinbarungen zu ersetzen, sodass staatliche Vorgaben nicht länger notwendig gewesen wären.[331]

Diese Regelungen wurden ohne große Zeitverzögerung umgesetzt. Im Jahr 1921 wurden mehr als sechzig Kammern errichtet, die ca. 3 Mio. Arbeiter erfassten.[332] Einmal eingesetzt, konnten diese *Trade Boards* nur vom Arbeitsminister selbst wieder abgeschafft werden.[333]

Ein Gewerbeamt war dabei landesweit für das gesamte Gewerbe zuständig und erfasste sowohl männliche als auch weibliche Arbeitnehmer. Dies galt unabhängig davon, ob die Arbeit von zu Hause aus, in einer Fabrik oder einer Werkstatt verrichtet wurde.[334]

Die vom Arbeitsminister bestätigten Lohnsätze wurden rechtlich bindend und die Arbeitgeber, die diese unterboten, wurden dafür haftbar gemacht. Die Überwachung der Einhaltung wurde durch Beamte realisiert.[335]

Im Ergebnis führte das Änderungsgesetz dazu, dass Gewerbeämter nun nicht mehr nur da errichtet werden konnten, wo ein extrem niedriges Lohnniveau

---

327 Vgl. *Kahn-Freund*, University of Pennsylvania Law Review 1949, 778 (787 f.); *Waltman*, Minimum Wage Policy in Great Britain and the United States, S. 65.
328 Vgl. *Richardson*, Industrial Relations in Great Britain, S. 124.
329 Näher dazu *Blackburn*, A Fair Day's Wage for a Fair Day's Work?, S. 178.
330 *Richardson*, Industrial Relations in Great Britain, S. 123.
331 *Bayliss*, International Labour Review 1959, 410 (411); *Starr*, Minimum Wage Fixing, S. 20.
332 Vgl. *Blackburn*, A Fair Day's Wage for a Fair Day's Work?, S. 5, 178.
333 *Sells*, The British Trade Boards system, S. 11.
334 *Richardson*, Industrial Relations in Great Britain, S. 124; während in anderen Ländern Differenzierungen bzgl. des Geschlechts oder des Arbeitsorts vorgenommen wurden, vgl. ebenda.
335 *Richardson*, Industrial Relations in Great Britain, S. 125.

herrschte, sondern auch überall dort, wo keine Kollektivvereinbarungen abgeschlossen wurden.[336]

4. Entwicklungen bis zur Änderung 1945

Dem *Trade-Boards*-System wurde trotz der Ausweitung immer mehr Kritik zuteil.[337] Aus diesem Grund setzte der Arbeitsminister ein Komitee, das *Cave Committee*, ein, das sich mit der Wirkungsweise der *Trade Boards* beschäftigen sollte. Der Bericht[338] war weniger beanstandend als erwartet, dennoch wurde eine Begrenzung der *Trade Boards* auf ausschließlich schlecht bezahlte Gewerbe, wie bei der Vorgängerregelung aus dem Jahr 1909, vorgeschlagen.[339] Dementsprechend wurde in der folgenden Zeit nur eine begrenzte Anzahl an neuen Gewerbeämtern geschaffen.[340] Dennoch wurden weitere Lohnuntergrenzen außerhalb der Handelskammern geschaffen, durch den *Agricultural Wages Act* aus dem Jahr 1924, den *British Sugar Act* aus dem Jahr 1925[341], den *Road Haulage Act* aus dem Jahr 1938 sowie die *Catering Wages Bill* aus dem Jahr 1943.[342]

Die abwehrende Haltung gegenüber den *Trade Boards* änderte sich zur Zeit der wirtschaftlichen Depression in den 1930er-Jahren. Die Regierung erkannte die Mindestlöhne der Handelskammern als Schutzmechanismus in Zeiten wirtschaftlicher Krisen an.[343]

5. Wage Councils

Im Jahr 1945 kam es zur grundlegenden Änderung und Umbenennung der *Trade Boards* in *Wage Councils* (Lohnausschüsse). Während andere europäische Länder einheitliche, staatliche Mindestlöhne errichteten, wurde im Vereinigten Königreich lediglich eine Änderung des *Trade-Boards*-Systems angestrebt. Die Umbenennung erfolgte absichtlich, um zu demonstrieren, dass die *sweated labours*, die die ursprünglichen *Trade Boards* verbessern sollten, nunmehr der Vergangenheit angehörten.[344]

---

336 *Blackburn*, IRJ 1988, 124 (128).
337 Näher dazu *Hatton*, Institute of Economic Affairs 1997, 22 (26).
338 Report des *Cave Committee* von 1922: *Report to the Minister of Labour of the Committee appointed to Enquire into the Working and Effects of the Trade Boards Acts.*
339 *Hatton*, Institute of Economic Affairs 1997, 22 (23).
340 *Hatton*, Institute of Economic Affairs 1997, 22 (23).
341 *Kahn-Freund*, The Modern Law Review 1948, 269 (281 f.).
342 *Blackburn*, A Fair Day's Wage for a Fair Day's Work?, S. 182; *Waltman*, Minimum Wage Policy in Great Britain and the United States, S. 68 f.
343 *Blackburn*, IRJ 1988, 124 (129).
344 Vgl. *Blackburn*, A Fair Day's Wage for a Fair Day's Work?, S. 185; *Waltman*, Minimum Wage Policy in Great Britain and the United States, S. 70.

Um die Arbeitslosigkeit und eine Schwächung von Kollektivvereinbarungen wie nach der Zeit des Ersten Weltkriegs zu vermeiden, beschloss der damalige Labour-Abgeordnete Ernest Bevin, das System der Trade Boards zu reformieren.[345]

Durch den *Wage Councils Act* aus dem Jahr 1945 konnte das ursprüngliche *Trade-Boards*-System auf weitere Gewerbe, vorwiegend im Einzelhandel, erweitert werden. Das Gesetz sollte dazu führen, dass mehr Arbeiter von einer staatlichen Lohnuntergrenze profitieren konnten.[346] Hauptziel war jedoch nicht nur die Vermeidung von „Hungerlöhnen", sondern vielmehr die Förderung von Kollektivverhandlungen, mithin als „Stütze für die wackelige Kollektivvereinbarungsmaschinerie".[347]

Wage Councils wurden vom Staatssekretär für Arbeit sowohl eingerichtet als auch geändert oder abgeschafft.[348] Vor der Errichtung eines *Wage Council* wurde dessen Notwendigkeit von einem Untersuchungsausschuss überprüft.[349] Dazu mussten drei Umstände geklärt werden. Der erste war, ob in dem Gewerbe bereits auf freiwilliger Basis zustande gekommene Kollektivvereinbarungen bestanden; der zweite, ob diese Kollektivvereinbarungen alle wichtigen Aspekte in Bezug auf Löhne und sonstigen Arbeitsbedingungen abdeckten und letztlich, ob bereits ein vernünftiges Lohnniveau in dem Gewerbe existierte.[350]

Ein Lohnausschuss bestand aus einer gleichen Anzahl von Mitgliedern der Arbeitgeber- und Arbeitnehmerseite sowie aus maximal drei unabhängigen Personen[351], wie beispielsweise Anwälten oder Ökonomen.[352] Durch einen Beschluss legten die Lohnausschüsse dann Mindestlöhne, Urlaubs- und andere Arbeitsbedingungen fest.[353] Die verschiedenen Lohnuntergrenzen waren dabei vom Alter der Beschäftigten, der Region des Arbeitsstandortes und weiteren Faktoren abhängig.[354]

Diese Beschlüsse hatten dieselbe rechtliche Wirkung wie Gesetze,[355] was bedeutete, dass ihr Inhalt Bestandteil der Arbeitsverträge wurde, die in ihren Geltungsbereich fielen.[356] Die Umsetzung und Anwendung der Beschlüsse überwachte

---

345 Vgl. *Blackburn*, IRJ 1988, 124 (130); *Card/Krueger*, Myth and Measurement, S. 23.
346 *Blackburn*, A Fair Day's Wage for a Fair Day's Work?, S. 185.
347 *Kahn-Freund*, Labour Law, in: Selected Writings, 1 (29).
348 *Sect. 6 Wages Councils Act 1945*.
349 *Sect. 1–9 Wages Councils Act 1945*; siehe auch *Waltman*, Minimum Wage Policy in Great Britain and the United States, S. 70.
350 *Sect. 1 Wages Councils Act 1945*; näher dazu *Bayliss*, International Labour Review 1959, 410 (414); *Kahn-Freund*, University of Pennsylvania Law Review 1949, 778 (789 f.).
351 *Second Schedule, Wages Councils Act 1945*.
352 *Kahn-Freund*, Labour Law, in: Selected Writings, 1 (29).
353 *Finn*, The National Minimum Wage in the United Kingdom, S. 11 f.; *Metcalf*, Low Pay, Occupational Mobility, and Minimum-Wage Policy in Britain, S. 64.
354 *Metcalf*, Low Pay, Occupational Mobility, and Minimum-Wage Policy in Britain, S. 71.
355 *Waltman*, Minimum Wage Policy in Great Britain and the United States, S. 70.
356 *Bensinger*, Die Stellung des Gesetzes im englischen Recht, S. 83.

das sog. *Wage Inspectorate* (Lohninspektion), welches vom Staatssekretär für Arbeit ernannt wurde.[357] Spätere Überprüfungen haben jedoch ergeben, dass die Beschlüsse der *Wage Councils* nur selten eingehalten wurden.[358] Die Überprüfung im Arbeitsumfeld der Heimarbeiter durch die Inspektoren war nur schwer realisierbar. Des Weiteren war ein einzelner Kontrolleur für nahezu 18.000 Beschäftigte zuständig.[359] An der Effektivität der Überwachung und der Umsetzung wurde somit zu Recht gezweifelt.[360]

Der Antrag zur Abschaffung eines Lohnausschusses konnte gemeinsam von den Gewerkschaften und Arbeitgebern gestellt werden, sofern Kollektivverhandlungen zwischen ihnen stattfanden.[361]

Seit 1950 sanken die Mindestlohnstandards für ungelernte Arbeitnehmer kontinuierlich, was damit begründet wurde, dass die unabhängigen Mitglieder der *Wage Councils* von der regierenden Konservativen Partei vorgeschlagen wurden, die im Falle von Uneinigkeiten der Arbeitgeber- bzw. Arbeitnehmervertreter über die Lohnsätze entschieden.[362] Diese waren Universitätsprofessoren, Anwälte oder Beamte.[363]

6. Einschränkungen in den 1960er- bis 1980er-Jahren

In den 1960er- und 1970er-Jahren änderte sich die Einstellung gegenüber den *Wage Councils* erheblich. Bedenken kamen auf, ob diese Lohnausschüsse ein effektives Instrument zur Verbesserung des Niedriglohnsektors seien.[364] Bestätigt wurden diese Befürchtungen durch den Bericht der *Royal Commission on Trade Unions and Employers' Associations* (Königliche Kommission für Gewerkschaften und Arbeitgeberverbände). Aus diesem sog. *Donovan Report* aus dem Jahr 1968[365] ging hervor, dass *Wage Councils* ineffektiv zur Reduzierung von niedrigen Löhnen seien und dass diese den Abschluss von Kollektivvereinbarungen hemmten.[366] Des Weiteren

---

357 Sect. 17 Wages Councils Act 1945.
358 Vgl. *Keevash*, ILJ 1985, 217 (218).
359 Vgl. *Metcalf*, Low Pay, Occupational Mobility, and Minimum-Wage Policy in Britain, S. 69.
360 So auch *Peter*, Gesetzlicher Mindestlohn, S. 168.
361 *Card/Krueger*, Myth and Measurement, S. 23; *Finn*, The National Minimum Wage in the United Kingdom, S. 11.
362 *Machin/Manning*, Industrial and Labor Relations Review 1994, 319 (320).
363 *Metcalf*, Low Pay, Occupational Mobility, and Minimum-Wage Policy in Britain, S. 67.
364 *Card/Krueger*, Myth and Measurement, S. 23.
365 Royal Commission on Trade Unions and Employers' Associations 1965–1968 (Donovan Report), Cmnd. 3623, S. 59, 70 ff.
366 Näher dazu *Blackburn*, A Fair Day's Wage for a Fair Day's Work?, S. 186; *Card/Krueger*, Myth and Measurement, S. 23 f.; *Finn*, The National Minimum Wage in the United Kingdom, S. 12; *Keevash*, ILJ 1985, 217 (220); *Palmer*, BJIR 1986, 267 (267 ff.); *Starr*, Minimum Wage Fixing, S. 21 f.

wurde im *Donovan Report* angeführt, dass die *Wage Councils* zu einer Zeit etabliert wurden, in der Kollektivvereinbarungen auf einzelne Branchen beschränkt waren. Eine Modifizierung der *Wage Councils* sei somit dringend notwendig gewesen.[367] Auch der Bericht des Ausschusses für Preise und Einkommen (*National Board for Prices and Incomes*) aus dem Jahr 1971 kam zu dem Schluss, dass *Wage Councils* nicht zur Verbesserung im Niedriglohnsektor beitrugen und diese die Entwicklung von kollektiven Verhandlungen hindern würden.[368]

Einige Arbeitgeber hingegen waren gegen die Abschaffung der Lohnausschüsse. Sie befürchteten den freien Markt der Lohnentwicklung und eine Unterbietung der Lohnuntergrenzen durch konkurrierende Arbeitgeber.[369]

Der *Donovan Report* leitete eine entscheidende Wende in der Geschichte der *Wage Councils* ein. Folge dieses Berichts war die Abschaffung von 14 Lohnausschüssen in der Zeit von 1969 bis 1979.[370] Dennoch wurden in dieser Periode alternative Ansätze zur Lohnregulierung geschaffen. So trat 1970 der *Equal Pay Act* in Kraft. Die *Labour Party* war der Auffassung, dass durch die Schaffung von Lohngerechtigkeit zwischen Männern und Frauen mehr erreicht werden könne als durch einen einheitlichen Mindestlohn, da die überwiegende Anzahl an unterbezahlten Arbeitnehmern weiblich war.[371]

Durch *Schedule 8* des *Industrial Relations Act* aus dem Jahr 1971 wurden die Voraussetzungen für die Abschaffung eines *Wages Councils* herabgesetzt. Bis zu diesem Zeitpunkt bedurfte es entweder eines gemeinsamen Antrags der Arbeitgeber und Gewerkschaften oder des Arbeitsministeriums. Durch den *Industrial Relations Act* aus dem Jahr 1971 wurde eine Kommission für Arbeitsbeziehungen (*Commission on Industrial Relations*) geschaffen. Diese Kommission bestand aus einer Anzahl von 6 bis 15 Mitgliedern, die vom Ministerium vorgeschlagen wurden.[372] Sie fungierte als Ansprechpartner der Ministerien bei Fragen zur Gewerkschaftsorganisation oder bzgl. Kollektivvereinbarungen.[373]

Zur Abschaffung eines *Wage Councils* genügte ein Antrag der Kommission, wenn diese einen Lohnausschuss nicht länger für die Schaffung oder Aufrechterhaltung einer angemessenen Vergütung für notwendig betrachtete. Die Kommission war für die Abschaffung oder Verschmelzung etlicher *Councils* verantwortlich.[374]

---

367 Royal Commission on Trade Unions and Employers' Associations 1965–1968 (Donovan Report), Cmnd. 3623, S. 67.
368 National Board for Prices and Incomes: General Problems of Low Pay, Report No. 169, Cmnd. 4648, S. 41.
369 Vgl. *Bayliss*, International Labour Review 1959, 410 (422).
370 Vgl. *Blackburn*, A Fair Day's Wage for a Fair Day's Work?, S. 186 f.; *Card/Krueger*, Myth and Measurement, S. 24; *Grover*, Social Security and Wage Poverty, S. 172.
371 Vgl. *Blackburn*, IRJ 1988, 124 (131).
372 *Sect. 120 Industrial Relations Act* von 1971.
373 *Sect. 121 Industrial Relations Act* von 1971.
374 *Finn*, The National Minimum Wage in the United Kingdom, S. 12.

Kurz darauf wurden weitere Modifikationen durch den *Employment Protection Act* eingeführt. Der Arbeitsminister hatte nun die Möglichkeit, die *Wage Councils* in sog. *Statutory Joint Industrial Councils* umzuwandeln.[375] Hierbei handelte es sich um eine Zwischenform aus den bisherigen *Wage Councils* und einem freiwilligen Verhandlungsorgan.

Einen fundamentalen Wechsel in der Mindestlohnpolitik schlug die Konservative Regierung unter Margaret Thatcher im Jahr 1979 durch ihre Wahl als Premierministerin ein. In den 1980er-Jahren gelang es ihrer Konservativen Regierung, die Stärke der Gewerkschaften zu mindern und Änderungen in der Mindestlohnpolitik hervorzurufen.[376] Diese Phase war der Beginn der sog. „Deregulierungspolitik durch Thatcher".[377]

Wage Councils wurden als Barrieren für die freie Wirtschaft angesehen.[378] Das Arbeitsministerium brachte 1988 ein Konsultationspapier zu den *Wage Councils*[379] heraus. Aus diesem ging hervor, dass es in Bezug auf die *Wage Councils* nur zwei Möglichkeiten gäbe – entweder die vollständige Abschaffung oder eine grundlegende Reform.[380] Zu dieser Zeit war die Anzahl der *Wage Councils* bereits auf 26 reduziert, wenngleich sie noch 2,75 Mio. Arbeiter abdeckten.[381]

Die ursprüngliche Intention der Regierung war also, die *Wage Councils* abzuschaffen.[382] Stattdessen entschied man sich im Jahr 1986 durch den *Wages Act* dazu, die Möglichkeiten der *Wage Councils* zur Setzung von Lohnuntergrenzen einzuschränken und die unter 21-Jährigen vom Anwendungsbereich auszuschließen.[383] Anstatt des erhofften Beschäftigungsanstiegs trat das Gegenteil ein und die Erwerbstätigkeit ging nach und nach zurück.[384]

In dieser Zeit wurde auch die *Fair Wages Resolution* aufgehoben.[385]

Des Weiteren wurde die Befugnis zur Setzung von Urlaubsansprüchen abgeschafft und die Höhe von Mindestlöhnen wurde nur noch einheitlich bestimmt

---

375 *Sect. 89–96 Employment Protection Act* 1975,
376 Vgl. *Finn*, The National Minimum Wage in the United Kingdom, S. 13; näher dazu *McMullen*, Employment Law under the Tories, S. vi ff.; *Wills/Linneker*, Transactions of the Institute of British Geographers 2014, 182 (185).
377 *Peter*, Gesetzlicher Mindestlohn, S. 166.
378 *Card/Krueger*, Myth and Measurement, S. 4.
379 White Paper „*Employment for the 1990s*", vgl. dazu eine Sitzung des *House of Commons* vom 5.12.1988, abrufbar unter https://api.parliament.uk/historic-hansard/commons/1988/dec/05/employment-for-the-1990s (zuletzt abgerufen am 19.12.2021).
380 Vgl. *Keevash*, ILJ 1985, 217 (228).
381 Vgl. *Finn*, The National Minimum Wage in the United Kingdom, S. 13.
382 *Blackburn*, A Fair Day's Wage for a Fair Day's Work?, S. 190.
383 *Sect. 12, 14 Wages Councils Act* von 1986; *Blackburn*, IRJ 1988, 124 (134); *Card/Krueger*, Myth and Measurement, S. 30; *Waltman*, Minimum Wage Policy in Great Britain and the United States, S. 74.
384 *Deakin/Morris*, Labour Law, 2. Auflage, S. 282.
385 Vgl. *Blackburn*, A Fair Day's Wage for a Fair Day's Work?, S. 191.

und nicht mehr individuell. Arbeitgeber, die den vorgegebenen Mindestlöhnen nicht gerecht wurden, wurden durch Bußgelder und Zahlung von Verzugszinsen haftbar gemacht. Die Einhaltung der Zahlung wurde weiterhin durch Inspektoren gewährleistet. Die Anzahl dieser wurde in den 1980er- und frühen 1990er-Jahren allerdings stark reduziert.[386]

7. Die endgültige Abschaffung der Wage Councils

Bis zu ihrer endgültigen Abschaffung im Jahr 1993 durch den *Trade Union Reform and Employment Rights Act* (TURERA) stellten die *Trade Boards* bzw. die *Wage Councils* einen vollwertigen Ersatz für Kollektivvereinbarungen dar.[387] Nach zahlreichen Modifikationen wurden die letztendlich 26 verbliebenen *Wage Councils* ebenfalls abgeschafft.[388]

Die Regierung begründete diese abschließende Entscheidung damit, dass gesetzliche Mindestlöhne Arbeitsplätze zerstören würden.[389] Außerdem seien diese in einer Zeit entstanden, in der die Beschäftigten „Hungerlöhne" erhielten, über keine Krankenversorgung verfügten und keine soziale Absicherung besaßen. Dies sei jedoch eine Sache der Vergangenheit.[390]

Durch die Aufhebung der *Wage Councils* verloren ca. 2,5 Mio. Arbeitnehmer den Anspruch auf einen gesetzlichen Mindestlohn. Am meisten betroffen waren Frauen und ethnische Minderheiten.[391]

Die Mindestlöhne in der Landwirtschaft blieben hiervon unberührt, da diese nicht unter den Anwendungsbereich der *Wage Councils* fielen, sondern durch den *Agricultural Wages Act* aus dem Jahr 1948 über eine eigenständige gesetzliche Regelung verfügten.[392]

8. Der gesetzliche Mindestlohn

Durch den Wahlsieg der *Labour Party* im Jahr 1997 und deren Aufnahme eines gesetzlichen Lohnminimums in ihr Wahlversprechen änderte sich die Rechtslage um die Mindestlöhne erneut. Im Vereinigten Königreich wurde erstmals eine *Low*

---

386 *Finn*, The National Minimum Wage in the United Kingdom, S. 15.
387 *Metcalf*, Discussion paper 419, S. 1.
388 *Deakin/Green*, BJIR 2009, 205 (208); *Waltman*, Minimum Wage Policy in Great Britain and the United States, S. 74.
389 Vgl. *Manning*, Perspektiven der Wirtschaftspolitik 2013, 57 (58).
390 Vgl. *Blackburn*, A Fair Day's Wage for a Fair Day's Work?, S. 191; *Waltman*, Minimum Wage Policy in Great Britain and the United States, S. 74.
391 *Grover*, Social Security and Wage Poverty, S. 173.
392 *Finn*, The National Minimum Wage in the United Kingdom, S. 15; näher zu dem *Agricultural Wages Act*: *Hatton*, Institute of Economic Affairs 1997, 22 (26 f.); *Deakin/Morris*, Labour Law, 7. Auflage, S. 295 f.; *Richardson*, Industrial Relations in Great Britain, S. 122.

Pay Commission errichtet, die sich mit der Festlegung gesetzlicher Mindestlöhne auseinandersetzen sollte. Zwei Jahre später trat der gesetzliche Mindestlohn in Kraft.[393] Die Schaffung eines allgemeinen gesetzlichen Mindestlohns im Vereinigten Königreich war kein isolierter Rechtsetzungsakt, sondern eine Folge von einer langen Reihe sozialer Reformen.[394]

§ 3 Mindestlöhne durch Kollektivvereinbarungen

Kollektivvereinbarungen (*collective agreements*) waren im Vereinigten Königreich lange Zeit die primäre Quelle für Mindestlöhne. Diese Dominanz der Kollektivvereinbarungen führte im britischen Arbeitsrecht dazu, dass die Gesetzgebung lange Zeit nur eine Randerscheinung war. Die treibenden Kräfte in den arbeitsrechtlichen Beziehungen waren also Arbeitgeber und Gewerkschaften.[395] Das begründet sich zunächst in den voluntaristischen Prinzipien der industriellen Beziehungen Großbritanniens. Diese brachten die Autonomie der einzelnen Parteien eines Arbeitsverhältnisses zum Ausdruck.[396] England war in der Mitte des 19. Jh. durch Liberalismus und durch den freien Handel geprägt.[397] Der *Laissez-faire*-Gedanke bestärkte stets das freie Kräftemessen der Wirtschaftspartner. Akte der Legislative wurden in diesem Zusammenhang abgelehnt. Auch die Prägung des Vereinigten Königreichs durch das *Common Law* förderte die Ablehnung gegenüber staatlichen Maßnahmen in der Lohnpolitik, denn im *Common Law* spielt die Gesetzgebung eine eher untergeordnete Rolle.[398]

Die Gewerkschaftsbewegung des späten 19. und des frühen 20. Jh. empfand überdies einen tiefen Argwohn gegenüber hoheitlicher Beeinflussung und bevorzugte die Setzung von Mindestarbeitsbedingungen durch Kollektivverhandlungen.[399]

„*What the State has not given, the State cannot take away*"[400]

(Die Gesetzgebung kann dir nicht nehmen, was sie dir nicht gegeben hat).

Diese Aussage bringt präzise die Zweifel der Arbeitnehmerbewegung zum Ausdruck. Man befürchtete, den Launen des Staates sowie der Gerichte ausgesetzt

---

393 Blackburn, A Fair Day's Wage for a Fair Day's Work?, S. 196.
394 Waltman, Minimum Wage Policy in Great Britain and the United States, S. 39.
395 Wedderburn, The worker and the law, S. 26.
396 Wedderburn, ILJ 1987, 1 (2 ff.); *Prigge*, Gewerkschaftspluralismus und kooperative Interessenvertretung in Großbritannien, S. 13.
397 Kahn-Freund, The Modern Law Review 1967, 635 (639).
398 Siehe hierzu Kapitel 3 § 1.
399 *Card/Krueger*, Myth and Measurement, S. 8; *Kahn-Freund,* Labour Law, in: Selected Writings, 1 (13); *Windolf*, in: Windolf (Hrsg.), Gewerkschaften in Großbritannien, S. 11 (18).
400 Vgl. *Kahn-Freund,* Labour Law, in: Selected Writings, 1 (24).

zu sein und baute auf eine autonome Entfaltung der Gewerkschaften – ohne staatliche Unterstützung und Einmischung. Die Zurückhaltung durch die Gesetzgebung wurde einerseits als erfolgversprechender empfunden[401] und gab den Gewerkschaften andererseits die nötige Unabhängigkeit, um sich in den industriellen Beziehungen behaupten zu können. Diese Arbeitnehmerverbindungen hatten ihre Anerkennung sowie die Ausübung ihrer Vereinigungsfreiheit *praeter legem* durchgesetzt.[402] Nicht nur Arbeitnehmer und Gewerkschaften, sondern auch Arbeitgeber fühlten sich durch rechtliche Vorgaben in ihrer Verhandlungsfreiheit eingeschränkt.[403]

Erstaunlich ist insoweit, dass die Mindestlohngesetzgebung aus dem Jahr 1909, der *Trade Boards Act*, eine weitgehende Zustimmung erlangte. Um dies zu verstehen, muss man die Intention dieses Gesetzes näher betrachten. Durch das Gesetz sollte ein Mechanismus zur Stärkung der Kollektivverhandlungen geschaffen werden. Ziel war es, die errichteten Handelsämter durch ein funktionierendes System von Kollektivverhandlungen zu ersetzen.[404] Die Zusammensetzung der Gewerbeämter[405] aus Arbeitgeber- und Arbeitnehmervertretern zeigt das tief verwurzelte Vertrauen in die Sozialpartner und die Parallelen zum System freier Kollektivverhandlungen.

Der *Trade Boards Act* stärkte somit die Entwicklung von Kollektivverhandlungen und das, ohne die Rechte oder die Stellung der Gewerkschaften selbst zu regeln. Außerdem ist an dieser Stelle zu wiederholen, dass der *Trade Boards Act* zunächst nur in vier ausgewählten Industriezweigen, den sog. *sweated trades*, Anwendung fand, nämlich dort, wo die Löhne sehr niedrig waren und Kollektivverhandlungen kaum stattfanden.[406]

Die Gewerkschaftsbewegung im Vereinigten Königreich blickt auf eine lange und facettenreiche Geschichte zurück, die in diesem Zusammenhang eines kurzen Einblicks bedarf. Nur eine Gesamtbetrachtung macht deutlich, weshalb Kollektivvereinbarungen eine größere Wertschätzung als die Gesetzgebung erfuhren und welche Konsequenzen sich aus diesem Vorrang für gesetzliche Mindestlöhne ergaben.

---

401 *Prigge*, Gewerkschaftspluralismus und kooperative Interessenvertretung in Großbritannien, S. 14.
402 *Kahn-Freund*, in: Duvernell (Hrsg.), Koalitionsfreiheit und Tarifautonomie als Probleme der modernen Demokratie, 79 (83).
403 *Richardson*, Industrial Relations in Great Britain, S. 26 f.
404 *Kahn-Freund*, Labour Law, in: Selected Writings, 1 (31) m.w.N.; siehe hierzu Kapitel 3 § 2 II.
405 Ab 1946 *Wage Councils* („Lohnausschüsse"), siehe hierzu Kapitel 3 § 2 II. 5.
406 *Card/Krueger*, Myth and Measurement, S. 4; *Holcombe*, The Quarterly Journal of Economics 1910, 574 (576); *Keevash*, ILJ 1985, 217 (217); *Richardson*, Industrial Relations in Great Britain, S. 94.

I. Geschichte der Gewerkschaften (*Trade Unions*) und des britischen Kollektivrechts

Im Vereinigten Königreich vereinten sich bereits sehr früh Arbeitnehmer, was der zeitigen industriellen Revolution geschuldet war.[407] Die Vermutung liegt nah, dass sich diese aus Gründen der Unzufriedenheit oder aufgrund von außergewöhnlichen schlechten Lebensumständen zusammenschlossen. Dem war jedoch nicht so. Die erste Hälfte des 18. Jh. war eine wirtschaftlich gute Zeit, mit hohen Erträgen und niedrigen Preisen.[408] Dennoch bildeten sich Vereinigungen von Arbeitern, die sich solidarisch gegen ihre Arbeitgeber wandten. Anfangs bestand der exklusive *Trade Club* (Gewerbevereinigung) aus einer Reihe von hoch qualifizierten Gesellen und nicht aus der breiten Masse der Arbeitnehmer.[409]

Jedoch stieß diese Entwicklung auf breite Gegenwehr seitens der Regierung. Diese fürchtete ähnliche Ausmaße und Entwicklungen wie während der Französischen Revolution.[410]

Im Jahre 1799/1800 wurden die *Combination Acts* erlassen, welche dazu dienen sollten, die „zunehmend illegale Praxis" von Arbeitervereinigungen (*combination of workmen*) zu verbieten.[411] Friedensrichter tolerierten die Streiks der Arbeitervereinigungen jedoch, sofern diese keine ernsthaften Störungen verursachten.[412]

Zu Beginn ihrer Tätigkeit wurden Gewerkschaften als Verschwörer und kriminelle Vereinigungen angesehen, sodass deren Anführer, gleichfalls wie die streikenden Mitglieder, nach strafrechtlichen Regeln haftbar gemacht wurden. Haftungsgrund war hier der Bruch des Arbeitsvertrages (*breach of contract*) als eine Art kriminelle Offensive gegen den Arbeitgeber[413] sowie das aus dem *Common Law* abgeleitete Verbot der „geheimen Abrede" (*criminal conspiracy*).[414] Weiterer Haftungsgrund war die Beschränkung des freien Wettbewerbs (*restraint of trade*) durch Arbeitsverweigerung und einer daraus folgenden Behinderung der Produktivität am Markt.[415] Die ersten 20 Jahre des 19. Jh. glichen regelrecht einer Hetzjagd auf die Gewerkschaften.[416]

Durch die *Combination of Workmen Acts* aus den Jahren 1824 und 1825 trat eine marginale Verbesserung der Gewerkschaften ein. Strafrechtlich nicht mehr sanktioniert wurde die Vereinigung zum Zweck einer besseren Entlohnung oder

---

407 *Moran*, in: Windolf (Hrsg.), Gewerkschaften in Großbritannien, S. 259 (260).
408 *Webb/Webb*, The History of Trade Unionism, S. 38.
409 *Webb/Webb*, The History of Trade Unionism, S. 38.
410 *Webb/Webb*, The History of Trade Unionism, S. 64.
411 Vgl. *Stevenson*, in: Pimlott/Cook (Hrsg.), Trade Unions in British Politics, 1 (6); *Webb/Webb*, The History of Trade Unionism, S. 61, 63, 65.
412 *Stevenson*, in: Pimlott/Cook (Hrsg.), Trade Unions in British Politics, 1 (7).
413 *Davies*, Employment Law, S. 7, 391.
414 *Bensinger*, Die Stellung des Gesetzes im englischen Arbeitsrecht, S. 33.
415 *Webb/Webb*, History of Trade Unionism, S. 60.
416 *Webb/Webb*, History of Trade Unionism, S. 56.

besserer Arbeitszeiten. Zusammenschlüsse zu anderen Zwecken waren weiterhin untersagt.[417] Die bloße Zugehörigkeit zu einer Vereinigung war ab dieser Zeit nicht mehr verboten. Allerdings waren die Handlungsmöglichkeiten der Zusammenschlüsse noch stark begrenzt.[418]

Obwohl Gewerkschaften nun nicht mehr als kriminelle Vereinigungen angesehen wurden, weigerten sich Arbeitgeber dennoch mit diesen in Verhandlungen zu treten.[419]

In der Mitte des 19. Jh. schlossen sich nach und nach immer mehr Arbeitnehmer zusammen. Diese „New Model"-Gewerkschaften bestanden anfangs ausschließlich aus Facharbeitern und wurden durch verhältnismäßig hohe Aufnahmegebühren finanziert – die Interessen der ungelernten Arbeiter wurden zunächst vernachlässigt.[420] Die hohen Beiträge sollten zur Bindung der Mitglieder beitragen. Man ging davon aus, dass die Arbeiter auch in schlechten Zeiten Mitglieder der Gewerkschaften blieben, um die bereits gezahlten Beiträge nicht vergeblich entrichtet zu haben.[421]

Im Jahr 1859 wurde der *Molestation of Workmen Act* erlassen, durch den Versuche, Löhne und Arbeitsstunden zu ändern, legalisiert wurden, sofern diese friedlich abliefen und ohne Einschüchterung bzw. Überzeugung anderer Arbeiter, von der Arbeit fernzubleiben, stattfanden.[422] Bei diesen Legalisierungsmaßnahmen handelt es sich jedoch lediglich um negative Schutzbestimmungen, die sicherstellten, dass Arbeiter nicht für ihre Arbeitskampfmaßnahmen bestraft werden konnten.[423] Dies ist strikt zu unterscheiden von positiven Rechten, wie bspw. Art. 9 des deutschen GG, der die Garantie zur Koalitionsfreiheit bildet. Einer solchen positiven Regelung fehlt es bis heute im britischen Recht.

Mit der Gründung des *Trade Union Congress* (TUC) im Jahr 1868 entstand der Spitzenverband der britischen Gewerkschaften. Diese neue Entwicklung förderte die Anerkennung der Gewerkschaften als starke Vereinigungen, welche ihre Interessen auf vielen unterschiedlichen Ebenen durchsetzen konnten.[424] Dennoch bestand weiterhin eine weitreichende Abneigung gegenüber Gewerkschaften, vor allem in der britischen Gerichtsbarkeit. In dem Fall *Hornby v Close* aus dem Jahr 1867 entschieden die Richter, dass Gewerkschaften eine Behinderung des freien Wettbewerbs (*restraint of trade*) darstellten, mit der Konsequenz, dass sie als illegal

---

417 *Stevenson*, in: Pimlott/Cook (Hrsg.), Trade Unions in British Politics, 1 (11).
418 *Richardson*, Industrial Relations in Great Britain, S. 37, 45.
419 *Richardson*, Industrial Relations in Great Britain, S. 91.
420 *Bandholz*, Die englischen Gewerkschaften, S. 10; *Richardson*, Industrial Relations in Great Britain, S. 38; *Stevenson*, in: Pimlott/Cook (Hrsg.), Trade Unions in British Politics, 1 (23).
421 *Richardson*, Industrial Relations in Great Britain, S. 38.
422 *Orth*, The Journal of Legal History 1981, 238 (247).
423 *Wedderburn*, in: Windolf (Hrsg.), Gewerkschaften in Großbritannien, S. 285 (287).
424 *Biagini*, The Historical Journal 1987, 811 (816); *Stevenson*, in: Pimlott/Cook (Hrsg.), Trade Unions in British Politics, 1 (23).

angesehen wurden und ihr Eigentum nicht vor Inbesitznahme geschützt werden konnte.[425]

In demselben Jahr wurde eine königliche Kommission[426] einberufen, die sich mit der Reform des Gewerkschaftsrechts auseinandersetzen sollte.[427] Konsequenz des Abschlussberichts der Kommission war der *Trade Union Act* aus dem Jahr 1871, der *Criminal Law Amendment Act* von 1871 sowie der *Conspiracy and Protection of Property Act* aus dem Jahr 1875.[428]

Der *Trade Union Act* aus dem Jahr 1871 hob den *Molestation of Workmen Act* von 1859 auf und stärkte die Position der Gewerkschaften. Diese stellten fortan keine Behinderung des freien Wettbewerbs *(restraint of trade)* mehr dar und wurden nicht mehr als kriminelle Verschwörer angesehen. Durch das Gesetz wurde die Legalität von Arbeitsniederlegungen anerkannt und Gewerkschaften wurden freigestellt, sich bei offiziellen Stellen registrieren zu können.[429] Der *Conspiracy and Protection of Property Act* legte fest, dass bei der Betrachtung gewerkschaftlicher Tätigkeiten nunmehr das Zivilrecht anstatt des Strafrechts Anwendung finden sollte und Arbeitsstreitigkeiten nicht mehr als „strafbare Abrede[n]" anzusehen waren.[430] Des Weiteren trugen die Gesetze dazu bei, dass das Vermögen der Gewerkschaften endlich rechtlich abgesichert war.[431] Die Gesetzgebung der 1870er-Jahre legte den Grundstein für freiwillige Kollektivvereinbarungen. Der *Trade Union Act* bestimmte außerdem den allgemeinen und bis heute entscheidenden Grundsatz, dass Kollektivvereinbarungen rechtlich nicht durchsetzbar sind.[432] Die Gesetze aus den Jahren 1871 und 1876 wurden daher auch als „Magna Charta der englischen Gewerkschaftsbewegung" bezeichnet.[433]

In den 1880er-Jahren kam eine sozialistische Bewegung in Großbritannien in Gang, die unter anderem die Vereinigung der *Fabian Society* und eine neue Gewerkschaftsbewegung hervorbrachte. Die „neuen" Gewerkschaften nahmen nun auch ungelernte Arbeitnehmer in ihren Reihen auf, die von den etablierten Gewerkschaften bisher ausgeschlossen wurden. Höhepunkt dieser Entwicklung

---

425 Vgl. *Honeyball*, Great Debates in Employment Law, S. 154; *Honeyball/Bowers'*, Textbook on Employment Law, S. 3.
426 *Royal Commission on Trade Unions.*
427 *Bensinger*, Die Stellung des Gesetzes im englischen Arbeitsrecht, S. 37.
428 Vgl. *McCarthy*, The closed shop in Britain, S. 198; *Smith/Sloane*, Western Australia Law Review 1969, 1 (1).
429 *McCarthy*, The closed shop in Britain, S. 198 f.; *Kahn-Freund*, RdA 1952, 405 (407); *Moran*, in: Windolf (Hrsg.), Gewerkschaften in Großbritannien, S. 259 (261); *Wedderburn*, in: Windolf (Hrsg.), Gewerkschaften in Großbritannien, S. 285 (287); *Webb/Webb*, The History of Trade Unionism, S. 267 f., 274 f.
430 Vgl. *Bandholz*, Die englischen Gewerkschaften, S. 15; *Kahn-Freund*, RdA 1952, 405 (405 f.); *Webb/Webb*, The History of Trade Unionism, S. 275.
431 *Richardson*, Industrial Relations in Great Britain, S. 38 f.
432 Vgl. *Deakin/Morris*, Labour Law, 7. Auflage, S. 724; *Pitt*, Employment Law, S. 173.
433 *Adams*, Journal of Political Economy 1902, 89 (89).

war der große Dockstreik in London 1889.⁴³⁴ Diese neuen Gewerkschaften wurden als „kämpferisch, klassenbewusst, sozialistisch und offen in deren Einstellungspolitik" beschrieben.⁴³⁵

Trotz der umfangreichen Gesetzgebung Ende des 19. Jh. blieben die Gerichte feindselig gegenüber den Gewerkschaften.⁴³⁶ Ein schwerer Rückschlag war in diesem Zusammenhang die *Taff-Vale*-Entscheidung aus dem Jahr 1901. Das *House of Lords* beschäftigte sich in diesem Fall mit der Frage des rechtlichen Charakters und mit den Haftungsgrundsätzen einer Gewerkschaft. Eine Gewerkschaft war demzufolge verantwortlich für das Handeln seiner Funktionäre und musste in Schadenersatzfällen hohe Summen ihres Vermögens aufbringen.⁴³⁷ Als Reaktion auf diese Entscheidung folgte der Erlass des *Trade Disputes Act* aus dem Jahr 1906, der ausdrücklich festlegte, dass Arbeitsstreitigkeiten nicht grundsätzlich eine deliktische Handlung darstellten, nur weil ein Arbeiter zum Bruch seines Arbeitsvertrages verleitet wurde.⁴³⁸ Gewerkschaften wurden somit gegen die zivilrechtliche Haftung im Rahmen von Arbeitsstreitigkeiten geschützt.⁴³⁹

Ab dem Jahr 1910 bis hin zum Kriegsausbruch machte die Gewerkschaftsentwicklung große Schritte, was auch bis in die Nachkriegszeit hin andauerte. Dies war vor allem darauf zurückzuführen, dass sich die Gewerkschaften gegen den sehr geringen Lebensstandard während des Krieges zur Wehr setzten.⁴⁴⁰ Auch die Anerkennung durch die restliche Bevölkerung stieg in dieser Zeit, denn endlich wurde die Notwendigkeit der Arbeiterzusammenschlüsse erkannt.⁴⁴¹

Im Jahr 1912 wurde der *Coal Mines Act* erlassen, der die in seiner Branche abgeschlossenen kollektiven Lohnvereinbarungen verbindlich machte. Durch dieses Gesetz und weitere Mindestlohnregelungen, wie den *Trade Boards Act* aus dem Jahre 1909, wuchs die Bedeutung von Kollektivvereinbarungen, sodass der *Coal Mines Act* später wegen Bedeutungslosigkeit wieder aufgehoben wurde.⁴⁴² Der Leitgedanke des *Laissez-faire* war trotz der umfangreichen Gesetzgebung weiterhin

---

434 Vgl. *Lovell*, in: Pimlott/Cook (Hrsg.), Trade Unions in British Politics, 28 (29).
435 Vgl. *Lovell*, in: Pimlott/Cook (Hrsg.), Trade Unions in British Politics, 28 (30); *Richardson*, Industrial Relations in Great Britain, S. 39.
436 *Kahn-Freund*, Labour Law, in: Selected Writings, 1 (22).
437 *Kahn-Freund*, RdA 1952, 405 (406 f.); *Lovell*, in: Pimlott/Cook (Hrsg.), Trade Unions in British Politics, 28 (41).
438 *Kahn-Freund*, RdA 1952, 405 (406); *Rubinstein*, in Pimlott/Cook (Hrsg.), Trade Unions in British Politics, 48 (51); *Wedderburn*, ILJ 1987, 1 (18).
439 *Richardson*, Industrial Relations in Great Britain, S. 46; *Smith/Sloane*, Western Australia Law Review 1969, 1 (4).
440 *Wrigley*, in: Pimlott/Cook (Hrsg.), Trade Unions in British Politics, 69 (69, 84); *Richardson*, Industrial Relations in Great Britain, S. 40 f.; zur Gewerkschaftsmitgliedschaft in Zahlen: ebenda, S. 43.
441 *Kahn-Freund*, Labour Law, in: Selected Writings, 1 (16, 23).
442 *Kahn-Freund*, Labour Law, in: Selected Writings, 1 (16); *Richardson*, Industrial Relations in Great Britain, S. 122.

dominierend, denn der Staat beabsichtigte durch diese Gesetze die Stärkung der Gewerkschaften und wollte sie nicht untergraben. Es handelte sich dabei also um eine „kollektivistische" Politik. Allerdings bevorzugten alle Akteure der Arbeitsverhältnisse ein freies Kräftemessen – das sog. „*collective Laissez-faire*".[443]

Auf den Nachkriegsboom folgte eine Zeit der Depression der Wirtschaft und somit der Arbeitswelt. Dies wirkte sich auch auf die Mitgliederzahlen der Gewerkschaften aus.[444]

Ein weiterer Rückschlag erfolgte nach einem gescheiterten Generalstreik im Jahr 1926.[445] Durch den *Trade Disputes and Trade Union Act* aus dem Jahr 1927 wurde das Streikrecht eingeschränkt.[446] Das Gesetz stellte klar, dass ein Generalstreik nicht von dem Streikrecht nach dem *Trade Disputes Act* aus dem Jahr 1906 erfasst war.[447] Diese Regelung blieb nahezu 20 Jahre in Kraft, bis sie – von einer *Labour* Regierung – im Jahre 1946[448] wieder abgeschafft wurde.

Die darauffolgenden Jahre waren durch die Deflation, durch die Weltwirtschaftskrise von 1929 sowie durch hohe Arbeitslosigkeit, Unzufriedenheit und durch geringe Löhne geprägt. Die 30er-Jahre des vergangenen Jahrhunderts waren eine Phase ständiger Rückschläge für die gesamte Arbeiterbewegung.[449]

Die Regierung versuchte jedoch auch weiterhin, durch staatliche Eingriffe die Gewerkschaftsbewegung zu stärken. So sah die *Fair Wages Resolution* aus dem Jahr 1946 vor, dass Arbeitgeber keine öffentlichen Aufträge erhielten, sofern sie ihren Arbeitnehmern den Zugang zu einer Gewerkschaft verwehrten.[450]

Während des Zweiten Weltkriegs wiederholte sich der gewerkschaftliche Aufschwung, der bereits im Verlauf des Ersten Weltkriegs auftrat. Durch eine nahezu erreichte Vollbeschäftigung entfaltete sich eine starke Verhandlungsposition auf Arbeitnehmer- und Gewerkschaftsseite.[451]

---

443 *Kahn-Freund*, Labour Law, in: Selected Writings, 1 (5, 8).
444 Näher dazu *Dorfman*, Wage Politics in Britain 1945–1967, S. 14; *Jackson/Leopold/Tuck*, Decentralization of Collective Bargaining, S. 8; *Renshaw*, in: Pimlott/Cook (Hrsg.), Trade Unions in British Politics, 88 (88)); *Richardson*, Industrial Relations in Great Britain, S. 41.
445 Näher dazu: *Dorfman*, Wage Politics in Britain 1945–1967, S. 16 ff.; *Renshaw*, in: Pimlott/Cook (Hrsg.), Trade Unions in British Politics, 88 (98).
446 *Dorfman*, Wage Politics in Britain 1945–1967, S. 23; *Kahn-Freund*, Labour Law, in: Selected Writings, 1 (33); *Richardson*, Industrial Relations in Great Britain, S. 42, 48 ff.
447 Zur Entstehung des Gesetzes vgl. *Mason*, The American Political Science Review 1928, 143 (145).
448 Durch den Trade Disputes and Trade Union Act von 1946.
449 *Renshaw*, in: Pimlott/Cook (Hrsg.), Trade Unions in British Politics, 88 (101); *Shackleton*, in: ebenda, 109 (110).
450 *Fair Wages Resolution* Pkt. 4 vom 14.10.1946, siehe Anhang 1.
451 *Barnes/Reid*, in: Pimlott/Cook (Hrsg.), Trade Unions in British Politics, 137 (137, 153); *Dorfman*, Wage Politics in Britain 1945–1967, S. 35 ff., 70.

Die wirtschaftliche Depression war durch den Krieg allerdings nicht beendet, sondern nur unterbrochen.[452] In den 1950er- bis 1970er-Jahren mussten die Gewerkschaften erneut einige Rückschläge einstecken.[453] Eine wirtschaftliche Krise im Jahr 1955 sowie aufeinander folgende Regierungszeiten der konservativen Partei legten den Gewerkschaften einige Steine in den Weg.[454] Um eine Änderung der wirtschaftlichen Verhältnisse einzuleiten, berief die frisch gewählte *Labour*-Regierung unter *Harold Wilson* im Jahr 1965 eine königliche Kommission[455] unter der Leitung von *Lord Donovan* zur Untersuchung der Beziehungen zwischen Gewerkschaften und Arbeitgebervereinigungen, sowie zur Reform der problematischen Verhältnisse ein.[456] Folge des Berichts der Donovan-Kommission war der *Industrial Relations Act* aus dem Jahr 1971[457], in dem die Empfehlungen der Kommission jedoch von der ab 1971 regierenden Konservativen Partei missachtet wurden.[458] Das Gesetz sollte die gesamten kollektiven Arbeitsbeziehungen neu regeln. An die Registrierung einer Gewerkschaft, die seit dem Gesetz aus dem Jahr 1871 freiwillig möglich war, wurden ab 1971 rechtliche Folgen geknüpft. Immunität galt nunmehr nur noch für diejenigen Gewerkschaften, die sich freiwillig zu einer Registrierung entschieden hatten.[459] Auch die Grundlagen für den Zutritt zu einer Gewerkschaft wurden neu geregelt und ein neues Gericht, der *National Industrial Relations Court (N.I.R.C.)* wurde errichtet, der die industriellen Beziehungen beaufsichtigen sollte.[460] Ein grundlegender Einschnitt in das *Laissez-faire*-Prinzip des kollektiven Arbeitsrechts leistete die Bestimmung über die Rechtsverbindlichkeit von Kollektivvereinbarungen. Diese waren, sofern dem nicht ausdrücklich in der Vereinbarung widersprochen wurde, durch das Gesetz als Vertrag im Rechtssinne zu betrachten und somit auch rechtlich durchsetzbar.[461] Hintergrund dieser Regelung war, dass Gewerkschaften haftbar gemacht werden konnten, sofern diese gegen die Festlegungen in der Kollektivvereinbarung, wie bspw. die Friedenspflicht, verstoßen hatten. Auch die Bestimmungen über *closed shops*[462] wurden durch den *Industrial Relations Act* aus dem Jahr 1971 neu bestimmt.[463]

---

452 Vgl. *Dorfman*, Wage Politics in Britain 1945–1967, S. 44.
453 *Taylor*, in: Pimlott/Cook (Hrsg.), Trade Unions in British Politics, 173 (174 f.); *Wedderburn*, in: Windolf (Hrsg.), Gewerkschaften in Großbritannien, S. 285 (293).
454 *Davies*, Employment Law, S. 391 f.; *Dorfman*, Wage Politics in Britain 1945–1967, S. 79 ff.
455 *The Royal Commission on Trade Unions and Employers' Associations.*
456 *Banks*, Industrial Relations 1969, 333 (335).
457 Ausführlich dazu *Teple*, Case Western Reserve Journal of International Law 1971, 30 (30 ff.).
458 *Windolf*, in: Windolf (Hrsg.), Gewerkschaften in Großbritannien, S. 143.
459 *Sect. 67 ff. Industrial Relations Act 1971.*
460 *Sect. 99 Industrial Relations Act 1971.*
461 *Sect. 34–36 Industrial Relations Act 1971.*
462 Siehe hierzu Kapitel 3 § 3 II. 1. c).
463 *Sect. 17, 18 Industrial Relations Act 1971.*

Bis zur Außerkraftsetzung des Gesetzes durch eine neue *Labour*-Regierung im Jahre 1974[464] herrschte eine weite Abneigung in Arbeitnehmer- und Gewerkschaftskreisen gegen den *Industrial Relations Act* aus dem Jahr 1971. Im Jahr 1975 trat der *Employment Protection Act* in Kraft, der die Verhandlungsposition der Gewerkschaften gegenüber den Arbeitgebern verbessern sollte, indem diese den Gewerkschaftsfunktionären die für Verhandlungen notwendige Akteneinsicht gewähren mussten.[465]

Das Jahr 1979 führte zu einem Wandel in der britischen Arbeitnehmerbewegung. Unter der Regierung *Thatcher* gelang es der Konservativen Regierung, die Rechte der Gewerkschaften einzudämmen. Folge dieser „Deregulierung" war ein Rückgang der Gewerkschaftsbeteiligung sowie die Abnahme von Kollektivverhandlungen.[466] Neben der Aufhebung der *Fair Wages Resolution* im Jahr 1983 wurden die Befugnisse und der Anwendungsbereich der *Wages Councils* durch den *Wages Act* aus dem Jahr 1986 eingeschränkt.[467] Auch die *Employment Acts* aus den Jahren 1980, 1982, 1988, 1989, 1990 zielten auf eine Schwächung der Gewerkschaften ab.[468] Im Jahr 1993 wurden die *Wage Councils* durch den *Trade Union Reform and Employment Rights Act* endgültig durch die Konservative Regierung abgeschafft.

Die Geschichte der Gewerkschaftsbewegung im Vereinigten Königreich zeigt ein immer wieder wechselndes Auf und Ab, abhängig von der wirtschaftlichen Situation des Landes oder der aktuell amtierenden Regierung. Deutlich wird dennoch, dass das System der industriellen Beziehungen im Vereinigten Königreich auf dem Voluntarismus, dem *laissez-faire,* beruht und dass die Mehrzahl der Versuche, die Beziehungen zwischen Gewerkschaften und Arbeitgebern bzw. Arbeitgeberverbänden zu steuern, abgelehnt wurden. Die Arbeitnehmerbewegung wollte nicht von den Schwankungen und Launen der Regierungen abhängig sein und sich ihre Verdienste, wenn sie einmal erreicht waren, nicht durch Gesetz wegnehmen lassen.

II. Kollektivvereinbarungen

Im Folgenden wird zunächst ein kleiner Einblick in das Recht der Gewerkschaften gegeben, welcher entscheidend für die Beziehungen zwischen Arbeitgebern und Arbeitgeberverbänden und den Arbeitnehmervertretern ist. Diese Grundlagen tragen zu einem besseren Verständnis der Kollektivverhandlungen und den daraus resultierenden Kollektivvereinbarungen bei.

---

464 Durch den *Trade Union and Labour Relations Act* (TULRA) von 1974.
465 *Wedderburn*, in: Windolf (Hrsg.), Gewerkschaften in Großbritannien, S. 285 (299).
466 Vgl. *Finn*, The National Minimum Wage in the United Kingdom, S. 13.
467 Siehe hierzu Kapitel 3 § 2 II. 6.
468 *Honeyball/Bowers'*, Textbook on Employment Law, S. 9 f.

1. Gewerkschaften (Trade Unions)

a) Definition und allgemeine Grundsätze

Gewerkschaften im Vereinigten Königreich werden im TULRCA *(Trade Union and Labour Relations (Consolidation) Act)* aus dem Jahr 1992 legaldefiniert als „Organisationen, die hauptsächlich aus Arbeitern *(worker)* einer oder mehrerer Berufszweige bestehen und deren primäres Ziel die Regulierung der Beziehungen zwischen den Arbeitern dieses Zweigs und deren Arbeitgebern bzw. Arbeitgeberverbänden ist".[469] Gewerkschaften sind die Schlüsselfiguren bei Kollektivverhandlungen mit den jeweiligen Arbeitgebern.

Gewerkschaften werden nach dem TULRCA gelistet geführt. Hierbei wird von einer öffentlichen Stelle (dem sog. *Certification Office*) eine Registrierung der jeweiligen Vereinigung vorgenommen.[470] Die *Trade Unions* müssen unabhängig sein. Ob eine Arbeitnehmerverbindung diese Voraussetzung erfüllt, entscheidet das jeweilige *Certification Office* (Zertifizierungsbüro für Gewerkschaften und Arbeitgeberverbände).[471] Dies dient zur Vermeidung sog. „*Sweetheart Unions*", welche tatsächlich mit der Arbeitgeberseite verbunden oder von dieser in finanzieller oder sonstiger Weise abhängig sind.[472]

Gewerkschaften können sich verschiedenartig organisieren. Man unterscheidet daher zwischen allgemeinen Gewerkschaften *(General Unions)*, Berufsgewerkschaften *(Craft Unions)* sowie Industriegewerkschaften *(Industrial Unions)*.[473] Hierbei kann es auch zu Interessenüberschneidungen und somit zu Gewerkschaftskonkurrenz kommen.[474] Außerdem können Arbeitnehmer eigenständig entscheiden, welcher Gewerkschaft sie angehören möchten. Es existiert keine Bindung einer Gewerkschaft an eine bestimmte Industrie.[475] So kann es vorkommen, dass sich ein Arbeitgeber mehreren Gewerkschaften gegenübersteht sieht, wenngleich er nicht alle anerkennen[476] muss.[477]

---

469 Sect. 1 *Trade Union and Labour Relations (Consolidation) Act* 1992; eine *Trade Union* ist die Vereinigung von Mitgliedern eines *Trades*, wohingegen eine *Trades Union* die Vereinigung verschiedener *Trades* ist, vgl. *Webb/Webb*, History of Trade Unionism, S. 102.
470 Sect. 2 *Trade Union and Labour Relations (Consolidation) Act* 1992.
471 Sect. 5–8 *Trade Union and Labour Relations (Consolidation) Act* 1992.
472 *Lockton*, Employment Law, S. 316.
473 *Clegg*, in: Windolf (Hrsg.), Gewerkschaften in Großbritannien, S. 121 (121); *Prigge*, Gewerkschaftspluralismus und kooperative Interessenvertretung in Großbritannien, S. 18; *Richardson*, Industrial Relations in Great Britain, S. 50 ff.
474 *Richardson*, Industrial Relations in Great Britain, S. 53.
475 *Pitt*, Employment Law, S. 174.
476 Siehe hierzu Kapitel 3 § 3 II. 1. d).
477 *Pitt*, Employment Law, S. 174.

Gewerkschaften haben außerdem die Möglichkeit, sich zusammenzuschließen. Der größte Zusammenschluss britischer Gewerkschaften ist der *Trades Union Congress* (TUC).

Dieser regelt beispielsweise auch Konkurrenzstreitigkeiten, etwa bei der Anwerbung von Gewerkschaftsmitgliedern auf betrieblicher Ebene.[478]

b) Der TUC (Trades Union Congress)

Beim *Trades Union Congress* handelt es sich um den größten Dachverband britischer Gewerkschaften. Der jährlich im Herbst veranstaltete Kongress fand erstmals 1868 statt. Seitdem beschäftigen sich die Mitglieder mit aktuellen Themen der Arbeitsbeziehungen und -bedingungen. Derzeit umfasst der TUC 48 einzelne Gewerkschaften und somit an die 5,6 Millionen Arbeitnehmer.[479]

Die Aufgaben des TUC liegen in der Betreuung und Beratung der einzelnen Gewerkschaften und der Schulung einzelner Gewerkschaftsmitglieder. Außerdem funktioniert er als Zentrum der britischen Arbeitsbewegung und setzt sich unter anderem für Themen wie die maximale wöchentliche Arbeitszeit, Pensionen, Urlaubsansprüche, Ansprüche bei Arbeitslosigkeit, Unfallversicherung oder auch Mindestlöhne ein.[480] Der TUC war außerdem Hauptinitiator des großen Generalstreiks im Jahr 1926. Mit einzelnen Arbeitgebern verhandelt der TUC nicht. Diese Aufgabe verbleibt den einzelnen Gewerkschaften.[481]

Zu beachten ist, dass die Beschlüsse der jährlichen Versammlung nur eine moralische und keine formelle Bindung innehaben. Die einzelnen Gewerkschaften bleiben weiterhin autonom in ihren Entscheidungen.[482]

Wie bereits erwähnt, werden die anstehenden Arbeiten und Ziele auf der jährlichen Konferenz des TUC beschlossen. Des Weiteren treffen sich alle zwei Monate die Mitglieder des *General Council*, eines Gremiums, das sich während des laufenden Jahres mit der Feststellung aktueller Arbeitsfortschritte beschäftigt und neue Projekte plant. Die Mitglieder dieses Gremiums werden ebenfalls auf der jährlichen Konferenz gewählt.

c) Closed shops

Bei den *closed shops* handelte es sich um Betriebe, die ausschließlich Gewerkschaftsmitglieder beschäftigten. Für andere Arbeitnehmer waren diese Betriebe „verschlossen". Die Zugehörigkeit zu einer Gewerkschaft wurde somit vorausgesetzt. Hierbei wurde zwischen *„post-entry closed shops"* und *„pre-entry closed shops"*

---

478 *Prigge,* Gewerkschaftspluralismus und kooperative Interessenvertretung in Großbritannien, S. 25.
479 https://www.tuc.org.uk/what-we-do (zuletzt abgerufen am 19.12.2021).
480 *Richardson,* Industrial Relations in Great Britain, S. 60.
481 Vgl. *Dorfman,* Wage Politics in Britain 1945–1967, S. 5.
482 *Richardson,* Industrial Relations in Great Britain, S. 60.

unterschieden. Bei der ersten Kategorie handelte es sich um eine Konstellation, in der ein Arbeitnehmer bei der Einstellung in das Arbeitsverhältnis verpflichtet wurde, innerhalb einer bestimmten Zeit einer bestimmten Gewerkschaft beizutreten. Bei den *pre-entry closed shops* wurde die Zugehörigkeit zu einer Gewerkschaft vorausgesetzt, um den Abschluss eines Arbeitsvertrages zu erreichen.[483]

Das Gegenteil dieser Praxis sind die *„yellow-dog contracts"*, also Verträge, in denen sich Arbeitnehmer gegenüber ihren Arbeitgebern dazu verpflichten, keiner Gewerkschaft beizutreten.

Closed shops existierten im Vereinigten Königreich sehr lange, sicherlich auch deshalb, weil sich viele Gewerkschaftsmitglieder sträubten, die sog. *„black-legs"*, d.h. die nicht gewerkschaftlich organisierten Arbeitnehmer, zu akzeptieren.[484] Außerdem konnten Arbeitgeber durch diese Praxis kontrollieren, welcher Gewerkschaft sie bei den Kollektivverhandlungen gegenüberstanden.

Dieser Einstellungstradition wurde durch den *Industrial Relations Act* aus dem Jahr 1971 bis zu dessen Aufhebung im Jahr 1974 für eine kurze Zeit ein Ende gesetzt.[485]

Im Jahr 1981 wurde in dem Fall *Young, James and Webster*[486] die Praxis der *closed shops* auf deren Vereinbarkeit mit Art. 9, 10, 11, 13 EMRK durch den EGMR überprüft.

Die Beschwerdeführer waren ehemalige Beschäftigte der *British Railways Board (British Rail)*. Im Jahr 1975 schloss die *British Rail* mit drei Gewerkschaften eine *Closed-Shop*-Vereinbarung, aufgrund derer die Mitgliedschaft einer dieser Gewerkschaften zur Voraussetzung aller Arbeitsverhältnisse der *British Rail* wurde. Die Beschäftigten *Young, James* und *Webster* weigerten sich jedoch, einer dieser Gewerkschaften beizutreten, weshalb ihnen im Jahr 1976 gekündigt wurde. Der EGMR bezog sich in seiner Entscheidung auf den Kündigungsschutz durch den TULRA aus dem Jahr 1974, dessen Änderungsgesetz von sowie den *Employment Protection (Consolidation) Act* aus dem Jahr 1978[487] und sah in der Kündigung einen Verstoß gegen Art. 11 EMRK, der die Versammlungs- und Vereinigungsfreiheit garantiert. In den darauffolgenden Jahren setzte sich der EGMR auch in weiteren Urteilen mit der Vereinbarkeit *closed-hhop*-Vereinbarungen und der Konvention auseinander.[488]

---

483 *McCarthy,* The closed shop in Britain, S. 16.
484 Vgl. *Mckelvey,* Industrial and Labour Relations Review 1954, 550 (551).
485 Näher dazu *Rideout,* The Modern Law Review 1971, 655 (662 f.).
486 EGMR, Urteil vom 13.08.1981, Nr. 7601/76; 7806/77, ECLI:CE:ECHR:1981:0813 JUD000760176 – *Young, James and Webster v. The United Kingdom.*
487 EGMR, Urteil vom 13.08.1981, Nr. 7601/76; 7806/77, ECLI:CE:ECHR:1981:0813 JUD000760176, Rn. 21–24 – *Young, James and Webster v. The United Kingdom.*
488 Näher dazu *Hartmann,* Negative Vertragsfreiheit im deutschen und europäischen Arbeitsrecht, S. 248 ff.

Im Jahr 1990 wurden *closed shops* im Vereinigten Königreich endgültig durch den *Employment Act* verboten.[489]

d) Die Anerkennung (Recognition) einer Gewerkschaft

Verhandlungen zwischen Arbeitgebern oder Arbeitgebervereinigungen und Gewerkschaften als Arbeitnehmervertretern können nur dann stattfinden, wenn die Gewerkschaft vom Arbeitgeber als Verhandlungspartner anerkannt worden ist.[490] Eine solche Anerkennung führt zu einer stärkeren Rechtsposition der Gewerkschaft. So können deren Mitglieder die entlohnte Freistellung von ihrem Arbeitgeber verlangen, wenn sie Gewerkschaftstätigkeiten nachgehen.[491] Die Arbeitgeber haben außerdem eine Informationspflicht gegenüber den Gewerkschaften in Bezug auf alle Fragen, die im Zusammenhang mit den Kollektivverhandlungen von Bedeutung sein könnten.[492] Des Weiteren muss ein Arbeitgeber die Gewerkschaft anhören, sofern er beabsichtigt, ein Mitglied ihrer Vereinigung zu entlassen.[493]

Es gibt zwei verschiedene Möglichkeiten, die Anerkennung einer Gewerkschaft durch den Arbeitgeber zu erlangen. Die erste Variante ist die freiwillige Anerkennung durch den Arbeitgeber. Die andere ist die gesetzlich durchsetzbare Anerkennung.[494] Diese kommt dann zum Tragen, wenn ein Arbeitgeber den Antrag einer Gewerkschaft auf Anerkennung ablehnt oder darauf nicht reagiert. Der Gewerkschaft steht in diesem Fall der Weg frei, ein Komitee, das *Central Arbitration Committee (CAC),* also eine zentrale Schiedsstelle, anzurufen. Das CAC ist bemächtigt, eine „automatische" Anerkennung durchzusetzen, sodass es keiner weiteren Umsetzung durch den Arbeitgeber bedarf.[495] Das gesetzliche Verfahren wird in *Schedule 1* des *Employment Relations Act* aus dem Jahr 1999 ausführlich geregelt.

Nach Angaben des TUC wird eine Anerkennung der Gewerkschaften zwar nicht immer wie gewünscht erreicht, in den meisten Fällen ist die Hinzuziehung des CAC jedoch nicht notwendig.[496]

---

489 Sect. 1 *Employment Act 1990.*
490 Sect. 178 (3) *Trade Union and Labour Relations (Consolidation) Act (TULRCA)* von 1992.
491 Sect. 168–170 *Trade Union and Labour Relations (Consolidation) Act (TULRCA)* von 1992.
492 Sect. 181 *Trade Union and Labour Relations (Consolidation) Act (TULRCA)* von 1992.
493 Sect. 188 *Trade Union and Labour Relations (Consolidation) Act (TULRCA)* von 1992.
494 *Davies,* EuZA 2010, 37 (38 f.).
495 Näher dazu auch *Davies,* EuZA 2010, 37 (39 f.); *Davies,* Employment Law, S. 438 ff.
496 Gespräch mit Paul Seller vom TUC am 24.07.2019; eine Übersicht, bei welchen Anerkennungsverfahren das CAC in den vergangenen Jahren mitgewirkt hat, findet sich bspw. unter https://www.gov.uk/government/collections/cac-outcomes-2019 (zuletzt abgerufen am 19.12.2021).

Die Voraussetzungen, unter denen eine gesetzliche Anerkennung erfolgen kann, sind jedoch sehr streng. So bedarf es unter anderem einer Anzahl von mindestens 20 Mitarbeitern in dem jeweiligen Betrieb, um einen Antrag auf Anerkennung, stellen zu können.

Aus diesem Grund ist es für Gewerkschaften häufig schwierig, eine Anerkennung zu erreichen. Nicht selten werden von der Arbeitgeberseite sogar Anti-Gewerkschaftsberater angeworben sowie PR-Agenturen beauftragt, um die Arbeiter einzuschüchtern.[497]

Sofern eine Gewerkschaft anerkannt worden ist, ist sie auch in der Lage, mit dem jeweiligen Arbeitgeber in Kollektivverhandlungen zu treten.

2. Die Kollektivvereinbarung

Eine Kollektivvereinbarung wird in *Sect.* 178 des *Trade Union and Labour Relations (Consolidation) Act* aus dem Jahr 1992 gesetzlich definiert als ein „*agreement or arrangement made by or on behalf of one or more trade unions and one or more employers or employers' associations and relating to one or more of the matters specified below*" – „eine Vereinbarung oder Absprache von einer bzw. im Namen einer oder mehrerer Gewerkschaften und einem oder mehrerer Arbeitgeber bzw. Arbeitgebervereinigungen bezüglich eines oder mehrerer Inhalte, die [unten] konkretisiert werden".[498] Diese können unter anderem Arbeitsbedingungen oder auch Anforderungen an den Beruf zum Inhalt haben.[499] Kollektivvereinbarungen sind somit neben Arbeitsverträgen eine Quelle von Rechten und Pflichten aus dem Arbeitsverhältnis.[500]

a) Bindung und Durchsetzbarkeit

Für die Bindung und Durchsetzbarkeit von Kollektivvereinbarungen muss man zunächst zwischen dem Verhältnis *Gewerkschaft und Arbeitgeber* und dem Verhältnis *Arbeitnehmer und Arbeitgeber* unterscheiden. Abgeschlossen werden die *collective agreements* zwischen der Gewerkschaft und dem Arbeitgeber, die Frage nach der Durchsetzbarkeit stellt sich jedoch im individuellen Arbeitsverhältnis zwischen Arbeitgeber und Arbeitnehmer.

Die Idee der rechtlichen Verbindlichkeit einer Kollektivvereinbarung trat erstmals im Jahr 1894 im Zusammenhang mit der Haftbarkeit von Gewerkschaften wegen eines Vertragsbruchs auf. Umgesetzt wurde dieses Vorhaben allerdings nicht, da man der Meinung war, dass eine solche Festlegung auf zu viel Gegenwehr seitens der Bevölkerung stoße.[501] Der *Trade Union Act* aus dem Jahr 1871 sah vor,

---

497 Gespräch mit Paul Seller vom TUC am 24.07.2019.
498 *Sect.* 178 Trade Union and Labour Relations (Consolidation) Act von 1992.
499 *Sect.* 178 (1) Trade Union and Labour Relations (Consolidation) Act von 1992 [mit weiteren Beispielen].
500 *Kahn-Freund,* University of Pennsylvania Law Review 1949, 778 (779).
501 *Kahn-Freund,* Labour Law, in: Selected Writings, 1 (15).

dass die Einhaltung einer Kollektivvereinbarung nicht erzwingbar und dass eine Schadensersatzforderung wegen Vertragsbruchs zwischen einer Gewerkschaft und einer anderen Partei ausgeschlossen war.[502]

Die Rechtspraxis der Undurchsetzbarkeit von Kollektivvereinbarungen wurde nahezu 100 Jahre angewandt, bis 1969 der *High Court of Justice* über diese Fragestellung entscheiden musste. Die Entscheidung *Ford Motor Co. v. A.U.E.F.W.* hatte inhaltlich die Rechtsnatur britischer Kollektivvereinbarungen zum Gegenstand. Die Frage war, ob es sich bei den Vereinbarungen um rechtlich verbindliche Verträge oder doch nur um sog. *gentlemen's agreements* handelt. Zur selben Zeit beschäftigte sich auch die Donovan-Kommission mit der Frage der Rechtsverbindlichkeit von Kollektivvereinbarungen.[503] Dieser Königliche Ausschuss unter Lord Donovan kam zu dem Schluss, dass bereits existierende Kollektivvereinbarungen keinesfalls rechtlich durchsetzbar sein sollten, da dies sowohl regelwidrig als auch unpraktisch wäre.[504] Auch im Fall *Ford Motor Co. v. A.U.E.F.W.* entschied der *High Court of Justice (Queens Bench Division)* gegen die Rechtsverbindlichkeit von Kollektivvereinbarungen. Begründet wurde die Entscheidung damit, dass kein vertraglicher Wille aus der Kollektivvereinbarung erkennbar hervorging.[505]

Trotz der Empfehlung der Kommission entschied sich die Konservative Regierung durch den Erlass des *Industrial Relations Act* aus dem Jahr 1971 zur Änderung der bisherigen Praxis. Kollektivvereinbarungen sollten ab diesem Zeitpunkt bindend und rechtlich durchsetzbar sein, es sei denn, die beiden Parteien entschieden sich ausdrücklich gegen die rechtliche Bindung. Ein solcher Wille musste dann schriftlich in der Kollektivvereinbarung aufgenommen werden.[506] Durch die Verwendung des Akronyms „TINA LEA" – *This Is Not A Legally Enforceable Agreement* (dies ist keine rechtlich durchsetzbare Vereinbarung) – konnten die Parteien zum Ausdruck bringen, dass sie nicht an einer rechtlichen Durchsetzbarkeit interessiert waren.[507]

Der *Industrial Relations Act* wurde nur kurze Zeit später durch den *Trade Union and Labour Relations Act* aus dem Jahr 1974 wieder aufgehoben. Hierdurch spiegelte sich die verbreitete Abneigung der Arbeitnehmer- und Arbeitgeberseite wider, nämlich keine gesetzlichen Vorgaben in ihren Beziehungen zu befürworten. Durch die Aufhebung des *Industrial Relations Act* wurde der *status quo ante* wiederhergestellt.

---

502 Sect. 4(4) *Trade Union Act 1871.*
503 *Turner,* The Economic Journal 1969, 1 (2).
504 *Royal Commission on Trade Unions and Employers' Associations* 1965–1968 (Donovan Report), Cmnd. 3623, S. 125 ff.
505 Vgl. *Lewis,* British Journal of Industrial Relations 1970, 313 (313); *Davies/Freedland,* Kahn-Freund's Labour and the Law, S. 160.
506 Sect. 34 *Industrial Relations Act* von 1971.
507 *Zagelmeyer,* Governance Structure and the Employment Relationship, S. 205.

Kollektivvereinbarungen sind daher nur dann rechtsverbindlich, wenn dieser Wille ausdrücklich niedergelegt wird, was in der Praxis jedoch äußerst selten geschieht.[508] Es herrscht demnach grundsätzlich die Rechtsvermutung, dass die Parteien nicht beabsichtigt haben, eine rechtliche Bindung einzugehen.

In diesem Zusammenhang wird erneut klar, dass die Parteien des Arbeitsvertrags im Vereinigten Königreich auf den „Voluntarismus" setzen. Die Kollektivvereinbarungen können deswegen im Vereinigten Königreich auch nicht als Tarifverträge bezeichnet werden, da es sich lediglich um „Vereinbarungen unter Ehrenmännern" *(gentlemen's agreement)* und nicht um rechtsverbindliche Verträge handelt. Dennoch werden diese *gentlemen's agreements* in den meisten Fällen auch eingehalten.[509]

b) Einbeziehung in den Arbeitsvertrag (incorporation)

Kollektivvereinbarungen werden zwischen Gewerkschaften und Arbeitgebern oder Arbeitgeberverbänden abgeschlossen. Diese werden jedoch nicht automatisch Vertragsbestandteil zwischen dem Arbeitgeber und dem Arbeitnehmer.[510] Unklar ist demnach an dieser Stelle, wie diese Kollektivvereinbarung im individuellen Verhältnis, also zwischen dem Arbeitgeber und Arbeitnehmer, Wirkungen entfalten können, da in Großbritannien niemand Rechte und Pflichten aus einem Vertrag ableiten kann, sofern er nicht Partei dieses Vertrages ist. Dieses Prinzip ist im *Common Law* als „*doctrine of privity of contract*" (Grundsatz der unmittelbaren Vertragsbeziehungen) bekannt.[511]

Hierzu existieren verschiedene Lösungsansätze.

aa) Stellvertretertheorie

Die erste Möglichkeit, Kollektivvereinbarungen zwischen Arbeitnehmer und Arbeitgeber gelten zu lassen ist die sog. Vertretungstheorie.[512] Nach diesem Ansatz fungiert die Gewerkschaft bei Abschluss der Vereinbarung als Stellvertreter des Arbeitnehmers, sodass auch diesen die Rechte und Pflichten aus diesem Abkommen treffen. Diese Theorie konnte sich im Vereinigten Königreich allerdings nicht durchsetzen.[513]

---

508 *Sect. 18 Trade Union and Labour Relations Act* 1974; *Deakin/Morris,* Labour Law, 7. Auflage, S. 840; *Lewis,* The Modern Law Review 1979, 613 (613).
509 Gespräch mit Paul Seller vom TUC am 24.07.2019.
510 *Davies/Freedland,* Kahn-Freund's Labour and the Law, S. 166 f.; *Hepple,* in: Bain (Hrsg.), Industrial Relations in Britain, 393 (402); *Peel,* The Law of contract, S. 694.
511 *Cheshire/Fifoot/Furmston's,* Law of contract, S. 556 ff.; *Kahn-Freund,* Labour and the Law, S. 66.
512 Befürworter der Vertretungstheorie in Deutschland war *Lotmar,* Der Arbeitsvertrag, S. 835.
513 *Kahn-Freund,* Labour and the Law, S. 64; *Napier,* in Lewis (Hrsg.), Labour Law in Britain, 327 (344).

bb) Ausdrückliche und konkludente Inbezugnahme

Eine Kollektivvereinbarung kann auch dann Vertragsbestandteil werden, wenn Arbeitnehmer und Arbeitgeber bei Abschluss des Arbeitsvertrages auf eine Kollektivvereinbarung Bezug nehmen. Eine Bezugnahme kann ausdrücklich festgelegt werden, aber auch durch eine implizierte Inkorporation erfolgen.

Eine ausdrückliche Inbezugnahme liegt vor, wenn in dem individuellen Arbeitsvertrag die Klauseln einer Kollektivvereinbarung explizit für anwendbar erklärt werden. Diese Inbezugnahmeklauseln müssen konkret und unmissverständlich sein, eine Regelung, die sich auf „die übliche Lohnhöhe" bezieht, genügt in diesem Fall nicht.[514]

Eine implizierte Inbezugnahme erfolgt ohne ausdrückliche Erklärung im Arbeitsvertrag. Diese ergibt sich aus äußeren Umständen bei Vertragsschluss. Ein eindeutiger Beweis für eine solch implizierte Inkorporation liegt vor, wenn die Vertragsparteien so agieren, als wären die Bestimmungen über die Lohnhöhe oder Urlaubs- und Überstundenregelungen der Kollektivvereinbarungen Teil des Arbeitsvertrags.[515]

Die Entscheidung *Robertson v. British Gas* aus dem Jahr 1982 macht deutlich, welche Bindungswirkung der Einbeziehung (*incorporation*) zukommen kann. Der Kläger erhielt 1970 eine berufliche Ernennungsurkunde, in der niedergelegt war, dass Prämienkonditionen zusätzlich zum Grundlohn zu zahlen sind. Ein solches Prämiensystem wurde in einer Kollektivvereinbarung niedergelegt. Nach einiger Zeit beendete *British Gas* diese Vereinbarung und behauptete, dass ab diesem Moment auch keine Bonuszahlungen mehr fällig gewesen seien. Das Gericht sah die Rechtslage anders und war der Auffassung, dass in der Ernennungsurkunde eine ausdrückliche Bezugnahme auf eine Kollektivvereinbarung erfolgte. Die Kündigung dieser Vereinbarung könne aber keinen Einfluss auf den Anspruch des Klägers haben, da das Prämienzahlungssystem durch die Inkorporation Vertragsbestandteil geworden war. Durch Beendigung der Kollektivvereinbarung wurde jedoch nicht die Inbezugnahme vernichtet. Zusammenfassend ist also festzustellen, dass der Anspruch auf Bonuszahlung auch nach der Kündigung der Kollektivvereinbarung fortbestand, da das Prämiensystem Inhalt des Arbeitsvertrages wurde.

c) Konkurrenz von Kollektivvereinbarungen

Die erste Frage, die sich stellt, ist, welche Klauseln bei widersprüchlichen Inhalten im Einzelarbeitsvertrag und in der Kollektivvereinbarung Anwendung finden. Die zweite Frage ist, welche der Kollektivvereinbarungen angewandt werden, sofern sich mehrere von ihnen inhaltlich widersprechen.

Für die erstgenannte Konstellation, dass sich ein Arbeitsvertrag und eine Kollektivvereinbarung inhaltlich widersprechen, findet der Arbeitsvertrag Anwendung.

---

514 *Wedderburn*, The Worker and the Law, S. 330.
515 *Pitt*, Employment Law, S. 178.

Wie bereits oben erläutert, haben Kollektivvereinbarungen keine rechtliche Bindungswirkung, weshalb im individuellen Vertrag von diesen sowohl zugunsten als auch zuungunsten des Arbeitnehmers abgewichen werden kann.[516] Etwas anderes gilt selbstverständlich dann, wenn die Parteien im Arbeitsvertrag Bezug auf die Kollektivvereinbarung genommen haben, denn in diesem Fall werden die Klauseln der Kollektivvereinbarung auch Vertragsbestandteil und die festgelegten Mindestbestimmungen sind für den Arbeitgeber und Arbeitnehmer als Minimum bindend.[517]

In dem Fall, dass sich widersprüchliche Kollektivvereinbarungen gegenüberstehen, ist die Lage weniger deutlich. Eine gesetzliche Vorgabe zur Regelung solcher Konflikte existiert nicht und auch die Gerichte sind in ihren Urteilen inkonsequent. Die Entscheidung in einem derartigen Konflikt muss mithin einzelfallbezogen entschieden werden.

Mit der Konkurrenz verschiedener Kollektivvereinbarungen musste sich der *Court of Appeal (Civil Divisions)* in seiner Entscheidung *Gascol v. Mercer* (1974) auseinandersetzen. In diesem Fall fanden für den Arbeitnehmer *Mercer* ein zentrales Abkommen (*national agreement* aus dem Jahr 1970, bestätigt 1971 und 1972) sowie ein Abkommen auf örtlicher Ebene (*local agreement*) Anwendung. Die beiden Vereinbarungen beinhalteten unterschiedliche Angaben zur wöchentlichen Arbeitszeit. Das *national agreement* sah eine 40-Stunden-Woche vor, im *local agreement* waren hingegen 54 Wochenarbeitsstunden festgelegt. Der Beschäftigte *Mercer* machte nach Ende seines Arbeitsverhältnisses im Jahr 1972 eine Bezahlung auf Grundlage des *local agreement*, also der 54-Stunden-Woche, geltend, da dies seiner tatsächlichen Arbeitszeit entsprach.

Der *Court of Appeal* entschied allerdings, dass das *national agreement* anzuwenden war, da hierauf im Arbeitsvertrag Bezug genommen wurde. Eine solche Inbezugnahme erfolgte aufgrund des *Industrial Relations Act* aus dem Jahr 1971, *Schedule 2 Part II*, nach dem ein Arbeitgeber verpflichtet war, seinen Arbeitnehmern eine schriftliche Erklärung über die Konditionen der Arbeitszeit, insbesondere über die „übliche" Arbeitszeit, zu erteilen. In Anbetracht dieser Verpflichtung übersandte *Gascol Conversion Ldt.* jedem seiner Mitarbeiter eine neue Ausfertigung des jeweiligen Arbeitsvertrages. In diesem Arbeitsvertrag wurde eine 40-Stunden-Woche sowie die Ableistung von Überstunden, sofern diese notwendig wären, vereinbart. Die Vereinbarung der 40-Stunden-Woche war nach Ansicht des Gerichts bindend und das unabhängig davon, wie hoch die tatsächlich ausgeübte Wochenarbeitszeit des Beschäftigten *Mercer* war.[518] Entscheidend für das Gericht war der Umstand, dass Überstunden nur dann abgeleistet werden mussten, wenn

---

516 *Wedderburn*, The Worker and the Law, S. 331; *Hepple*, in: Bain (Hrsg.), Industrial Relations in Britain, 393 (402).
517 *Kahn-Freund*, Labour and the Law, S. 124.
518 *Hepple*, ILJ 1974, 164 (164 ff.); kritisch hierzu *Napier*, ILJ 1986, 52 (54); *Wedderburn*, The Worker and the Law, S. 335.

diese notwendig waren. Dies bedeute, dass Überstunden nicht zur vereinbarten Arbeitszeit gehörten und daher auch nur zu vergüten waren, wenn diese notwendigerweise abgeleistet wurden. Das sei vorliegend jedoch nicht der Fall gewesen. Eine Vergütung konnte daher nach Ansicht des *Court of Appeal* nur aufgrund der vereinbarten 40-Stunden-Woche erfolgen.

Eine klare Linie, welche Kollektivvereinbarungen andere verdrängen, ist bisher nicht ersichtlich. Auch die Entscheidung *Gascol v. Mercer* gibt hier wenig Aufschluss, da in dem Arbeitsvertrag auf die nationale Vereinbarung Bezug genommen wurde. Ein genereller Vorzug nationaler Kollektivvereinbarungen kann daraus jedoch nicht geschlussfolgert werden.

d) Ablauf von Kollektivverhandlungen

Die Parteien von Kollektivverhandlungen sind die Gewerkschaften als Arbeitnehmervertreter und Arbeitgeber bzw. Arbeitgebervereinigungen. Ist eine Gewerkschaft erstmal anerkannt, so kann diese mit dem jeweiligen Arbeitgeber in Verhandlungen treten. Aufseiten der Arbeitgeber treten überwiegend Arbeitgebervereinigungen auf, deren Vereinbarungen sich dann auf eine ganze Gebietseinheit beziehen. Eine weitere Absprache zwischen den Gewerkschaften und dem individuellen Arbeitgeber ist in einem solchen Fall oft unvermeidlich.[519] Vor Ort agieren Gewerkschaften über ihre *shop stewards*. Dabei handelt es sich um Vertrauensmänner der Arbeiterschaft, die diese ehrenamtlich in den jeweiligen Betrieben repräsentieren.[520]

Im privaten Sektor sind Kollektivverhandlungen dezentralisiert und kommen überwiegend auf der Ebene des Einzelbetriebs vor.[521] So haben einige Betriebe auch mehrere für sie anwendbare Kollektivvereinbarungen.[522]

e) Verhältnis zur Gesetzgebung

Neben der Konkurrenz von Arbeitsverträgen und Kollektivvereinbarungen ist auch das Verhältnis zur Gesetzgebung interessant.

Wie bereits festgestellt, steht das Vereinigte Königreich staatlichen Eingriffen in die Arbeitsverhältnisse kritisch gegenüber. Kollektivvereinbarungen haben im Vergleich zur Gesetzgebung aber den Vorteil, dass sie flexibler in der Anpassung und Regulierung sind. Kollektivvereinbarungen werden für einen begrenzten Personenkreis abgeschlossen. In einem solchen Fall kann man die von Branche zu Branche variierenden Verhältnisse und Grundvoraussetzungen besser berücksichtigen und entsprechende Löhne als Minimum festlegen. Gesetzliche Mindestlöhne

---

519 *Kahn-Freund*, Labour and the Law, S. 60 f.
520 *Dorfman*, Wage Politics in Britain 1945–1967, S. ix.
521 *Exell*, in: Keune/Galgoczi (Hrsg.), Collective bargaining on working time, S. 273 (280).
522 So hat der Betrieb McVities drei Fabriken und somit auch drei verschiedene Kollektivvereinbarungen, aus Gespräch mit Paul Seller vom TUC am 24.07.2019.

sind in der Regel flächendeckend und nicht auf einzelne Arbeitnehmergruppen abgestimmt.

Aus diesen Gründen spielten Gesetze im *Common Law* eine sehr lange Zeit lediglich eine sekundäre, ergänzende Rolle gegenüber den autonom abgeschlossenen Kollektivvereinbarungen. Dominant ist ein System der Freiwilligkeit, das vom *Laissez-faire*-Prinzip geleitet wird. Aus diesem Grund finden staatliche Regelungen nur in den Bereichen Anwendung, in denen der kollektive Schutz nicht ausreichend ist.[523] So waren die *Fair Wages Resolutions* und die *Trade Boards Acts*[524] dazu bestimmt, Kollektivverhandlungen zu stärken und zu fördern und dort einzugreifen, wo Gewerkschaften schwach und kaum präsent waren. Die *Wage Councils* waren ein entscheidender Bestandteil in der Förderung der Kollektivverhandlungen und trotz anfänglichem Misstrauen setzten sich die Gewerkschaften für die Ausweitung der *Trade Boards* ein.[525]

Der Vorteil dieser Gesetzgebung war, dass den autonomen Kräften der größtmögliche Spielraum erhalten blieb. Es handelte sich hierbei um Wirtschaftszweige, in denen die Gewerkschaften ohnehin nicht stark genug waren, ein angemessenes Lohnniveau mit autonomen Mitteln zu schaffen.[526] Ein Eingriff in das „freie Treiben der Kräfte" durch staatliche Eingriffe war somit nur in Einzelfällen möglich.

Lord Wedderburn beschrieb die entschlossene Abneigung gegenüber staatlicher Intervention der Arbeiter folgendermaßen: „*Most workers Want Nothing More of the Law Than That It Should Leave Them Alone*"[527] – „die meisten Arbeiter wollen von der Gesetzgebung nur, dass diese sie in Ruhe lässt." Je stärker die Gewerkschaften wurden, desto weniger vertrauten die Arbeitnehmer der Gesetzgebung.[528]

In dem vergangenen Jahrhundert nahm jedoch die Zahl der Arbeitnehmer, die tatsächlich von einer kollektiven Absprache abgedeckt werden, rapide ab.[529] Ab den 1970er-Jahren ließ auch die Stärke der Gewerkschaften merklich nach.[530] Außerdem werden atypische Arbeitsverhältnisse häufig nicht von Kollektivvereinbarungen

---

523 *Dickens*, IRJ 1988, 139 (139).
524 Siehe hierzu Kapitel 3 § 2.
525 Näher dazu *Blackburn*, IRJ 1988, 124 (124 f., 129), ab den 1970er-Jahren waren Gewerkschaftsvorsitzende jedoch zunehmend misstrauisch gegenüber den *Wage Councils*, da sie der Meinung waren, diese würden Niedriglöhne institutionalisieren und Arbeitnehmer davon abhalten, Gewerkschaften beizutreten vgl. *ebenda* S. 131; *Kahn-Freund*, Labour Law, in: Selected Writings, 1 (29).
526 *Kahn-Freund*, in: Duvernell (Hrsg.), Koalitionsfreiheit und Tarifautonomie als Probleme der modernen Demokratie, 79 (86).
527 *Wedderburn*, The Worker and the Law, S. 1.
528 *Kahn-Freund*, Labour Law, in: Selected Writings, 1 (6).
529 Vgl. *Burgess/Usher*, Allgemeinverbindlichkeit und Mindestlohnregelungen in Mitgliedstaaten der EU, S. 29; *Dickens*, IRJ 1988, 139 (143); *Ewing/Hendy*, ILJ 2017, 23 (23 f.).
530 *Dickens*, IRJ 1988, 139 (147).

erfasst.[531] Daher ist die Frage nach einem umfassenden und flächenmäßigen Schutz von enormer Wichtigkeit geworden.

Gesetze zur Regelung der Arbeitsbedingungen werden durch eine spezielle Fiktion zum Vertragsinhalt, nämlich indem bei Vertragsschluss angenommen wird, dass die Parteien den Vertrag zu den gesetzlichen Bedingungen abgeschlossen haben.[532] Das britische Mindestlohngesetz findet somit eine automatische Anwendung in allen Arbeitsverträgen, die in seinen Anwendungsbereich fallen, und bedarf keiner weiteren Auslegung.[533]

Ein Vertragsabschluss zu schlechteren Konditionen als im Gesetz niedergelegt ist also nicht möglich.[534]

Sofern nun eine Kollektivvereinbarung gegen die gesetzlichen Mindestbestimmungen verstößt, kann nichts anderes gelten. Wenn der Arbeitnehmer nicht ausdrücklich im Vertrag zu seinem Nachteil verhandeln kann, kann diese Rechtswirkung erst recht nicht durch eine nicht bindende Kollektivvereinbarung erreicht werden.

f) Mindestlöhne durch Kollektivvereinbarungen

Kollektivvereinbarungen sind lange Zeit die primäre Quelle von Mindestlöhnen im Vereinigten Königreich gewesen. Geändert hat sich dies seit der Einführung des gesetzlichen Mindestlohns im Jahre 1999. Waren im Jahr 1999 noch 72,7 % der Arbeitnehmer im öffentlichen Dienst und 23 % der Arbeiter in der Privatwirtschaft von einer Kollektivvereinbarung abgesichert, so waren es 2017 nur noch 57,6 % der Beschäftigten im öffentlichen Dienst und 15,2 % im privaten Dienstleistungssektor.[535]

Durch den Erlass des Mindestlohngesetzes wurde den Gewerkschaften der Wind aus den Segeln genommen. Mindestlöhne waren seit jeher die Hauptgrundlage von Kollektivverhandlungen und somit auch ein Hauptgrund von Arbeitnehmern zum Beitritt zu einer Gewerkschaft. Seit der Einführung des gesetzlichen und flächendeckenden Mindestlohns war Arbeitnehmern jedoch der Anreiz verloren gegangen, einer Gewerkschaft beizutreten.

Durch die Einführung des gesetzlichen Mindestlohns endete Großbritanniens *Voluntarismus* und aus dem *Laissez-faire* wurde *prétendre par la loi* – das Ende des freien Treibens der Kräfte durch staatliche Eingriffe.

---

531 *Dickens*, IRJ 1988, 139 (143, 145, 151).
532 *Kahn-Freund*, Labour and the Law, S. 31.
533 *Deakin/Morris*, Labour Law, 7. Auflage, S. 294.
534 *Kahn-Freund*, Labour and the Law, S. 31 f.
535 https://www.statista.com/statistics/287297/collective-agreement-coverage-unions-united-kingdom-uk-y-on-y-by-sector/ (zuletzt abgerufen am 19.12.2021).

§ 4 Der gesetzliche Mindestlohn im Vereinigten Königreich

Mit dem Wahlversprechen über einen gesetzlichen Mindestlohn trat die *Labour Party* 1992 und 1997 gegen die regierende Konservative Partei an. Auf die Niederlage im Jahr 1992 folgten weitere fünf Jahre der Anti-Mindestlohnpolitik durch die Konservativen. Bereits während des Wahlkampfes sprachen sich die Torys gegen eine Mindestlohngesetzgebung aus. Um diesen Standpunkt weiter zu untermauern, folgte im Jahr 1993 sogar die endgültige Abschaffung der *Wage Councils*.[536]

Nach dem lang ersehnten Wahlsieg der *Labour Party* 1997 wurde das Versprechen über den Mindestlohn gegenüber dem britischen Volk eingelöst. Durch den *National Minimum Wage Act* aus dem Jahr 1998 und die *National Minimum Wages Regulation* aus dem Jahr 1999, die am 01.04.1999 in Kraft trat, wurde erstmals ein flächendeckender gesetzlicher Mindestlohn im Vereinigten Königreich eingeführt.

Das Wahlversprechen der *Labour Party* kurz vor der Jahrtausendwende war nicht das erste Mal, dass man sich im Vereinigten Königreich mit dem Gedanken eines gesetzlichen Mindestlohns auseinandersetzte. Bereits 100 Jahre früher verlangten Ökonomen und Sozialisten nach einer gesetzlichen Regulierung des Niedriglohnsektors, was auch 1909 durch den *Trade Boards Act* sukzessive durch die Regierung umgesetzt wurde. Hierbei handelte es sich jedoch nicht um einen flächendeckenden gesetzlichen Mindestlohn. Das Gesetz bestimmte lediglich die Errichtung sog. *Trade Boards*, also Ämtern, die in ausgewählten Gewerben Lohnuntergrenzen festsetzen sollten. Durch das Gesetz wurde mithin kein einheitliches und allgemeingültiges Lohnminimum festgesetzt, sondern nur die Ermächtigung zur Festlegung von Mindestlöhnen in den Niedriglohngewerben erlassen.[537]

Wie bereits festgestellt wurde, herrschte in den arbeitsrechtlichen Beziehungen des Vereinigten Königreichs lange Zeit das Prinzip des *Laissez-faire* und staatliche Eingriffe in die Arbeitsbeziehungen waren nicht erwünscht. Die Lohnregulierung erfolgte durch Kollektivvereinbarungen zwischen den Gewerkschaften und den Arbeitgebern bzw. Arbeitgebervereinigungen. Jedoch standen die Gewerkschaften häufig großen Hemmnissen gegenüber, sei es durch wirtschaftliche Krisen oder gesetzliche Bestimmungen, die die Arbeits- und Funktionsweise der sog. *Trade Unions* einschränken und erschweren sollten.[538] Durch die nach und nach eintretende Entkräftung der Gewerkschaften und dem Rückgang von Kollektivvereinbarungen wurde klar, dass eine gesetzliche Intervention notwendig war. Besondere Arbeitsformen wie Teilzeit- oder Heimarbeit wurden häufig nicht von Kollektivvereinbarungen erfasst.[539] Im Jahr 1986 machten der TUC, der Dachverband der britischen Gewerkschaften, und die *Labour Party* klar, dass Kollektivvereinbarungen in den

---

536 Siehe hierzu Kapitel 3 § 2 II. 7.
537 Siehe hierzu Kapitel 3 § 2 II. 2.
538 Ausführlich hierzu Kapitel 3 § 3.
539 *Dickens*, IRJ 1988, 139 (139, 143).

schlecht organisierten Bereichen scheitern, also gerade da, wo niedrige Löhne nicht ungewöhnlich waren. Es wurde weiterhin behauptet, dass die Gewerkschaftsbewegung von nun an Hand in Hand mit der Gesetzgebung gehen müsste. Diese Meinung wurde jedoch nach wie vor nicht von allen Gewerkschaften geteilt, denn die Abneigung gegenüber der Gesetzgebung bestand weiterhin. Außerdem fürchtete man den Untergang kollektiver Vereinbarungen bei einer gesetzlichen Regelung über Mindestlöhne.[540]

Im Juli 1997, zwei Monate nach ihrem Wahlsieg, errichtete die *Labour*-Regierung eine vorläufige und unabhängige *Low Pay Commission* (Niedriglohnkommission),[541] bestehend aus neun Mitgliedern der Bereiche Wirtschaft, Gewerkschaftstätigkeit und Wissenschaft. Aufgabe dieser Kommission war es, Empfehlungen auszusprechen, in welcher Höhe ein Mindestlohn angesetzt werden sollte. Ziel dieses Lohnes sollte es sein, eine hohe Zahl niedrig bezahlter Arbeitnehmer zu erfassen, ohne dass dieser Lohn jedoch einen negativen Einfluss auf das jeweilige Beschäftigungsverhältnis oder auf die Wirtschaft hat.[542] Des Weiteren sollte die Kommission Vorschläge unterbreiten, ob es Ausnahmen oder niedrigere Lohnraten für die 16- bis 25-jährigen Arbeitnehmer geben sollte.[543]

Im Juni 1998 wurde der erste Bericht der *Low Pay Commission* veröffentlicht. Dieser beinhaltete die gewünschten Empfehlungen zu den einzelnen Lohnsätzen. Die *adult rate* (Mindestlohn für Erwachsene) sollte dabei ab dem 01.04.1999 £3,60 pro Stunde betragen und einen Anstieg auf £3,70 ab dem Folgejahr umfassen. Des Weiteren wurde eine „*Development Rate*" (Einstiegssatz) von £3,20 (Anstieg auf £3,30 im Jahr 2000) für alle 18- bis 20-Jährigen sowie für alle Arbeitnehmer ab dem Alter von 21 Jahren in den ersten 6 Monaten ihrer Beschäftigung empfohlen. Die 16- bis 17-jährigen Arbeitnehmer sollten vom Anwendungsbereich des Mindestlohns ausgeschlossen werden.[544]

Die Empfehlungen der *Low Pay Commission* wurden in großen Teilen umgesetzt. Am 01.04.1999 erhielten alle Beschäftigten ab einem Alter von 22 Jahren einen anfänglichen Mindestlohn von £3,60. Die 18- bis 21-Jährigen erhielten £3,00 pro Stunde. Außerdem wurde eine *trainee rate* (Anlernsatz) für Arbeitnehmer ab einem Alter von 22 Jahren in den ersten sechs Monaten ihrer Tätigkeit eingeführt.[545]

---

540 *Card/Krueger*, Myth and Measurement, S. 45, 50; *Finn*, The National Minimum Wage in the United Kingdom, S. 16 f.; *Metcalf*, Discussion paper 419, S. 1 f.; *Waltman*, Minimum Wage Policy in Great Britain and the United States, S. 76 ff., 78 f.
541 *Finn*, The National Minimum Wage in the United Kingdom, S. 22.
542 *Grover*, Social Security and Wage Poverty, S. 175.
543 *Waltman*, Minimum Wage Policy in Great Britain and the United States, S. 83 f.
544 1. Bericht der *Low Pay Commission*, S. 1, 3.
545 Reg. 11–13 *National Minimum Wage Regulations* 1999; *Finn*, The National Minimum Wage in the United Kingdom, S. 28; *Metcalf*, BJIR 1999, 171 (171); *Simpson*, ILJ 1999, 171 (172 ff.).

Im Folgenden wird das Gesetz über den Mindestlohn aus dem Jahr 1998 kurz beleuchtet, im Anschluss werden Ausführungen zu dem Inhalt des *National Minimum Wage Act* und der darauf aufbauenden *Regulations*[546] (Mindestlohnverordnung) vorgenommen. Hierbei wird auf den Anwendungsbereich des Gesetzes, die Höhe und die Anpassung der Lohnsätze durch die *Low Pay Commission* sowie auf die Durchsetzungsmöglichkeiten des Mindestlohnes eingegangen.

I. Der *National Minimum Wage Act*

Der Gesetzentwurf über einen Mindestlohn für das Vereinigte Königreich wurde am 26.11.1997 in das Unterhaus des britischen Parlaments eingebracht und musste einigen Lesungen und Änderungsanträgen standhalten.[547] Ungefähr acht Monate später, nämlich am 31.07.1998, erhielt das Gesetz die königliche Zustimmung.

Das Gesetz enthielt neben den Rahmenbedingungen des Mindestlohns auch eine Reihe von Ermächtigungen (*delegated powers*), die zur Setzung von sekundären Rechtsvorschriften berechtigten. Hierbei handelt es sich um die *National Minimum Wages Regulations* (Mindestlohnverordnung). Diese *Regulations* dienen dazu, die wesentlichen Punkte des gesetzlichen Mindestlohns, wie bspw. die Höhe der Lohnsätze oder die Ausnahmen vom Anwendungsbereich, regelmäßig anzupassen.[548]

Die entsprechende Mindestlohnverordnung vom 06.03.1999, in der auch die Vorschläge der *Low Pay Commission* eingearbeitet wurden, trat am 01.04.1999 in Kraft.

Der *National Minimum Wage Act* aus dem Jahr 1998 gab den Arbeitnehmern im Vereinigten Königreich einen rechtlich durchsetzbaren Anspruch auf einen Mindestlohn. Das Gesetz schützt die Arbeitnehmer außerdem vor einer ungerechtfertigten Kündigung für den Fall, dass sie ihre Ansprüche auf den Mindestlohn geltend machen.[549]

Durch die *National Minimum Wage Regulations* 2015[550] wurde eine Novellierung der bisherigen Grundsätze durchgeführt. Alle vorherigen Mindestlohnverordnungen (die *National Minimum Wage Regulations* aus 1999 und die dazu gehörigen *Amendment Regulations* von 2000 bis 2014) wurden im Jahr 2015 aufgehoben.

Die bedeutendste Änderung wurde daraufhin im Jahr 2016 vollzogen. Ein sog. *National Living Wage* wurde durch die Änderung der *Minimum Wage Regulations* von 2016 eingeführt.[551] Dieser sollte schrittweise bis zum Jahr 2020 einen Verdienst

---

546 Sofern nicht ausdrücklich anders bezeichnet, ist im Folgenden mit der Bezeichnung „Regulations" immer die *National Minimum Wage Regulations* gemeint.
547 Näher dazu *Pyper*, The National Minimum Wage: historical background, S. 5 f.
548 *Metcalf*, BJIR 1999, 171 (194).
549 *Sect. 25, 26 National Minimum Wage Act*.
550 In Kraft getreten am 06.04.2015.
551 Hierbei handelt es sich um *The National Minimum Wage (Amendment) Regulations* 2016, in Kraft getreten am 01.04.2016.

in Höhe von 60 % des Medianlohns erreichen. Der *National Living Wage* ist damit wesentlich höher als der bisherige Mindestlohn angesetzt.[552]

Zu beachten ist, dass es sich bei diesem *National Living Wage* lediglich um die neue Bezeichnung der bisherigen *adult rate* (Lohn für alle Arbeitnehmer ab einem Alter von 25 Jahren) handelt[553] und somit nicht zu verwechseln ist mit dem von den Arbeitgebern freiwillig gezahlten *Living Wage*[554]. Die 60 %-Grenze ist dabei nicht gesetzlich vorgeschrieben, sondern ist als eine Empfehlung der britischen Regierung zu verstehen, an der sich die *Low Pay Commission* orientieren soll.[555]

II. Der Anwendungsbereich des gesetzlichen Mindestlohns

Der *National Minimum Act* aus dem Jahr 1998, *sect.* 1 (2) bestimmt, dass sich zunächst alle *worker*[556] für den gesetzlichen Mindestlohn qualifizieren. Des Weiteren muss die Arbeit – zumindest üblicherweise – im Vereinigten Königreich abgeleistet werden. Außerdem darf der Arbeitnehmer nicht mehr im schulpflichtigen Alter sein. Im schulpflichtigen Alter ist eine Person im Vereinigten Königreich zwischen ihrem 5. und 16. Lebensjahr.[557]

1. Persönlicher Anwendungsbereich

An dieser Stelle ist zunächst zu erörtern, was unter einem *worker* im Vereinigten Königreich zu verstehen ist.

a) Begriff des „worker" und Abgrenzung zum Arbeitnehmer und Selbstständigen

Der Begriff wird in *sect.* 54 (3) *des National Minimum Wage Act* legaldefiniert.[558] Demnach wird ein *worker* als ein *"individual who has entered into or works under (or, where the employment has ceased, worked under)*

---

552 Vgl. Amendment to the National Minimum Wage Regulations 2015 – introducing the National Living Wage, Impact Assement No: BISLM010, S. 5 sowie Bericht der *Low Pay Commission* aus 2019, S. xvii.
553 Vgl. *Pyper*, The National Minimum Wage: rates and enforcement, S. 8.
554 Siehe hierzu Kapitel 3 § 5.
555 Gespräch mit Joseph Wilkinson, *Head of Policy Low Pay Commission*.
556 Dass der Begriff *worker* weiter als der deutsche Arbeitnehmerbegriff ist, wird in Kapitel 3 § 4 II. 1. erklärt.
557 Vgl. dazu in England und Wales: *Education Act* von 1996, *sect.* 8, in Schottland: *Education (Scotland) Act* von 1980, *sect.* 31, in Nordirland: *The Education Reform (Northern Ireland) Order* von 1989, *sect.* 156.
558 Weitere ähnliche Legaldefinitionen enthalten: *sect. 296 des TULR(C)A von 1992, sect. 230 des Employment Rights Act* (ERA) von 1996 sowie *reg.* 2(1) der *Working Time Regulations* von 1998.

(a) a contract of employment; or
(b) any other contract, whether express or implied and (if it is express) whether oral or in writing, whereby the individual undertakes to do or perform personally any work or services for another party to the contract whose status is not by virtue of the contract that of a client or customer of any profession or business undertaking carried on by the individual;"

definiert.

Somit versteht man unter einem *worker* eine Person, die eine Tätigkeit aufgrund eines Arbeitsvertrags oder aufgrund eines sonstigen Vertrags, in dem ausdrücklich oder konkludent, mündlich oder schriftlich festgelegt ist, dass sich dieser Einzelne höchstpersönlich zu Diensten der anderen Vertragspartei stellt, aufgenommen hat.

Diese Definition ist sehr weit gefasst. *Worker* ist somit nicht nur derjenige, der aufgrund eines Arbeitsvertrages tätig wird, sondern jeder, der sich durch einen Vertrag persönlich zu einer Dienstleistung verpflichtet. Hierin liegt auch die Abgrenzung zum *employee*[559] einerseits und zum *self-employed* andererseits. Ein *employee* (Arbeitnehmer) wird aufgrund eines Arbeitsvertrags tätig. Einem *employee* wird ein umfangreicher Arbeitnehmerschutz zuteil. Dieser ist weiter als der Schutz, den ein *worker* beanspruchen kann.[560] So kommt bspw. nur den *employees* eine Lohnfortzahlung im Krankheitsfall (*statutory sick pay*) oder ein besonderer Kündigungsschutz bei ungerechtfertigter Kündigung[561] (*unfair dismissal*) zugute. *Worker* hingegen können nicht den umfangreichen Arbeitnehmerschutz in Anspruch nehmen. Neben dem Anspruch auf einen gesetzlichen Mindestlohn nach dem *National Minimum Wage Act* werden *worker* unter anderem auch vor ungerechtfertigter Diskriminierung (*sect. 41 Equality Act* von 2010) geschützt.

Der im britischen Recht verbreitete Begriff des *workers* ist somit weiter zu verstehen als der deutsche Arbeitnehmerbegriff, weshalb dieser im Folgenden auch nicht transkribiert wird.

Abzugrenzen ist ein *worker* außerdem von einem selbstständig Tätigen (*self-employed person*). Ein *worker* muss in der Regel die Verpflichtung aus seinem Vertrag persönlich erfüllen (*perform personally*). Ein Selbstständiger verhandelt über seine Entlohnung und stellt seinem Auftraggeber am Ende der Tätigkeit eine Rechnung aus. Des Weiteren ist er zeitlich flexibel und weisungsunabhängig. Weitere Anhaltspunkte sind die eigenen Arbeitsmaterialien des Selbstständigen bei der Verrichtung der Tätigkeit und die eigenständige Tragung eines finanziellen Verlustes.[562] Selbstständige haben überdies keinen Arbeitnehmerschutz.

---

559 Dass eine Abgrenzung notwendig ist, zeigt auch *sect.* 54 (1) des *National Minimum Wage Act* von 1998, der den Begriff des *employee* legaldefiniert.
560 *Upex*, The Law of Termination of Employment, S. 1.
561 Durch *sect.* 25, 26 *National Minimum Wage Act* kann jedoch ausdrücklich auch ein *worker* Rechte bei einer ungerechtfertigten Entlassung geltend machen.
562 BERR, National Minimum Wage Guide, S. 16.

Da die Abgrenzung schwierig ist, ist eine konkrete Überprüfung im Einzelfall notwendig. So kann der Begriff des *workers* ausnahmsweise auch im Fall eines objektiv Selbstständigen greifen. In der Entscheidung *Flynn v. Torith Ltd.* aus dem Jahr 2002 hatte sich das *Employment Appeal Tribunal* in Edinburgh mit der Auslegung des Begriffs *worker* im Zusammenhang mit der *Working Time Regulations* auseinanderzusetzen. In diesem Fall forderte der Beschäftigte *Flynn* bezahlten Urlaub nach der *Working Time Regulations*. Er arbeitete als Tischler auf einer Baustelle der *Torith Ltd.* Dem Beschäftigten *Flynn* stand es frei, wie er die ihm zugeteilte Arbeit ausführte. Er musste zwar den Beginn und das Ende seiner Arbeitszeit dokumentieren, dies diente jedoch primär dem Arbeitsschutz. Die Arbeitsmaterialien wurden *Flynn* von der *Torith Ltd.* zur Verfügung gestellt (dies galt gleichermaßen für die Arbeitnehmer der *Torith Ltd.*). Es wurde von Herr *Flynn* erwartet, dass dieser 39 Stunden pro Woche arbeitete. Er ging dabei davon aus, dass er auch am Wochenende und in den späten Abendstunden zu arbeiten hatte, wenn dies von seinem Auftraggeber, der *Torith Ltd.*, gefordert wurde. Eine vertragliche Verpflichtung dazu bestand aber nicht. Die Bezahlung erfolgte nach Arbeitsstunden und nicht nach erbrachter Leistung. Dies galt ebenso für die Arbeitnehmer der *Torith Ltd.*, wenngleich diese einen anderen Lohnsatz erhielten. Eine Vereinbarung über die Gesamtdauer der Tätigkeit wurde nicht getroffen. Eine höchstpersönliche Leistung wurde von dem Schreiner *Flynn* nicht gefordert, dieser hätte insofern einen Vertreter schicken können, sofern dieser gleichermaßen qualifiziert war. Als sein Vater starb, blieb *Flynn* für 4 Tage von der Arbeit fern. Darüber hinaus konnte er seiner Arbeit krankheitsbedingt für einen längeren Zeitraum nicht nachgehen. Für diese Zeit wurde er nicht bezahlt. *Flynn* stellte seine Arbeitskraft der *Torith Ltd.* regelmäßig in Rechnung (*annual accounts*). *Flynn* verlangte sodann von der *Torith Ltd.* die Zahlung eines Urlaubsentgelts nach der *Working Time Regulations* aus dem Jahr 1998. Das *Employment Appeal Tribunal* war der Auffassung, dass der Begriff *worker* in *reg.* 2(1) der *Working Time Regulation* so weit gefasst war, dass der Schreiner *Flynn* noch von dieser erfasst werden sollte. Die Definition des *worker* in reg. 2(1) der *Working Time Regulations* von 1998 ist identisch mit der in *sect.* 54 (3) des *National Minimum Wage Act*. Die Grundsätze aus dem Fall *Flynn v. Torith Ltd.* lassen sich also auch beim *National Minimum Wage Act* anwenden und erlauben eine weite Auslegung des *worker*-Begriffs.

Ein weiteres Beispiel der britischen Judikatur, die eine Auseinandersetzung mit dem Begriff des *workers* forderte, war der Fall *James v. Redcats Ltd.* aus dem Jahr 2007. Das *Employment Appeal Tribunal* musste darüber entscheiden, ob eine Kurierfahrerin, der ihr eigenes Fahrzeug für die Arbeit bereitstellen musste, als *worker* bzw. *home worker* im Sinne der *sect.* 54, 35 des *National Minimum Wage Act* aus dem Jahr 1998 anzusehen war. Die Vorinstanz, das *Employment Tribunal*, lehnte die Klassifizierung der Klägerin als *worker* ab.

Die Klägerin lieferte Pakete an private Haushalte aus. Sie war der Auffassung, sie falle unter den *Minimum Wage Act* aufgrund ihres *worker* oder zumindest *home-worker*-Status. Der Betrieb *Redcats Ltd.* hingegen war der Auffassung, die Klägerin sei selbstständig (*self-employed courier agreement*). Beide Parteien waren sich einig, dass sie nicht den Status eines *employee* innehatte. Das Gericht betonte erneut, dass der Begriff des *worker* sehr weit zu verstehen sei. Hingewiesen wurde durch das Gericht auch auf die Parallele des Begriffs zum *Employment Rights Act* und der oben bereits erwähnten *Working Time Regulations 1999*. Die Klägerin trug vor, dass es unterschiedliche Methoden der Beklagten gab, ihre Arbeit zu überwachen. Ihr wurden Fristen zur Auslieferung der Pakete gesetzt, sie musste bestimmte Formalitäten erfüllen und ihr wurden Auflagen erteilt, wie sie ihre Arbeit zu erfüllen hatte. Sie räumte aber auch ein, dass es ihr möglich war, gleichzeitig für eine andere Firma zu arbeiten und, dass es ihr gestattet war, einen Vertreter zu schicken, falls sie aus diversen Gründen nicht in der Lage war, ihrer Arbeit nachzugehen – sei es aufgrund von Urlaub oder auch Krankheit. Weitere Faktoren, die vom Gericht in der Entscheidung berücksichtigt wurden, waren die unbefristete Laufzeit des Auftragsverhältnisses, die eigene Bereitstellung eines Fahrzeugs durch die Klägerin sowie das Fehlen des Höchstpersönlichkeitsverhältnisses bei der Ausübung der Tätigkeit.

Unter Berücksichtigung aller Umstände sowie der Tatsache, dass es der Klägerin nicht gestattet war, Aufträge abzuweisen, befand das Berufungsgericht, dass *Ms. James* den Status eines *worker* erfüllte, und verwies die Sache an das *Employment Tribunal* zur neuen Entscheidung zurück.

Zusammengefasst ähnelt ein *worker* somit zwar einem selbstständig Tätigen, ist aber mit dem arbeitsrechtlichen Schutz eines *employees* ausgestattet.

b) Einzelfälle i.S.v. sect. 34–40 National Minimum Wage Act

Weitere Abgrenzungen sind nach *sect.* 34 bis 40 des *National Minimum Wage Act* vorzunehmen.

Agency worker, also Personen, die im Auftrag eines sog. *agent* Tätigkeiten für einen Dritten (dem sog. *principal*) ausüben, weil zwischen dem *agent* und dem Dritten ein Vertragsverhältnis besteht, erhalten auch dann den gesetzlichen Mindestlohn, wenn sie nicht als *worker* i.S.d. Gesetzes eingestuft werden.

Auch Heimarbeiter (*home worker*) sollen vom Anwendungsbereich des gesetzlichen Mindestlohns erfasst werden, sofern diese keine echten Selbstständigen sind.

Mitarbeiter des Ober- und Unterhauses werden unter den Voraussetzungen der *sect. 38 National Minimum Wage Act* vom gesetzlichen Mindestlohn erfasst.

Personen, die den Streitkräften (Marine, Militär oder Luftstreitkräfte) dienen, können sich nicht für den gesetzlichen Mindestlohn nach dem *National Minimum Wage Act* qualifizieren.

Mitarbeiter auf Schiffen unter britischer Flagge (vgl. Part II des *Merchant Shipping Act* 1995) werden so behandelt, als wären sie gewöhnliche Arbeitnehmer im Vereinigten Königreich, es sei denn, die Beschäftigung oder der gewöhnliche Aufenthalt der Person ist gänzlich außerhalb des Vereinigten Königreichs.

Da der Mindestlohn allen Beschäftigten gleichermaßen zusteht, werden auch behinderte Menschen nicht anders behandelt. Diesen steht, je nach Alter, der volle Mindestlohn zu. Ausschließlich in den Fällen, in denen sie einer therapeutischen Beschäftigung nachgehen, erhalten sie nicht den gesetzlichen Mindestlohn. Dies hängt jedoch damit zusammen, dass diese therapeutische Beschäftigung nicht als Arbeit im rechtlichen Sinne zu verstehen ist.[563]

c) *Ausnahmen vom persönlichen Anwendungsbereich des Gesetzes*

Wie bereits festgestellt, erhalten selbstständig Tätige keinen gesetzlichen Mindestlohn, da diese nicht als *worker* i.S.d. *National Minimum Wage Act* zu qualifizieren sind.

Des Weiteren regeln sowohl der *National Minimum Wage Act* aus dem Jahr 1998 in den *sect*. 43 ff. als auch die *Regulations* ausdrückliche Ausnahmen vom Anwendungsbereich des Mindestlohns.

aa) Ausnahmen nach dem *National Minimum Wage Act*

Der Kapitän oder die Mannschaft eines Fischereischiffs, die durch eine Beteiligung am Gewinn des Schiffes entlohnt werden, haben keinen Anspruch auf Zahlung eines Mindestlohns nach *sect*. 43 *National Minimum Wage Act*.

Ausgeschlossen vom Anwendungsbereich des Mindestlohngesetzes sind außerdem ehrenamtliche Mitarbeiter in Wohltätigkeitsorganisationen, Freiwilligenorganisationen oder Spendensammlungsorganisationen, vgl. *sect*. 44 *National Minimum Wage Act*.

Ebenfalls sind vom Anwendungsbereich des Mindestlohns Strafgefangene ausgeschlossen, die eine Arbeit in Erfüllung ihrer Inhaftierung ausüben (*sect*. 45 *National Minimum Wage Act*).[564]

Nach *sect*. 46 ff. des *National Minimum Wage Act* erhalten auch Beschäftigte in der Landwirtschaft keinen gesetzlichen Mindestlohn nach diesem Gesetz. Mindestlöhne in der Landwirtschaft finden ihren Ursprung bereits zu Beginn des 20. Jh. Diese wurden zu Zeiten der Lebensmittelversorgungskrise während des Ersten Weltkriegs eingeführt, um die Effizienz der Landwirtschaft sicherzustellen, indem die Löhne für Farmer und Landarbeiter garantiert und die Preise für Weizen und Hafer niedrig gehalten wurden.[565]

Durch den *Corn Production Act* aus dem Jahr 1917 wurde sodann ein zentrales Amt für Löhne in der Landwirtschaft (*Agricultural Wages Board*) errichtet, welches wiederum regionale Lohnkomitees (*District Wage Committees*) für ein oder zwei benachbarte Grafschaften aufstellte. Infolge einer schnell steigenden Lohninflation zwischen 1918 und 1920 wurde der Mindestlohn in der Landwirtschaft durch den *Repeal Act* aus dem Jahr 1921 aufgehoben, allerdings nach dem Wahlsieg der

---

563 BERR, National Minimum Wage Guide, S. 13.
564 Dies gilt auch für Personen nach *sect*. 45B *National Minimum Wage Act* i.V.m. *Schedule* 6 *Courts Act* 2003 sowie nach *sect*. 45B *National Minimum Wage Act* i.V.m. *sect*. 153A *Immigration and Asylum Act* 1999 für Inhaftierte in Abschiebezentren.
565 *Gowers/Hatton*, Economic History Review 1997, 82 (83); *Whetham*, The Agricultural History Review 1974, 36 (36 ff., 39).

Labour Party im Jahr 1924 durch den *Agricultural Wages (Regulation) Act* wieder eingeführt.[566]
Als im Jahr 1993 die *Wage Councils* abgeschafft wurden, blieb das System der Lohnämter in der Landwirtschaft als einzigem Industriezweig bestehen,[567] da der *Agricultural Wages Act* (1948) unabhängig von dem *Wage Councils Act* (1945) erlassen wurde.[568] In *sect.* 46 des *National Minimum Wage Act* ist das Verhältnis des allgemeinen Mindestlohns zum Gesetz über Mindestlöhne in der Landwirtschaft geregelt. Demnach soll niemand wegen eines Verstoßes gegen die Bestimmungen der beiden Gesetze doppelt haftbar gemacht werden können.

bb) Ausnahmen durch *reg.* 12 *National Minimum Wage Regulations* 1999 (a. K.)

Die *National Minimum Wage Regulations* aus dem Jahr 1999 legte weitere Ausnahmen bei der Anwendung des gesetzlichen Mindestlohns fest. Diese, sowie alle darauf bezogenen Änderungsregulationen (*Amendment Regulations*), wurden 2015 durch *sect.* 2 i.V.m. *Schedule* der *National Minimum Wage Regulations* 2015 aufgehoben.

Reg. 12(1) *Regulations* 1999 bestimmte zunächst noch, dass Beschäftigte unter 18 Jahren keinen Anspruch auf den gesetzlichen Mindestlohn haben sollten. Bereits seit der *Regulation* von 2004 wurde jedoch auch für diese Personengruppe ein gestaffelter Lohnsatz eingeführt.[569]

cc) Ausnahmen durch *reg.* 51–58 der *National Minimum Wage Regulations* 2015

Gemäß *reg.* 51 *Regulations* 2015 erhalten Personen keinen Mindestlohn während der Dauer einer Maßnahme, die der Erlangung einer Ausbildung oder eines befristeten Arbeitsverhältnisses dient, Arbeitserfahrung vermitteln soll oder Unterstützung bei der Arbeitssuche anbietet.[570] Dasselbe gilt nach *reg.* 52 *Regulations* 2015 für Personen in ihrer Probezeit von bis zu sechs Wochen im Zusammenhang mit einer solchen Maßnahme.

Personen, die aufgrund ihrer Volkshochschul- oder Hochschulausbildung einer Beschäftigung nachgehen, die die Dauer von einem Jahr nicht übersteigt und zur

---

566 Näher dazu *Gowers/Hatton,* Economic History Review 1997, 82 (83 ff.) mit dem Hinweis, dass dieses Gesetz nur für England und Wales galt, für Schottland wurde 1937 jedoch ein gleichartiges Gesetz, die *Agricultural Wages (Regulations) (Scotland),* erlassen; vgl. auch *Whetham,* The Agricultural History Review 1974, 36 (39, 46 ff.).
567 *Tiffin/Dawson,* Oxford Bulletin of Economics and Statistics 1996, 435 (435).
568 Siehe hierzu Kapitel 3 § 2 II. 7.
569 *Reg.* 4(b) *National Minimum Wage Regulations* 2004.
570 Des Weiteren muss die Maßnahme im Sinne von *reg.* 51(2) *Regulations* 2015 gefördert werden.

Erlangung von Arbeitserfahrungen dient, erhalten für diese Arbeit ebenfalls keinen Mindestlohn (*reg.* 53 *Regulations* 2015).

Reg. 54 *Regulations* 2015 schließt Praktikanten in England vom Mindestlohn aus, wenn das Praktikumsprogramm ein Berufspraktikum sowie Schulungen für die Arbeitsvorbereitung umfasst, es nur sechs Monate andauert, das Programm staatlich gefördert ist und für Personen zwischen dem 16. und 24. Lebensjahr zugänglich ist.

Weiterhin haben Personen gemäß *reg.* 55(1) keinen Anspruch auf Zahlung des Mindestlohns, wenn ihnen eine Unterkunft oder andere Beihilfen (u.a. auch Geld) zur Verfügung gestellt werden.[571] Dies gilt insbesondere für Personen, die unmittelbar vor dem Beginn der Maßnahme (*scheme*) obdachlos waren oder in einer Obdachlosenunterkunft untergebracht gewesen sind. Des Weiteren müssen sie Empfänger von folgende Sozialleistungen gewesen sein oder zumindest Anspruch darauf gehabt haben: *universal credit* (zusammengesetzte Sozialleistungen nach dem *Welfare Reform Act* von 2012), *income support* (Einkommensunterstützung nach dem *Social Security Contributions and Benefits Act* von 1992), einkommensbasierte Arbeitslosenhilfe (nach dem *Jobseekers Act* von 1995) oder einkommensbezogene Beschäftigungs- und Unterstützungsbeihilfe (nach dem *Welfare Reform Act* von 2007).

Nach *reg.* 56 werden außerdem vom Anwendungsbereich des gesetzlichen Mindestlohns Programme der Europäischen Union ausgeschlossen, wie das Europäische Leonardo da Vinci Programm, das Programm *European Community Youth in Action* sowie das Erasmus oder Comenius Programm.

In *reg.* 57 der *Regulation* 2015 wird außerdem klargestellt, dass Arbeit im Sinne dieser *Regulation* nicht die Art von Arbeit einschließt, die im Familienhaushalt des Arbeitgebers erledigt wird, sofern der Beschäftigte selbst Mitglied der Familie ist, in dem Familienhaus seines Arbeitgebers residiert und sich in die Aufgaben und Tätigkeiten der Familie eingegliedert hat.

d) Zusammenfassung

Als *worker* gelten somit alle Personen, die eine Beschäftigung aufgenommen haben und unter einem Arbeitsvertrag oder einem sonstigen Vertrag, in dem ausdrücklich oder konkludent, mündlich oder schriftlich festgelegt ist, dass sich dieser Einzelne höchstpersönlich zu Diensten der anderen Vertragspartei stellt, tätig sind.

Erfasst von dem Arbeitnehmerbegriff werden unter anderem auch *agency workers* und *Homeworker*, nicht jedoch Soldaten.

Ausdrücklich ausgenommen vom Anwendungsbereich werden nach dem *National Minimum Wage Act* Fischer i.S.v. *sect.* 43, ehrenamtliche Arbeiter, Strafgefangene sowie landwirtschaftliche Mitarbeiter. Auch die *National Minimum Wage Regulations* enthält Ausnahmen vom persönlichen Anwendungsbereich des

---

571 Des Weiteren müssen die Voraussetzungen der Abschnitte (2) und (3) erfüllt sein.

Mindestlohns, wobei durch die *Regulations* von 2015 die ursprüngliche Version aus 1999 in ihren Regelungen modifiziert wurde.

2. Der räumliche Anwendungsbereich

a) Grundsatz

Die Voraussetzung, dass die Beschäftigung zumindest überwiegend im Vereinigten Königreich absolviert werden muss (*sect.* 1(2)(b) *National Minimum Wage Act* 1998: „*working, or ordinarily works, in the United Kingdom under his contract*"), behandelt den räumlichen Anwendungsbereich des Gesetzes.

Unproblematisch sind die Fälle, in denen eine Person ihre Arbeit auf dem Gebiet des Vereinigten Königreichs leistet. Was unter „*ordinarily work in United Kingdom*" (Arbeit wird üblicherweise in dem Vereinigten Königreich verrichtet) zu verstehen ist, ist darüber hinaus weniger eindeutig.

Der Fall *Fleet Maritime Services (Bermuda) Limited v. The Pensions Regulator* behandelte eben diese Frage im Zusammenhang mit Pensionsansprüchen. Fraglich war, ob Mitarbeiter eines Kreuzfahrtschiffes, die ihren Wohnsitz zwar im Vereinigten Königreich hatten, deren üblicher Arbeitsort jedoch außerhalb dieser Gewässer lag, noch als „üblicherweise arbeitend im Vereinigten Königreich" anzusehen waren. Der *High Court of Justice* entschied, dass es darauf ankäme, wo die zu verrichtende Arbeit ansässig (*based*) sei. Zur Bestimmung dieser „Basis" sei es entscheidend, wie der Arbeitsvertrag tatsächlich ausgeführt werde. Eine solche Basis kann im Vereinigten Königreich liegen, auch wenn ein Beschäftigter die meiste Zeit seiner Arbeit im Ausland verrichte. Die Dauer der Abwesenheit sei hierfür irrelevant.

Auch zur befristeten Tätigkeit eines ausländischen Beschäftigten im Vereinigten Königreich äußerte sich das Gericht und stellte klar, dass eine kurze Entsendung von wenigen Monaten keine Arbeit im Vereinigten Königreich im Sinne des *Pensions Act* 2010 sei. Die Bezeichnung „*working in Great Britain*" soll vielmehr bedeuten „*working with their base in Great Britain*" und nicht nur eine zeitlich befristete Arbeitsaufnahme umfassen.[572]

Die Leitentscheidung aus dem Pensionsrecht kann im Folgenden bei der Auslegung des *National Minimum Wage Act* helfen.

Ob eine Person ihre Arbeit üblicherweise im Vereinigten Königreich ausübt und somit Anspruch auf Zahlung des gesetzlichen Mindestlohns hat, bedarf einer Gesamtbetrachtung der Umstände. Die Arbeit gilt als *üblicherweise im Vereinigten*

---

[572] Rn 40 (bailii). Über die Frage der kurzzeitigen Arbeitsaufnahme eines Ausländers in Großbritannien musste das Gericht in dem o.g. Fall nicht entscheiden, weshalb die Ausführungen zu dieser Thematik auch nicht rechtlich bindend sind. Hierbei handelt es sich lediglich um ein sog. *obiter dictum* und nicht das rechtlich bindende *ratio decidendi*, näher zu dem Unterschied zwischen *ratio decidendi* und *obiter dictum*: Geldart, Elements of English Law, S. 9 f.

Königreich erfolgt, wenn die Basis der Arbeit dort liegt. Es kommt überdies nicht auf die wörtlichen Bestimmungen im Arbeitsvertrag an, sondern wie die Tätigkeit in der Praxis ausgeführt wird. Auch die Dauer der Entsendung ins Ausland soll hierfür zunächst kein maßgeblicher Faktor sein, sofern nach wie vor ein örtlicher Bezug zum Vereinigten Königreich vorliegt.

Offen ist dennoch weiterhin, wie die Entsendung in das Vereinigte Königreich im Rahmen des Wortlauts des Gesetzes auszulegen ist. Hierfür kann jedoch das Recht der Europäischen Union (RL 96/71/EG), die sog. Entsenderichtlinie, Abhilfe schaffen.

b) Arbeitnehmerentsenderichtlinie RL 96/71/EG

Erwägungsgrund (16) sowie Art. 3 Abs. 1 der Richtlinie über die „Entsendung von Arbeitnehmern im Rahmen der Erbringung von Dienstleistungen" aus dem Jahr 1996[573] beinhalten Bestimmungen über die Zahlung von Mindestlöhnen bei der Arbeit im europäischen Ausland. Hierin ist vorgesehen, dass ein Arbeitnehmer bei der Entsendung in das europäische Ausland die Mindestlohnsätze erhält, die in dem Gastland gelten. Nach Erwägungsgrund (17) gelten jedoch die Lohnsätze des Heimatlandes, sofern diese höher sind.

Anders als in Deutschland wurde die Entsende-Richtlinie nicht durch ein Gesetz in das nationale Recht umgesetzt.[574] Es folgten lediglich Änderungen bereits erlassener Gesetze durch den *Employment Relations Act* 1999[575] sowie die *Equal Opportunities (Employment Legislation) (Territorial Limits) Regulations* 1999.[576] Der nach Erlass der Richtlinie in Kraft getretene *National Minimum Wage Act* aus dem Jahr 1998 bezog sich seinem Wortlaut nach jedoch nicht auf entsandte Arbeitnehmer. Durch die mangelnde Umsetzung der Richtlinie in ein entsprechendes Gesetz existierten keine klaren Regelungen im Hinblick auf gesetzliche Mindestlöhne entsandter Arbeitnehmer.

c) The Posted Workers (Enforcement of Employment Rights) Regulations 2016

Im Jahr 2015 erließ die Europäische Union eine Richtlinie, die die Durchsetzung der Entsendungsrichtlinie aus dem Jahr 1996 sicherstellen sollte. Hierbei handelt es sich um die RL 2014/67/EU[577]. Als Folge dieser Richtlinie erließ die britische

---

573 Richtlinie 96/71/EG des Europäischen Parlaments und Rates vom 16.12.1996 über die Entsendung von Arbeitnehmern im Rahmen der Erbringung von Dienstleistungen (ABl. 1997, vom 16.12.1996, L 18, S. 1).
574 In Deutschland durch das AEntG, siehe Kapitel 4 § 1 II. 3. b).
575 Durch *Schedule* 9, Punkt 9 erfolgte die Änderung des *Employment Rights Act* von 1996.
576 Vgl. *Keter,* Posted Workers, SNB/BT/301, S. 5.
577 Richtlinie 2014/67/EU zur Durchsetzung der Richtlinie 96/71/EG über die Entsendung von Arbeitnehmern im Rahmen der Erbringung von Dienstleistungen und zur Änderung der Verordnung (EU) Nr. 1024/2012 (ABl. 2014, vom 28.05.2014, L 159/11).

Regierung 2016 die *Regulation* über die entsandten Arbeitnehmer (*The Posted Workers (Enforcement of Employment Rights) Regulations*). Die *Regulation* umfasst alle Arbeitnehmer des Baugewerbes und bestimmt in *reg.* 5(1), dass kein entsandter Arbeitnehmer einen geringeren Lohn als den gesetzlich festgelegten Mindestlohn erhalten darf. Durch die Beschränkung der *Regulation*[578] auf das Baugewerbe wurde nach wie vor keine allgemeingültige Regelung für Entsendefälle geschaffen.

d) Weitere internationale Vorgaben für den räumlichen Anwendungsbereich des Minimum Wage Act

Eine weitere unionsrechtliche Regelung, die Angaben über die Anwendung der Arbeitsbedingungen und somit auch der Mindestlöhne enthält, ist die Rom-I-Verordnung, die 2008 verabschiedet wurde.[579] Die Rom-I-VO dient nach Art. 1 Abs. 1 der Regelung von Schuldverhältnissen in Zivil- und Handelssachen, die Verbindungen zum Recht verschiedener Staaten aufzeigen. Allerdings hat sich das Vereinigte Königreich gegen die Annahme dieser Verordnung entschieden.[580] Aus diesem Grund findet dort weiterhin das EVÜ (Übereinkommen über das auf vertragliche Schuldverhältnisse anzuwendende Recht)[581] Anwendung.[582]

Dieses Übereinkommen vom 19.06.1980 diente der Vereinheitlichung des internationalen Privatrechts.[583] Durch das Übereinkommen sollte den Parteien internationaler Verträge die Möglichkeit gegeben werden, die rechtlichen Grundlagen eines oder unterschiedlicher Staaten für einen oder verschiedene Teile ihres Vertrages für anwendbar zu erklären. Grundsätzlich stand es den Parteien nach Art. 3 EVÜ frei, das für den Vertrag maßgebliche Recht zu wählen. Bei der Regelung von Arbeitsverträgen fand Art. 6 EVÜ Anwendung.

Art. 6 Abs. 2 EVÜ gab vor, dass bei einer fehlenden Rechtswahlvereinbarung i.S.v. Art. 3 EVÜ das Recht des Landes anzuwenden war, in dem der Arbeitnehmer gewöhnlich seine Arbeit verrichtete, auch wenn er vorübergehend in einen anderen Staat entsandt worden war (Art. 6 Abs. 2 lit. a EVÜ) oder das Recht

---

578 Gemeint ist hier die *Posted Workers (Enforcement of Employment Rights) Regulations* 2016.
579 Rom-I-VO (Verordnung (EG) Nr. 593/2008 Des Europäischen Parlaments und des Rates vom 17.06.2008 über das auf vertragliche Schuldverhältnisse anzuwendende Recht (ABl. 2008, vom 04.07.2008, L 177/6).
580 Erwägungsgrund 45 der Rom-I-VO.
581 80/934/EWG (Übereinkommen über das auf vertragliche Schuldverhältnisse anzuwendende Recht ABl. L 266 vom 09.06.1980); im Vereinigten Königreich umgesetzt durch *Contracts (Applicable Law) Act* 1990.
582 Vgl. *Leible/Lehmann*, RIW 2008, 528 (529).
583 Trotz des engen Zusammenhangs zur EG handelte es sich bei dem EVÜ nicht um Gemeinschaftsrecht, sondern eine völkerrechtliche Übereinkunft, vgl. *Kreuzer/Wagner/Reder*, in: Dauses/Ludwig (Hrsg.), Handbuch des EU-Wirtschaftsrechts, Kapitel R, Rn. 127.

des Staates, in dem der Arbeitgeber seine Niederlassung hatte, es sei denn, dass das Arbeitsverhältnis engere Verbindungen zu einem anderen Staat aufwies (Art. 6 Abs. 2 lit. b EVÜ). Diese Regelung wurde weitgehend von Art. 8 Rom-I-VO übernommen.

Nach Art. 6 EVÜ gilt somit grundsätzlich, dass bei einer nur vorübergehenden Entsendung in das Vereinigte Königreich die Mindestlöhne des Heimatlandes eines Arbeitnehmers für sein Arbeitsverhältnis Anwendung finden. Zu beachten hierbei ist jedoch Art. 7 Abs. 1 EVÜ, nach dem zwingende Bestimmungen des Rechts eines Staates unabhängig davon anzuwenden sind, welchem Recht der Vertrag unterliegt. Art. 7 EVÜ enthält keine Definition, was unter den „*zwingenden Bestimmungen des Rechts eines anderen Staates*" zu verstehen ist. Problematisch ist dabei vor allem, dass die einzelnen Vertragsstaaten eine unterschiedliche Auslegung dieses unbestimmten Rechtsbegriffs vornehmen.[584] Aus diesem Grund hatten sich die Vertragsstaaten dazu verpflichtet, dem Europäischen Gerichtshof eine Auslegungszuständigkeit zu übertragen.[585] Hierbei weist Art. 7 Abs. 1 EVÜ eine Parallele zu Art. 9 Abs. 1 Rom-I-VO auf. Dieser definiert zwingende Vorschriften (Eingriffsnormen) als Regelungen, deren Einhaltung von einem Staat als so entscheidend für die Wahrung seines öffentlichen Interesses, insbesondere seiner politischen, sozialen oder wirtschaftlichen Organisation, angesehen werden, dass sie ungeachtet des auf den Vertrag anzuwendenden Rechts gelten sollen. Diese Legaldefinition folgte einem Urteil des EuGH in der Rechtssache *Arblade*.[586] Hierunter sind nach Ansicht des Gerichts auch zwingende Gründe des Allgemeinwohls zu verstehen.[587] Anerkannt vom EuGH wurde in diesem Zusammenhang insbesondere der Schutz der Arbeitnehmer, also auch die Zahlung einer Mindestvergütung.[588] Somit sind Vorschriften über die Zahlung von Mindestentgelten als zwingende Vorschriften i.S.v. Art. 7 Abs. 1 EVÜ anerkannt und müssen bei einer Arbeitnehmerentsendung in das Vereinigte Königreich auch dann beachtet werden, wenn im Übrigen das Recht eines anderen Staates auf den Vertrag Anwendung findet.

e) Zusammenfassung

Zusammenfassend ist festzustellen, dass der gesetzliche Mindestlohn nach dem *National Minimum Wage Act* für alle Beschäftigten gilt, die einer Tätigkeit im Inland nachgehen. Hierbei ist es unerheblich, wie lange die Beschäftigung im Vereinigten Königreich andauert oder wo der Arbeitgeber seinen Hauptsitz hat.[589]

---

584 *Martiny*, ZEuP 1997, 107 (126).
585 Gemeinsame Erklärung ABl. EG 1980 Nr. L 266/17.
586 EuGH vom 23.11.1999 Rs. C-369/96 und C-376/96, ECLI:EU:C:1999:575, Rn. 30 – *Arblade*.
587 EuGH vom 23.11.1999 Rs. C-369/96 und C-376/96, ECLI:EU:C:1999:575, Rn. 31 – *Arblade*.
588 EuGH vom 23.11.1999 Rs. C-369/96 und C-376/96, ECLI:EU:C:1999:575, Rn. 36 m.w.N., Rn. 40 ff. – *Arblade*.
589 Siehe auch BERR, National Minimum Wage Guide, S. 14.

Dafür spricht sowohl der Wortlaut des *National Minimum Wage Act*, der alle Arbeiter und die, die üblicherweise ihrer Arbeit im Vereinigten Königreich nachgehen, umfasst, als auch die Entsende-Richtlinie aus 1996 und das Übereinkommen vom 19.06.1980 über das auf vertragliche Schuldverhältnisse anzuwendende Recht, was im Vereinigten Königreich durch den *Contracts (Applicable Law) Act* aus dem Jahr 1990 in nationales Gesetz umgesetzt wurde. Dieselben Regelungen gelten in diesem Zusammenhang auch für Arbeiter des Vereinigten Königreichs, die in das europäische Ausland entsandt werden. Sofern in dem Gastland ein höherer Mindestlohn gilt, so ist dieser nach der Entsenderichtlinie maßgebend.[590] Bei ungünstigeren Mindeststandards findet weiterhin der *National Minimum Wage Act* des Vereinigten Königreichs Anwendung.

III. Höhe des gesetzlichen Mindestlohns

Der Mindestlohn im Vereinigten Königreich wird im Vergleich zu anderen Ländern, in denen monatliche[591] oder wöchentliche[592] Mindestlöhne vorgeschrieben werden, als Stundenlohn festgesetzt. Bei dem gesetzlichen Mindestlohn handelt es sich um einen Bruttolohn.[593]

Die Höhe des gesetzlichen Mindestlohns hängt vom Lebensalter des einzelnen Beschäftigten ab. Nach Inkrafttreten des *National Minimum Wage Act* im Jahr 1998 und der *Minimum Wage Regulations* im Jahr 1999 erhielten Beschäftigte zwischen dem 18. und 22. Lebensjahr einen Mindestlohn von £3,00 pro Stunde.[594] Ältere Beschäftigte erhielten in den ersten sechs Monaten ihrer Tätigkeit einen stündlichen Mindestlohn in Höhe von £3,20, sofern sie nicht bereits vorher bei diesem Arbeitgeber angestellt waren und mit diesem eine Schulungsvereinbarung[595] abgeschlossen hatten.[596] Alle übrigen Beschäftigten erhielten ab dem 01.04.1999 einen stündlichen Mindestlohn in Höhe von £3,60.[597]

Die unterschiedlichen Lohnsätze wurden im Laufe der vergangenen Jahre stets nach den Empfehlungen der *Low Pay Commission* angepasst.[598] Die neuen Mindestlöhne treten dann durch die Mindestlohnverordnungen (*Regulations*) bzw.

---

590 BERR, National Minimum Wage Guide, S. 15.
591 Zum Beispiel in Frankreich (bei einer 35-Stunden-Woche), vgl. hierzu *Burgess/Usher*, Allgemeinverbindlichkeit und Mindestlohnregelungen in Mitgliedstaaten der EU, S. 64.
592 Zum Beispiel in Australien: *sect. 293 Fair Work Act* 2009 i.V.m. *Minimum Wage Order*.
593 *Cushway*, The Employer's Handbook 2017–2018, S. 87.
594 *Reg.* 13(1) *Regulations* 1999.
595 Näher zur Voraussetzung des *accredited training* (Schulung): *reg.* 13(3) *Regulations* 1999.
596 *Reg.* 13(2) *Regulations* 1999.
597 *Reg.* 11 *Regulations* 1999.
598 Siehe hierzu sogleich Kapitel 3 § 4 III. 1. a).

Änderungsverordnungen (*Amendment Regulations*) auf Grundlage des *National Minimum Wage Acts* in Kraft.

Seit der Zeit der Einführung des gesetzlichen Mindestlohns im April 1999 wurde der Mindestlohn nahezu jährlich angehoben, aber nie abgesenkt.[599] Auch die einzelnen Altersstufen, nach denen sich einzelne Lohnsätze staffeln, haben sich mehrfach geändert.[600]

Am 01.04.2016 wurde der *National Living Wage* eingeführt.[601] Hierbei handelt es sich um den Lohnsatz für Beschäftigte ab einem Alter von zunächst 25 Jahren.[602] Seit dem 01.04.2021 erhalten Beschäftigte bereits mit der Vollendung des 23. Lebensjahres den *National Living Wage*.[603]

Der *National Living Wage* ist nicht mit dem freiwillig gezahlten *Living Wage* zu verwechseln, der anhand der tatsächlichen Kosten eines Arbeitnehmers errechnet wird. Bei diesem freiwillig gezahlten Mindestlohn werden die Mindestlohnsätze von einer unabhängigen Institution, der *Living Wage Commission*, vorgeschlagen, die die Lohnsätze anhand eines fiktiven Warenkorbes, der alle Kosten von Arbeitnehmern berücksichtigt, errechnet.[604]

Der gesetzlich vorgeschriebene *National Living Wage* sollte bis zum Jahr 2020 stufenweise auf ein Lohnniveau in Höhe von 60 % des Medianlohns angehoben werden.[605] Ziel war, das Lohnniveau der über 23-Jährigen zu erhöhen. Hierbei handelte es sich um eine rein politische Entscheidung der Regierung, die nicht auf einer Empfehlung der *Low Pay Commission* beruhte.[606] Diese 60 %-Grenze ist nicht gesetzlich festgeschrieben. Sie stellt mehr eine Empfehlung der Regierung an die *Low Pay Commission* dar.[607]

Seit dem 01.04.2021[608] erhalten Beschäftigte ab einem Alter von 23 Jahren einen Mindestlohn in Höhe von £8,91. Diese Rate soll am 01.04.2022 auf £9,50 ansteigen, was einer Erhöhung von 6,6 % entspricht. Seit dem 01.04.2021 besteht ab einem Alter von 21 Jahren Anspruch auf einen Mindestlohn in Höhe von £8,36 und £6,56 pro Stunde ab einem Alter von 18 Jahren. Unter 18-Jährigen ist ein stündlicher

---

599 Siehe Anhang 3.
600 Ein Überblick über die ersten sechs Jahre bietet: Finn, The National Minimum Wage in the United Kingdom, S. 33; sowie Anhang 3, (hieraus ergibt sich die jährliche Änderung der Lohnsätze sowie die Einführung oder Änderung einzelner Altersstufen).
601 Durch die *National Minimum Wage (Amendment) Regulations* aus 2016.
602 Siehe Anhang 3 zu den bisherigen Lohnsätzen für erwachsene Beschäftigte.
603 *Reg.* 2(3)(b) *Regulations* 2021.
604 Siehe hierzu Kapitel 3 § 5.
605 Vgl. Amendment to the National Minimum Wage regulations 2015 – introducing the National Living Wage, Impact Assement No: BISLM010, S. 5.
606 Gespräch mit Joseph Wilkinson, *Head of Policy Low Pay Commission*.
607 Gespräch mit Joseph Wilkinson, *Head of Policy Low Pay Commission*.
608 *Reg.* 2 *National Minimum Wage (Amendment) Regulations* 2021.

Mindestlohn in Höhe von £4,62 zu zahlen und Auszubildende erhalten einen Lohnsatz in Höhe von £4,30.
Der Auszubildensatz richtet sich gemäß reg. 5 der *National Minimum Wage Regulations* aus dem Jahr 2015 an Personen unter 19 Jahren oder in den ersten 12 Monaten ihrer Ausbildung, wobei der Zeitraum von 12 Monaten bei einer eventuellen Vorbeschäftigung entsprechend gekürzt wird.

Bezüglich der Lohnstaffelung zwischen jungen und älteren Beschäftigten traten immer wieder Diskussionen im Lichte des Verbots der Altersdiskriminierung auf.[609]

Kritisiert wurde, dass den älteren Beschäftigten Nachteile bei der Arbeitssuche drohen könnten, wenn diesen ein höherer Lohn zu zahlen wäre. Weiterhin wurde befürchtet, dass eine solche Lohnstaffelung Arbeitgeber dazu verleiten könnte, überwiegend junge Menschen einzustellen, da diesen ein geringerer Mindestlohn zu zahlen ist. Bereits in ihrem ersten Bericht rechtfertigte die *Low Pay Commission* die geringen Lohnsätze für junge Menschen damit, dass diese auf dem Arbeitsmarkt besonders gefährdet seien, da sie über wenig bis keine Berufserfahrung verfügten. Durch einen geringen Mindestlohn sollte dabei den Arbeitgebern ein Anreiz gesetzt werden, auch Berufseinsteiger einzustellen.[610]

Ein Mindestlohn für unter 18-Jährige wurde fünf Jahre nach der Inkraftsetzung des *National Minimum Wage Act* eingeführt, auch wenn sich die Mindestlohnkommission zunächst vor allem gegen einen Mindestlohnanspruch für minderjährige Beschäftigte ausgesprochen hatte. Man vertrat die Ansicht, dass diese jungen Arbeiter noch in der Vorbereitungsphase ihres Arbeitslebens stünden und keine vollwertigen Mitglieder der Arbeitsgesellschaft darstellten.[611] Dennoch lenkte die LPC ein und empfahl auch für die unter 18-Jährigen einen Mindestlohnsatz, der jedoch sehr niedrig angesetzt sein sollte.[612]

Vor allem vor dem Hintergrund der *Employment Equality (Age) Regulations* 2006, ersetzt durch den *Equality Act* 2010[613], wurde das Verbot der Altersdiskriminierung bei der unterschiedlichen Lohnstaffelung erneut durch die *Low Pay Commission* untersucht. Die *Low Pay Commission* vertrat jedoch die Auffassung, dass eine unterschiedliche Entlohnung der Beschäftigten gerechtfertigt sei.[614] Erneut wurde der Schutz der jungen Beschäftigten auf dem Arbeitsmarkt als Ziel einer unterschiedlichen Behandlung genannt.

---

609 1. Bericht der *Low Pay Commission*, S. 67 f., 79 ff.; Bericht LPC 2003, S. 150 f.; Bericht LPC 2007, S. 204 ff.; auch in den folgenden Jahren wurden die Altersdiskriminierung diskutiert: Bericht LPC 2009 S. 232; Bericht LPC 2012 S. 74; Bericht LPC 2016 (Frühjahr) S. 244; Bericht LPC 2018, S. 184
610 1. Bericht der *Low Pay Commission*, S. 67 f., 79 ff.
611 Vgl. *Pyper*, The National Minimum Wage: rates and enforcement, S. 12.
612 Bericht LPC 2003, S. 150 f.
613 *Sect. 5, 39 Equality Act* 2010.
614 Bericht der LPC aus 2007, S. 204 ff., 213.

1. Die jährliche Anpassung des Mindestlohns durch die Low Pay Commission

Der *National Minimum Wage Act* sieht keine Lohnindexierung, also die automatische Anpassung der Mindestlohnsätze, wie dies unter anderem in Frankreich[615] der Fall ist, vor. Ein entsprechender Vorschlag wurde im Vereinigten Königreich verworfen.[616] Für die Anpassung werden Empfehlungen durch die *Low Pay Commission* (LPC), die Niedriglohnkommission, ausgesprochen.

Die Empfehlungen der LPC waren zunächst unabhängig von starren Prozentsätzen, da die LPC bei ihren Vorschlägen stets die Auswirkungen des Mindestlohns auf die Beschäftigung, vor allem bei jungen Beschäftigten, berücksichtigte.[617] Bei diesem Prozess mussten außerdem die aktuellen wirtschaftlichen und arbeitsrechtlichen Entwicklungen, wie die Regelungen über die Arbeitszeit, die Lohnbesteuerung oder die Regelungen im Rahmen des sog. *New Deal*[618] beachtet werden.[619]

Durch die Einführung des *National Living Wage* im Jahr 2016[620] trat ein gesetzlicher Lohnsatz in Kraft, der einem Niveau von 60 % des Medianlohns entsprechen soll. Durch die Annäherung des Mindestlohns an den aktuellen Medianlohn scheint nun zumindest eine indirekte Lohnindexierung stattzufinden. Dennoch ist dabei zu berücksichtigen, dass eine Bindung an die 60 %-Grenze nicht besteht, diese wurde nur als „Empfehlung" der Regierung[621] an die LPC ausgesprochen. Ein Abweichen dieser Grenze ist somit weiterhin möglich. Aufgrund dieses Spielraums der LPC ist die Annahme einer Lohnindexierung im Vereinigten Königreich abzulehnen.

a) Die Low Pay Commission

Im Jahr 1997, also bereits vor Inkrafttreten des *National Minimum Wage Act*, wurde die *Low Pay Commission (LPC)*, die britische Niedriglohnkommission, errichtet, die bereits von Beginn an aus neun Mitgliedern bestand. Der *National Minimum Wage Act* aus dem Jahr 1998 ermächtigte die LPC zum Erlass von Empfehlungen für das Wirtschaftsministerium (*Secretary of State for Trade and Industry*). Das Gesetz

---

615 Vgl. *George*, Gesetzlicher Mindestlohn, S. 96; *Heukenkamp*, Gesetzlicher Mindestlohn in Deutschland und Frankreich, S. 441; *Rhein*, NZA-Beilage 2009, 91 (91); *Seifert*, in: Rieble/u.a. (Hrsg.), Mindestlohn als politische und rechtliche Herausforderung, 75 (85 f.).
616 Vgl. *Deakin/Green*, BJIR 2009, 205 (210).
617 Vgl. *Gieseke*, Minimum Wages and Youth Employment, S. 72 f.
618 Unter dem *New Deal* Großbritanniens versteht man die Arbeitsmarktpolitik der *Labour*-Regierung im Jahre 1998 mit dem Ziel, die Arbeitslosigkeit des Landes zu verringern.
619 *Metcalf*, Discussion paper, S. 16.
620 Siehe hierzu soeben Kapitel 3 § 4 III.
621 Gespräch mit Joseph Wilkinson, *Head of Policy Low Pay Commission*.

befähigte darüber hinaus das Wirtschaftsministerium, die LPC zu einer gesetzlichen (*statutory*) Institution zu ernennen.[622] Dem ist das Wirtschaftsministerium im Jahr 2001 nachgekommen.[623] Dennoch ist die LPC nur in Grenzen selbstständig, da sie in vielen Gesichtspunkten von der Regierung beeinflusst wird. Die Regierung bestimmt durch sog. *remits* den Aufgabenbereich der LPC und kann somit festlegen, welche Inhalte deren Debatten umfassen und welche Thematiken in den Diskussionsrunden ausgelassen werden sollen. Insofern ist es der Regierung auch möglich, die Tagesordnungen zum Mindestlohn in bestimmte Richtungen zu lenken.[624]

Die LPC besteht aus neun regelmäßig wechselnden Mitgliedern sowie einem Vollzeitsekretariat. Das Sekretariat hat zur Aufgabe, die Auswirkungen des Mindestlohns zu überwachen und die formellen Anfragen der Regierung bezüglich ihrer Berichte zu beantworten.[625]

Die Berichte der LPC umfassen Ausführungen zu den Auswirkungen des Mindestlohns, vor allem in Bezug auf die Bezahlung von Arbeitnehmern, auf die Beschäftigungsquote und die Wettbewerbsfähigkeit im Niedriglohnsektor. Ein zusätzlicher Bericht wurde für die Debatte der Lohnsätze junger Beschäftigter aufgesetzt.[626]

Jährlich im Oktober veröffentlicht die LPC ihre Empfehlungen für die Anpassung der Mindestlohnhöhe.

Die Mitglieder setzen sich paritätisch aus drei Gewerkschaftsvertretern, drei Vertretern der Arbeitgeberseite, zwei unabhängigen Mitgliedern aus der Wissenschaft sowie einem Vorsitzenden zusammen. Außerdem wird darauf geachtet, dass alle Mitglieder aus verschiedenen Zweigen stammen, sei es dem privaten oder dem öffentlichen Sektor oder aus kleinen Betrieben bzw. Großkonzernen.[627] Die Mitglieder müssen unabhängig agieren und nicht als Delegierte der Gewerkschaften oder Arbeitgeberverbände auftreten.[628] Das führt häufig zu Problemen, wenn die Mitglieder zu ihrer üblichen Tätigkeit zurückkehren.[629] Die Mitglieder werden durch eine offene Ausschreibung angeworben. Diese bestehen immer aus Vertretern der Arbeitnehmerseite und Vertretern der Arbeitgebervereinigungen. Die Dauer einer Amtszeit beträgt drei Jahre, wobei eine wiederholte Wahl möglich ist.[630]

---

622 Sect. 8 *Minimum Wage Act* 1998.
623 Vgl. *Waltman*, Minimum Wage Policy, S. 93.
624 *Waltman*, Minimum Wage Policy, S. 93 f.
625 Vgl. *Finn*, The National Minimum Wage in the United Kingdom, S. 31.
626 Bericht der LPC aus dem Jahr 2004 „Protecting Young Workers"; vgl. *Finn*, The National Minimum Wage in the United Kingdom, S. 31.
627 Vgl. *Brown*, BJIR 2009, 429 (430, 435).
628 Vgl. *Metcalf*, The Economic Journal 2001, F46 (F48).
629 *Brown*, BJIR 2009, 429 (433).
630 Gespräch mit Joseph Wilkinson, *Head of Policy Low Pay Commission*.

Durch einen sog. *Code of Conduct*[631] werden die Verhaltensregeln der Mitglieder der LPC festgelegt. Vorgeschrieben ist beispielsweise, dass die Mitglieder stets im öffentlichen Interesse agieren sollen und sie unter Umständen rechenschaftspflichtig sein können. Eine darüber hinaus gehende Geschäftsordnung (*standing order*) hat sich die LPC nicht gegeben. In diesem Zusammenhang wurden auch keine formellen Vorschriften aufgestellt, die die Abstimmung bei der Festlegung der Mindestlohnsätze regeln.[632] In den vergangenen mehr als 20 Jahren sind alle Lohnsätze einstimmig von den Mitgliedern der LPC beschlossen worden.[633] Dies beruht unter anderem auf der ausführlichen Vorbereitung und Zusammenstellung aller Materialien und somit auch einem Verständnis der gegenseitigen Argumente.

In den ersten zehn Jahren seines Bestehens bestand das Gremium aus 17 unterschiedlichen Mitgliedern, darunter drei wechselnde Vorsitzende.[634]

Die dreiteilige Zusammensetzung der Kommission aus Vertretern der Gewerkschaften, der Arbeitgeberseite und aus unabhängigen Personen erinnert an ihren Vorgänger, nämlich die Handelsämter unter dem *Trade Boards Act* aus dem Jahr 1909. Die sog. *Trade Boards* bestanden ebenfalls aus einer gleichmäßigen Anzahl von Arbeitnehmer- und Arbeitgebervertretern sowie unabhängigen Mitgliedern.[635]

Die ursprüngliche Aufgabe der LPC war es, eine Lohnquote für die Einführung des Mindestlohns zu empfehlen. Außerdem sollte sie darüber beraten, ob Beschäftigte unter 25 Jahren einen niedrigen Stundensatz erhalten oder ganz vom Mindestlohn ausgeschlossen werden sollten.[636]

In ihrem ersten Bericht sprach die LPC weitere Empfehlungen zu den unterschiedlichsten Themen aus. Diese beinhalteten bspw. eine Definition von Löhnen, die Behandlung von Auszubildenden oder auch Überwachungsmöglichkeiten der Mindestlohnzahlung.[637]

Heute besteht der Verantwortungsbereich der LPC darüber hinaus im Überwachen und Evaluieren der Mindestlöhne.

b) *Das Verfahren der Anpassung und die Empfehlungen*

Der Prozess, in dem die Empfehlungen der LPC entwickelt werden, besteht aus drei Strängen:

---

631 Abrufbar unter https://assets.publishing.service.gov.uk/government/uploads/system/uploads/attachment_data/file/342383/LPC_-_Code_of_Conduct_for_Members_of_the_Low_Pay_Commission_-_July_2014.pdf (zuletzt abgerufen am 19.12.2021).
632 Gespräch mit Joseph Wilkinson, *Head of Policy Low Pay Commission*.
633 Gespräch mit Joseph Wilkinson, *Head of Policy Low Pay Commission*.
634 *Brown*, BJIR 2009, 429 (435).
635 Siehe hierzu Kapitel 3 § 2 II. 2.
636 *Metcalf*, BJIR 1999, 171 (174).
637 *Metcalf*, BJIR 1999, 171 (174).

Dem Sammeln mündlicher und schriftlicher Zeugnisse, dem Besuchen von verschiedenen Institutionen sowie aus abschließenden Diskussionen innerhalb der Kommission.[638]

Zu Beginn ihrer Beratungen gibt die LPC verschiedensten Interessengruppen die Möglichkeit, Vorschläge für die kommenden Mindestlohnsätze einzureichen. Hierbei handelt es sich sowohl um Gewerkschaften und Arbeitgebervereinigungen als auch um wohltätige und religiöse Gruppierungen, die sich unter anderem in der Jugendarbeit engagieren.[639]

Für ihren ersten Bericht besuchten die Mitglieder der LPC 61 Städte im gesamten Vereinigten Königreich. Dadurch hatten sie die Möglichkeit, mit den Vertretern der jeweiligen Seiten Gespräche und Diskussionen zu führen. Insgesamt fanden mehr als 200 Treffen statt, die der Informationsbeschaffung und dem offenen Diskurs dienten.[640]

Nach dieser Informationssammlung begutachtet die LPC aktuelle Daten und Erhebungen der nationalen Statistikbehörde (*Office of National Statistics*). Anhand all dieser Informationen spricht die LPC ihre Empfehlung zur Anpassung des Mindestlohns aus.

Der Bericht der Kommission wird an die Regierung weitergeleitet und diese muss anschließend auf den Bericht in einem offiziellen Verfahren reagieren. Nach einer kurzen Zeit wird sodann von der Regierung beschlossen, welche Vorschläge der LPC sie annimmt und welche sie ablehnt. Diese Entscheidung wird im Anschluss vom Wirtschaftsministerium (*Secretary of State for Trade and Industry*) veröffentlicht und den beiden Häusern des Parlaments (*House of Lords* und *House of Commons*) vorgetragen.[641]

Die Regierung unterliegt keiner gesetzlichen Pflicht, die Vorschläge der LPC umzusetzen. In der Vergangenheit gab es in diesem Zusammenhang bereits einige Meinungsverschiedenheiten, vor allem bei der Lohnhöhe der Jüngeren,[642] die meisten Vorschläge wurden jedoch von der Regierung angenommen.[643]

Die Berichte der LPC werden abschließend durch eine Ausführungsverordnung (*Regulations*) in Recht umgesetzt.[644]

Arbeitgebern wird in der Regel sechs Monate vor einer Erhöhung des Mindestlohnsatzes die neue Lohnquote mitgeteilt, sodass diese ausreichend Zeit haben, den höheren Lohnsatz umzusetzen.

---

638 *Metcalf,* BJIR 1999, 171 (174).
639 *Waltman,* Minimum Wage Policy, S. 94 f.
640 *Metcalf,* BJIR 1999, 171 (174).
641 *Waltman,* Minimum Wage Policy, S. 94 f.
642 *Brown,* BJIR 2009, 429 (431); näher dazu *Finn,* The National Minimum Wage in the United Kingdom, S. 31.
643 *Manning,* Perspektiven der Wirtschaftspolitik 2013, 57 (64).
644 *Metcalf,* BJIR 1999, 171 (191).

2. Berechnung des Mindestlohns

Im Folgenden wird dargestellt, wie überprüft werden kann, ob ein Arbeitgeber der Pflicht zur Zahlung des gesetzlichen Mindestlohns nachkommt.
Nach *reg. 7 Regulations* 2015 wird der Stundenlohn bestimmt, indem die Entgeltzahlung (R = Renumeration i.S.v. *reg.* 8 *Regulations* 2015) durch die Arbeitsstunden (H = Hours) innerhalb eines Referenzzeitraums geteilt wird.

a) Referenzzeitraum (Bezugszeit für die Bezahlung)

Die *pay reference period* (PRP) ist der Zeitraum, für den ein Arbeitnehmer vergütet wird, also der übliche Abrechnungszeitraum. Dieser Referenzzeitraum beträgt nach *reg.* 6 *Regulations* 2015 höchstens einen Monat, es sei denn, die Bezahlung erfolgt für einen kürzeren Zeitraum, dann ist dieser kürzere maßgeblich.

b) Arbeitsentgelt

Als Arbeitsentgelt zählt jede Zahlung, die innerhalb des jeweiligen Referenzzeitraums erfolgt. Darüber hinaus werden auch Zahlungen innerhalb des darauffolgenden Referenzzeitraums erfasst, sofern diese für eine Tätigkeit der vorangegangen PRP vorgenommen werden, *reg.* 9(1)(b) *Regulations* 2015.

Die LPC hat versucht, eine heterogene Definition des Arbeitsentgelts zu entwickeln, die sowohl den Arbeitnehmer- als auch den Arbeitgeberinteressen gerecht wird. Als Arbeitsentgelt (Grundgehalt) ist in erster Linie die Vergütung für die standardmäßige Arbeit maßgeblich. Was nicht als Arbeitsentgelt berücksichtigt werden kann, wird durch *reg.* 10 *Regulations* 2015 festgelegt. Ergänzend dazu hält das Wirtschaftsministerium eine Aufzählung von den einzelnen Vergütungsbestandteilen mit entsprechenden Beispielen bereit.[645]

Zu berücksichtigen sind demnach erfolgs- und leistungsabhängige Zahlungen (Leistungslohn, Leistungszulagen, Leistungsprämien), jährliche Boni und Gratifikationen (eine Einmalzahlung wird dabei jedoch nicht auf das gesamte Jahr aufgeteilt, sondern nur im maßgeblichen Referenzzeitraum berücksichtigt).[646] Des Weiteren werden Unterkünfte, die vom Arbeitgeber zur Verfügung gestellt werden, bis zu einem bestimmten Betrag auf den Mindestlohn angerechnet.[647]

Nicht als Arbeitsentgelt im Rahmen des Mindestlohns zählen gemäß *reg.* 10 *Regulations* 2015 Abfindungen, die im Zusammenhang mit dem Altersruhestand gezahlt werden (lit. b), Geldleistungen aufgrund eines gerichtlichen Vergleichs (lit.

---

[645] Department for Business, Energy & Industrial Strategy: https://www.gov.uk/government/publications/calculating-the-minimum-wage/calculating-the-minimum-wage#deductions (zuletzt abgerufen am 19.12.2021).
[646] Informationsseite des Department for Business, Energy & Industrial Strategy, siehe Fn. 588
[647] *Reg.* 9 *Regulations* 2015. Der maximal anzurechnende Wert liegt seit dem 01.04.2021 bei £8,36 tägl.

c), Entschädigungen im Zusammenhang mit einer Kündigung (lit. d), Gutscheine, die gegen Geld, Waren und Güter oder Dienstleistungen eingetauscht werden können (lit. g) oder auch Zahlungen des Arbeitgebers, die aufgrund von Trinkgeldern oder Bedienungskosten[648] eingenommen wurden (lit. m). Auch Sachbezüge (*benefits in kind*) werden nicht als Arbeitsentgelt berücksichtigt, es sei denn, es handelt sich um die Bereitstellung einer Unterkunft (lit. f). Nicht anrechnungsfähige Sachleistungen sind dabei das Zurverfügungstellen eines Dienstwagens, von Mahlzeiten, Benzin oder die Unterstützung bei der Kinderbetreuung (*child care vouchers*).[649]

Zuschläge für Überstunden-, Wochenend-, Feiertags- und Nachtarbeit sowie Erschwernis- und Gefahrenzulagen werden ebenfalls nicht als mindestlohnrelevante Zahlungen eines Arbeitgebers angesehen.[650]

c) Arbeitszeit

Des Weiteren ist zur Bestimmung des Stundenlohnes entscheidend, wann Arbeitszeit im Sinne der Mindestlohnverordnung (*reg.* 17 *Regulations* 2015) vorliegt. Grundsätzlich gilt hier jede Zeit, die ein Beschäftigter an seinem Arbeitsplatz verbringt, als Arbeitszeit, inklusive der Überstunden. Neben der regulären Arbeitszeit zählen auch Zeiten der Weiterbildung i.S.v. *reg.* 19 *Regulations* 2015 oder Zeiten einer Dienstreise (Fahrtzeit eingeschlossen) unter den weiteren Voraussetzungen der *reg.* 20 *Regulations* als Arbeitszeit.

Nicht als Arbeitszeit zählen jedoch unerlaubtes Fernbleiben von der Arbeitsstelle oder auch bezahlter Urlaub[651] sowie die Wegedauer zwischen Wohnung und Arbeitsstätte.[652]

Bei der Definition der Arbeitszeit hat sich die LPC an der „Richtlinie über bestimmte Aspekte der Arbeitszeitgestaltung" aus dem Jahr 1993 (RL 93/104/EG) orientiert. Zu beachten ist in diesem Zusammenhang, dass das Außerachtlassen von Ruhepausen, Krankheit oder Urlaub nicht bedeutet, dass der Arbeitnehmer für diese Zeit nicht entlohnt wird. Diese Zeit wird lediglich bei der Berechnung des Mindestlohns nicht berücksichtigt.[653]

---

648 Anders noch: *reg.* 31(1)(e) *Regulations* 1999, vgl. auch *Metcalf,* The Economic Journal 1999, F46 (F51): Zu Beginn wurde nur das Trinkgeld, das vom Kunden direkt an den Arbeitnehmer übergeben wurde bzw. bar gesammelt und anschließend aufgeteilt wurde, nicht angerechnet. Das, was über den Arbeitgeber an den Arbeitnehmer ausgezahlt wurde, wurde jedoch berücksichtigt.
649 Informationsseite des Department for Business, Energy & Industrial Strategy, siehe Fn. 588.
650 Informationsseite des Department for Business, Energy & Industrial Strategy, siehe Fn. 588.
651 *Metcalf,* The Economic Journal 1999, F46 (F52).
652 *Burgess/Usher,* Allgemeinverbindlichkeit und Mindestlohnregelungen in Mitgliedstaaten der EU, S. 21.
653 BERR, National Minimum Wage Guide, S. 59.

Zeiten eines Arbeitskampfes zählen mithin ebenfalls nicht als Arbeitszeit.[654]
Bei der Bestimmung der Arbeitszeit ist zu differenzieren, ob der Beschäftigte ein Gehaltsempfänger (*salaried worker*), ein Zeitarbeiter (*time worker*), ein Leistungsarbeiter (*output work*) oder ein sonstiger Beschäftigter, der sog. „unmessbare" Arbeiten ausübt (sog. *unmeasured work*), ist.[655]

aa) Gehaltsempfänger (*salaried worker*)

Unter *salary* versteht man im englischsprachigen Raum eine wöchentlich oder monatlich stets gleichbleibende Gehaltszahlung, die vertraglich für eine bestimmte Arbeitszeit festgelegt ist. Dieses wird zunächst unabhängig von der tatsächlich geleisteten Arbeitszeit gezahlt. Abzugrenzen ist *salary* vom w*age*, der einen Stundenlohn darstellt.

Für den Fall, dass ein Beschäftigter ein fixes monatliches Gehalt (*salary*) empfängt, ist die Überprüfung, ob er tatsächlich den Mindestlohn erhält, komplexer als bei dem, der mittels eines Stundenlohns (*wage*) vergütet wird.

Die maßgeblichen Stunden eines Referenzzeitraums von Gehaltsempfängern bestimmen sich damit folgendermaßen:[656] Sofern das Gehalt wöchentlich (entspricht der sog. *pay reference period*) gezahlt wird, ergibt sich die *salaried hours work*, also die Anzahl der bezahlten Arbeitsstunden, indem die regelmäßige Arbeitszeit durch den Wert 52 dividiert wird. Bei einer monatlichen Bezahlung soll die regelmäßige Arbeitszeit durch den Wert 12 geteilt werden und bei allen anderen Zahlungszeiträumen durch die Zahl der Tage in diesem Zeitraum.[657] Die regelmäßige Arbeitszeit ergibt sich dabei aus den Bestimmungen des Arbeitsvertrages und ist üblicherweise für den Zeitraum von einem Jahr angegeben (*reg.* 25 Regulations 2015)[658]. Vereinfacht dargestellt bedeutet dies, dass ein Beschäftigter, dessen Gehalt monatlich gezahlt wird und in dessen Arbeitsvertrag eine Jahresarbeitszeit von beispielsweise 1.920 Stunden festgelegt ist, Anspruch auf ein Mindestgehalt von £1.425,60 pro Monat hat (1.920 Stunden : 12 = Monatsarbeitszeit von 160 Stunden * gesetzlicher Mindestlohn i.H.v. £8,91 = £1.425,60).

Sofern ein Gehaltsempfänger der Arbeit fernbleibt, kann diese Stundenanzahl nach *reg.* 21(7)(c) *Regulations* 2015 im Referenzzeitraum reduziert werden.

Für den Fall, dass ein Beschäftigter auch während seiner Abwesenheitszeit Lohnzahlungen erhält, so sind diese, im Gegensatz zum *time worker*, der nur für die Zeit vergütet wird, in der er auch tatsächlich arbeitet, auch nach dem gesetzlichen Mindestlohnsatz zu vergüten.[659] Die Zeit, die ein Arbeitnehmer für einen

---

654 *Reg.* 10(h), *reg.* 23, 26, 35, 40, 48 *Regulations* 2015.
655 *Reg.* 17 *Regulations* 2015.
656 *Reg.* 22 *Regulations* 2015.
657 *Reg.* 22(2)-(4) *Regulations* 2015.
658 Ausnahmen können sich hierbei im Fall der Mehrarbeit oder nach Vertragsänderung ergeben, *reg.* 22(6) oder (7) i.V.m. *reg.* 24–29 *Regulations* 2015.
659 BERR, National Minimum Wage Guide, S. 63.

Arbeitskampf aufbringt, zählt nicht als Arbeitszeit und reduziert die Stunden im Referenzzeitraum (*reg.* 23(2) *Regulations* 2015).

bb) Zeitarbeiter (*Time worker*)

Time work im Sinne von *reg.* 30 *Regulations* 2015 ist die nach Zeit bezahlte Arbeit und nicht mit dem in Deutschland verwendeten Begriff für die Zeit- und Leiharbeit gleichzusetzen.

Die Arbeitsstunden in einem Referenzzeitraum sind die tatsächlich abgeleisteten Arbeitsstunden in diesem Zeitintervall (*reg.* 31). Als Arbeitszeit zählt die Zeit, in der ein Beschäftigter seine Arbeitskraft dem jeweiligen Arbeitgeber zur Verfügung stellt. Hierunter versteht man nach *reg.* 32 die Anwesenheit auf Arbeit. Eine solche Anwesenheit liegt nur dann vor, wenn der Arbeitnehmer wach und bereit für einen Arbeitseinsatz ist. Das gilt jedoch selbst dann, wenn der Arbeitgeber Schlafmöglichkeiten zur Verfügung stellt. In dem Fall *Esparon v. Slavikovska* hatte das *Employment Appeal Tribunal* zu entscheiden, ob einer Arbeitnehmerin für eine sog. Schlafnachtschicht („*sleeping night shift*") der gesetzliche Mindestlohn zu zahlen sei. Laut dem Gericht sind hierfür zwei Fallkonstellationen zu unterscheiden. Zunächst gibt es die Möglichkeit, dass Arbeit nur auf Abruf (*on call work*) geleistet wird. Der Arbeitnehmer muss in einem solchen Fall dem Arbeitgeber zur Verfügung stehen, aber nicht an dem Arbeitsplatz anwesend sein. Arbeitszeit liegt nur dann vor, wenn der Arbeitnehmer tatsächlich zur Arbeit gerufen wird und auch nur diese Zeit wird mit dem Mindestlohn vergütet.

Anders verhält es sich in der Situation der oben genannten Schlafnachtschicht, einer besonderen Form des Bereitschaftsdienstes. Hierbei handelt es sich um die Fälle, in denen ein Arbeitnehmer körperlich an seinem Arbeitsplatz anwesend ist, auch wenn er während dieser Anwesenheit tatsächlich nicht arbeitet, sondern schläft. Frau *Slavikovska* war als Pflegekraft in der Nachtschicht für den Fall einer Notsituation angestellt. Auch wenn sie während dieser Zeit geschlafen hat, lag nach Ansicht des Gerichts Arbeitszeit vor und sie hatte daher Anspruch auf Zahlung des gesetzlichen Mindestlohns.[660]

Nicht als Arbeitszeit werden nach *reg.* 35 Zeiten des Arbeitskampfes oder eine Pausenzeit gewertet.

cc) Leistungsarbeit

Unter *output work* gemäß *reg.* 36 *Regulations* 2015 versteht man die Bezahlung nach Leistung. Diese kann in Form von Stückarbeit oder durch die Erledigung von Einzelaufgaben erfolgen. Stück- bzw. Akkordarbeiter (*piece worker*) erhalten ebenfalls Mindestlohn. Das wird dergestalt umgesetzt, dass diese entweder für die

---

[660] EuZA 2015, 383 (383); unklar noch *Metcalf*, The Economic Journal 1999, F46 (F52).

tatsächlich abgeleistete Arbeitszeit vergütet werden oder dass ein gerechter Lohnsatz für jedes hergestellte Stück festgesetzt wird (*rated output system*), *reg.* 42.[661]

IV. Überwachung und Durchsetzung des Mindestlohns

Nach der Einführung des gesetzlichen Mindestlohns war die Regierung der Auffassung, dass öffentliche Kampagnen dabei helfen müssten, Kenntnisse über den gesetzlichen Mindestlohn zu vermitteln.[662] Aus diesem Grund wurde *sect.* 50 *National Minimum Wage Act* eingeführt, der die öffentliche Informationspflicht zum Inhalt hat. Die Werbemaßnahmen rund um den Mindestlohn waren sehr vielseitig. Der anfängliche Lohnsatz von £3,60 wurde auf Bierdeckeln, Bustickets und bei der Post abgedruckt, des Weiteren wurde eine kostenlose Telefonhotline eingerichtet, bei der sich die Bevölkerung über das neue Mindestlohngesetz informieren konnte.[663]

Zusätzlich führte die Regierung Regeln zur Überwachung der Mindestlöhne ein. Auf diese soll im Folgenden eingegangen werden.

1. Aufzeichnungs- und Dokumentationspflichten

Im Licht der Transparenz führte der Gesetzgeber eine Dokumentationspflicht ein.

Darunter versteht man gemäß *reg.* 59 *Regulations* 2015 detaillierte Aufzeichnungen über die Zahlung von Löhnen. Diese Dokumentationen muss der Arbeitgeber drei Jahre ab dem Zeitpunkt der Zahlungsfälligkeit aufbewahren, sodass auch nach einiger Zeit noch nachvollzogen werden kann, ob der Arbeitgeber seiner Pflicht zur Zahlung des Mindestlohns nachgekommen ist (*reg.* 59(8) *Regulations* 2015).

Ein Beschäftigter hat korrespondierend dazu das Recht, unterstützt von beispielsweise einem Gewerkschaftsmitglied, diese Aufzeichnungen einzusehen, sofern er der Ansicht ist, dass er nicht in der korrekten Höhe entlohnt wird.[664] Sofern ein Arbeitgeber die gewünschten Informationen nicht liefern kann, wird ein Bußgeld in Höhe von derzeit £712,80 (80-mal stdl. Lohnsatz in Höhe von £8,91) fällig.[665]

---

661 BERR, National Minimum Wage Guide, S. 81; *Burgess/Usher*, Allgemeinverbindlichkeit und Mindestlohnregelungen in Mitgliedstaaten der EU, S. 20; *Cushway*, The Employer's Handbook 2017–2018, S. 88; *Metcalf*, The Economic Journal 1999, F46 (F52).
662 Vgl. *Finn*, The National Minimum Wage in the United Kingdom, S. 39.
663 *Skidmore*, Journal of Law and Society 1999, 427 (438).
664 Vgl. *sect.* 10, 11 *National Minimum Wage Act* 1998; *Metcalf*, Discussion paper, S. 15.
665 Vgl. *sect.* 11 (2)(b) *Minimum Wage Act* 1998.

2. Gerichtliche und behördliche Durchsetzung

Wenn ein Beschäftigter der Ansicht ist, einen zu geringen Lohn zu erhalten oder sein Arbeitgeber seiner Aufzeichnungspflicht nicht ausreichend nachgekommen ist, hat er zwei Möglichkeiten: Zunächst kann er sich mit seinen Belangen entweder nach *sect.* 13 *Employment Rights Act* an ein Arbeitsgericht wegen unerlaubter Lohnkürzung wenden oder an ein Zivilgericht wegen eines Verstoßes gegen seine vertraglichen Rechte.[666] Außerdem hat er die Möglichkeit, eine Vollzugsbehörde (die sog. *compliance officers* des HM Revenue and Customs) auf den Fall aufmerksam zu machen.[667]

Sofern ein Arbeitnehmer eine Maßnahme ergreift, die der Durchsetzung seines Mindestlohns dient, darf er aufgrund dieses Vorgehens nicht entlassen oder anderweitig nachteilig von seinem Arbeitgeber behandelt werden. Die Regelungen über eine ungerechtfertigte Kündigung finden in einem solchen Umstand Anwendung (*sect.* 23–26 *National Minimum Wage Act* 1998).[668]

a) Vollstreckungsbeamte

Die sog. *compliance officers* haben zu jeder Zeit die Möglichkeit, Arbeitgeber auf die Einhaltung ihrer Pflichten nach dem *National Minimum Wage Act* zu überprüfen.[669] Insgesamt handelt es sich dabei um ca. 160 Mitarbeiter der *HMRC Compliance* (*Her Majesty's Revenue and Customs* – die Steuer- und Zollbehörde), die die Zahlung des Mindestlohns überwachen und kontrollieren. Hierzu existieren zehn regionale *Compliance Teams* im ganzen Vereinigten Königreich.[670]

Vollstreckungsbeamte haben nach *sect.* 14 *National Minimum Wage Act* die Befugnis, die Aufzeichnungen der Arbeitgeber einzusehen und diese zu kopieren. Die Verweigerung der Herausgabe der Aufzeichnungen wird als Straftat (*criminal offence*) i.S.v. *sect.* 31 *National Minimum Wage Act* behandelt. Das Verfahren beginnt dabei zunächst mit einem Termin eines Vollstreckungsbeamten bei dem Arbeitgeber. Diese Treffen finden auf einvernehmlicher Basis statt. Erst wenn sich ein Arbeitgeber weigert, die erforderlichen Dokumente herauszugeben oder er in sonstiger Weise die Arbeit eines Vollstreckungsbeamten hindert, beginnt ein formales Ermittlungsverfahren.[671]

Sofern ein Vollstreckungsbeamter zu dem Ergebnis kommt, dass ein Arbeitgeber seinen Beschäftigten nicht den gesetzlich vorgeschriebenen Mindestlohn

---

666 *Pyper*, The National Minimum Wage: rates and enforcement, S. 14.
667 Siehe hierzu sogleich.
668 Näher zu den Regelungen über die ungerechtfertigte Kündigung *Finn*, The National Minimum Wage in the United Kingdom, S. 42.
669 *Sect.* 13 *National Minimum Wage Act* 1998.
670 *Burgess,* in: Umsetzung und Kontrolle von Mindestlöhnen, 12 (17).
671 *Burgess,* in: Umsetzung und Kontrolle von Mindestlöhnen, 12 (18).

bezahlt, so kann er dem Arbeitgeber eine *notice of underpayment* (Unterzahlungsbescheid) zustellen.[672] Bis zur Änderung des *Minimum Wage Act* durch den *Employment Protection Act* im Jahr 2008 handelte es sich dabei um sog. *enforcement notices* (Vollstreckungsbescheide).[673] Sofern der Arbeitgeber diesem Vollstreckungsbescheid nicht Folge leistete, hatte der Vollstreckungsbeamte die Möglichkeit, eine *penalty notice* (Strafbescheid) an den Arbeitgeber zu überbringen und die Ansprüche der unterbezahlten Arbeitnehmer gerichtlich durchzusetzen.[674]

Durch die Änderung des Gesetzes im Jahr 2008 und die damit einhergehende Befugnis zur Erteilung einer *notice of underpayment* ist ein vereinfachtes Durchgreifen gegen Arbeitgeber möglich.[675] Mit einer *notice of underpayment* kann ein Arbeitgeber aufgefordert werden, die noch offenen Lohnrückstände binnen 28 Tagen an den oder die Beschäftigten, die in der schriftlichen Rüge genannt sind, zu zahlen. Der entsprechende Arbeitgeber muss sodann der Zahlungsaufforderung nachkommen oder gerichtlich dagegen vorgehen.[676] Sofern ein Arbeitgeber dieser Pflicht nicht nachkommt, ist der Kontrollbeamte ermächtigt, eine Klage im Namen des Arbeitnehmers vor dem Arbeitsgericht einzureichen.[677]

Außerdem besteht die Möglichkeit, dem Arbeitgeber eine Geldstrafe aufzuerlegen.[678] Die Geldstrafe ist ebenfalls innerhalb von 28 Tagen an das Ministerium (*Secretary of State*) zu zahlen, und zwar in einer Höhe von 200 % der Gesamtzahlungsrückstände aller Beschäftigten, bis zu einer maximalen Summe von £20.000 und einem Minimum von £100,00 je unterbezahltem Arbeitnehmer.[679]

Zwischen den Jahren 2005 und 2010 wurden mehr als 20.000 Überprüfungen durch die Vollstreckungsbeamten durchgeführt. Insgesamt wurden dabei Lohnrückstände in Höhe von £19.094.334 festgestellt, von denen 101.259 Beschäftigte betroffen waren. Zwischen den Jahren 2009 bis 2015 wurden jährlich zwischen rund £3.000.000 und £4.500.000 Lohnrückstände festgestellt, wovon im Durchschnitt 20.000 bis 25.000 Beschäftigte betroffen waren. In den darauffolgenden

---

672 *Sect. 19 National Minimum Wage Act* in seiner aktuellen Fassung (nach Änderung durch den *Employment Act* 2008, *Schedule Part II*).
673 *Sect. 19 National Minimum Wage Act* in der Fassung von 1998, abgeschafft durch *Employment Act* 2008, *Schedule Part II*.
674 *Sect. 21 National Minimum Wage Act* in der Fassung von 1998, vgl. Metcalf, Discussion paper, S. 15; Skidmore, Journal of Law and Society 1999, 427 (432).
675 Pyper, The National Minimum Wage: rates and enforcement, S. 15.
676 *Sect. 19C National Minimum Wage Act*.
677 *Sect. 19D National Minimum Wage Act*.
678 *Sect. 19A National Minimum Wage Act*.
679 Pyper, The National Minimum Wage: rates and enforcement, S. 16.

Jahren betrugen die Lohnrückstände jährlich mehr als £10.000.000 und mehr als 60.000 Arbeitnehmer waren davon tangiert.[680]

b) Gerichtliche Durchsetzung

Nachdem ein Arbeitnehmer die HMRC auf seinen Fall aufmerksam gemacht hat und diese eine Unterbezahlung feststellt, kann der Arbeitnehmer den Rechtsweg bestreiten. In einem solchen Fall übernimmt die HMRC die Gerichtsgebühren des Arbeitnehmers.[681] Dem Arbeitnehmer bleibt auch ohne Einschaltung des HMRC die Möglichkeit, vor dem Arbeitsgericht auf Zahlung der Lohnrückstände zu klagen.[682] Sofern der Arbeitgeber auch der Entscheidung des Arbeitsgerichts seiner Mindestlohnpflicht nicht nachkommt, muss der Arbeitnehmer oder die HMRC Klage vor dem zuständigen Zivilgericht einreichen, um einen Vollstreckungsbescheid zu erhalten.[683]

c) Pay and Work Rights Helpline and complaints des ACAS

Der ACAS (*Advisory, Conciliation and Arbitration Service*) ist eine Schieds- und Schlichtungsstelle, die den Arbeitnehmern auch bei arbeitsrechtlichen Problemen zur Seite steht. Sie informiert die Arbeitnehmer bei Unklarheiten im Zusammenhang mit deren Rechten und nimmt Klagen in Bezug auf den gesetzlichen Mindestlohn an, die sie sodann an die HMRC weiterleitet. Die telefonische Hotline des ACAS ist von Montag bis Freitag zwischen 8 Uhr und 18 Uhr erreichbar.[684]

3. Weitere Sanktionsmaßnahmen

Im Jahr 2011 wurde außerdem ein Verfahren eingeführt, das dazu dient, Arbeitgeber zu maßregeln, die gegen den *National Minimum Wage Act* verstoßen. Solche Arbeitgeber werden öffentlich gelistet, sodass jeder einen Einblick darauf haben kann, ob ein Unternehmen den Mindestlohn zahlt bzw. die übrigen gesetzlichen Vorgaben einhält. Diese Verfahrensweise wurde im Oktober 2013 überarbeitet.[685]

---

680 Department for Business, Energy and Industrial Strategy, National Living Wage and National Minimum Wage – Government evidence to the Low Pay Commission on compliance and enforcement, S. 19.
681 *Burgess*, in: Umsetzung und Kontrolle von Mindestlöhnen, 12 (17).
682 *Sect. 13 Employment Rights Act* 1996.
683 *Burgess*, in: Umsetzung und Kontrolle von Mindestlöhnen, 12 (17).
684 Im Internet zu finden unter https://www.gov.uk/pay-and-work-rights (zuletzt abgerufen am 19.12.2021).
685 *Pyper*, The National Minimum Wage: rates and enforcement, S. 15 f.

Die Listen werden online unter dem Motto „*naming and shaming*" veröffentlicht und regelmäßig aktualisiert.[686] Aufgezeichnet werden dabei der Name und die Adresse des Arbeitgebers, die Höhe der Lohnrückstände sowie die davon betroffenen Beschäftigten.

Im Lichte des Datenschutzes sind in diesem Zusammenhang bisher keine Diskussionen aufgetreten. Insofern ist zu berücksichtigen, dass nur Arbeitgeber auf dieser Internetseite veröffentlicht werden, denen ein Verstoß gegen den *National Minimum Wage Act* nachgewiesen werden konnte und dass eine solche Auflistung nicht bereits bei Eröffnung eines Ermittlungsverfahrens möglich ist.[687] Des Weiteren ist zu berücksichtigen, dass Arbeitgeber ausnahmsweise nicht veröffentlicht werden, sofern diese glaubhaft machen, dass eine Veröffentlichung Gefahren für den Arbeitgeber oder seine Familie mit sich bringen würde, die nationale Sicherheit gefährdet würde oder sonstige Umstände vorliegen, die gegen eine Veröffentlichung sprechen.[688]

Des Weiteren bestimmt *sect.* 31 des *National Minimum Wage Act*, dass sich ein Arbeitgeber strafbar macht, wenn er keinen Mindestlohn an seine Beschäftigten zahlt, er versäumt die Aufzeichnungen aufzuheben oder diese an den Beschäftigten auszuhändigen, die Aufzeichnungen fehlerhaft sind oder er den Anweisungen der Vollstreckungsbeamten nicht oder verspätet nachkommt bzw. die Arbeit der Beamten behindert und eine mangelnde Kooperation bei der Informationsbeschaffung der Vollstreckungsbeamten aufweist.[689]

Weitere Durchsetzungsmöglichkeiten, wie etwa das Konstrukt einer Bürgenhaftung zwischen Haupt- und Subunternehmern oder der Ausschluss von Arbeitgebern bei der Vergabe öffentlicher Aufträge, enthält der *Minimum Wage Act* nicht.

Zwar existieren im Vereinigten Königreich Initiativen, die die Zahlung des freiwilligen *Living Wage*[690] als Bedingung in öffentlichen Aufträgen implementieren möchten, umgesetzt wurde dies bisher aber nicht. Auch der Ausschluss von öffentlichen Aufträgen zulasten der Unternehmen, die ihrer Mindestlohnverpflichtung nicht nachkommen, ist nicht durch den *Minimum Wage Act* geregelt.[691]

Auch eine Lieferkettenhaftung besteht im britischen Recht nicht. Zwar wurden vor allem in der Textilbranche, wo Unterbezahlung und Subunternehmertum häufig anzutreffende Faktoren sind, Initiativen zur Einführung einer Subunternehmerhaftung gestartet, aber auch diese wurden bisher nicht umgesetzt.[692]

---

686 Im Internet abzurufen unter https://www.gov.uk/government/news/nearly-200-employers-named-and-shamed-for-underpaying-thousands-of-minimum-wage-workers (zuletzt abgerufen am 19.12.2021).
687 Gespräch mit Joseph Wilkinson, *Head of Policy Low Pay Commission*.
688 Vgl. dazu die Internetseite unter Fn. 629.
689 Vgl. *Finn*, The National Minimum Wage in the United Kingdom, S. 43; *Metcalf*, Discussion paper, S. 16.
690 Dazu sogleich unter § 5.
691 Gespräch mit Joseph Wilkinson, *Head of Policy Low Pay Commission*.
692 Gespräch mit Joseph Wilkinson, *Head of Policy Low Pay Commission*.

§ 5 Living Wage – eine menschenwürdige Entlohnung?

Der *Living Wage* im Vereinigten Königreich ist eine Besonderheit des britischen Arbeitsrechts. Man versteht darunter einen Lohn, der an die regionalen Wohn- und Lebenskosten des Arbeitnehmers angepasst ist.[693]

Ziel dieses „Lebensunterhalts" ist, dass niemand, der in Vollzeit arbeitet, unter der Armutsgrenze leben muss oder auf staatliche Unterstützung angewiesen ist.[694]

Seit einigen Jahren wird hierbei zwischen dem gesetzlich festgelegten *National Living Wage*, der am 01.04.2016 von der Regierung eingeführt wurde[695], und dem freiwillig gezahlten *Living Wage* unterschieden.

Der folgende Abschnitt befasst sich mit dem freiwillig gezahlten *Living Wage*.

I. Living Wage

Im Jahr 1999 wurde nach einem Jahrzehnt erstmals wieder ein staatlicher Lohnschutz für unorganisierte Arbeitnehmer in dem Vereinigten Königreich eingeführt. Der gesetzliche Mindestlohn war ein Novum für das voluntaristisch geregelte Arbeitsverhältnis im Vereinigten Königreich. Bis zu diesem Zeitpunkt bestimmten Gewerkschaften und Arbeitgeber durch Kollektivvereinbarungen die Lohnhöhe der Arbeiter.

Doch auch wenn dieser Mindestlohn überwiegend positive Auswirkungen auf die Einkommenshöhe der Arbeitnehmer und den Niedriglohnsektor aufwies, so konnten diese zunächst sehr niedrig angesetzten Mindestlohnraten (£3,60) nicht gegen die *in-work poverty* (Armut trotz eines Arbeitsverhältnisses) ankommen.[696]

Aus diesem Grund begann bereits in den frühen 2000er-Jahren eine Kampagne verschiedenster Gewerkschaften, Institutionen, wie beispielsweise TELCO (*The East London Communities Organisation*) sowie etlicher Arbeitnehmer zugunsten eines *Living Wage*.[697] Die Gewerkschaft UNISON entwickelte in diesem Rahmen den Slogan „*I want to live not just exist*"[698] – „ich möchte leben und nicht nur existieren". Ein Statement für einen Lohn, der sich an den regelmäßigen Ausgaben der Arbeitnehmer misst und der nicht bloß knapp über dem Existenzminimum liegt.

Im Gegensatz zum gesetzlichen Mindestlohn handelt es sich hierbei um ein freiwillig vom Arbeitgeber gezahltes Lohnminimum.[699] Die Höhe des *Living Wage* wird von der sog. *Living Wage Foundation* bekannt gegeben und orientiert sich an den

---

693 *Wills/Linneker*, Transactions of the Institute of British Geographers 2014, 182 (183).
694 *Grover*, Social Security and Wage Poverty, S. 178.
695 Siehe hierzu Kapitel 3 § 4 III.
696 *Wills/Linneker*, Transactions of the Institute of British Geographers 2014, 182 (185).
697 *Blackburn*, A Fair Day's Wage for a Fair Day's Work?, S. 198 f.; *Waltman*, Minimum Wage Policy in Great Britain and the United States, S. 195.
698 https://www.unison.org.uk/news/2018/11/living-wage-rates/ (zuletzt abgerufen am 19.12.2021).
699 Vgl. *Waltman*, Minimum Wage Policy in Great Britain and the United States, S. 181.

regionalen Besonderheiten der Lebenshaltungskosten. Unterschieden wird hierbei zwischen einem *Living Wage* für London und einem für das übrige Vereinigte Königreich. Der *Living Wage* ist dabei wesentlich höher als das gesetzlich vorgegebene Minimum, was wiederum von der *Low Pay Commission*[700] vorgeschlagen wird. Der *Living Wage* in London (LLW) umfasst derzeit £11,05, der „allgemeine" *Living Wage* für den Rest des Vereinigten Königreichs (UKLW) beträgt £9,90 und der gesetzliche Mindestlohn hingegen hat eine Höhe von £8,91.[701]

Bei der Berechnung des *Living Wage* werden die aktuellen Lebenshaltungskosten eines Arbeitnehmers zugrunde gelegt. Somit soll der *Living Wage* die Ausgaben für einen angemessenen Lebensstandard sicherstellen. In diesem Punkt unterscheidet sich dieser vom gesetzlichen *Minimum Wage*, bei dem die finanziellen Mittel, die ein Arbeitnehmer zum Leben benötigt, nicht berücksichtigt werden. Der gesetzliche Mindestlohn garantiert lediglich eine Lohnuntergrenze, die die Auswirkungen dieses Lohnminimums auf die Beschäftigung berücksichtigen muss.[702]

Im Vereinigten Königreich gibt es eine Reihe von *Living-Wage*-Arbeitgebern, die sich dadurch auszeichnen können, ihren Arbeitnehmern Löhne über dem gesetzlichen Mindestlohn zu zahlen. Eine Auszeichnung als „*Living Wage Employer*" brachte solchen Arbeitgebern bereits frühzeitig öffentliche Anerkennung.[703] Außerdem können solche Arbeitgeber auch gut qualifizierte Arbeitnehmer werben.[704]

Dabei haben jedoch kleinere Betriebe deutlich größere Probleme hohe Löhne zu zahlen als Großunternehmen.[705]

1. Die Living Wage Foundation und die Living Wage Commission

Der *London Living Wage* wurde erstmals im Jahr 2005 in einer Höhe von £6,70 bekannt gegeben.[706] Dieser beruhte auf den Berechnungen eines fiktiven Warenkorbes von Ökonomen der GLA (*Greater London Authority*).[707]

Im Jahr 2011 wurde die *Living Wage Foundation* gegründet. Die Gründung führt zurück auf eine Bewegung der *Citizens UK,* einem Zusammenschluss

---

700 Siehe hierzu Kapitel 3 § 4 III. 1.
701 Abrufbar unter https://www.livingwage.org.uk/what-real-living-wage (zuletzt abgerufen am 19.12.2021).
702 *D'Arcy/Finch*, Making the Living Wage- The Resolution Foundation reviewed of the Living Wage, S. 5, 15.
703 Vgl. *Waltman*, Minimum Wage Policy in Great Britain and the United States, S. 197.
704 So kann man im Vereinigten Königreich häufig an Ladenfenstern der Geschäfte oder auch an den Eingangstüren der öffentlichen Nahverkehrsmittel einem Aufkleber entnehmen: „*We are a living wage employer*".
705 Vgl. dazu auch UNISON – Bargaining for the Living Wage, S. 6.
706 *D'Arcy/Finch*, Making the Living Wage- The Resolution Foundation reviewed of the Living Wage, S. 16.
707 *Wills/Linneker*, Transactions of the Institute of British Geographers 2014, 182 (189).

Living Wage – eine menschenwürdige Entlohnung? 133

verschiedenster Organisationen aus Schulen, Universitäten, Krankenhäusern, Wohltätigkeitsvereinen oder auch Kirchen. Die *Living Wage Foundation* sollte Empfehlungen über die Höhe eines *Living Wage* für den Rest des Vereinigten Königreichs geben.[708] Die Aufgabe der *Living Wage Foundation* besteht außerdem darin, Werbung für den freiwillig zu zahlenden *Living Wage* zu machen und die Annahme eines Arbeitgebers als *Living Wage Employer* zu überprüfen.[709]

Im Jahr 2016 wurde eine *Living Wage Commission* eingesetzt, die sich seitdem mit der Kalkulation des *Living Wage* in London und dem Vereinigten Königreich beschäftigt.

Die Mitglieder der *Living Wage Commission* werden von der *Living Wage Foundation* berufen. Die Kommission besteht aus Vertretern der Gewerkschaften, der zivilen Bevölkerung und aus den anerkannten *Living-Wage*-Arbeitgebern.

2. Berechnung

Bei der Berechnung des *Living Wage* werden verschiedene Kosten der Arbeitnehmer berücksichtigt. Hierbei handelt es sich beispielsweise um Wohnkosten, Kommunalsteuern, Fahrtkosten sowie Kosten für die Kinderbetreuung.[710] Die *Living Wage Commission* berechnet anhand dieser Ausgaben einen Durchschnittslohn, mit dem all diese Aufwendungen zu finanzieren sind. Sie diskutiert und berät über die Erhöhung des *Living Wage*, der jährlich angepasst wird.[711]

Um die regelmäßigen Ausgaben eines Haushalts zu bestimmen, treffen sich regelmäßig Wissenschaftler der Universität *Loughborough* und erstellen gemeinsam mit verschiedenen Gruppen der Bevölkerung fiktive Warenkörbe für die unterschiedlichsten Familienstrukturen, die diese zum Leben und für eine angemessene Teilhabe in der Gesellschaft benötigen würden.[712]

Eine Anpassung erfolgt jährlich im November anhand einer aktualisierten Berücksichtigung der Kosten der Arbeitnehmer. Arbeitgeber, die den *Living Wage* bei der *Living Wage Foundation* anerkannt haben, müssen anschließend bis zum 1. Mai des Folgejahres diesen aktualisierten und angepassten Lohnsatz umsetzen.[713]

---

708 *Wills/Linneker*, Transactions of the Institute of British Geographers 2014, 182 (188).
709 *D'Arcy/Finch*, Making the Living Wage- The Resolution Foundation reviewed of the Living Wage, S. 17.
710 *D'Arcy/Finch*, Making the Living Wage- The Resolution Foundation reviewed of the Living Wage, S. 6.
711 *D'Arcy/Finch*, Making the Living Wage- The Resolution Foundation reviewed of the Living Wage, S. 4.
712 *D'Arcy/Finch*, Making the Living Wage- The Resolution Foundation reviewed of the Living Wage, S. 6.
713 UNISON – Bargaining for the Living Wage, S. 15.

II. Abgrenzung zum gesetzlichen Mindestlohn

Nicht zu verwechseln ist der freiwillig gezahlte *Living Wage* mit dem gesetzlich gestalteten *National Living Wage*. Bei Letzterem handelt es sich um die Bezeichnung des gesetzlichen Mindestlohns für Beschäftigte ab dem 23. Lebensjahr. Dieser Mindestlohnsatz wurde im Jahr 2016 eingeführt und soll 60 % des Medianlohns betragen.[714]

Wie bereits dargelegt, ist der *Living Wage* in mehreren Punkten vom *National Living Wage (Minimum Wage)* abzugrenzen. Der *Living Wage* wird freiwillig gezahlt und bedarf im Gegensatz zum *Minimum Wage* keiner gesetzlichen Grundlage. Die festgesetzte Lohnuntergrenze des gesetzlichen Mindestlohns ist verpflichtend für alle Arbeitgeber und umfasst *worker*[715], gestaffelt in der Höhe nach ihrem Lebensalter. Der freiwillig gezahlte *Living Wage* steht allen Arbeitnehmern ab dem 18. Lebensjahr zu und kann vom Arbeitgeber auf freiwilliger Basis gezahlt werden.

Der gesetzliche Mindestlohn wurde 1999 durch den *National Minimum Wage Act* erlassen und wird seitdem regelmäßig auf Empfehlungen einer *Low Pay Commission* angepasst. Durch das Gesetz sollte eine Lohnuntergrenze geschaffen werden, die jedoch keine negativen Einflüsse auf das Beschäftigungsverhältnis hat.

Der *Living Wage* wurde erstmals 2005 in London[716] und seit 2011 auch in anderen Teilen des Vereinigten Königreichs gezahlt. Dieser ist deutlich höher als das gesetzliche Minimum und wird anhand eines fiktiven Warenkorbs errechnet. Hier werden allerdings nur die regelmäßigen Ausgaben der Arbeitnehmer berücksichtigt. Ob dieser Lohn auch Auswirkungen auf die Beschäftigung hat, wird außer Acht gelassen.[717]

Somit handelt es sich bei dem gesetzlichen Mindestlohn um einen Lohnsatz, den der Markt aufbringen kann, wohingegen der *Living Wage* auf einem Level festgesetzt wird, das ein Arbeitnehmer zum Leben benötigt. Ersterer ist also marktorientiert und auf das gesamte Vereinigte Königreich ausgerichtet, der *Living Wage* hingegen ist geo-sozial, also auf die Kosten in einer bestimmten Region bemessen.[718]

---

714 Siehe hierzu Kapitel 3 § 4 III.
715 Zum Begriff des *worker* siehe Kapitel 3 § 4 II. 1. a).
716 *Grover*, Social Security and Wage Poverty, S. 178; *Waltman*, Minimum Wage Policy in Great Britain and the United States, S. 182, 198 f.
717 *D'Arcy/Finch*, Making the Living Wage- The Resolution Foundation reviewed of the Living Wage, S. 16.
718 *Wills/Linneker*, Transactions of the Institute of British Geographers 2014, 182 (189).

Kapitel 4 Deutschland

§ 1 Der Mindestlohn in Deutschland – Geschichte und Überblick

Mindestlöhne in Deutschland kennt man nicht erst seit der Einführung des Mindestlohngesetzes (MiLoG) im Jahr 2015.

Bereits vorher wurden Mindestlöhne durch Tarifverträge oder aufgrund von Gesetzen festgelegt. Zu unterscheiden ist in diesem Fall zwischen den tarifgestützten Mindestlöhnen aus Tarifverträgen, den Tariftreuegesetzen, Allgemeinverbindlichkeitserklärungen und dem Arbeitnehmerentsendegesetz sowie den gesetzlichen Mindestlöhnen, welche sich aus dem Verbot des Lohnwuchers nach § 138 BGB oder dem Mindestarbeitsbedingungsgesetz (MiArbG) ableiten.

Während gesetzliche Mindestlöhne als unmittelbar geltend konzipiert sind, bedürfen andere Normen eines weiteren Umsetzungsaktes, wie bspw. einer Allgemeinverbindlichkeitserklärung nach § 5 TVG oder einer Rechtsverordnung nach §§ 3, 7 AEntG oder § 3a AÜG.[719] Auch das Gesetz über Mindestarbeitsbedingungen aus dem Jahr 1952 erforderte einen staatlichen Akt zur Realisierung dieser Mindeststandards. Bis zur Abschaffung des Gesetzes im Jahr 2014 wurde davon jedoch kein einziges Mal Gebrauch gemacht.[720]

I. Geschichte des deutschen Mindestlohns

1. Die geschichtliche Entwicklung bis zum Ende des Zweiten Weltkriegs und in der Deutschen Demokratischen Republik

a) Die Entwicklung des Sozialstaates

Ebenso wie im Vereinigten Königreich begann Ende des 19. Jh. eine Bewegung, welche die Verbesserung der Arbeitsbedingungen in Deutschland zum Ziel hatte. Diese resultierte aus einer Umwälzung der Lebensverhältnisse der Lohnarbeiterklasse, die sich in dieser Zeit vollzog.[721] Der Fortschritt der Technik und die zunehmende Industrialisierung führten zum Wachstum der Maschinen- und Fabrikarbeit.

Die aufkommende „Soziale Frage" beschäftigte sich mit den Missständen, die aus der Industriellen Revolution folgten, der Zunahme der Fabrikarbeit, der

---

719 *Nielebock,* FS-Kempen, 181 (181).
720 *Andelewski,* Staatliche Mindestarbeitsbedingungen, S. 77 ff., 132 ff.
721 *Borght,* Grundzüge der Sozialpolitik, S. 17.

Landflucht und der Verstädterung sowie dem Niedergang des Heimgewerbes.[722] Durch die damals neu auftretenden Formen industrieller Tätigkeiten (Verwendung von Dampfkraft sowie Elektrizität, Maschinen- und Fabrikarbeit) entstand ein neuer Berufsstand – der der gewerblichen Arbeiter –, dessen Mitglieder von Beginn an in ihrer wirtschaftlichen und körperlichen Existenz bedroht waren.[723] Grund dafür war unter anderem die wirtschaftliche Überlegenheit der Unternehmer. Zwar bestand eine formale Gleichberechtigung der Arbeitgeber und Arbeitnehmer, diese existierte jedoch nur in der Theorie. Die Folge war eine Ausbeutung der Arbeiterschaft, was durch „[...] übermäßig lange Arbeitszeit[en], Hungerlöhne, [das] Trucksystem [und einen] ungenügende[n] Gesundheits- und Unfallschutz [...]"[724] gekennzeichnet war.[725]

Aus der „Sozialen Frage" entwickelte sich schnell die „Arbeiterfrage" als Kernproblematik heraus.[726] Diese Entwicklung hatte zur Folge, dass sich die Politik Ende des 19. Jh. immer häufiger mit Forderungen zum Arbeitsschutz konfrontiert sah:

„Dampfkraft und Elektrizität haben die Welt verändert,
Verkehr und Mitteilsamkeit erleichtert und unsere Sache
ist es nun, bessere Einrichtungen danach zu treffen."[727]

Unter dem Einfluss des politischen Liberalismus entwickelten sich auch nach und nach persönliche Freiheitsrechte der Staatsbürger. Bedeutende Entwicklungen der Ökonomie des 19. Jh. waren daher die Änderungen der Agrarverfassung („Bauernbefreiung"), die Einführung der Gewerbefreiheit, das Regulativ über die Kinderarbeit aus dem Jahr 1839, das „Arbeitsschutzgesetz" von 1891[728] sowie das Kinderschutzgesetz von 1903 und das Hausarbeitsgesetz aus dem Jahr 1911.[729]

Grund für die Setzung von Mindestlöhnen war das sog. *Sweating*-System, das die Ausbeutung von Heimarbeitern innehatte. Denn ebenso wie im Vereinigten Königreich rückte auch in Deutschland die Thematik der Schwitzgewerbe immer mehr in den Vordergrund.[730]

---

722 Näher zu den Auswirkungen der Industriellen Revolution vgl. *Becker*, Arbeitsvertrag und Arbeitsverhältnis in Deutschland, S. 63 ff.
723 *Kaskel*, Das neue Arbeitsrecht, S. 1.
724 *Hueck/Nipperdey*, Lehrbuch des Arbeitsrechts, 1. Band, S. 9.
725 Zum Verbot des Trucksystems siehe *Becker*, Arbeitsvertrag und Arbeitsverhältnis in Deutschland, S. 49; *Hueck/Nipperdey*, Lehrbuch des Arbeitsrechts, 1. Band, S. 356 ff.; *Däubler*, Das Arbeitsrecht 2, S. 379.
726 *Weber*, in: Nutzinger (Hrsg.), Schriften zur Wirtschafts- und Sozialpolitik, S. 475.
727 *Marburg*, Soziale Reformen, S. 41.
728 Vgl. *Englberger*, in: Escheu/u.a. (Hrsg.), Tarifautonomie im Deutschen Reich, S. 20 f., 24.
729 Vgl. *Becker*, Arbeitsvertrag und Arbeitsverhältnis in Deutschland, S. 86, 88; *Hueck/Nipperdey*, Lehrbuch des Arbeitsrechts, 1. Band, S. 10.
730 *Weber*, in: Nutzinger (Hrsg.), Schriften zur Wirtschafts- und Sozialpolitik, S. 61 ff.

Durch einen neu gewählten Reichstag im Jahr 1887 war der Weg offen für die Arbeiterschutzgesetzgebung sowie für die „Kaiserliche Sozialpolitik", wie wir sie bis heute noch kennen.[731]

b) Hindernisse der Gewerkschaftsbewegung und Mindestlohnpolitik
Gesetzliche Mindestlöhne stießen in Deutschland lange auf Widerstand. Grund hierfür ist, dass sich bereits Ende des 19. Jh. starke Gewerkschaften bildeten, die schon zu dieser Zeit autonom und ohne gesetzliche Stütze Tarifverträge verhandelten.[732]

Aufgrund der praktischen Ungleichheit zwischen Arbeitgebern und Arbeitnehmern war es notwendig, dass sich die Arbeitnehmer zu Organisationen zusammenschlossen, den Gewerkschaften bzw. Arbeiterberufsvereinen. Nach einiger Zeit folgte dann die logische Konsequenz – die Bildung von Arbeitgeberorganisationen.[733] Diese Entwicklung führte bereits frühzeitig zu autonom geführten Lohnverhandlungen.

Gewerkschaften standen einer staatlichen Regulierung der Arbeitsbedingungen außerdem lange entgegen. Zunächst wurde befürchtet, dass Mindestlöhne, vor allem in der Heimarbeit, zum Verlust von Arbeitsplätzen führen würden.[734] Des Weiteren ist dies historisch zu begründen. Von Beginn an wurde versucht, die Bildung von Arbeitnehmer- und Arbeitgebervereinigungen zu unterbinden. Bereits im 16. Jh. wurden Verbote und Strafbestimmungen gegen die Bildung von Koalitionen eingeführt. Diese wurden fortlaufend erneuert und verschärft.[735] Im Jahr 1845 wurde in Preußen[736] durch § 181 der Allgemeinen Gewerbeordnung[737] eine Gefängnisstrafe für Maßnahmen des Arbeitskampfes oder Geld- bzw. Gefängnisstrafen für unerlaubte Vereinigungen angedroht.[738] Anlass dieser Regelung war der Aufstand der Schlesischen Weber ein Jahr zuvor.[739] In den folgenden Jahren wurden auch Koalitionsverbote für Arbeiter auf dem Land sowie für Schiffsknechte verhängt.[740]

---

731 *Weber*, in: Nutzinger (Hrsg.), Schriften zur Wirtschafts- und Sozialpolitik, S. 97, 106 ff.; wenngleich bereits nach preußischem Recht eine Sozialgesetzgebung bestand, vgl. dazu *Tampke*, in: Mommsen/Mock (Hrsg.), Die Entstehung des Wohlfahrtsstaates in Großbritannien und Deutschland 1850-1950, 79 (80 ff.).
732 *Fischer-Lescano/Preis/Ulber*, Verfassungsmäßigkeit des Mindestlohns, S. 63; *Kittner*, Arbeitskampf, S. 239.
733 *Jacobi*, Einführung in das Gewerbe- und Arbeitsrecht, S. 16.
734 Vgl. *Borght*, Grundzüge der Sozialpolitik, S. 177.
735 Vgl. *Borght*, Grundzüge der Sozialpolitik, S. 248.
736 Zur Entwicklung in den anderen deutschen Ländern vgl. *Becker*, Arbeitsvertrag und Arbeitsverhältnis in Deutschland, S. 49 f.; *Kittner*, Arbeitskampf, S. 191.
737 Preußische Gewerbeordnung vom 17.01.1845, GS, S. 41 ff.
738 Näher dazu *Becker*, Arbeitsvertrag und Arbeitsverhältnis in Deutschland, S. 98 ff.; *Borght*, Grundzüge der Sozialpolitik, S. 252; *Däubler*, Das Arbeitsrecht 1, S. 79.
739 *Kittner*, Arbeitskampf, S. 189 f.
740 *Kittner*, Arbeitskampf, S. 191.

Im Jahr 1869 wurde durch § 152 GewO[741] das Koalitionsverbot aufgehoben[742], womit grundsätzlich die Anerkennung der Koalitionsfreiheit von Arbeitern und Arbeitgebern erfolgte. Dieses Recht war jedoch in weiten Teilen eingeschränkt.[743] So waren Arbeitskämpfe zwar erlaubt, jedoch fanden die Straftatbestände der Erpressung und Nötigung auf Arbeitskämpfe (bzw. deren Androhung) Anwendung.[744] Bereits 1904 wurden Forderungen nach der gesetzlichen Regelung des Tarifrechts gestellt, nachdem das Reichsgericht im Jahr 1903[745] den Versuch, durch Arbeitskampf den Abschluss eines Tarifvertrages zu erzwingen, als Verstoß gegen § 153 GewO wertete.[746] § 153 GewO sah eine Gefängnisstrafe von bis zu drei Jahren für denjenigen vor, „der Andere durch Anwendung körperlichen Zwanges, durch Drohungen, [...] bestimmt oder zu bestimmen versucht, an solchen Verabredungen (§ 152) [gemeint sind damit Verabredungen zur Erlangung günstiger Lohn- und Arbeitsbedingungen, insbesondere mittels Einstellung der Arbeit, Anm. der Verf.] Theil zu nehmen [...] oder Andere durch gleiche Mittel hindert [...] von solchen Verabredungen zurückzutreten".

Es wurde gefordert, die Rechtsverbindlichkeit und Unabdingbarkeit von Tarifverträgen schriftlich festzustellen, sodass ein jederzeit möglicher Rücktritt vom Tarifvertrag ausgeschlossen werden konnte.[747] Tarifverträge waren zu dieser Zeit zwar zulässig, aber es mangelte ihnen an einer gesetzlichen Regelung und Grundlage.[748] Somit wurde bis zum Ende des Deutschen Kaiserreichs gegen

---

741 Gewerbeordnung des Norddeutschen Bundes vom 21.06.1869, RGBl. S. 245. Die Gewerbeordnung des Norddeutschen Bundes galt ab dem 01.01.1872 auch im Königreich Württemberg und dem Großherzogtum Baden aufgrund der Reichs-Gewerbeordnung vom 10.11.1871, RGBl. S. 392.
742 Sodass ab diesem Zeitpunkt „Verabredungen und Vereinigungen zum Behufe der Erlangung günstiger Lohn- und Arbeitsbedingungen, insbesondere mittels Einstellung der Arbeit oder Entlassung der Arbeite" straffrei waren; vgl. dazu *Preis*, RdA 2019, 75 (78); *Rudischhauser*, Geregelte Verhältnisse, S. 258; *Kittner*, Arbeitskampf, S. 196 f.
743 *Borght*, Grundzüge der Sozialpolitik, S. 253; *Englberger*, in: Escheu/u.a. (Hrsg.), Tarifautonomie im Deutschen Reich, S. 25; *Kittner*, Arbeitskampf, S. 264.
744 *Englberger*, in: Escheu/u.a. (Hrsg.), Tarifautonomie im Deutschen Reich, S. 26 m.w.N.
745 RGSt 36, 236 ff.
746 *Kittner*, Arbeitskampf, S. 370; *Rudischhauser*, Geregelte Verhältnisse, S. 614. In der Rechtswissenschaft wurde das Urteil des Reichsgerichts heftig kritisiert, da weitgehende Einigkeit über die Rechtsverbindlichkeit von Tarifverträgen bestand, ebenda, S. 760.
747 *Rudischhauser*, Geregelte Verhältnisse, S. 615.
748 Die Koalitionsfreiheit entstand durch die GewO von 1869, jedoch fehlte ein entsprechender Rechtsschutz der Parteien. „Die Entwicklung wurde allenfalls geduldet (Vertragsfreiheit), aber nicht gefördert.", vgl. *Hueck/Nipperdey*, Lehrbuch des Arbeitsrechts, 1. Band, S. 12.

Gewerkschaften vorgegangen. Diese Praxis lebte in der Zeit des Nationalsozialismus wieder auf.[749]

Aufgrund dieser Erfahrung ist es nur verständlich, dass Gewerkschaften bei staatlichen Eingriffen eine Beschränkung ihrer Rechte fürchteten und ihre Angelegenheiten selbst regeln wollten.

So begannen die Tarifvertragsparteien trotz einer fehlenden normativen Grundlage bereits Ende des 19. und zu Beginn des 20. Jh. mit kollektiven Verhandlungen. Die daraus resultierenden Tarifverträge enthielten unter anderem Bestimmungen über die Lohnhöhe der jeweiligen Arbeitsverhältnisse. Hierzu wurden die Arbeiter in verschiedene Gruppe bzw. Klassen unterteilt und anschließend wurde für jede dieser Gruppen eine eigene Lohnstufe entwickelt, die sich nach der Dauer der Beschäftigung zu bemessen hatte.[750]

Während des Ersten Weltkriegs erfolgte außerdem eine förmliche Anerkennung von Gewerkschaften durch das „Gesetz über den vaterländischen Hilfsdienst" vom 05.12.1916.[751] Nach Ende des Ersten Weltkrieges schlossen sich immer mehr Arbeitnehmer einer Vereinigung an. Tarifverträge wurden für fast alle Arbeitsverhältnisse eine notwendige Voraussetzung sowie rechtliche Grundlage.[752] Gleichzeitig führte die Novemberrevolution zu einer Umkehr von der Monarchie zu einer parlamentarischen Demokratie. Im Rahmen dieser Entwicklung wurde 1918 ein Abkommen[753] der Interessenvertreter der Arbeitgeber- und Arbeitnehmerseite geschlossen, das die gegenseitige Anerkennung und Gleichberechtigung dieser Vereinigungen niederlegte und das Recht der Tarifverträge, der Arbeitnehmerausschüsse und des Schlichtungswesens regelte.[754]

Auch die Tarifvertragsverordnung[755] trat in Kraft.[756] In deren § 1 wurde die bindende Geltung von tariflichen Regelungen festgelegt, wodurch die Normen in

---

749 *Englberger*, in: Escheu/u.a. (Hrsg.), Tarifautonomie im Deutschen Reich, S. 24 f.; *Fischer-Lescano/Preis/Ulber*, Verfassungsmäßigkeit des Mindestlohns, S. 64; näher dazu: Kapitel 4 § 1 I. 1. g).
750 *Kaskel*, Das neue Arbeitsrecht, S. 153.
751 Vgl. *Hueck/Nipperdey*, Lehrbuch des Arbeitsrechts, 1. Band, S. 16; *Kittner*, Arbeitskampf, S. 385 ff.; *Nörr*, ZfA 1986, 403 (404).
752 *Kaskel*, Das neue Arbeitsrecht, S. 5; *Kittner*, Arbeitskampf, S. 462; Während des deutschen Kaiserreichs waren Tarifvereinbarungen noch von geringer Bedeutung, vgl. zur wachsenden Bedeutung von Tarifverträgen: *Englberger*, in: Escheu/u.a. (Hrsg.), Tarifautonomie im Deutschen Reich, S. 176 f., 178, 183.
753 Abkommen über die Gründung einer Zentralarbeitsgemeinschaft (ZAG), auch als Stinnes-Legien-Abkommen bekannt (Abkommen vom 15.11.1918, Reichs-Arbeitsblatt 1918, S. 874); vgl. dazu auch: *Däubler*, Das Arbeitsrecht 1, S. 87; *Kittner*, Arbeitskampf, S. 399 ff.; *Rudischhauser*, Geregelte Verhältnisse, S. 642 f.
754 *Nörr*, ZfA 1986, 403 (404).
755 TVVO, RGBl. Nr. 6605 vom 23.12.1918, S. 1456.
756 Näher dazu: *Bietmann*, Gesetzliche Wege zu einem systemkonformen Mindestlohn, S. 44; einen Überblick zur arbeitsrechtlichen „Gelegenheitsgesetzgebung" zu Beginn der Weimarer Zeit enthält *Kaskel*, Das neue Arbeitsrecht, S. 12 ff., 26.

Tarifverträgen zu zwingendem Recht wurden.[757] Bis zum Jahr 1910 galten Tarifverträge noch als (rechtlich unverbindliche) Vereinbarungen, von denen jede Partei ohne Umstände zurücktreten konnte. Tarifverträge waren demnach bis zu diesem Zeitpunkt auch nicht einklagbar.[758] Somit konnten vor der Einführung der TVVO auch solche Löhne, die unterhalb der im Tarifvertrag festgelegten Mindestsätze lagen, als rechtswirksam betrachtet werden.[759]

Durch § 2 TVVO war es außerdem erstmals möglich, eine Allgemeinverbindlicherklärung eines Tarifvertrages zugunsten nicht tarifgebundener Arbeitnehmer zu erlassen.[760]

Ein weiterer Schritt zur Anerkennung der Tarifverträge war die verfassungsrechtliche Garantie der Tarifautonomie.

In der Weimarer Reichsverfassung vom 11.08.1919 wurde durch Art. 159 erstmals die unbeschränkte Koalitionsfreiheit aufgenommen.[761] Art. 159 WRV garantierte die „Vereinigungsfreiheit zur Wahrung der Förderung der Arbeits- und Wirtschaftsbedingungen [...] für jedermann und für alle Berufe". Darüber hinaus wurde durch Art. 165 WRV der sog. „Räteartikel" normiert, der die Gesetzgebungskompetenz des Betriebsrätegesetzes aus dem Jahr 1920 regelte und die Befugnisse der Arbeitnehmer- und Arbeitgebervereinigungen gegenüber den Räten sichern sollte.[762]

Durch die Machtergreifung Hitlers im Jahr 1933 folgte jedoch das Ende jeglicher freiheitlicher und demokratischer Funktion der Verfassung, was auch zur Folge hatte, dass sich Arbeitnehmer- und Arbeitgebervereinigungen nicht mehr auf ihre durch die Verfassung gewährleisteten Rechte berufen konnten,[763] wenn auch Streiks nicht durch das AOG[764] verboten waren.[765] Die Freien Gewerkschaften

---

757 *Kaskel*, Das neue Arbeitsrecht, S. 19.
758 Erst im Jahr 1910 revidierte das Reichsgericht seine bisherige Rspr. dazu und stufte Tarifverträge als rechtlich verbindliche Verträge ein, von deren Bindung die Tarifvertragspartien jedoch problemlos durch Verbandsaustritt Abstand nehmen konnten, siehe hierzu *Englberger*, in: Escheu/u.a. (Hrsg.), Tarifautonomie im Deutschen Reich, S. 27 f.
759 *Englberger*, in: Escheu/u.a. (Hrsg.), Tarifautonomie im Deutschen Reich, S. 28.
760 *Kaskel*, Das neue Arbeitsrecht, S. 21 ff.; näher dazu *Jacobi*, Einführung in das Gewerbe- und Arbeitsrecht, S. 77 f.
761 Vgl. hierzu *Englberger*, in: Escheu/u.a. (Hrsg.), Tarifautonomie im Deutschen Reich, S. 30, 137 f. m.w.N.; *Jacobi*, Einführung in das Gewerbe- und Arbeitsrecht, S. 18 f.; *Kittner*, Arbeitskampf, S. 410 f.; *Nörr*, ZfA 1986, 403 (412).
762 *Ulber*, RdA 2015, 288 (289).
763 Vgl. dazu auch *Englberger*, in: Escheu/u.a. (Hrsg.), Tarifautonomie im Deutschen Reich, S. 271 ff. und *Kittner*, Arbeitskampf, S. 505 ff.
764 Gesetz zur Ordnung der nationalen Arbeit vom 20.01.1934, RGBl. I, S. 45.
765 *Kittner*, Arbeitskampf, S. 531.

dieser Zeit wurden zerschlagen[766] und durch die sog. „Deutsche Arbeitsfront" (DAF) ersetzt.[767] Die DAF selbst war jedoch keine Gewerkschaft, denn sie durfte keine Tarifverhandlungen führen und ihre Funktionäre wurden nicht durch Wahlen, sondern nach dem Führerprinzip in ihre Ämter eingesetzt.[768] Die Deutsche Arbeitsfront war eine Zwangsorganisation der „Gefolgschaft" (Angestellte und Arbeiter) und den „Betriebsführern" (Arbeitgebern). Im Gegensatz zu den Gewerkschaften waren bei der DAF also auch die Arbeitgeber vertreten.[769] Kurz nach der Gründung der DAF wurde das Gesetz über die Treuhänder der Arbeit erlassen, durch das das Reichsarbeitsministerium im Wesentlichen zur Steuerung der Arbeitsbedingungen imstande war.[770]

Überdies wurde die TVVO aufgehoben und, wie bereits erläutert, Gewerkschaften und Tarifverträge verboten.[771] Erst durch Einführung des Grundgesetzes im Jahr 1949 wurde die Tarifautonomie durch Art. 9 Abs. 3 GG wieder verfassungsrechtlich gewährleistet.[772] Durch die Tarifautonomie wird Arbeitgebern bzw. Arbeitgeberverbänden und Gewerkschaften die Befugnis eingeräumt, die Arbeits- und Wirtschaftsbedingungen ihrer Mitglieder selbst zu regeln.[773]

c) Erste Ansätze staatlicher Lohnregulierung

Trotz der oben beschriebenen Aversion der Gewerkschaften und der Arbeitnehmer gegenüber staatlichen Eingriffen in die Arbeitsbeziehungen wurde zu Beginn des 20. Jh. bereits vereinzelt nach einer gesetzlichen Lohnregulierung verlangt. Diese sollte zumindest dort eingreifen, wo ein Arbeitnehmer nicht in der Lage war, genügend Einkommen zu erzielen oder dort, wo Unternehmer von anderen Unternehmern aufgrund der Zahlung von Dumpinglöhnen und der damit einhergehenden Marktkonkurrenz in ihrer Existenz bedroht werden konnten. Als Vorbild dienten schon vor mehr als 100 Jahren die Lohnämter Großbritanniens und Australiens.[774] *Pesl* monierte in diesem Zusammenhang bereits 1914 die Rückständigkeit Deutschlands in Bezug auf die Mindestlohngesetzgebung, die längst in Australien, Neuseeland, Großbritannien und „selbst in dem „freien" Amerika" bestand, was umso

---

766 Am 02.05.1933 wurden die der Sozialdemokraten nahestehenden freien Gewerkschaften aufgelöst, deren Häuser besetzt und das Vermögen beschlagnahmt, siehe *Hueck/Nipperdey,* Lehrbuch des Arbeitsrechts, 1. Band, S. 20.
767 *Ricken,* in: Kiel/Lunk/Oetker, Münchener Handbuch zum Arbeitsrecht, Band 3, § 267, Rn. 3; näher dazu *Kittner,* Arbeitskampf, S. 524; *Frese,* Betriebspolitik im „Dritten Reich", S. 73.
768 *Hachtmann,* in: Eichholtz (Hrsg.), Krieg und Wirtschaft, 69 (69 f.).
769 *Hachtmann,* in: Eichholtz (Hrsg.), Krieg und Wirtschaft, 69 (70).
770 Siehe hierzu Kapitel 4 § 1 I. 1. g); *Kittner,* Arbeitskampf, S. 524.
771 *Preis,* RdA 2019, 75 (81).
772 Dies ergibt sich aus der Rspr. des BVerfG: Erstmals in BVerfGE 4, 96.
773 *Franzen,* in: Müller-Glöge/Preis/Schmidt, ErfK, § 1 TVG, Rn. 3.
774 *Pesl,* Der Mindestlohn, S. 368, 371, 375.

überraschender war, da Deutschland auf dem Gebiet sozialer Gesetzgebung den anderen Ländern mit Abstand voraus war.[775]

Eine gesetzlich geregelte Lohnhöhe blieb jedoch der Ausnahmefall. Selbst wenn eine staatliche Steuerung erfolgte, beschränkte sich diese nur auf das Verfahren, nach denen die Mindestlohnhöhe zu bestimmen war. Konkrete Lohnsätze selbst waren nicht Bestandteil.[776]

Eine besondere Regelung erfolgte für die Beschäftigten der Kaliindustrie. In dem Kaligesetz aus dem Jahr 1910[777] fanden sich erste indirekt gesteuerte Lohnregulierungen. § 13 Kaligesetz 1910 legte fest, dass, falls der innerhalb einer Arbeiterklasse im Jahresdurchschnitt gezahlte Lohn unter den für diese Klasse im Durchschnitt der Kalenderjahre 1907–1909 gezahlten Lohn sank, die Anteile der Kaliwerksbesitzer am Kaliabsatz in einem entsprechenden Verhältnis gekürzt werden mussten. Somit wurde auf die Kaliwerksbesitzer mittelbarer Druck ausgeübt, einen angemessenen Lohn zu zahlen.[778]

Im Jahr 1919[779] wurde das Kaligesetz aus dem Jahr 1910 geändert. Durch § 2 Kaligesetz 1919 wurde ein Reichskalirat gegründet. Dieser bestand aus 30 Mitgliedern der verschiedensten Bereiche[780] und bildete gemäß § 16 Kaligesetz 1919 drei Kalistellen, nämlich die Kaliprüfungs- und Berufungsstelle, die Kalilohnprüfstelle erster und zweiter Instanz sowie die landwirtschaftlich-technische Stelle. Eine Mitwirkung der Angestellten der Kaliwerke an der Lohnfestsetzung erfolgte durch ihre Mitwirkung in den Kalilohnprüfungsstellen (§§ 30 ff. Kaligesetz 1919).[781] Der Reichskalirat war nach § 60 Kaligesetz 1919 befugt, Bestimmungen zur Sicherung der Durchschnittslöhne der Arbeiter und Gehälter der Angestellten der Kaliindustrie nach den Maßgaben der §§ 13–16 Kaligesetz 1910 zu treffen. Diese Bestimmungen waren jedoch aufzuheben, sofern ein Tarifvertrag bestand und sich die vertragschließenden Parteien über die Aufhebung einig waren (§ 60 S. 2 Kaligesetz 1919). Der Reichskalirat konnte den Kreis der Arbeiter und Angestellten bestimmen, auf die seine Vorschriften über die Sicherung der Durchschnittslöhne und Gehälter Anwendung fanden.

---

775 *Pesl*, Der Mindestlohn, S. 368 f.; vergleiche hierzu nur die Einführung der gesetzlichen Sozialversicherung ab 1883 beginnend mit dem Gesetz, betreffend die Krankenversicherung der Arbeiter und weiterführend durch das Unfallversicherungsgesetz (1884) sowie das Gesetz betreffend die Invaliditäts- und Altersversicherung (1891).
776 *Kaskel*, Das neue Arbeitsrecht, S. 154 f.
777 Gesetz über den Absatz von Kalisalzen vom 25.05.1910, RGBl. 1910, S. 775, im Folgenden: Kaligesetz 1910.
778 Vgl. *Kaskel*, Das neue Arbeitsrecht, S. 156; *Jacobi*, Einführung in das Gewerbe- und Arbeitsrecht, S. 76.
779 Vorschriften zur Durchführung des Gesetzes über die Regelung der Kaliwirtschaft vom 18.07.1919, RGBl. 1919, S. 663, im Folgenden: Kaligesetz 1919.
780 Hierbei handelte es sich bspw. um Vertreter der Kalierzeuger, Vertreter der Länder oder Vertreter der kaufmännischen und technischen Kaliwerksangestellten.
781 *Kaskel*, Das neue Arbeitsrecht, S. 157.

Auch in der Branche der Heimarbeiter wurden durch den Staat Regelungen eingeführt. Durch das Hausarbeitsgesetz aus dem Jahr 1911[782] wurden paritätisch besetzte Fachausschüsse (§§ 18 ff. HAG) gebildet. Diese hatten zur Aufgabe festzustellen, ob Löhne in angemessener Höhe gezahlt wurden. Außerdem konnten sie Vorschläge für die Vereinbarungen angemessener Löhne unterbreiten und den Abschluss von Tarifverträgen oder Lohnabkommen fördern (§ 19 Nr. 4, 5 HAG). Die Neufassung des Gesetzes aus dem Jahr 1923[783] hatte darüber hinaus die Festsetzung von Mindestentgelten[784] zum Inhalt.[785]

Auch heute noch werden im Bereich der Heimarbeit Ausschüsse gebildet, die zu je drei Beisitzern sowohl von der Arbeitgeber- als auch von der Arbeitnehmerseite besetzt werden (§ 4 HAG) und die unter anderem bindende Regelungen über Arbeitsentgelte festsetzen können (§ 19 Abs. 1 HAG).

Auch für die Mitarbeiter in Bäckereien und Konditoreien wurde eine Lohnregulierung durch die Beschränkung der Arbeitszeit auf acht Stunden pro Tag erreicht. Durch die Verordnung vom 02.12.1918[786] wurde es Arbeitgebern untersagt, bei einer Beschränkung der Arbeitszeit die bisher gezahlten Löhne ebenfalls zu kürzen und anzupassen. Diese Löhne sollten, trotz Verringerung der Arbeitszeit, in derselben Höhe weitergezahlt werden (§ 1 VO).[787]

In Bezug auf den Arbeitslohn der landwirtschaftlichen Arbeiter bestanden in der Landarbeitsordnung aus dem Jahr 1919[788] Einzelbestimmungen, die unter anderem die Höhe des Lohnes (Überstundenlohn, Verteilung der Lohnzahlung sowie Anrechnung anderer Bezüge auf den Lohn) regelten.[789]

d) Öffentliche Auftragsvergabe

Weitere Lohnregulierungen fanden sich im Bereich der öffentlichen Auftragsvergabe. Diese entstanden Ende des 19. Jh. und verpflichteten die öffentliche Hand solche Unternehmen bevorzugt auszuwählen, die ihren Arbeitern anständige Löhne zahlten.[790] Es handelte sich hierbei um sog. „Lohnklauseln", die in den Submissionsbedingungen einzelner deutscher Großstädte enthalten waren.

---

782 Hausarbeitsgesetz vom 20.12.1911, RGBl. S. 975, im Folgenden: HAG.
783 Gesetz zur Abänderung des Hausarbeitsgesetzes (Heimarbeiterlohngesetz) vom 27.06.1923, RGBl. I, S. 467.
784 RGBl. 1923, S. 469 mit Bestimmungen über das Verfahren zur Festsetzung von Mindestentgelten (§§ 26 ff. Heimarbeiterlohngesetz).
785 Näher dazu *Jacobi*, Einführung in das Gewerbe- und Arbeitsrecht, S. 78; *Bietmann*, Gesetzliche Wege zu einem systemkonformen Mindestlohn, S. 45 f.
786 Verordnung über die Entlohnung und die Errichtung von Fachausschüssen im Bäckerei- und Konditoreigewerbe vom 02.12.1918, RGBl. 1918, S. 1397.
787 Vgl. *Kaskel*, Das neue Arbeitsrecht, S. 155.
788 Vorläufige Landarbeitsordnung vom 24.01.1919, RGBl., S. 111.
789 §§ 7–12 Vorläufige Landarbeitsordnung; näher dazu *Kaskel*, Das neue Arbeitsrecht, S. 276 f.
790 Vgl. *Pesl*, Der Mindestlohn, S. 235 f.

Durch diese Lohnklauseln sollte sichergestellt werden, dass Arbeitgeber, die einen öffentlichen Auftrag erhielten, ihren Arbeitnehmern mindestens den einschlägigen Tariflohn zahlten.[791] Der Staat konnte mithin auf Arbeitsverträge einwirken und bei den öffentlichen Aufträgen Mindestlöhne oder sonstige Arbeitsbedingungen vorschreiben.[792]

Erstmals auf europäischem Boden wurden diese „Lohnklauseln" 1855 von der Brüsseler Stadtverwaltung eingeführt. Danach folgten Frankreich, England, die Schweiz, die Niederlande und Deutschland.[793]

Allgemeine Regelungen über die Vergabe öffentlicher Aufträge fanden sich dabei unter anderem in der Verfügung des preußischen Ministers für öffentliche Arbeiten vom 20.06.1880[794] und in dem Cirkular-Erlass vom 17.07.1885[795]. Weder der Cirkular aus dem Jahr 1880 noch der Cirkular aus dem Jahr 1885 enthielt Vorgaben über bestimmte Löhne. Im Cirkular-Erlass aus dem Jahr 1885 wurde jedoch vorgeschrieben, dass bei der Vergabe von Leistungen und Lieferungen die niedrigste Geldforderung als solche nicht vorzugsweise zu berücksichtigen sei, sondern der Zuschlag nur auf ein in jeder Beziehung annehmbares Gebot erteilt werden durfte. Angebote, welche die Ausschreibungsbedingungen nicht einhielten, sollten daher ausgeschlossen werden. In den Jahren 1905[796] und 1912[797] wurden diesbezüglich erweiternde Verfügungen erlassen.[798] In § 8 der Verfügung vom 23.12.1905 wurde wiederholt klargestellt, dass die niedrigste Geldforderung als solche nicht allein den Ausschlag für die Entscheidung über den Zuschlag geben sollte. Ergänzend dazu wurde festgelegt, dass „nur solche Bewerber zu berücksichtigen [waren,], welche für die bedingungsmäßige Ausführung sowie für die Erfüllung ihrer Verpflichtungen gegenüber ihren Handwerkern und Arbeitern die erforderliche Sicherheit bieten". § 3 Abs. 1 und 2 lit. a Anlage 1 zur Verfügung vom 23.12.1905 konkretisierte in diesem Zusammenhang, dass Bewerber einen unterschriebenen Vordruck einreichen mussten, aus dem die ausdrückliche Erklärung hervorging,

---

791 *Pesl*, Der Mindestlohn, S. 234.
792 *Jacobi*, Einführung in das Gewerbe- und Arbeitsrecht, S. 75.
793 Vgl. *Borght*, Grundzüge der Sozialpolitik, S. 179, 181, 183, 185.
794 Cirkular an die Königlichen Regierungen und Landdrosteien, sowie an die Königliche Ministerialbaukommission und and das Königliche Polizeipräsidium hier, Vorschriften in Betreff der Behandlung der Bauprojekte und Anschläge, sowie deren Revision, bezw. Superrevision betreffend, vom 20.06.1880, MBl. für die gesamte innere Verwaltung in den Königlich Preußischen Staaten (1880), S. 177 ff.
795 Abgedruckt in *Huber*, Das Submissionswesen, S. 29 ff.
796 Verfügung vom 23.12.1905, betr. Die Neuregelung der allgemeinen Bestimmungen über die Vergebung von Leistungen und Lieferungen, MBl. für die gesamte innere Verwaltung in den königlichen Preußischen Staaten 1906, S. 11 ff.
797 Runderlaß, betreffend das Verdingungswesen vom 04.09.1912, abgedruckt in Zentralblatt der Bauverwaltung 1912, S. 473–475.
798 Vgl. *Schoenmaker*, Die historische Entwicklung des Vergabeverfahrens in Deutschland, Österreich und der Schweiz, S. 339 ff.

dass der Bewerber sich den Bedingungen, die der Ausschreibung zugrunde gelegt waren, unterwirft.
Das Kaiserliche Statistische Amt hat zu Beginn des vergangenen Jahrhunderts 57 größere Städte gebeten, ihre grundsätzlichen Bestimmungen über die Submissionen auf städtische Arbeiten und Lieferungen einzusenden.[799] Dabei hat es festgestellt, dass 13 dieser Städte[800] in ihren Submissionsbedingungen eine „Lohnklausel" verankerten. Diese „Lohnklauseln" schrieben vor, dass sich ein Unternehmer im gegebenen Fall zu verpflichten hatte, die vertragsmäßig oder einseitig von der Stadtverwaltung festgesetzten oder die orts- bzw. berufsüblichen Löhne zu zahlen.[801]
Insofern wurden in manchen deutschen Städten bei der Vergabe öffentlicher Aufträge Verpflichtungen zur Zahlung von Lohnuntergrenzen geschaffen.
Neben sozialpolitischen Erwägungen waren auch wirtschaftliche Ziele relevant. Durch diese Lohnklauseln wurde ein Schutz solider Unternehmer gegen die sog. „Schleuderkonkurrenz", die sich auf Zahlung unzulänglicher Löhne stützte, geboten. Oftmals wurde sogar durch Arbeitgeberverbände um die Einführung der Mindestlohnklauseln gebeten. Man erhoffte sich dadurch die Unterbindung von Lohndumping durch die Niedriglohnkonkurrenz.[802]

e) Das Schlichtungswesen

Eine weitere Möglichkeit der staatlichen Lohngestaltung entstand durch das System der staatlichen Schlichtung.[803] Dieses wurzelt schon in dem Gewerbegerichtsgesetz aus dem Jahr 1890[804] und hat sich Anfang des vergangenen Jahrhunderts weiterentwickelt. Bereits ab den 1860er-Jahren wurde in Deutschland über die Errichtung sog. Einigungsämter nach englischem Vorbild (*Boards of Conciliation and Arbitration*) diskutiert, welche dazu dienten, arbeitsrechtliche Streitigkeiten beizulegen.[805]

---

799 RABl. 1903, S. 27.
800 Hierbei handelt es sich um Barmen, Köln, Krefeld, Danzig, Fürth, Hannover, Königsberg, Lübeck, Magdeburg, Offenbach, Straßburg, Stuttgart und Ulm.
801 RABl. 1903, S. 27.
802 Vgl. *Borght,* Grundzüge der Sozialpolitik, S. 187.
803 Darüber hinaus enthalten heutzutage auch Tarifverträge Regelungen über eine Schlichtung, hierbei handelt es sich um sog. vereinbarte Schlichtungen; vgl, hierzu näher *Treber,* in: Schaub (Hrsg.), Arbeitsrechtshandbuch, § 195, Rn. 8.
804 Vgl. hierzu *Brauchitsch,* AuR 1993, 137 (137).
805 Vgl. *Rudischhauser,* Geregelte Verhältnisse, S. 68, 246 f. England musste sich bereits frühzeitig mit dem Aufstieg der Arbeiterbewegung und den Auswüchsen der ungehemmten Industrialisierung auseinandersetzen, sodass England in diesem Zusammenhang auch als Vorbild in den Angelegenheiten arbeitsrechtlicher Kämpfe diente, vgl. dazu ebenda, S. 248.

Auch die TVVO sah in den §§ 15 ff. eine Grundlage für staatliche Schlichtungen, die durch die Verordnung über das Schlichtungswesen vom 30.10.1923[806] präzisiert wurden. Während es sich anfangs noch um ein freiwilliges Verfahrend handelte, sahen die TVVO und die Schlichtungsverordnung aus dem Jahr 1923 auch staatliche Zwangsschlichtungen vor.

Die staatlichen Schlichtungsverfahren konnten auch ohne Mitwirkung der streitenden Parteien, nämlich durch Einschreiten von Amts wegen oder durch Anrufung durch den Demobilisierungskommissar, in Gang gesetzt werden.[807]

aa) Die Schlichtungsverordnung vom 30. Oktober 1923

Inhalt der Schlichtungsstreitigkeiten nach der Schlichtungsverordnung aus dem Jahr 1923 waren Regelungen der Arbeitsbedingungen, die im Tarifvertrag niedergelegt waren.[808] Die SchlVO sollte dazu dienen, das Tarifvertragsprinzip durchzusetzen. Dies wurde durch einen Schiedsspruch, gegebenenfalls auch zwangsweise, realisiert.[809] Somit konnte die Schlichtung einerseits die Kollektivautonomie stützen, andersseits aber auch verdrängen.[810]

Im Falle einer arbeitsrechtlichen „Gesamtstreitigkeit" (d. h. eine Streitigkeit im Zusammenhang mit dem Abschluss von Tarifverträgen oder Betriebsvereinbarungen)[811] war es Aufgabe der Schlichtungskammer, einen Schiedsspruch zu fällen und damit eine Einigung innerhalb dieser arbeitsrechtlichen Streitigkeit herbeizuführen.[812] Damit stellt die Schlichtung die „Fortsetzung einer bisher fruchtlos verlaufenen, den Abschluß einer Gesamtvereinbarung bezweckenden, Parteiverhandlung vor einer dritten Stelle"[813] dar.

Eine Schlichtung erfolgte in den Fällen, die für das Wirtschaftsleben von besonderer Wichtigkeit waren.[814] Das war stets dann der Fall, wenn eine Streitigkeit besonders störend in das Wirtschaftsleben eingriff oder eine große Anzahl von Arbeitnehmern betraf.[815]

---

806 Verordnung über das Schlichtungswesen vom 30.10.1923, RGBl. I, S. 1043, im Folgenden: SchlVO.
807 Art. I, § 5 SchlVO; *Jacobi*, Einführung in das Gewerbe- und Arbeitsrecht, S. 37 f.
808 Vgl. *Kaskel*, Das neue Arbeitsrecht, S. 247.
809 *Englberger*, in: Escheu/u.a. (Hrsg.), Tarifautonomie im Deutschen Reich, S. 153 f.
810 *Nörr*, ZfA 1986, 403 (417).
811 Vgl. auch Art. I, § 3 SchlVO; näher dazu *Flatow/Joachim*, Die Schlichtungsverordnung vom 30. Oktober 1923, S. 10 f.; *Sitzler/Gaßner*, Die Schlichtungsverordnung vom 30. Oktober 1923, S. 16 f.; näher zum Begriff der Gesamtstreitigkeit vgl. *Hueck/Nipperdey*, Lehrbuch des Arbeitsrechts, 2. Band, S. 723; *Kühn*, Die Schlichtungsstreitigkeit nach der Verordnung über das Schlichtungswesen vom 30. Oktober 1923, S. 26 ff., 60 ff.
812 *Englberger*, in: Escheu/u.a. (Hrsg.), Tarifautonomie im Deutschen Reich, S. 153, 155.
813 *Flatow/Joachim*, Die Schlichtungsverordnung vom 30. Oktober 1923, S. 10.
814 Art. I, § 2 SchlVO.
815 *Sitzler/Gaßner*, Die Schlichtungsverordnung vom 30. Oktober 1923, S. 15.

Schlichtungsausschüsse wurden in Schlichtungskammern tätig und setzten sich aus einem oder mehreren unparteilichen Vorsitzenden sowie aus Arbeitgeber- und Arbeitnehmerbeisitzern in gleicher Zahl zusammen.[816]

Ein staatliches Schlichtungsverfahren kam durch Anrufung seitens des Arbeitgebers, der Arbeiter- bzw. Angestelltenschaft des Betriebs oder einer wirtschaftlichen Vereinigung der Arbeitgeber oder Arbeitnehmer in Gang.[817] Alternativ war auch ein Verfahren von Amts wegen denkbar, wenn das öffentliche Interesse ein Eingreifen erforderte. In einem solchen Fall hatte der Schlichter nach pflichtgemäßem Ermessen abzuwägen, ob die Voraussetzungen des Eingreifens von Amts wegen vorlagen.[818] Hierzu konnte der Reichsarbeitsminister nach Art. 1 § 7 S. 1 SchlVO Richtlinien erlassen, aus denen hervorging, wann ein „besonders wichtiger Fall" vorlag. Der Schlichter war dabei an die Anweisungen des Reichsarbeitsministeriums gebunden, da er keine richterliche, sondern eine verwaltende Funktion innehatte.[819] Die Anweisungen mussten aber allgemeiner Art sein und waren daher überwiegend fachlich. Anweisungen wurden vor allem im Hinblick auf eine einheitliche Lohnpolitik für erforderlich erachtet. Vermieden werden sollte dadurch die unterschiedliche Entlohnung von besonders wichtigen Berufsgruppen, die wirtschafts- und sozialpolitisch weitreichende Folgen hätte haben können.[820] Beispielhaft zu nennen ist hierbei die Richtlinie über die Möglichkeiten bei der Erhaltung der Kaufkraft der Arbeitseinkommen.[821] Diese Richtlinien konnten die Schlichter zwar nicht rechtlich binden und eine Abweichung war im Ausnahmefall auch möglich, denn in ihren Entscheidungen im Einzelfall waren Schlichter unabhängig und nicht an Weisungen gebunden (Art. 1 § 7 S. 2 SchlVO). Dennoch sollten die Schlichter nicht an den Richtlinien vorbei entscheiden.[822] Der staatliche Einfluss auf die Schlichtungsstellen in diesem Zusammenhang wird auch dadurch deutlich, wenn man sich vor Augen hält, dass ein Schlichter jederzeit abberufen werden konnte (§ 2 Abs. 4 S. 2, § 4 Abs. 7, § 6 S. 1 der 2. Ausführungsverordnung zur SchlVO[823]).[824]

---

816 Art. 1 § 1 Abs. 2 SchlVO; *Jacobi*, Einführung in das Gewerbe- und Arbeitsrecht, S. 39; näher zu dem Erfordernis des unparteilichen Vorsitzenden sowie den Beisitzenden: *Flatow/Joachim*, Die Schlichtungsverordnung vom 30. Oktober 1923, S. 5 f.; *Sitzler/Gaßner*, Die Schlichtungsverordnung vom 30. Oktober 1923, S. 12 f.
817 Vgl. *Sitzler/Gaßner*, Die Schlichtungsverordnung vom 30. Oktober 1923, S. 23.
818 Art. I § 5 SchlVO; *Flatow/Joachim*, Die Schlichtungsverordnung vom 30. Oktober 1923, S. 35 ff.; *Jacobi*, Einführung in das Gewerbe- und Arbeitsrecht, S. 40.
819 *Flatow/Joachim*, Die Schlichtungsverordnung vom 30. Oktober 1923, S. 117.
820 *Flatow/Joachim*, Die Schlichtungsverordnung vom 30. Oktober 1923, S. 53; *Sitzler/Gaßner*, Die Schlichtungsverordnung vom 30. Oktober 1923, S. 35.
821 Richtlinien des Reichsarbeitsministeriums über die Möglichkeiten der Erhaltung der Kaufkraft der Arbeitseinkommen, RABl. 1923, S. 492 ff.
822 *Flatow/Joachim*, Die Schlichtungsverordnung vom 30. Oktober 1923, S. 53.
823 Zweite Verordnung zur Ausführung der Verordnung über das Schlichtungswesen vom 29.12.1923, RGBl. 1924 I, S. 9.
824 Vgl. auch *Flatow/Joachim*, Die Schlichtungsverordnung vom 30. Oktober 1923, S. 54.

Zunächst hatte der Schlichter auf den Abschluss einer Vereinbarung zwischen den Parteien hinzuarbeiten (Vorverfahren).[825] Sofern ihm das nicht gelang, wurde die Sache vor einer Schlichtungskammer verhandelt. Für den Fall, dass vor der Kammer keine Einigung zustande kam, machte die Kammer den Parteien einen Vorschlag für den Abschluss der Gesamtvereinbarung (Schiedsspruch).[826]

Der Schiedsspruch war grundsätzlich als Vorschlag konzipiert und wurde erst dann verbindlich, wenn er von den Parteien angenommen wurde. Allerdings bestand die Möglichkeit, einen Schiedsspruch für verbindlich erklären zu lassen, sofern eine Partei die Annahme verweigerte und dies von der anderen Partei beantragt wurde oder, im Falle einer beidseitigen Annahmeverweigerung, sofern dies im öffentlichen Interesse erforderlich war.[827] Da eine solche Verbindlicherklärung einen Eingriff in die Vertragsfreiheit[828] darstellte, sollte diese nur unter sehr engeren Voraussetzungen erfolgen, nämlich dann, wenn die in dem Schiedsspruch beinhaltete Regelung bei gerechter Abwägung der Interessen beider Parteien der Billigkeit entsprach und ihre Durchführung aus wirtschaftlichen und sozialen Gründen erforderlich war.[829]

Durch eine solche Verbindlicherklärung erlangte ein Schiedsspruch dieselbe Wirkung, als wäre dieser einheitlich angenommen bzw. als wäre der Tarifvertrag abgeschlossen worden.[830] Der Lohn- und Arbeitskampf wurde eingestellt und die Gesamtstreitigkeit galt als beendet.[831]

Gegen Ende der Weimarer Republik häuften sich die Zwangsschiedssprüche zunehmend und führten zu einer zunehmenden staatlichen Lohnpolitik.[832]

Die Schlichtungsverordnung wurde durch § 65 Nr. 7 AOG aufgehoben.[833]

---

825 Näher dazu *Sitzler/Gaßner*, Die Schlichtungsverordnung vom 30. Oktober 1923, S. 24.
826 Art. I, § 5 SchlVO; *Jacobi*, Einführung in das Gewerbe- und Arbeitsrecht, S. 40; ausführlich hierzu vgl. *Flatow/Joachim*, Die Schlichtungsverordnung vom 30. Oktober 1923, S. 35 ff.; *Sitzler/Gaßner*, Die Schlichtungsverordnung vom 30. Oktober 1923, S. 25 ff.
827 *Jacobi*, Einführung in das Gewerbe- und Arbeitsrecht, S. 41; *Sitzler/Gaßner*, Die Schlichtungsverordnung vom 30. Oktober 1923, S. 26 ff., 29 ff., 32 ff.
828 Die Vertragsfreiheit ergibt sich aus dem Liberalismus des Arbeitsverhältnisses, vgl. *Kühn*, Die Schlichtungsstreitigkeit nach der Verordnung über das Schlichtungswesen vom 30. Oktober 1923, S. 14 ff.
829 Art. I, § 6 Abs. 1 SchlVO; näher dazu *Flatow/Joachim*, Die Schlichtungsverordnung vom 30. Oktober 1923, S. 50 f.; *Sitzler/Gaßner*, Die Schlichtungsverordnung vom 30. Oktober 1923, S. 30 f.; kritisch zur Verbindlicherklärung vgl. *Hueck/Nipperdey*, Lehrbuch des Arbeitsrechts, 2. Band, S. 733 m.w.N., 735.
830 *Flatow/Joachim*, Die Schlichtungsverordnung vom 30. Oktober 1923, S. 52 f.
831 *Englberger*, in: Escheu/u.a. (Hrsg.), Tarifautonomie im Deutschen Reich, S. 156; *Jacobi*, Einführung in das Gewerbe- und Arbeitsrecht, S. 38, 41.
832 *Kittner*, Arbeitskampf, S. 480 ff.; *Müller*, Neue Justiz 1947, 89 (90).
833 Siehe hierzu sogleich Kapitel 4, § 1 I. 1. g) aa).

bb) Ergebnis

Durch das staatliche Schlichtungswesen bestand also eine Möglichkeit, nicht unerheblich auf das Tarifvertragswesen Einfluss zu nehmen, denn der Inhalt der Tarifverträge konnte durch den Staat in gewissem Umfang mitbestimmt[834] und Rechte und Pflichten aus dem Arbeitsverhältnis positiv festgelegt werden.[835] Entscheidend hierfür ist einerseits die zwangsweise Verbindlicherklärung eines Schiedsspruchs, sofern diese im öffentlichen Interesse lag. Andererseits ist von Bedeutung, dass Schlichter zwar grundsätzlich frei und unabhängig in ihren Entscheidungen waren und eine rechtliche Bindung an Richtlinien grundsätzlich nicht bestand, die staatliche Einflussnahme aber dennoch möglich war, da Schlichter jederzeit abberufen werden konnten und eine freie und unabhängige Entscheidung somit nicht in jedem Fall gewährleistet werden konnte.

Bei den verbindlich erklärten Schiedssprüchen konnte es sich also um sog. Zwangstarife handeln, sofern diese Löhne und Gehälter zum Inhalt hatten.[836]

Die Schlichtungsverordnung war somit ein Einfallstor für die staatliche Lohnregulierung.

f) Notverordnung durch Heinrich Brüning im Jahr 1931

Eine staatliche Lohnregulierung erfolgte auch im Jahr 1931 durch die Notverordnung[837] *Brünings*. Diese beinhaltete die automatische Senkung der Löhne, Gehälter und Preise auf das Niveau vom 10.01.1927[838], maximal jedoch um 10 %.[839] Ziel dieser Notverordnung war die Preissenkung durch eine Verringerung der Produktionskosten und somit auch des Arbeitsentgelts.[840] Ursächlich für diese Preissenkung war die steigende Inflation und die damit zunehmende Arbeitslosigkeit seit dem Jahr 1923[841] sowie die Weltwirtschaftskrise im Jahr 1929.[842]

Die Voraussetzung für die gesetzliche Senkung tariflicher Löhne war, dass die Löhne zum Zeitpunkt des Inkrafttretens der Notverordnung am 09.12.1931 höher beziffert waren als die Löhne des einschlägigen Tarifvertrags am 10.01.1927. Sofern

---

834 *Englberger*, in: Escheu/u.a. (Hrsg.), Tarifautonomie im Deutschen Reich, S. 158 f.
835 *Jacobi*, Einführung in das Gewerbe- und Arbeitsrecht, S. 17.
836 *Jacobi*, Einführung in das Gewerbe- und Arbeitsrecht, S. 77.
837 Vierte Verordnung des Reichspräsidenten zur Sicherung von Wirtschaft und Finanzen und zum Schutze des inneren Friedens, vom 08.12.1931, RGBl. I, S. 699, im Folgenden: 4. VO.
838 § 2 Abs. 1 der 4. VO [6. Teil, Kapitel 1] (RGBl. S. 726); vgl. *Steiger*, Kooperation, Konfrontation, Untergang, S. 212 f.
839 Näher zur Drosselung der Kürzung vgl. *Kaskel/Dersch*, Arbeitsrecht, S. 451.
840 *Kaskel/Dersch*, Arbeitsrecht, S. 448.
841 *Steiger*, Kooperation, Konfrontation, Untergang, S. 152.
842 *Däubler*, Das Arbeitsrecht 1, S. 88.

dies der Fall war, galten ab dem 01.01.1932 die tieferen Lohn- oder Gehaltssätze als vereinbart.[843]

Durch die Verordnung waren die Tarifvertragsparteien dazu angehalten, in einem Nachtrag die neuen Lohn- und Gehaltssätze festzulegen, die bereits im Jahr 1927 galten. Dieser Nachtrag diente jedoch lediglich der Klarstellung und hatte keine konstitutive Wirkung, denn die Senkung wurde bereits kraft Gesetzes festgelegt. Den Sozialpartnern stand somit kein Spielraum bei der Festlegung der Gehaltssätze mehr zu.[844]

g) Lohnpolitik im Dritten Reich

aa) Gesetz über die Treuhänder der Arbeit und das Gesetz zur Ordnung der nationalen Arbeit (AOG)

Während der NS-Zeit wurden die Gewerkschaften durch die am 10.05.1933 gegründete „Deutsche Arbeitsfront" (DAF) ersetzt. Ihre Aufgabe war es, die Gewerkschaften in eine Einheitsorganisation umzubauen.[845] Die DAF war jedoch nicht für die Festlegung materieller Arbeitsbedingungen zuständig.[846] An die Stelle der kollektiv ausgehandelten Vereinbarungen trat vielmehr die staatliche Lohnfestsetzung.[847] Hierzu wurde im Mai 1933 das „Gesetz über Treuhänder der Arbeit"[848] erlassen, durch das der Reichskanzler ermächtigt wurde, die sog. Treuhänder der Arbeit zu ernennen. Diese sollten anstelle der Sozialpartner rechtsverbindlich die Bedingungen für den Abschluss von Arbeitsverträgen festlegen und für die Aufrechterhaltung des Arbeitsfriedens sorgen.

Die Treuhänder der Arbeit waren an die Richtlinien und Weisungen der Reichsregierung gebunden.[849] Sie wurden anfangs auf Vorschlag der Landesministerien vom Reichskanzler ernannt, später gebührte dieses Vorschlagsrecht dem Reichsarbeitsministerium. Ihre Bezüge erhielten die Treuhänder der Arbeit aus dem Haushalt des Ministeriums. Insgesamt bestand ein hoher Grad an Abhängigkeit gegenüber dem Ministerium, sei es in personeller, in finanzieller oder auch in verwaltungsrechtlicher Hinsicht.[850]

---

843 § 2 Abs. 1 der 4. VO [6. Teil, Kapitel 1] (RGBl. S. 726); *Kaskel/Dersch,* Arbeitsrecht, S. 449.
844 *Kaskel/Dersch,* Arbeitsrecht, S. 449.
845 *Frese,* Betriebspolitik im „Dritten Reich", S. 74.
846 *Kranig,* Lockung und Zwang, S. 29.
847 *Englberger,* in: Escheu/u.a. (Hrsg.), Tarifautonomie im Deutschen Reich, S. 272.
848 Gesetz über Treuhänder der Arbeit vom 19.05.1933, RGBl. I, S. 285 sowie Durchführungsverordnung zum Gesetz über Treuhänder der Arbeit vom 13.06.1933, RGBl. I, S. 368.
849 § 4 Gesetz über Treuhänder der Arbeit.
850 *Eden,* in: Nützenadel (Hrsg): Das Reichsarbeitsministerium im Nationalsozialismus, 246 (260); diese Abhängigkeit bestand beidseitig, da das Ministerium durch die Treuhänder Informationen über die Lage der Unternehmen erhielt, ebenda, S. 261 f.

Erweitert wurden die Befugnisse der Treuhänder der Arbeit im Jahr 1934 durch das Gesetz zur Ordnung der nationalen Arbeit (AOG).[851] Die Regelung der Arbeitsbedingungen wurde seitdem in den einzelnen Betrieben, der „Betriebsgemeinschaft", vollzogen und zwar zwischen den „Betriebsführern" (Unternehmer) und deren „Gefolgschaft" (Arbeiter und Angestellte).[852]

Nach § 19 Abs. 1 Nr. 6 i.V.m. § 32 AOG waren die Treuhänder der Arbeit unter anderem zur Festsetzung und Überwachung von Richtlinien und Tarifordnungen befugt, sofern diese „zwingend geboten" waren.[853] Die Setzung von Tarifordnungen erfolgte mithin ausschließlich durch die Treuhänder der Arbeit und ohne Mitwirkung der Gewerkschaften oder Arbeitgeber.[854] Die „Tarifordnungen" bestimmten ab diesem Zeitpunkt die Lohnsetzung.[855] Die Treuhänder der Arbeit waren nach § 18 Abs. 2 AOG an die Richtlinien und Weisungen der Reichsregierung gebunden.[856] Das „Reichsarbeitsministerium gab [...] [somit] das Handeln der Treuhänder vor".[857] Die zuständige Dienstaufsicht der Treuhänder lag insofern ebenfalls beim Reichsarbeitsministerium.[858]

Mithin herrschte während des Dritten Reiches eine vollumfängliche staatliche Organisation der Arbeitsbedingungen. Die Tarifautonomie war vollständig verdrängt.[859]

bb) Festsetzung von Höchstlöhnen

War es anfangs noch die Aufgabe der Treuhänder der Arbeit, die relativ niedrig angesetzten Mindestarbeitsbedingungsstandards zu gewährleisten, so wurde 1938 ihr Aufgabenbereich dahin gehend ausgeweitet, Höchstlöhne und Höchstarbeitsbedingungen in der Rüstungswirtschaft festzusetzen und dadurch an der staatlichen Lohnkontrolle mitzuwirken.[860] Ausgestaltet wurden diese Befugnisse durch

---

851 Gesetz zur Ordnung der nationalen Arbeit vom 20.01.1934, RGBl. I, S. 45; näher zur Entstehung des Gesetzes vgl. *Frese*, Betriebspolitik im „Dritten Reich", S. 94, 100.
852 *Eden*, in: Nützenadel (Hrsg): Das Reichsarbeitsministerium im Nationalsozialismus, 246 (247).
853 Näher zum AOG vgl. *Frese*, Betriebspolitik im „Dritten Reich", S. 114 ff.; *Kittner*, Arbeitskampf, S. 525 ff.
854 *Herm*, in: Arbeit und Sozialfürsorge, 76 (76).
855 *Kranig*, Lockung und Zwang, S. 169.
856 Vgl. dazu bereits § 4 Gesetz über Treuhänder der Arbeit.
857 *Eden*, in: Nützenadel (Hrsg): Das Reichsarbeitsministerium im Nationalsozialismus, 246 (259).
858 *Eden*, in: Nützenadel (Hrsg): Das Reichsarbeitsministerium im Nationalsozialismus, 246 (260). Das für die Treuhänder zuständige Referat im Reichsarbeitsministerium wurde dabei von Kurt Classen geleitet, der während der Weimarer Republik bereits für die Schlichter verantwortlich war, vgl. ebenda S. 259 f.
859 *Fischer-Lescano/Preis/Ulber*, Verfassungsmäßigkeit des Mindestlohns, S. 64; *Nielebock*, FS-Kempen, 181 (182).
860 *Kranig*, Lockung und Zwang, S. 180.

die Verordnung über die Lohngestaltung[861], aufgrund derer die Lohnsetzung völlig zum Instrument staatlicher Kontrolle wurde.[862] Durch die Kriegswirtschaftsverordnung[863] wurde diese Befugnis auf alle Wirtschaftszweige ausgedehnt (§ 18 KWVO).

Zu Beginn des Zweiten Weltkriegs wurden jegliche Lohnerhöhungen grundsätzlich verboten.[864] Durch diese Deckelung der Löhne auf bestimmte Höchstwerte wurde der Lohnstopp endgültig eingeführt.[865]

Während der gesamten NS-Zeit war die Lohnpolitik darauf ausgerichtet, die Löhne stabil zu halten und eine Erhöhung der Arbeitnehmerlöhne entweder zu vermeiden oder zumindest einzugrenzen.[866] Dies resultierte unter anderem aus dem Elend der noch nicht komplett überstandenen Weltwirtschaftskrise. Hauptursache dafür war ein in der Zeit von 1934 bis 1936 herrschender Absatz- und Rohstoffmangel.[867] Außerdem versuchte man, die hohe Arbeitslosigkeit einzudämmen und so viele Arbeitnehmer wie möglich in eine Beschäftigung zu bringen.[868] Auch versuchte man dadurch, einer erneuten Inflation entgegenzuwirken. Primäres Ziel war jedoch die Förderung guter Produktionsbedingungen in der Rüstungsbranche.[869]

Der Lohnstopp wurde erst am 03.11.1948 wieder aufgehoben und galt daher noch über die Zeit des Nationalsozialismus hinaus.[870]

h) Nachkriegszeit

In der Nachkriegszeit bis hin zu den 1980er-Jahren erfuhr Deutschland einen wirtschaftlichen Aufschwung, der eine Stärkung des Gewerkschaftssystems und der Arbeitnehmerorganisation mit sich brachte. Während dieser Zeit wurde staatliche Lohnpolitik unter anderem durch den Erlass des Tarifvertragsgesetzes aus dem Jahr 1949 und des Gesetzes über die Festsetzung von Mindestarbeitsbedingungen aus dem Jahr 1952 betrieben.[871]

---

861 Verordnung über die Lohngestaltung vom 25.06.1938, RGBl. I, S. 691.
862 *Englberger*, in: Escheu/u.a. (Hrsg.), Tarifautonomie im Deutschen Reich, S. 275.
863 Kriegswirtschaftsverordnung vom 04.09.1939, RGBl. I, S. 1609, im Folgenden: KWVO.
864 Lohnstopp-VO: Zweite Durchführungsbestimmungen zum Abschnitt III (Kriegslöhne) der Kriegswirtschaftsverordnung vom 12.10.1939, RGBl. I, S. 2028.
865 *Kranig*, Lockung und Zwang, S. 181.
866 *Englberger*, in: Escheu/u.a. (Hrsg.), Tarifautonomie im Deutschen Reich, S. 276.
867 *Mason*, Sozialpolitik im Dritten Reich, S. 161, 167.
868 *Mason*, Sozialpolitik im Dritten Reich, S. 156.
869 Vgl. dazu *Keiser*, in: Arnold/Fischinger (Hrsg.), Mindestlohn – Interdisziplinäre Betrachtungen, 121 (151).
870 *Hueck/Nipperdey*, Grundriß des Arbeitsrechts, S. 202; *Kittner*, Arbeitskampf, S. 557.
871 Siehe hierzu Kapitel 4 § 1 I. 2.

i) Mindestlöhne in der DDR

In der sowjetischen Besatzungszone wurden Mindestlöhne ebenfalls durch Kollektivverträge festgesetzt. Im Jahr 1945 wurde dazu der Freie Deutsche Gewerkschaftsbund (FDGB)[872] gegründet, der als Interessenvertretung aller Werktätigen den Abschluss von Tarifverträgen zur Aufgabe hatte.[873] Aufgrund der Tatsache, dass die Kollektivverträge einem Musterkollektivvertrag[874] zu entsprechen hatten und überdies der behördlichen Genehmigung bedurften (bzw. später dem Plan der betreffenden Wirtschaftseinheit entsprechen mussten), fand eine autonome Arbeitsgestaltung nur dem äußeren Anschein nach statt. Vielmehr wurden die Arbeitsbedingungen überwiegend durch den Staat bestimmt.[875]

Inhaltliche Bestimmungen zu den Kollektivverträgen fanden sich zunächst in den Befehlen der Sowjetischen Militäradministration Deutschlands (SMAD). So setzte beispielsweise Befehl Nr. 180 vom 22.12.1945[876] die „Einheitliche Besoldung der Arbeiter und Angestellten bei Behörden und Unternehmen" fest. Dieser Befehl umfasste überdies einen allgemeinen Lohnstopp, da eine wieder aufkehrende Inflation gefürchtet wurde.[877] Des Weiteren sollte eine allgemeine Ordnung geschaffen werden, da die Tarif- und Lohnpolitik bis zu diesem Zeitpunkt diktatorisch von den Treuhändern der Arbeit vorgegeben wurde. Nach dem Ende des Dritten Reiches herrschte eine völlig ungeklärte Lage – zum Teil wurden Löhne unverändert weitergezahlt – zum Teil erfolgten erhebliche Lohnerhöhungen.[878] Die Maßgabe des Lohnstopps beinhaltete konkret, dass alle vor dem 01.05.1945 geltenden Lohnsätze bestehen bleiben sollten.[879] Jedoch hielten sich lediglich 81,5 % der Betriebe an diesen SMAD-Befehl, während die übrigen die Lohnpolitik als Ausfluss ihres unternehmerischen Handlungsspielraumes ansahen.[880]

Befehl Nr. 253 vom 17.08.1946[881] setzte die „Gleichmäßige Bezahlung der Arbeit von Frauen, Jugendlichen und erwachsenen Männern für die gleiche Arbeit" fest. Mit Befehl Nr. 61 vom 14.03.1947[882] wurde die „Erlaubnis zum Abschluß von Kollektivverträgen in den Betrieben und bei den Behörden in der SBZ" gegeben.

---

872 Hierbei handelte es sich um einen Zusammenschluss der anfangs gegründeten Gewerkschaften.
873 *Helm*, Grundfragen des Arbeitsrechts, S. 30.
874 Vgl. dazu SMAD-Befehl Nr. 61, vom 14.03.1947, abgedruckt in: Jahrbuch Arbeit und Sozialfürsorge (1945–1947), S. 357 f.
875 *Pleyer*/Lieser-Triebnigg, RdA 1971, 65 (66).
876 Abgedruckt in: Jahrbuch Arbeit und Sozialfürsorge (1945–1947), S. 299 f.
877 *Hoffmann*, Aufbau und Krise der Planwirtschaft, S. 195 f.; *Schneider*, Geschichte des Arbeitsrechts der Deutschen Demokratischen Republik, S. 41.
878 *Herm*, in: Jahrbuch Arbeit und Sozialfürsorge (1945–1947), 76 (76).
879 *Thalmann*, in: Jahrbuch Arbeit und Sozialfürsorge (1945–1947), 112 (112).
880 Vgl. *Hoffmann*, Aufbau und Krise der Planwirtschaft, S. 196.
881 Abgedruckt in: Jahrbuch Arbeit und Sozialfürsorge (1945–1947), S. 317 f.
882 Abgedruckt in: Jahrbuch Arbeit und Sozialfürsorge (1945–1947), S. 357 f.

Dadurch wurde ebenfalls bestimmt, wer auf Arbeitgeberseite Partei von Tarifverträgen sein konnte.[883] Zweck dieses Befehls war vor allem die Aufhebung der durch die Treuhänder der Arbeit erlassenen Tarifordnungen, die in einigen Wirtschaftszweigen noch gültig waren.[884]

In ihrer Verfassung gab sich die DDR den Auftrag zur Schaffung eines einheitlichen Arbeitsrechts.[885] Aus diesem Grund forderte der FDGB im März 1950 die Herausgabe eines einheitlichen Vertragsgesetzes und arbeitete sodann mit dem Ministerium für Arbeit und Gesundheitswesen einen Gesetzesentwurf aus. Dieser wurde am 19.04.1950 von der Volkskammer beschlossen und am 01.05.1950 als Gesetz der Arbeit[886] in Kraft gesetzt.[887] Das GdA 1950 beinhaltete Bestimmungen unter anderem zu den Themen Arbeitsschutz, Urlaub oder Kündigungsrecht. Zu Mindestlöhnen der Arbeiter äußerte es sich allerdings nicht. Abgelöst wurde das GdA 1950 durch das Gesetzbuch der Arbeit der DDR[888] im Jahr 1961.[889]

In diesem Zusammenhang oblag es den Gewerkschaften, Lohngruppen und -arten[890] zu gestalten, wobei der Grundsatz „Gleicher Lohn für gleiche Arbeit" gemäß § 40 GBA 1961, unabhängig von dem Alter, Geschlecht, der Rasse oder Religion des Werktätigen, galt.[891] Das Lohnsystem war derart gestaltet, dass es den Zielen des wirtschaftlichen Systems diente. Eine Steigerung der Arbeitsproduktivität sollte erreicht werden, indem der Lohn grundsätzlich von der Arbeitsleistung[892] abhängig gemacht wurde. Soziale Gesichtspunkte, wie etwa das Alter oder die Dienstzeit, wurden bei der Lohnhöhe nicht berücksichtigt.[893]

---

883 *Schaum*, in: Jahrbuch Arbeit und Sozialfürsorge (1945–1947), 81 (81).
884 *Schaum*, in: Jahrbuch Arbeit und Sozialfürsorge (1945–1947), 85 (85); näher zum Befehl Nr. 61 vgl. ebenda, S. 85 ff.
885 Art. 18 Verfassung der DDR vom 07.10.1949, GBl. DDR, S. 1.
886 Gesetz der Arbeit zur Förderung und Pflege der Arbeitskräfte, zur Steigerung der Arbeitsproduktivität und zur weiteren Verbesserung der materiellen und kulturellen Lage der Arbeiter und Angestellten vom 19.04.1950, GBl. DDR, S. 349, im Folgenden: GdA 1950.
887 *Schneider*, Geschichte des Arbeitsrechts der Deutschen Demokratischen Republik, S. 41
888 Gesetzbuch der Arbeit der Deutschen Demokratischen Republik vom 12.04.1961, GBl. DDR I, S. 27, im Folgenden GBA: 1961.
889 Das GdA 1950 wurde aufgehoben durch das Einführungsgesetz zum Gesetzbuch der Arbeit der DDR vom 12.04.1961, GBl. DDR I, S. 49.
890 Näher zur Arbeit in Lohngruppen und zur Entwicklung der Lohnpolitik vgl. *Haas/Leutwein*, Die rechtliche und soziale Lage der Arbeitnehmer in der sowjetischen Besatzungszone, S. 62 f. und 69 ff. sowie *Baumgart et al.*, Arbeitsrecht Grundriß, S. 131 ff.; *Michas et al.*, Arbeitsrecht der DDR, S. 234 ff.
891 *Helm*, Grundfragen des Arbeitsrechts, S. 32.
892 Zum Leistungsprinzip als Grundprinzip des Sozialismus vgl. *Baumgart et al.*, Arbeitsrecht Grundriß, S. 120.
893 *Haas/Leutwein*, Die rechtliche und soziale Lage der Arbeitnehmer in der sowjetischen Besatzungszone, S. 67.

Die Leistungsmaximierung in qualitativer Hinsicht wurde durch die bereits erwähnten Lohngruppen erreicht. So galten die Lohngruppen 1 bis 4 für ungelernte und gelernte Arbeiter und die Lohngruppen 5 bis 8 für qualifizierte Arbeiter.[894]

Das GBA 1961 erfuhr in den darauffolgenden Jahren einige Änderungen.[895] § 40 GBA 1961 enthielt bezüglich der Lohnsätze die Bestimmung, dass diese auf der Grundlage der gesetzlichen Bestimmungen in Rahmenkollektivverträgen zu regeln waren. Die darauffolgenden Normen regelten sodann Einzelheiten im Rahmen der Lohnberechnung. Angaben zu Mindestlöhnen enthielt das GBA 1961 jedoch ebenfalls nicht.

In der Deutschen Demokratischen Republik wurde ein gesetzlicher Mindestlohn erstmals 1958 durch die Abschaffung der Lebensmittelkarte und die daraufhin erlassene Lohnzuschlagsverordnung[896] eingeführt. Der Mindestlohn betrug ab diesem Zeitpunkt 220,00 M pro Monat.[897] Ein Lohnminimum wurde durch einen Zuschlag sichergestellt. Nach § 1 der Lohnzuschlagsverordnung wurde der Zuschlag denen gewährt, die einen monatlichen Durchschnittsverdienst von bis zu 800,00 M hatten. Bei einem Durchschnittsverdienst von bis zu 380,00 M bestand der Zuschlag aus einer differenzierten Lohnerhöhung und einem einheitlichen Ausgleichsbetrag. Bei einem Durchschnittsverdienst ab 410,00 M bis 800,00 M bestand der Zuschlag aus einem differenzierten Ausgleich für die durch die Abschaffung der Lebensmittelkarten entstandenen Aufwendungen (§ 2 Lohnzuschlagsverordnung).

In einer Anlage zur Lohnzuschlagsverordnung konnte man die Höhe des Zuschlags anhand des Durchschnittsverdienstes ablesen. So erhielten beispielsweise Arbeiter und Angestellte mit einem monatlichen Bruttolohnverdienst zwischen 191,00 M und 200,00 M einen Zuschlag in Höhe von 36,00 M. Arbeiter und Angestellte mit einem monatlichen Bruttolohnverdienst von 651,00 M bis 800,00 M erhielten einen Zuschlag in Höhe von 5,00 M. Sofern der durchschnittliche Bruttomonatslohn bis zu 183,00 M hoch war, so musste die Differenz bis zu 220,00 M (mind. jedoch 37,00 M) gezahlt werden. Dadurch wurde die erste Mindestlohnbestimmung in der DDR erlassen.

Dieser Bruttomindestlohn wurde in den anschließenden zwanzig Jahren mehrfach angepasst. So wurde in den Jahren 1967, 1971 bzw. 1976 die Erhöhung der

---

894 *Haas/Leutwein*, Die rechtliche und soziale Lage der Arbeitnehmer in der sowjetischen Besatzungszone, S. 67.
895 Änderungsgesetz vom 17.04.1963, GBl. DDR I, S. 63; Änderungsgesetz vom 23.11.1966, GBl. DDR I, S. 111; Änderungsgesetz vom 26.05.1967. GBl. DDR I, S. 89; Änderungsgesetz vom 12.01.1968, GBl. DDR I, S. 97 (100); Änderungsgesetz vom 11.06.1968, GBl. DDR I, S. 229 (231).
896 Lohnzuschlagsverordnung vom 28.05.1958, GBl. DDR I, 417.
897 Anlage zur Lohnzuschlagsverordnung vom 28.05.1958, GBl. DDR I, 417 (418); *Thiel*, Arbeitsrecht in der DDR, S. 78.

monatlichen Mindestbruttolöhne von 220 M auf 300 M[898], von 300 M auf 350 M[899] bzw. von 350 M auf 400 M[900] beschlossen. In der darauffolgenden Zeit fand eine Anhebung jedoch nicht mehr statt.[901]

Durch das Arbeitsgesetzbuch der DDR aus dem Jahr 1977[902], welches das GBA aus dem Jahr 1961[903] aufhob[904], wurde den vollbeschäftigten Werktätigen ein monatlicher Mindestlohn garantiert, dessen Höhe vom Ministerrat in Übereinstimmung mit dem Bundesvorstand des Freien Deutschen Gewerkschaftsbundes festgelegt wurde.[905]

Der Mindestlohn in der Deutschen Demokratischen Republik sollte somit in Abhängigkeit vom volkswirtschaftlichen Leistungsniveau sowie dem Stand der Arbeitsproduktivität durch den Ministerrat gemeinsam mit dem Bundesvorstand des FDGB bestimmt werden. Dieser Bruttomindestlohn sollte außerdem in regelmäßigen Abständen erhöht werden.[906] Hierbei handelte es sich zwar nicht um einen gesetzlich festgeschriebenen Mindestlohnsatz, dennoch wurde hiermit die Grundlage zur Setzung eines Mindestbruttolohns geschaffen.

Die Regelung über die Mindestlöhne wurde im Jahr 1990 im Rahmen der deutschen Wiedervereinigung durch den Einigungsvertrag[907] aufgehoben.

j) Zusammenfassung

Wie oben gezeigt wurde, existierten bereits zu Beginn des vergangenen Jahrhunderts staatliche Regelungen, die die Löhne der Arbeitnehmer lenken sollten.

Neben der Möglichkeit einer Allgemeinverbindlicherklärung von Tarifverträgen auf Außenseiter durch die Tarifvertragsverordnung oder der Verbindlicherklärung eines Schiedsspruches durch eine staatliche Schlichtungsstelle gab es in ausgewählten Branchen, wie bspw. in der Kaliindustrie, Vorschriften, die die Zahlung bestimmter Löhne festschrieben.

---

898 Verordnung vom 1.06.1967, GBl. DDR II, S. 315 ff.
899 Verordnung vom 03.02.1971, GBl. DDR II, S. 81 ff.
900 Verordnung vom 29.07.1976, GBl. DDR I, S. 377 f.
901 Vgl. hierzu: *Schneider*, Deutschland Archiv 1987, 402 (407).
902 Gesetz vom 16.06.1977, GBl. DDR I, S. 185, In-Kraft getreten am 01.01.1978, im Folgenden: AGB DDR.
903 Aufhebung des GBA und seiner Änderungsgesetze durch Einführungsgesetz des AGB vom 16.06.1977, GBl. DDR I, S. 228 (229).
904 Vgl. *Ziegenrücker*, in: Brokmeier/Rilling (Hrsg.), Beiträge zur Sozialismusanalyse I, 232 (232); *Mampel*, NJW 1978, 520 (520).
905 § 96 AGB.
906 *Kunz/Thiel et al.*, Arbeitsrecht, S. 182.
907 Art. 8 Gesetz zu dem Vertrag vom 31. August 1990 zwischen der Bundesrepublik Deutschland und der Deutschen Demokratischen Republik über die Herstellung der Einheit Deutschlands (Einigungsvertrag), vom 23.09.1990, BGBl. II, 885.

Auch autonom ausgehandelte Mindestarbeitsbedingungen durch die Sozialpartner konnten sich zu Beginn des vergangenen Jahrhunderts nach und nach etablieren. Durch die Tarifvertragsverordnung aus dem Jahr 1918, die die verbindliche Geltung von Tarifverträgen einführte, und die Weimarer Reichsverfassung, die erstmals eine unbeschränkte Koalitionsfreiheit anerkannte, wurde diese Entwicklung weiter gestärkt. Während der NS-Zeit wurde die Lohnpolitik ausschließlich vom Staat diktiert. Nach dem Ende des Dritten Reiches lebten die in der Weimarer Republik etablierten Rechte der Tarifparteien durch Art. 9 Abs. 3 GG und das Tarifvertragsgesetz vom 09.04.1949[908] wieder auf.

Im Jahr 1952 wurde außerdem das Gesetz über die Festsetzung von Mindestarbeitsbedingungen erlassen.

2. Das Gesetz über die Festsetzung von Mindestarbeitsbedingungen

Vergleichsweise unbekannt ist das Mindestarbeitsbedingungsgesetz vom 11.01.1952[909], das Mitte des vergangenen Jahrhunderts einen weiteren Versuch staatlicher Lohnfestlegung darstellte. Das MiArbG 1952 wurde als Grundlage für Mindestlöhne in den Wirtschaftszweigen entwickelt, in denen entweder keine Tarifverträge existierten oder nur eine geringe Anzahl an Arbeitern tarifgebunden war.[910]

Das Gesetz wurde im Jahr 2009 geändert.[911] Bis zu seiner Aufhebung im Jahr 2014[912] wurde es allerdings nie angewendet.[913]

In seiner ursprünglichen Fassung zielte das Gesetz auf die Schaffung von Mindeststandards für die Bedingungen eines Arbeitsverhältnisses ab. In diesem Rahmen sollten die Sozialpartner angehalten werden, ihrer Verantwortung nachzukommen und ein lückenloses Netz an Tarifverträgen zu erlassen, sodass eine staatliche Intervention durch den Erlass einer Rechtsverordnung gar nicht erst nötig gewesen wäre.[914]

---

908 Siehe hierzu Kapitel 4, § 1 II. 3. a).
909 Gesetz über die Festsetzung von Mindestarbeitsbedingungen vom 11.01.1952, BGBl. I, S. 17, im Folgenden: MiArbG 1952.
910 *Gussen*, in: Rolfs/Giesen/u.a., BeckOK Arbeitsrecht, § 1 MiArbG a.K., Rn. 2.
911 Erstes Gesetz zur Änderung des Gesetzes über die Festsetzung von Mindestarbeitsbedingungen vom 22.04.2009, BGBl. I, S. 818.
912 Durch das Gesetz zur Stärkung der Tarifautonomie vom 11.08.2014, BGBl. I, S. 1348.
913 *Hanau*, FS-Kempen, 235 (235); lediglich ein Mal wurde am 21.10.1952 erfolglos ein Festsetzungsverfahren beantragt, um für Angestellte der Rechtsanwalts- und Notariatskanzleien gesetzliche Mindeststandards zu sichern, *Bietmann*, Gesetzliche Wege zu einem systemkonformen Mindestlohn, S. 73 m.w.N.
914 *Kabelitz*, Festsetzung von Mindestarbeitsentgelten nach dem MiArbG im Spannungsverhältnis von Tarifautonomie und der Gewährleistung angemessener Arbeitsentgelte, S. 1; *Andelewski*, Staatliche Mindestarbeitsbedingungen, S. 132; *Herschel*, BArBl. 1952, 36 (36).

Im Gegensatz zu Tarifnormerstreckungen, die sich auf bestehende Tarifverträge stützen, wie im Fall des TVG oder des AEntG[915], konnte hier durch die Sozialpartner eine unabhängige staatliche Verordnung festgesetzt werden.[916]

Nach § 1 Abs. 1 MiArbG 1952 oblag die Regelung von Entgelten vorrangig den Tarifvertragsparteien durch Tarifverträge.

Das Gesetz verfolgte das Ziel, Schutzlücken zu füllen, die dadurch entstanden, dass die Allgemeinverbindlicherklärung nach § 5 TVG a. F.[917] einen bestehenden Tarifvertrag voraussetzte, dass dieser nicht weniger als die Hälfte der unter den Geltungsbereich des Tarifvertrages fallenden Arbeitsverhältnisse erfassen und dass die Allgemeinverbindlicherklärung im öffentlichen Interesse geboten sein musste (§ 5 TVG a. F.).[918] Hierin lag der Unterschied zum § 1 MiArbG aus dem Jahr 1952. Dieser setzte voraus, dass entweder Tarifvertragsparteien (Gewerkschaften und/oder Arbeitgebervereinigungen) in dem betroffenen Wirtschaftszweig nicht bestanden oder diese nur die Minderheit der Arbeitnehmer oder Arbeitgeber umfassten. Während also die Allgemeinverbindlicherklärung nach § 5 TVG a. F. an die Existenz eines Tarifvertrags gebunden war, setzte das MiArbG aus dem Jahr 1952 gerade das fehlende Auftreten der Sozialpartner voraus.

Die Anforderungen, unter denen Mindestarbeitsbedingungen beschlossen werden konnten, waren absichtlich eng gefasst, um Einschnitte in die Freiheit der Tarifpartner zu vermeiden und so der Tarifautonomie Rechnung zu tragen.[919]

Durch eine Gesetzesänderung im Jahr 2009 wurde der Anwendungsbereich des Mindestarbeitsbedingungsgesetzes auf Mindestarbeitsentgelte beschränkt. In der Gesetzesbegründung[920] dieser Neuregelung lautet es:

„Das Gesetz über die Festsetzung von Mindestarbeitsbedingungen von 1952 ist auf die sozialen und wirtschaftlichen Verhältnisse der Nachkriegszeit zugeschnitten. Seither hat sich die Tariflandschaft einerseits erheblich gewandelt, andererseits nimmt die Zahl der Wirtschaftszweige zu, in denen die Tarifbindung erheblich zurückgegangen ist. [...] Das Gesetz dient künftig als Grundlage für Mindestarbeitsentgelte in Wirtschaftszweigen, in denen es entweder keine Tarifverträge gibt oder nur noch eine Minderheit von Arbeitnehmern und Arbeitnehmerinnen tarifgebunden beschäftigt

---

915 Umstritten, ob es sich bei einer Rechtsverordnung nach dem AEntG auch um eine Tarifnormerstreckung handelt, vgl. *Sittard*, RdA 2013, 301 (303); *Sittard*, NZA 2012, 299 (301).
916 *Sansone/Ulber*, AuR 2008, 125 (128); es handelt sich also um keine tarifgestützte Mindestlohnvariante, *Haberzettl*, Varianten der Kodifizierung eines Mindestlohns und ihre Vereinbarkeit mit höherrangigem Recht, S. 198 f.; *Sittard*, NZA 2009. 346 (350).
917 § 5 TVG i. d. F. vom 09.04.1949, Gesetzblatt der Verwaltung des Vereinigten Wirtschaftsgebiets 1949, S. 55.
918 *Sittard*, RdA 2013, 301 (306).
919 *Fitting*, RdA 1952, 5 (6).
920 BT-Drs. 16/10485, S. 8.

wird. Zugleich wird die bisher mögliche Festsetzung „sonstiger Arbeitsbedingungen" ausgeschlossen."

Begründet wurde die Reduktion des Anwendungsbereichs auf Arbeitsentgelte weiterhin damit, dass andere Arbeitsbedingungen bereits von spezielleren Gesetzen, wie bspw. dem Bundesurlaubsgesetz oder dem Arbeitszeitgesetz, erfasst und umfassend geregelt würden.[921] Die Regelungsbefugnis wurde jedoch nicht ausschließlich auf die Höhe der Arbeitsentgelte beschränkt, sondern erfasste auch die Fälligkeit des Lohnes und Regelungen zu Überstundensätzen.[922]

a) Das Gesetz über die Festsetzung von Mindestarbeitsbedingungen in seiner ursprünglichen Fassung (MiArbG 1952)

Das Gesetz über die Festsetzung von Mindestarbeitsbedingungen geht auf einen Antrag der SPD-Fraktion des Bundestags zurück.[923] Es wurde bestimmt durch die Zeit nach dem Zweiten Weltkrieg und einer dadurch einhergehenden Abkehr vom Totalitarismus des Dritten Reichs.[924] Bezeichnend für diese Zeit war die Entwicklung eines demokratischen Staates, was sich in dem Erlass des Gesetzes widerspiegelt.

Die Lohnpolitik im Dritten Reich wurde durch den Staat bestimmt und die tarifvertragliche Gestaltung von Arbeitsverträgen wurde nahezu verdrängt. Durch das Gesetz über die Festsetzung von Mindestarbeitsbedingungen wurde eine freie tarifvertragliche Gestaltung der Arbeitsbedingungen wieder zugelassen und gefördert.[925]

Das Gesetz bot dem Bundesministerium für Arbeit und Soziales die Möglichkeit, in einem Wirtschaftszweig Mindestarbeitsbedingungen durch eine Rechtsverordnung zu setzen. Das Gesetz selbst enthielt in diesem Zusammenhang jedoch keine materiell-rechtlichen Mindestarbeitsbedingungen, aus denen ein Anspruch eines Arbeitnehmers entstehen konnte. Durch das MiArbG wurden ausschließlich die verfahrensrechtlichen Voraussetzungen einer durch das Bundesministerium zu erlassenden Rechtsverordnung bestimmt.[926] Das Gesetz selbst legte also keine

---

921 BT-Drs. 16/10485, S. 9.
922 *Hanau*, FS-Kempen, 235 (236).
923 BT-Drs. 01/525; näher dazu auch *Bietmann*, Gesetzliche Wege zu einem systemkonformen Mindestlohn, S. 68 f.
924 BT-Drs. 16/10485, S. 8; näher dazu *Kabelitz*, Festsetzung von Mindestarbeitsentgelten nach dem MiArbG im Spannungsverhältnis von Tarifautonomie und der Gewährleistung angemessener Arbeitsentgelte, S. 1.
925 *Kabelitz*, Festsetzung von Mindestarbeitsentgelten nach dem MiArbG im Spannungsverhältnis von Tarifautonomie und der Gewährleistung angemessener Arbeitsentgelte, S. 1.
926 *Peter*, in: dies./Kempen/Zachert, Rechtliche und rechtspolitische Aspekte der Sicherung von tariflichen Mindeststandards – Rechtsgutachten, 83 (84).

Mindestarbeitsbedingungen fest, es bot lediglich den formellen Rahmen für den Erlass von Mindestarbeitsbedingungen in einzelnen Wirtschaftszweigen.[927]

aa) Formelle Voraussetzungen einer Rechtsverordnung nach dem MiArbG 1952

Das Gesetz über die Festsetzung von Mindestarbeitsbedingungen aus dem Jahr 1952 ermöglichte gemäß § 4 Abs. 3 die Bestimmung von Mindestarbeitsbedingungen, einschließlich Mindestlöhnen, durch eine Rechtsverordnung. Das Verfahren sah drei Stufen vor. Die erste Stufe bestand aus dem Feststellungsverfahren im Hauptausschuss. Die zweite Stufe beinhaltete das Festsetzungsverfahren durch die Fachausschüsse und die dritte Stufe umfasste den Erlass einer Mindestarbeitsbedingung als Rechtsverordnung.[928]

Das Bundesministerium für Arbeit und Soziales setzte dafür nach § 2 Abs. 1 MiArbG 1952 einen Hauptausschuss für Mindestarbeitsbedingungen ein. Dieser Hauptausschuss bestand aus dem Bundesminister für Arbeit und Soziales oder einer von ihm bestimmten Person als Vorsitzendem sowie jeweils fünf Vertretern der Arbeitgeber- und Gewerkschaftsseite. Die Mitglieder wurden auf Vorschlag für die Dauer von drei Jahren berufen (§ 2 Abs. 2, 3 MiArbG 1952).[929] Dieser Hauptausschuss sollte im Einvernehmen mit dem Bundesministerium für Arbeit und Soziales die Wirtschaftszweige oder Beschäftigungsarten feststellen, für die eine Setzung von Mindestarbeitsbedingungen notwendig war (§ 3 Abs. 1 MiArbG 1952). Im Anschluss war der Hauptausschuss befugt, die Festsetzung, Änderung oder Aufhebung von Mindestarbeitsbedingungen vorzuschlagen.[930]

Nach § 4 MiArbG 1952 hätten in einem nächsten Schritt Fachausschüsse (§ 5 MiArbG 1952) für die jeweiligen Wirtschaftszweige errichtet werden können, in denen Mindestarbeitsbedingungen durch einen Beschluss festzusetzen gewesen wären. Auch dieser Fachausschuss sollte paritätisch aus Vertretern der Arbeitnehmer- sowie Arbeitgeberseite besetzt sein.[931] Der Beschluss konnte durch das Bundesministerium für Arbeit und Soziales in Form einer Rechtsverordnung erlassen werden und in Kraft treten. Hierbei stand dem Bundesminister ein Ermessensspielraum zu.[932]

Durch § 8 Abs. 1 MiArbG 1952 hätten die festgesetzten Mindestentgelte die Wirkung eines Tarifvertrags gehabt, womit diese unmittelbar und zwingend gegolten hätten.[933]

---

927 *Bietmann*, Gesetzliche Wege zu einem systemkonformen Mindestlohn, S. 69 f.
928 *Fitting*, RdA 1952, 5 (6).
929 *Fitting*, RdA 1952, 5 (6).
930 *Haberzettl*, Varianten der Kodifizierung eines Mindestlohns und ihre Vereinbarkeit mit höherrangigem Recht, S. 199.
931 *Bietmann*, Gesetzliche Wege zu einem systemkonformen Mindestlohn, S. 71.
932 *Zdjelar*, Ein Minimum für jeden?, S. 104 durch den Zusatz „erforderlich scheinen" nach § 1 Abs. 2 MiArbG 1952.
933 *Herschel*, BArBl. 1952, 36 (37).

Dass das Verfahren vergleichsweise sehr komplex und langwierig war, liegt auf der Hand. Die Beteiligung von drei Stellen (BMAS, Hauptausschuss, Fachausschuss) war weder bei dem Verfahren einer tariflichen Allgemeinverbindlicherklärung nach § 5 TVG noch bei der bindenden Festsetzung der Arbeitsbedingungen nach §§ 19 ff. HAG notwendig.[934]

bb) Materielle Voraussetzungen einer Rechtsverordnung nach dem MiArbG 1952

Nach § 1 Abs. 2 MiArbG 1952 konnten Mindestarbeitsbedingungen nur dann erlassen werden, wenn a) Gewerkschaften oder Arbeitgebervereinigungen in dem Wirtschaftszweig oder für diese Beschäftigungsart nicht bestanden oder nur eine Minderheit[935] von Arbeitnehmern oder Arbeitgebern[936] umfassten, b) die Festsetzung von Mindestarbeitsbedingungen zur Befriedigung der notwendigen sozialen und wirtschaftlichen Bedürfnisse[937] erforderlich erschien und c) eine Regelung von Entgelten [oder sonstigen Arbeitsbedingungen] nicht durch eine Allgemeinverbindlicherklärung eines Tarifvertrages erfolgt war.[938] Wichtig ist, dass das Erfordernis der „Befriedigung der notwendigen sozialen und wirtschaftlichen Bedürfnisse der Arbeitnehmer" nach § 1 Abs. 2 lit. b MiArbG 1952 nicht mit dem Begriff des „sozialen Notstands" nach § 5 Abs. 1 TVG a. F. gleichzusetzen war. Der Gesetzgeber hatte sich beim gleichzeitigen Erlass der beiden Gesetze[939] ausdrücklich gegen eine Vereinheitlichung entschieden, da der „soziale Notstand" restriktiver auszulegen war.[940]

---

934 *Rieble/Klebeck*, ZIP 2006, 829 (835).
935 Näher zum Begriff der Minderheit vgl. *Andelewski*, Staatliche Mindestarbeitsbedingungen, S. 117; *Zdjelar*, Ein Minimum für jeden?, S. 97; nach *Herschel*, BArBl. 1952, 36 (38) darf die Minderheit nicht mathematisch bestimmt werden, sondern nur den repräsentativen Charakter eines Wirtschaftszweigs widerspiegeln, da in „sehr vielen Zweigen die organisierten Arbeitnehmer, rein zahlenmäßig betrachtet, eine Minderheit darstellen."
936 Abgelehnt durch *Andelewski*, Staatliche Mindestarbeitsbedingungen, S. 118 f., da kein Bedürfnis staatlicher Lohnregulierung i. S. d. G., wenn auf der Arbeitnehmerseite repräsentative Verbände existieren, da Arbeitnehmer in einem solchen Fall nicht sozial schutzbedürftig sind; so ebenfalls *Naujoks*, Die Rechtsformen gesetzlicher Mindestlöhne und ihre zivilrechtlichen Sanktionen, S. 90 f. m.w.N.
937 *Andelewski*, Staatliche Mindestarbeitsbedingungen, S. 119 ff.; *Zdjelar*, Ein Minimum für jeden?, S. 99 f.
938 *Haberzettl*, Varianten der Kodifizierung eines Mindestlohns und ihre Vereinbarkeit mit höherrangigem Recht, S. 199.
939 Hierbei handelt es sich um das Gesetz zur Änderung des TVG vom 11.01.1952, BGBl. I, S. 19 und das MiArbG 1952.
940 *Fitting*, RdA 1952, 5 (6).

b) Das Mindestarbeitsbedingungsgesetz in der Fassung von 2009 (MiArbG 2009)

Das Mindestarbeitsbedingungsgesetz wurde im Jahr 2009[941] novelliert. Ziel dabei war einerseits die Vereinfachung des Verfahrens zum Erlass einer Rechtsverordnung sowie andererseits die Beschränkung des Anwendungsbereichs des Gesetzes.[942] Begründet wurde diese Einschränkung damit, dass die sonstigen Arbeitsbedingungen, die vorher vom Gesetz erfasst wurden, mittlerweile durch spezielle Gesetze geregelt wurden, etwa durch das Bundesurlaubsgesetz oder das Arbeitszeitgesetz.[943]

Durch die Gesetzesänderung wurden die Anforderungen, die für den Erlass einer Rechtsverordnung nach dem MiArbG 1952 vorausgesetzt wurden, heruntergefahren.[944] Eine weitere Änderung bezog sich auf einen Anwendungsvorrang. Gemäß § 8 Abs. 2 MiArbG 1952 wurde bestimmt, dass tarifvertragliche Bestimmungen den Mindestarbeitsbedingungen vorgehen. Nach dem MiArbG aus dem Jahr 1952 galt somit ein absoluter Tarifvorbehalt, das heißt, dass tarifrechtliche Regelungen stets vorrangig galten und Tarifverträge nicht ausgehebelt werden konnten, selbst, wenn diese nur sehr niedrige Entgelte vorsahen.[945] Durch diese Regelung wurde der Tarifautonomie Rechnung getragen.[946] Ungeachtet dessen war diese Regelung den Gewerkschaften ein Dorn im Auge, da bei der Anwendung des MiArbG das Günstigkeitsprinzip nicht zur Anwendung kam. Dies hatte zur Folge, dass trotz festgesetzter Mindestentgelte niedrigere Löhne durch einen Tarifvertrag vereinbart werden konnten.[947]

Dieser Geltungsvorrang galt ab 2009 nur noch übergangsweise für die Tarifverträge, die vor dem 16.07.2008 abgeschlossen wurden. Für alle anderen Tarifnormen wurde geregelt, dass diese durch eine Verordnung nach dem MiArbG verdrängt werden konnten.[948] Durch die Novellierung des Gesetzes im Jahr 2009 trat also eine erheblich ausgeweitete Bindungswirkung gegenüber tariflichen Mindestlöhnen ein.

---

941 Gesetz zur Änderung des Mindestarbeitsbedingungsgesetzes vom 22.04.2009, BGBl. I, S. 818, im Folgenden: MiArbG 2009.
942 *Sittard*, RdA 2013, 301 (306).
943 BT-Drs. 16/10485, S. 9.
944 *Hejma*, Deutsche Wege zur Lohngerechtigkeit, S. 224; *Stütze*, Die Kontrolle der Entgelthöhe im Arbeitsrecht, S. 229 f.
945 *Haberzettl*, Varianten der Kodifizierung eines Mindestlohns und ihre Vereinbarkeit mit höherrangigem Recht, S. 200.
946 *Nermerich*, Mindestlohn – eine kritische Einordnung, S. 85.
947 Vgl. *Naujoks*, Die Rechtsformen gesetzlicher Mindestlöhne und ihre zivilrechtlichen Sanktionen, S. 43.
948 *Sodan/Zimmermann*, NJW 2009, 2001 (2002); *Willemsen/Sagan*, NZA 2008, 1216 (1221).

Ziel des MiArbG 2009 war die Ergänzung des Arbeitnehmer-Entsendegesetzes für den Fall, dass branchenspezifische Mindestlöhne nicht ausreichend durch das AEntG sichergestellt werden konnten.[949]

Im Falle eines durch das MiArbG 2009 verordneten Mindestentgeltes hätte sich eine konstitutive Wirkung gegenüber allen Arbeitgebern des betreffenden Wirtschaftszweiges ergeben.[950]

aa) Verfahren nach dem MiArbG 2009

(1) Formelle Voraussetzungen

Die Setzung von Mindestentgelten nach dem MiArbG 2009 war in einem zweistufigen Verfahren vorgesehen.[951] Auf der ersten Stufe sollte ein siebenköpfiger Ausschuss (§ 2 MiArbG 2009) feststellen, ob „soziale Verwerfungen" (§ 3 MiArbG 2009) in einem Wirtschaftszweig bestehen. Dieser dauerhaft eingerichtete Hauptausschuss[952] bestand aus drei vom Bundesministerium für Arbeit und Soziales berufenen Mitgliedern (einschließlich eines Vorsitzenden), und jeweils zwei Mitgliedern, die auf einen Vorschlag der Arbeitgeber- und Arbeitnehmerorganisationen berufen wurden (§ 2 Abs. 2, 3 MiArbG 2009).[953] Aufgabe dieses Hauptausschusses war es, festzustellen, ob ein Mindestlohn in einem Wirtschaftszweig notwendig war.

Ein branchenbezogener Fachausschuss (bestehend aus einem Vorsitzenden und jeweils drei Mitgliedern der Arbeitgeber- und Arbeitnehmerseite) entschied dann in einem zweiten Schritt durch Beschluss, in welcher Höhe die Mindestentgelte festgesetzt werden sollten (§ 4 Abs. 2 MiArbG 2009).[954] Auf der zweiten Stufe sollte mithin über das „*Wie*" des Mindestlohns abgestimmt werden.

Auf Vorschlag des BMAS konnten die Mindestentgelte nach § 4 Abs. 3 MiArbG 2009 von der Bundesregierung als Rechtsverordnung erlassen werden.[955] Die Bundesregierung durfte dabei jedoch nur die vom Fachausschuss vorgeschlagenen Mindestentgelte erlassen. Eine Änderung war seitens der Regierung oder des Ministeriums

---

949 *Joussen*, in: Thüsing, Kommentar zum AEntG, vor § 1 MiArbG, Rn. 8.
950 *Rybarz*, Mindestlöhne – Totengräber für Tarifverträge?, S. 48.
951 *Willemsen/Sagan*, NZA 2008, 1216 (1220); *Sittard*, NZA 2009, 346 (350); ausführlich dazu *Kabelitz*, Festsetzung von Mindestarbeitsentgelten nach dem MiArbG im Spannungsfeld von Tarifautonomie und der Gewährleistung angemessener Arbeitsentgelte, S. 28 ff.
952 In der Fassung des MiArbG aus dem Jahr 1952 wurde der Hauptausschuss noch punktuell einberufen, ab 2009 war dieser eine dauerhafte Einrichtung, vgl. *Stütze*, Die Kontrolle der Entgelthöhe im Arbeitsrecht, S. 228.
953 *Sittard*, RdA 2013, 301 (306).
954 *Sittard*, RdA 2013, 301 (306).
955 *Sodan/Zimmermann*, NJW 2009, 2001 (2002); zu beachten ist in diesem Zusammenhang, dass der Erlass seit der Novellierung durch die Bundesregierung und nicht mehr, wie in der Fassung von 1952, durch das BMAS erfolgte.

nicht möglich.[956] Somit bestand nur die Option, den Beschluss zu übernehmen oder auf Setzung von Mindestarbeitsentgelten zu verzichten bzw. diese zu befristen.[957]

Eine Rechtsverordnung, die nach dem MiArbG 2009 erlassen worden wäre, hätte gemäß § 8 MiArbG 2009 auch unmittelbare und zwingende Wirkung für in- und ausländische Arbeitgeber entfaltet.[958]

Zu beachten ist jedoch, dass nur in bestimmten Wirtschaftszweigen[959] Mindestentgelte erlassen werden konnten. Eine flächendeckende Lösung bot das Gesetz nicht.

(2) Materielle Voraussetzungen

Nach § 1 Abs. 2 MiArbG 2009 genügte zur Setzung einer Rechtsverordnung, wenn in einem Wirtschaftszweig bundesweit die an Tarifverträge gebundenen Arbeitgeber weniger als 50 % der unter den Geltungsbereich dieser Tarifverträge fallenden Arbeitnehmer beschäftigten.[960] Somit bestand Einheit zwischen der alten und der neuen Fassung dahin gehend, dass bundesweit eine Schwäche der Koalition bestehen musste.[961] Die nach altem Recht zusätzlich geforderten Voraussetzungen wurden gestrichen. Interessant ist dabei, dass in Bezug auf die Bindung an Tarifverträge nicht entscheidend war, ob diese Entgeltregelungen enthielten. Somit war es möglich, dass das MiArbG 2009 gesperrt war, wenn eine Tarifbindung von über 50 % bestand, obgleich die entsprechenden Tarifverträge keine Entgeltregelungen innehatten.[962]

Als weitere Tatbestandsvoraussetzung wurde der unbestimmte Rechtsbegriff der „sozialen Verwerfung" eingeführt. Diese Regelung stellte eine Änderung zur vorherigen Gesetzeslage dar, nach der Mindestarbeitsbedingungen zur Befriedigung der notwendigen sozialen und wirtschaftlichen Bedürfnisse der Arbeitnehmer erforderlich sein mussten.[963]

---

956 *Sittard*, RdA 2013, 301 (306).
957 BT-Drs. 16/10485, S. 10; *Stütze*, Die Kontrolle der Entgelthöhe im Arbeitsrecht, S. 229.
958 *Naujoks*, Die Rechtsformen gesetzlicher Mindestlöhne und ihre zivilrechtlichen Sanktionen, S. 126.
959 Nämlich in denen, in denen nach § 1 Abs. 2 MiArbG 2009 bundesweit die an Tarifverträge gebundenen Arbeitgeber weniger als 50 Prozent der unter den Geltungsbereich dieser Tarifverträge fallenden Arbeitnehmer beschäftigen (materielle Voraussetzung).
960 *Sittard*, RdA 2013, 301 (306); *Hanau*, FS-Kempen, 235 (238).
961 *Sittard*, NZA 2009, 346 (350).
962 *Sittard*, RdA 2013, 301 (307); anders *Andelewski*, Staatliche Mindestarbeitsbedingungen, S. 121 [MiArbG 1952], mit der Einschränkung, dass dies nur in den Fällen galt, in denen unabsichtlich nicht abschließend der Tarifvertrag geregelt wurde, da in einem solchen Fall nicht in die Tarifautonomie der Gewerkschaften eingegriffen worden wäre.
963 *Naujoks*, Die Rechtsformen gesetzlicher Mindestlöhne und ihre zivilrechtlichen Sanktionen, S. 125.

Zur Definition der sodann verlangten „sozialen Verwerfung"[964] wurde ein Rückgriff auf den „sozialen Notstand" nach § 5 Abs. 1 S. 2 TVG a. F. vorgeschlagen,[965] was bedeutete, dass Löhne nicht zur Existenzsicherung genügen sollten.[966] Erfasst wurden aus diesem Grund nur echte „Hungerlöhne".[967]

bb) Außerkraftsetzung des Gesetzes

Das Mindestarbeitsbedingungsgesetz wurde durch das Gesetz zur Stärkung der Tarifautonomie vom 11.08.2014[968] aufgehoben. Durch das „Tarifautonomiestärkungsgesetz" wurde am 01.01.2015 ein gesetzlicher und flächendeckender Mindestlohn in Höhe von 8,50 EUR eingeführt. Des Weiteren enthält es Regelungen für die Erleichterung der Allgemeinverbindlichkeit von Tarifverträgen sowie die Ausweitung des AEntG. Durch die Einführung eines gesetzlichen Mindestlohns war das in der Praxis nicht angewandte MiArbG obsolet.[969]

3. Der Weg zum Mindestlohngesetz

Abgesehen von wenigen Spezialregelungen, weist der gesetzliche Mindestlohn in Deutschland keine lange Tradition auf. Bereits im 19. Jh. gelang es den selbstbewusst agierenden Tarifvertragsparteien, erste Tarifabschlüsse, auch ohne staatliche Hilfe, zu schließen.[970]

Aus diesem Grund fand über mehrere Jahrzehnte keine ernsthafte politische Debatte über gesetzliche Mindestlöhne statt. Es herrschte überwiegend Einigkeit dahin gehend, dass Arbeits- und Einkommensbedingungen autonom durch die Tarifvertragsparteien festgelegt werden sollten. Tarifverträge galten daher auch als wirksames Äquivalent für gesetzliche Mindestlöhne[971] und eine staatliche Entgeltfestsetzung sollte lediglich subsidiär gegenüber der tariflichen bleiben.[972]

Jedoch vollzog sich Ende des vergangenen Jahrhunderts ein Wandel im Tarifsystem und die gewerkschaftliche Organisationsstruktur begann zu bröckeln.[973] Die nach und nach größer werdende tarifpolitische Destabilisierung, die „Erosion des Tarifsystems"[974], ließ sich nicht mehr leugnen und forderte Maßnahmen seitens

---

964 Ausführlich zum Begriff der „sozialen Verwerfung": *Hanau*, FS-Kempen, 235 (239 ff.).
965 Ausführlich zum Begriff des „sozialen Notstands": *Zachert*, WSI Mitteilungen 7/2003, 413 (416).
966 *Willemsen/Sagan*, NZA 2008, 1216 (1221); *Sittard*, RdA 2013, 301 (307).
967 *Picker*, RdA 2014, 25 (33).
968 Gesetz zur Stärkung der Tarifautonomie vom 11.08.2014, BGBl. I, S. 1348 (1360).
969 BT-Drs. 18/1558, S. 57.
970 *Fischer-Lescano/Preis/Ulber*, Verfassungsmäßigkeit des Mindestlohns, S. 63.
971 *Bispinck/Schäfer*, in: Schulten/dies. (Hrsg.), Mindestlöhne in Europa, 269 (269).
972 *Giesen*, FS-Kempen, 216 (217).
973 Siehe auch *Nermerich*, Mindestlohn – eine kritische Einordnung, S. 46 ff. m.w.N.; *Nielebock*, FS-Kempen, 181 (182 f.).
974 *Bosch*, ZAF 2007, 421 (421).

der Gesetzgebung.[975] Aus diesem Grund folgten auch einige Gesetzesentwürfe zu Mindestlöhnen in Deutschland.[976]

Im Jahr 2004 wurde von der SPD ein Vorschlag über einen gesetzlichen Mindestlohn unterbreitet, der aufgrund erheblicher Proteste gegen das Arbeitslosengeld II (Leistungen zur Grundsicherung für Arbeitsuchende) erfolgte. Gegen die Einführung eines gesetzlichen Mindestlohns waren zur damaligen Zeit vor allem die Gewerkschaft der IG BCE (Bergbau, Chemie, Energie), da diese darin einen Eingriff in ihre Tarifautonomie sah. Befürworter einer solchen Regelung waren indes die Gewerkschaft NGG sowie ver.di, da nach deren Ansicht nur so ein Schutzmechanismus für den Arbeitsmarkt realisierbar gewesen sei.[977] Eine Einigung innerhalb der Arbeitsgruppe des SPD-Gewerkschaftsrats zu diesem Thema konnte damals nicht getroffen werden.[978]

Auch in der 16. Legislaturperiode gab es Diskussionen über die Einführung eines Mindestlohns. Forderungen nach einem gesetzlichen Lohnminimum kamen vor allem seitens der Parteien DIE LINKE, DIE GRÜNE und von der SPD.[979]

Das Bundesland Rheinland-Pfalz reichte im Jahr 2007 einen Gesetzesantrag[980] ein, der die Festsetzung eines Mindestlohns zum Inhalt hatte. Dieser wurde jedoch durch den Bundesrat zurückgewiesen.[981]

Ergebnis dieser rechtspolitischen Vorstöße war zunächst die Änderung des MiArbG im Jahr 2009[982], das zum Erlass von Mindestlöhnen beitragen sollte, und die Erweiterung des AEntG[983], ebenfalls im Jahr 2009.

Außerdem reichte die SPD im Jahr 2010 einen Antrag[984] auf Einführung eines gesetzlichen Mindestlohns in den Bundestag ein, mit dem Ziel Lohndumping zu verhindern. In ihrem Antrag verwies die Fraktion der SPD auf die guten

---

975 So auch *George*, Gesetzlicher Mindestlohn, S. 78 ff.
976 Vgl. *Hanau*, FS-Kempen, 235 (242 ff.).
977 Vgl. dazu *George*, Gesetzlicher Mindestlohn, S. 86 ff. sowie *Gieseke*, Minimum Wages and Youth Employment, S. 86.
978 *Bispinck/Schäfer*, in: Schulten/dies. (Hrsg.), Mindestlöhne in Europa, 269 (290 ff.).
979 Vgl. bspw. BT-Drs. 16/1653, 16/4554, 16/10481, 16/10703, 16/11825 S. 6; näher dazu auch *Naujoks*, Die Rechtsformen gesetzlicher Mindestlöhne und ihre zivilrechtlichen Sanktionen, S. 40.
980 BR-Drs. 622/07.
981 BR-Drs. 622/07(B) (Beschlussdrucksache des Bundesrates); näher dazu *Bietmann*, Gesetzliche Wege zu einem systemkonformen Mindestlohn, S. 210 ff. und *Haberzettl*, Varianten der Kodifizierung eines Mindestlohns und ihre Vereinbarkeit mit höherrangigem Recht, S. 242 f.
982 Durch das Erste Gesetz zur Änderung des Gesetzes über die Festsetzung von Mindestarbeitsbedingungen vom 22.04.2009, BGBl. I, S. 818.
983 Gesetz über zwingende Arbeitsbedingungen für grenzüberschreitend entsandte und für regelmäßig im Inland beschäftigte Arbeitnehmer und Arbeitnehmerinnen (Arbeitnehmer-Entsendegesetz – AEntG) vom 20.04.2009, BGBl. 2009 I, S. 799.
984 BT-Drs. 17/1408.

Erfahrungen aus den benachbarten europäischen Ländern. Sie bezog sich hierbei auch auf Studien der britischen *Low Pay Commission*, die die positiven Auswirkungen eines Mindestlohns auf die Beschäftigung feststellte.[985] Die Koalition aus CDU/CSU und FDP lehnten diesen Vorschlag mit Hinweis auf einen potenziellen Wegfall von Arbeitsplätzen ab.[986] Die Fraktion der CDU/CSU befürwortete zwar Mindestlöhne, jedoch solche, die durch Tarifverträge zustande kämen, und machte sich deswegen für die Tarifautonomie stark.[987] Im Jahr 2011 folgte ein Gesetzesentwurf[988] über die Festsetzung von Mindestlöhnen ebenfalls von der SPD sowie ein Entwurf eines Mindestlohngesetzes[989] von den GRÜNEN. Auch seitens der LINKEN wurde ein Antrag im Bundestag[990] gestellt, der auf die Ausweitung des AEntG gerichtet war und somit das Tarifsystem stärken sollte.

Im Koalitionsvertrag der 17. Legislaturperiode wurde zwar vereinbart, „die Rechtsprechung zum Verbot sittenwidriger Löhne gesetzlich festzuschreiben, um Lohndumping zu verhindern"[991], wobei heute klar ist, dass dies nur ein Versprechen bleiben sollte. Überdies sollten die bestehenden gesetzlichen Regelungen zum Mindestlohn evaluiert werden. Gegen einen einheitlichen gesetzlichen Mindestlohn haben sich die CDU/CSU und die FDP ausgesprochen.

Im Koalitionsvertrag der 18. Legislaturperiode zwischen SPD und CDU/CSU einigten sich die Parteien endlich auf die Einführung eines gesetzlichen Mindestlohns.[992] In der Vereinbarung wurde festgestellt, dass die sinkende Tarifbindung zu „weiße[n] Flecken" in der Tariflandschaft geführt habe und dass nur durch einen gesetzlichen Mindestlohn ein angemessener Mindestschutz für Arbeitnehmer und Arbeitnehmerinnen geschaffen werden könne.[993] Der Mindestlohn wurde in dem Koalitionsvertrag von der SPD durchgesetzt. Die Sozialdemokratische Partei machte die Aufnahme eines gesetzlichen Mindestlohns zur Bedingung für die Mitarbeit in der Koalition. Die Union war weiterhin gegen die Einführung, konnte sich jedoch nicht durchsetzen.[994]

Auch außerhalb der Koalition entflammte die Debatte um die Einführung von Mindestlöhnen immer wieder.[995] Gegner eines gesetzlichen und

---

985 BT-Drs. 17/1408, S. 5.
986 BT-Drs. 17/5101.
987 BT-PlPr 17/38, S. 3683B – 3700C und BT-PlPr 17/105, S. 11989D – 12012B.
988 BT-Drs. 17/4665, neu; näher zu diesem Entwurf vgl. *Hanau*, FS-Kempen, 235 (243 ff.).
989 BT-Drs. 17/4435; näher zu diesem Entwurf vgl. *Hanau*, FS-Kempen, 235 (245 f.).
990 BT-Drs. 17/8148.
991 Vgl. Koalitionsvertrag 17. Legislaturperiode, S. 21.
992 Koalitionsvertrag zwischen CDU, CSU und SPD, 18. Legislaturperiode, S. 67 f.; vgl. dazu auch *Knabe/Schöb/Thum*, Perspektiven der Wirtschaftspolitik 2014, 133 (133).
993 Koalitionsvertrag zwischen CDU, CSU und SPD, 18. Legislaturperiode, S. 68.
994 https://www.zeit.de/politik/deutschland/2013-11/koalitionsvertrag-beschluesse-ueberblick/komplettansicht; https://www.spdfraktion.de/themen/mindestlohn-notwendig (zuletzt abgerufen am 19.12.2021).
995 Eine ausführliche Aufzählung der wissenschaftlichen Stellungnahmen bietet *Lobinger*, GS-Brugger, 355 (355) Fn. 1.

branchenunabhängigen Mindestlohns monierten in diesem Zusammenhang regelmäßig, dass die Einführung eines Mindestlohns zum Verlust von Arbeitsplätzen führen würde.[996] Des Weiteren wurde befürchtet, dass die Einführung eines Lohnminimums eine Sogwirkung nach unten für Löhne habe, die über dem Lohnminimum lägen.[997] Bedenken gingen auch dahin, dass gesetzliche Mindestlöhne „Totengräber für Tarifverträge" seien.[998]

Trotz einiger Argumente gegen einen branchenübergreifenden Mindestlohn sprachen ebenfalls gewichtige Gründe für die Einführung.

Einerseits nahm die Tarifbindung in den Jahren vor Erlass des MiLoG zunehmend ab[999] und eine Lohnsicherung durch Tarifverträge verlor aus diesem Grund immer mehr an Bedeutung. Des Weiteren ist das allgemeine Lohn- und Gehaltsniveau erheblich unter Druck geraten.[1000] Außerdem bestand Hoffnung dahingehend, dass der Lebensunterhalt durch eine Erwerbstätigkeit nach der Einführung des gesetzlichen Mindestlohns ohne staatliche Unterstützung beschritten werden konnte.[1001] Zusammenfassend wurden die Vermeidung von Lohndumping, die Sicherung des Lebensunterhalts sowie ein unterstes Maß an Austauschgerechtigkeit als oberste Ziele angeführt.[1002]

Nach langwierigen Debatten wurde am 11.08.2014 das Gesetz zur Stärkung der Tarifautonomie (Tarifautonomiestärkungsgesetz) beschlossen, das die Einführung eines gesetzlichen Mindestlohns ab dem 01.01.2015 zum Inhalt hat.[1003]

II. Tarifgestützte und tarifunabhängige Mindestlöhne

In Deutschland lassen sich Mindestlöhne sowohl aus Gesetzen als auch aus tarifvertraglichen Vereinbarungen ableiten.

Lange Zeit war es die Aufgabe von Gewerkschaften, das Verhandlungsgleichgewicht für Arbeitnehmer herzustellen und somit durch Tarifverträge Mindestlöhne

---

996 *Naujoks*, Die Rechtsformen gesetzlicher Mindestlöhne und ihre zivilrechtlichen Sanktionen, S. 35; *Waltermann*, NJW 2010, 801 (806).
997 *Bepler*, FS-Richardi, 189 (198); *Rieble/Klebeck*, ZIP 2006, 829 (830); *Rieble*, in: ders./ u.a. (Hrsg.), Mindestlohn als politische und rechtliche Herausforderung, 17 (24).
998 Vgl. *Rybarz*, Mindestlöhne – Totengräber für Tarifverträge?, S. 35 ff.
999 Vgl. Grafik WSI: https://www.boeckler.de/pdf/ta_tarifbindung_beschaeftigte_1998_ 2017.pdf (zuletzt abgerufen am 19.12.2021); *Amlinger/Bispinck/Schulten*, Theorie und Praxis der Sozialen Arbeit 2016, 125 (125).
1000 *Naujoks*, Die Rechtsformen gesetzlicher Mindestlöhne und ihre zivilrechtlichen Sanktionen, S. 37.
1001 *Rybarz*, Mindestlöhne – Totengräber für Tarifverträge?, S. 69 ff. mit weiteren Argumenten; *Schöb/Thum*, FS-Sinn, 193 (195).
1002 *Rieble/Klebeck*, ZIP 2006, 829 (829).
1003 Gesetz zur Stärkung der Tarifautonomie – Tarifautonomiestärkungsgesetz – vom 11.08.2014, BGBl. I, S. 1348.

für Arbeitnehmer festzusetzen.[1004] Es bestand Konsens darin, dass sich der Staat nicht in die Tarifautonomie einzumischen habe.[1005] Mindestentgelte oder Mindestarbeitsbedingungen wurden also aus Tarifverträgen abgeleitet. Für den Fall, dass Tarifverträge jedoch keinen ausreichenden Schutz bieten konnten, wurde die Möglichkeit tarifgestützter Mindestlöhne nach dem TVG oder dem AEntG[1006] sowie nach dem Arbeitnehmerüberlassungsgesetz (§ 3a AÜG)[1007] geschaffen. Es bestand somit schon vor Einführung des gesetzlichen und tarifunabhängigen Mindestlohns ein „Geflecht ‚relativer Mindestlöhne'".[1008] Allen diesen Varianten ist gemeinsam, dass sie durch Akte der Exekutive und nicht durch die Legislative zustande kommen[1009] und dass diese zwingend an bereits bestehende Tarifverträge anknüpfen.[1010]

Neben dem Mindestlohngesetz gibt es weitere gesetzliche tarifunabhängige Grundlagen, die den Anspruch auf ein Lohnminimum gewährleisten sollen. Hierbei handelt es sich unter anderem um § 138 BGB,[1011] § 17 Abs. 1 BBiG[1012], § 59 HGB, §§ 19, 21 Abs. 1, 22 HAG und § 221 Abs. 2 SGB IX. Die Regelung des § 59 S. 1 HGB bezieht sich auf die Handlungsgehilfen. Diese haben Anspruch auf eine nach dem Ortsgebrauch entsprechende Vergütung.[1013]

Die Vorschriften §§ 19, 21 Abs. 1, 22 HAG regeln die Festsetzung von Mindestarbeitsbedingungen für die in der Heimarbeit Beschäftigten. Nach § 19 Abs. 1 HAG kann ein Heimarbeitsausschuss nach Anhörung der Auftraggeber und Beschäftigten Entgelte und sonstige Vertragsbedingungen mit bindender Wirkung festsetzen, wenn den in Heimarbeit Beschäftigten geringe Entgelte gezahlt werden oder die sonstigen Vertragsbedingungen unzulänglich sind. Dieser Heimarbeitsausschuss wird nach § 4 Abs. 1, 2 HAG von der zuständigen Arbeitsbehörde errichtet

---

1004 *Bepler*, FS-Richardi, 189 (193); *Bieback/Kocher*, in: Bieback u.a. (Hrsg.), Tarifgestützte Mindestlöhne, 43 (45); *Bieback*, RdA 2000, 207 (208); *Bietmann*, Gesetzliche Wege zu einem systemkonformen Mindestlohn, S. 49; *Lakies*, NZA-RR 2002, 337 (337); *Waltermann*, NJW 2010, 801 (801); *Wank*, FS-Buchner, 898 (900).
1005 Vgl. *Schöb/Thum*, FS-Sinn, 193 (194).
1006 Siehe hierzu Kapitel 4 § 1 II. 3. b).
1007 *Nielebock*, FS-Kempen, 181 (181); *Wank*, RdA 2015, 88 (90); näher zu den Mindestlöhnen in der Zeitarbeit vgl. *Benecke*, in: Rieble/u.a. (Hrsg.), Mindestlohn als politische und rechtliche Herausforderung, S. 49 ff.
1008 *Waltermann*, NJW 2010, 801 (801).
1009 *Selmayr*, ZfA 1996, 615 (620); *Stiebert/Pötters*, RdA 2013, 101 (101).
1010 *Sittard*, ZIP 2007, 1444 (1445).
1011 Siehe hierzu sogleich Kapitel 4 § 1 II. 1.
1012 Neue Fassung seit dem 01.01.2020, siehe hierzu Kapitel 4 § 2 II 1. c) bb); näher zur Fassung bis zum 31.12.2019 vgl. *Nassibi*, Schutz vor Lohndumping in Deutschland, S. 119 ff. zu § 17 Abs. 1 S. 1 BBiG a.F.; *Lakies*, NZA-RR 2002, 337 (338 f.) zu § 10 Abs. 1 S. 1 BBiG a.F. (= § 17 Abs. 1 S. 1 BBiG i.d.F. bis 31.12.2019).
1013 *Andelewski*, Staatliche Mindestarbeitsbedingungen, S. 171 ff.; *Kabelitz*, Festsetzung von Mindestarbeitsentgelten nach dem MiArbG im Spannungsfeld von Tarifautonomie und der Gewährleistung angemessener Arbeitsentgelte, S. 18.

und besteht aus je drei Beisitzern aus Kreisen der Auftraggeber und Beschäftigten.
§ 21 Abs. 1 HAG enthält Voraussetzungen in Bezug auf die Entgeltregelung der Zwischenmeister und § 22 HAG bezieht sich auf Mindestarbeitsbedingungen für fremde Hilfskräfte.[1014]

Nach § 221 Abs. 2 SGB IX haben in Werkstätten arbeitende behinderte Menschen gegenüber dem jeweiligen Träger der Werkstatt einen Anspruch auf ein Arbeitsentgelt, das sich aus einem Grundbetrag in Höhe des Ausbildungsgeldes, das die Bundesagentur für Arbeit behinderten Menschen in der Ausbildung zahlt, sowie einem leistungsangemessenen Steigerungsbetrag zusammensetzt.[1015]

1. Das Verbot des Lohnwuchers

Vor der Einführung eines gesetzlichen Mindestlohns behalf man sich zur Vermeidung niedriger Löhne mit dem Verbot des Lohnwuchers nach § 138 BGB und § 291 StGB. Der Lohnwucher nach § 138 BGB ist aufgrund mangelnder gesetzlicher Festlegung auch als „richterlicher Mindestlohn"[1016] bekannt.[1017]

Das Instrument des „Lohnwuchers" war bereits kurz nach Inkrafttreten des BGB[1018] verbreitet, auch wenn zu Beginn des vergangenen Jahrhunderts eine richterliche Festsetzung von Mindestlöhnen überwiegend abgelehnt wurde. So wurde vertreten, es sei „ein schwer erträglicher Zustand für den Arbeitgeber, seine Lohnfestsetzungen der nota censoria von Gerichten unterworfen zu sehen"[1019].

Ziel des § 138 BGB ist es, rechtsgeschäftliche Vereinbarungen, die gegen die guten Sitten verstoßen, für nichtig zu erklären.[1020]

1014 *Andelewski*, Staatliche Mindestarbeitsbedingungen, S. 90 ff.; *Bietmann*, Gesetzliche Wege zu einem systemkonformen Mindestlohn, S. 73 ff.; *Kabelitz*, Festsetzung von Mindestarbeitsentgelten nach dem MiArbG im Spannungsfeld von Tarifautonomie und der Gewährleistung angemessener Arbeitsentgelte, S. 21 f.; *Lakies*, NZA-RR 2002, 337 (337); *Stütze*, Die Kontrolle der Entgelthöhe im Arbeitsrecht, S. 236 ff.
1015 Wortlaut entspricht § 138 Abs. 2 SGB IX i.d.F. bis zum 31.12.2017; siehe hierzu *Stütze*, Die Kontrolle der Entgelthöhe im Arbeitsrecht, S. 240 f.
1016 *Hanau*, EWiR 2002, 419 (419).
1017 Bereits 2006 wurde die Kodifizierung des Sittenwidrigkeitstatbestands vorgeschlagen, vgl. *Haberzettl*, Varianten der Kodifizierung eines Mindestlohns und ihre Vereinbarkeit mit höherrangigem Recht, S. 222 m. w. N., S. 230; näher zu dem Gesetzesentwurf eines Arbeitsvertragsgesetzes vgl. *Henssler/Sittard*, RdA 2007, 159 (163 f.); überdies haben sich im Koalitionsvertrag der 17. Legislaturperiode CDU/CSU und FDP zwar auf die gesetzliche Niederschrift der Rspr. zum Verbot sittenwidriger Löhne geeinigt, dieses Vorhaben wurde jedoch nicht umgesetzt, vgl. Koalitionsvertrag der 17. Legislaturperiode, S. 21.
1018 In Kraft getreten am 1.01.1900.
1019 Vgl. *Oertmann*, DJZ 1913, 254 (254).
1020 *Jakl*, in: Gsell/Krüger/Lorenz/Reymann/Hager, BeckOGK BGB, § 138 BGB, Rn. 2.

Hierbei ist zwischen der Generalklausel nach § 138 Abs. 1 BGB und dem Lohnwucher im engeren Sinne nach § 138 Abs. 2 BGB[1021] („insbesondere") zu unterscheiden.

Nach der h.M. und der Rspr.[1022] liegt ein sittenwidriges Geschäft i.S.v. § 138 Abs. 1 BGB vor, wenn durch das Rechtsgeschäft objektiv gegen die guten Sitten verstoßen wurde und subjektiv, wenn der Handelnde die Umstände kennt oder grob fahrlässig nicht kennt, aus denen sich die Sittenwidrigkeit ergibt.[1023] Schwierig ist in diesem Zusammenhang, was im Einzelfall unter den „guten Sitten" zu verstehen ist.[1024] Nach der ständigen Rechtsprechung wird dies als „das Anstandsgefühl aller billig und gerecht Denkenden" verstanden.[1025]

Unter dem Lohnwucher i.S.v. § 138 Abs. 2 BGB versteht man das auffällige Missverhältnis zwischen Leistung und Gegenleistung und dem Hinzutreten eines sittenwidrigen Umstands (u. a. verwerfliche Gesinnung, Ausbeutung einer Zwangslage oder Unerfahrenheit).[1026]

Die Differenzierung zwischen dem Lohnwucher einerseits und dem sittenwidrigen Rechtsgeschäft andererseits hat jedoch kaum praktische Relevanz, da selbst das BAG bei der Anwendung keine klaren Grenzen zwischen den Tatbestandsvoraussetzungen zieht.[1027] Rechtsfolge beider Tatbestände ist nach § 139 BGB die Nichtigkeit des vereinbarten Lohns[1028] mit der Konsequenz, dass anstelle des Wucherlohns die übliche Vergütung[1029] nach § 612 Abs. 2 BGB zu zahlen ist.[1030]

Der objektive Tatbestand der beiden Absätze des § 138 BGB fordert stets ein auffälliges Missverhältnis zwischen Leistung und Gegenleistung, also zwischen

---

1021 § 138 Abs. 2 BGB, der Wuchertatbestand, konkretisiert das sittenwidrige Rechtsgeschäft i. S. v. Abs. 1 der Norm.
1022 St. Rspr. BGH, Urteil vom 12.04.2016 – XI ZR 305/14 = NJW 2016, 2662, Rn. 37.
1023 Statt vieler *Andelewski*, Staatliche Mindestarbeitsbedingungen, S. 177 m.w.N.
1024 Zum Terminus der Sittenwidrigkeit siehe *Zdjelar*, Ein Minimum für jeden?, S. 121.
1025 RGZ 48, 114 (124).
1026 *Preis*, in: Müller-Glöge/Preis/Schmidt, ErfK, § 612 BGB, Rn. 3.
1027 Vgl. *Nermerich*, Mindestlohn – eine kritische Einordnung, S. 61.
1028 Früher wurde vertreten, dass die Rechtswirkung der Nichtigkeit das ganze Rechtsgeschäft betreffen soll. Dabei gilt die arbeitsrechtliche Besonderheit, dass das Dauerschuldverhältnis nicht ex tunc nichtig wird, sondern die Nichtigkeit auf die Zukunft beschränkt ist. In neuerer Zeit wird allerdings zu Recht vertreten, dass sich die Nichtigkeit ausschließlich auf die Lohnabrede bezieht und der Arbeitsvertrag im Übrigen als wirksam angesehen wird, vgl. auch *Stütze*, Die Kontrolle der Entgelthöhe im Arbeitsrecht, S. 313 f. sowie *Lobinger*, GS-Brugger, 355 (382).
1029 Bei der üblichen Vergütung muss der Maßstab herangezogen werden, der sich auch bei der Bestimmung des objektiven Werts der Arbeitsleistung (siehe sogleich) ergibt, *Stütze*, Die Kontrolle der Entgelthöhe im Arbeitsrecht, S. 315; hiermit ist nicht der gesetzliche Mindestlohn gemeint, BAG, Urteil vom 18.11.2015 – 5 AZR 814/14 = NZA 2016, 494.
1030 *Löw*, MDR 2004, 734 (735); *Preis*, in: Müller-Glöge/Preis/Schmidt, ErfK, § 612 BGB, Rn. 4 m.w.N.

dem gezahlten Lohn und dem objektiven Wert der Arbeitsleistung.[1031] Wie sich der objektive Wert der Arbeitsleistung bestimmen lässt, wird sogleich erläutert. Unterschiede treten lediglich im subjektiven Tatbestand auf.

a) Der subjektive Tatbestand

Der subjektive Tatbestand der sittenwidrigen Lohnvereinbarung i.S.v. § 138 Abs. 1 BGB fordert, dass der Arbeitgeber verwerflich gehandelt hat.[1032]

Lohnwucher liegt gemäß § 138 Abs. 2 BGB vor, wenn der Arbeitgeber subjektiv einen Umstand i.S.d. Norm, nämlich eine Zwangslage, Unerfahrenheit, mangelndes Urteilsvermögen oder eine erhebliche Willensschwäche des Arbeitnehmers ausgebeutet hat.[1033]

Die subjektiven Voraussetzungen im Rahmen des § 138 Abs. 2 BGB sind restriktiv auszulegen. Der Schutzgedanke des Lohnwuchers dient nicht dazu, schlecht geführte Vertragsverhandlungen nachträglich auszubessern und dem Arbeitnehmer dadurch einen höheren Lohn zu verschaffen.[1034] Zu beachten ist nämlich stets der durch die Vertragsfreiheit gewährleistete Gestaltungsspielraum beim Abschluss von Arbeitsverträgen.[1035] Der subjektive Tatbestand des Lohnwuchers ist daher nicht bereits dann erfüllt, wenn ein Arbeitgeber die schwächere Situation seines Arbeitnehmers ausnutzt, um seine wirtschaftliche Existenz zu sichern. Die Ausbeutung des Arbeitnehmers muss vielmehr in einer „besonders anstößigen und gefährlichen Weise" erfolgen.[1036] Aufgrund dieser engen Auslegung ist der Wuchertatbestand im engeren Sinne nach Abs. 2 schwer zu beweisen. In der Praxis wird daher häufig auf Abs. 1 verwiesen.[1037] Die „verwerfliche Gesinnung" kann zumindest dann angenommen werden, wenn ein objektives Missverhältnis unzweifelhaft vorliegt, was der Fall ist, wenn der Wert der Leistung (mindestens) doppelt so hoch ist wie der Wert der Gegenleistung.[1038]

1031 BAG, Urteil vom 22.03.1989 – 5 AZR 151/88 = BeckRS 2009, 69153.
1032 *Armbrüster,* in: Säcker/Rixecker/Oetker/Limperg, MüKo zum BGB, § 138, Rn. 215; *Stütze,* Die Kontrolle der Entgelthöhe im Arbeitsrecht, S. 311 m.w.N.
1033 *Andelewski,* Staatliche Mindestarbeitsbedingungen, S. 182 f.; *Armbrüster,* in: Säcker/ Rixecker/Oetker/Limperg, MüKo zum BGB, § 138, Rn. 273 ff.; *Stütze,* Die Kontrolle der Entgelthöhe im Arbeitsrecht, S. 300 ff.
1034 *Yang,* ZJS 2011, 430 (435).
1035 ArbG Hagen, Urteil vom 24.06.1987 – 3 Ca 163/87 = NZA 1987, 610 (611).
1036 *Yang,* ZJS 2011, 430 (435).
1037 *Wendtland,* in: Bamberger/Roth/Hau/Poseck, BeckOK BGB, § 138 BGB, Rn. 40; kritisch dazu *Böggemann,* NZA 2011, 493 (494).
1038 BAG, Urteil vom 16.05.2012 – 5 AZR 268/11 = AP BGB § 138 Nr. 66, Rn. 36 m.w.N.

b) Der objektive Tatbestand

Der objektive Tatbestand ist nicht bereits dann erfüllt, wenn ein Arbeitnehmer ein niedriges Entgelt erhält.[1039] Die Sittenwidrigkeit ergibt sich erst aus dem Verhältnis zwischen der (Arbeits-)Leistung und der Gegenleistung, also dem Arbeitsentgelt. Dieses auffällige Missverhältnis zwischen dem Wert der Leistung und Gegenleistung wird sowohl beim Lohnwucher nach § 138 Abs. 2 BGB als auch beim sittenwidrigen Rechtsgeschäft nach § 138 Abs. 1 BGB gefordert.

aa) Objektiver Wert einer Arbeitsleistung

Schwierigkeiten wirft dabei die Bestimmung des objektiven Werts einer Arbeitsleistung auf.[1040]

Abgelehnt hat das BAG eine Anlehnung an Pfändungsfreigrenzen oder Sozialhilfesätze, da auf die Arbeitsleistung und nicht auf wirtschaftliche Bedürfnislagen abgestellt werden müsse.[1041] Überdies haben Sozialleistungen mit der Äquivalenz zwischen Arbeitsleistung und Entgelt nichts zu tun.[1042] Zur Bestimmung des Wertes der Arbeitsleistung betonte das BAG im Jahr 1973, dass auf die Arbeitsleistung als solche Bezug genommen werden muss, also konkret auf die Dauer und den Schwierigkeitsgrad der Tätigkeit, auf körperliche und geistige Beanspruchung sowie auf die Arbeitsbedingungen schlechthin (Hitze, Kälte, Lärm).[1043] Ein Maßstab der objektiven Arbeitsleistung anhand dieser Anhaltspunkte war jedoch schwierig.[1044]

Aus diesem Grund werden zur Bestimmung des objektiven Werts der Arbeitsleistung hilfsweise vergleichbare Löhne des jeweiligen Wirtschaftszweigs[1045] herangezogen.[1046]

Die Festlegung, ob ein Lohn gegen die guten Sitten verstößt, ist daher nicht absolut zu bestimmen, sondern relativ im Verhältnis zu vergleichbaren Löhnen.

1039 *Preis*, in: Müller-Glöge/Preis/Schmidt, ErfK, § 612 BGB, Rn. 3.
1040 *Haberzettl*, Varianten der Kodifizierung eines Mindestlohns und ihre Vereinbarkeit mit höherrangigem Recht, S. 223 f.
1041 BAG, Urteil vom 24.03.2004 – 5 AZR 303/03 = BAGE 110, 79 (83) = NZA 2004, 971 (972); *Henssler/Sittard*, RdA 2007, 159 (161); *Lakies*, NZA-RR 2002, 337 (342).
1042 *Böggemann*, NZA 2011, 493 (496).
1043 BAG, Urteil vom 11.01.1973 – 5 AZR 322/72 = AP BGB § 138 Nr. 30.
1044 *Böggemann*, NZA 2011, 493 (495).
1045 Kritisch dazu *Henssler/Sittard*, RdA 2007, 159 (161).
1046 „Ausgangspunkt (...) sind regelmäßig die Tarifentgelte des jeweiligen Wirtschaftszweigs oder – wenn die verkehrsübliche Vergütung geringer ist – das allgemeine Entgeltniveau im Wirtschaftsgebiet", vgl. BAG, Urteil vom 17.10.2012 – 5 AZR 792/11 = NZA 2013, 266 (267) Rn. 19; *Reinecke*, NZA-Beilage 2000, 23 (32): „die Heranziehung der tariflichen Arbeitsbedingungen als Vergleichsmaßstab ist nicht so unproblematisch [...]. Der „Marktwert" der Arbeit [...] kann weit über, aber auch weit unter dem Tariflohn liegen."

Hierzu werden die Tariflöhne üblicher Tarifverträge als Maßstab herangezogen. Üblich ist eine Tarifvereinbarung nach Ansicht des BAG aber nur dann, wenn mehr als die Hälfte der Arbeitgeber eines Wirtschaftsbereichs tarifgebunden sind oder wenn die organisierten Arbeitgeber mehr als die Hälfte der Arbeitnehmer eines Wirtschaftsgebiets beschäftigen.[1047]

Sofern der Tariflohn jedoch nicht der verkehrsüblichen Vergütung entsprechen sollte, da diese unter Umständen unterhalb des Tariflohns liegt, muss von dem allgemeinen Lohnniveau im Wirtschaftszweig ausgegangen werden.[1048]

Für den Fall, dass keine einschlägigen Tarifverträge vorhanden sind, dienen verwandte Tarifverträge als Grundlage.[1049] Jedoch ist dabei zu beachten, dass eine vergleichbare Arbeitsleistung vorliegen muss. So kann bspw. bei der Bestimmung des üblichen Lohns für einen Arbeitnehmer im Mietwagengewerbe nicht der tariflich ausgehandelte Lohn von Arbeitnehmern des privaten Transport- und Verkehrsgewerbes bzw. Personenverkehrs mit Omnibussen herangezogen werden. Begründet wird dies damit, dass in einer Branche, in der Löhne ausschließlich einzelvertraglich ausgehandelt werden (hier: Mietwagengewerbe), kein Lohnniveau erreicht werden kann, wie es in Tarifverträgen üblich ist. Überdies ist in einer solchen Konstellation schwierig, den subjektiven Tatbestand des wucherähnlichen Tatbestandes nach § 138 Abs. 1 BGB nachzuweisen. Wenn in einem Gewerbe keine Tarifverträge existieren, so ist es für den Arbeitgeber schwer nachzuvollziehen, welche verwandten Tarifverträge er im Einzelfall berücksichtigen muss. Dass der Arbeitgeber also von dem Umstand Kenntnis hat, dass der einzelvertraglich ausgehandelte Lohn niedriger ist als vergleichbare Tariflöhne, ist schwer vorstellbar.[1050]

Zusammenfassend ist somit festzustellen, dass der objektive Wert der Arbeitsleistung grundsätzlich den Tariflöhnen des jeweiligen Wirtschaftszweigs entspricht.[1051]

bb) Das auffällige Missverhältnis zwischen Leistung und Gegenleistung

Sofern man den objektiven Wert der Arbeitsleistung ermittelt hat, ist festzustellen, ob ein auffälliges Missverhältnis zwischen diesem Wert der Arbeitsleistung und dem Arbeitsentgelt vorliegt. Entscheidend hierfür ist nicht bereits, dass eine ungünstige Vertragslage zu Lasten des Arbeitnehmers besteht. Der Tatbestand des

---

1047 BAG, Urteil vom 22.04.2009 – 5 AZR 436/08 = BAGE 130, 338 (344) = NZA 2009, 837.
1048 BAG, Urteil vom 11.01.1973 – 5 AZR 322/72 = AP BGB § 138 Nr. 30; BAG, Urteil vom 21.06.2000 – 5 AZR 806/98 = NZA 2000, 1050 (1051); BAG, Urteil vom 23.05.2001 – 5 AZR 527/99 = BeckRS 2009, 52775; BAG, Urteil vom 24.03.2004 – 5 AZR 303/03 = BAGE 110, 79 (79, 83) = AP BGB § 138 Nr. 59; BAG, Urteil vom 22.04.2009 – 5 AZR 436/08 = NZA 2009, 837 (838) Rn. 14.
1049 *Preis*, in: Müller-Glöge/Preis/Schmidt, ErfK, § 612 BGB, Rn. 3a; ArbG Eberswalde, Urteil vom 15.11.2005 – 5 Ca 1234/05, Rn. 22 (juris).
1050 LAG HE, Urteil vom 16.12.2011 – 10 Sa 1345/09, Rn. 77, 78 (juris).
1051 BAG, Urteil vom 18.04.2012 – 5 AZR 630/10 = AP BGB § 138 Nr. 65, Rn. 11.

Lohnwuchers soll nicht dazu dienen, schlecht verhandelte Vertragsvereinbarungen auszubessern, die sich im Rahmen der Vertragsfreiheit bewegen.[1052]
Das auffällige Missverhältnis wurde bis zum richtungsweisenden Urteil des BAG im Jahr 2009[1053] von den arbeitsrechtlichen Gerichten unterschiedlich verstanden.[1054] Hierbei reichten die Grenzwerte von 28 %[1055] bis zu 66,6 %[1056]. Seit der Leitentscheidung des BAG ist ein auffälliges Missverhältnis dann gegeben, wenn der vereinbarte Lohn weniger als $^2/_3$ des in dem Wirtschaftszweig üblicherweise gezahlten Lohns beträgt.[1057] Dieser Richtwert ist seit dem Urteil des BAG im Jahr 2009 anerkannt und üblich.

Bemerkenswert ist dabei, dass sich das BAG hierfür ausdrücklich an die Rspr. des BGH in Strafsachen im Zusammenhang mit dem Verbot des Lohnwuchers i.S.v. § 291 Abs. 1 Nr. 3 StGB (= § 302a Abs. 1 S. 1 Nr. 3 StGB a. F.) angelehnt hat.[1058] Die strafrechtliche Norm wird als Korrespondenzvorschrift zu § 138 Abs. 2 BGB verstanden,[1059] denn auch in Bezug auf den strafrechtlichen Schutz vor Lohnwucher wird objektiv ein auffälliges Missverhältnis zwischen der Leistung und der Gegenleistung gefordert.

Der BGH für Strafsachen hat sich in seinem Urteil vom 22.04.1997[1060] mit eben dieser Frage auseinandergesetzt. Nach Ansicht des BGHSt liegt ein Missverhältnis vor, wenn dieses „einem Kundigen, sei es auch erst nach Aufklärung des – oft verschleierten – Sachverhalts, ohne weiteres ins Auge springt".[1061] Wann genau ein solches Missverhältnis vorliegt, führt der BGHSt jedoch nicht weiter aus. Das Urteil des BGHSt bestätigte aber revisionsrechtlich die Entscheidung des Landgerichts Passau, das ein auffälliges Missverhältnis dann als erwiesen ansah, wenn der gezahlte Lohn weniger als $^2/_3$ des ortsüblichen Tariflohns betrug.[1062]

1052 *Zdjelar*, Ein Minimum für jeden?, S. 123.
1053 BAG, Urteil vom 22.04.2009 – 5 AZR 436/08 = BAGE 130, 338 ff.
1054 Vgl. *Nassibi*, Schutz vor Lohndumping, S. 61 ff. mit einer Aufarbeitung der Rspr. sowie *Andelewski*, Staatliche Mindestarbeitsbedingungen, S. 178 f.; *Lakies*, NZA-RR 2002, 337 (340); *Nassibi*, KJ 2010, 194 (197) m.w.N.; *Naujoks*, Die Rechtsformen gesetzlicher Mindestlöhne und ihre zivilrechtlichen Sanktionen, S. 217 f.; *Stütze*, Die Kontrolle der Entgelthöhe im Arbeitsrecht, S. 259, 260 Fn. 257.
1055 LAG Bremen, Urteil vom 03.12.1992 – 3 Sa 304/90, AiB 1993, 834.
1056 Bsp.: LAG Berlin-Brandenburg, Urteil vom 28.02.2007 – 15 Sa 1363/06, Rn. 15 (juris).
1057 BAG, Urteil vom 22.04.2009 – 5 AZR 436/08, Rn. 17 = NZA 2009, 837 (838) = BAGE 130, 338 (341); bestätigt durch BAG, Urteil vom 18.04.2012 – 5 AZR 630/10, Rn. 11 und BAG, Urteil vom 17.12.2014 – 5 AZR 663/13.
1058 BAG, Urteil vom 22.04.2009 – 5 AZR 436/08 = BAGE 130, 338 (341) Rn. 17.
1059 *Löw*, MDR 2004, 734 (734).
1060 BGH, Urteil vom 22.04.1997 – 1 StR 701/96 = BGHSt 43, 53.
1061 BGH, Urteil vom 22.04.1997 – 1 StR 701/96 = BGHSt 43, 53 (60).
1062 Vgl. Entscheidungsgründe Urteil BGHSt a.a.O.: Der Angeklagte zahlte seinen beschäftigten Maurern einen Bruttostundenlohn von 12,07 DM. Der Tariflohn

Zu beachten ist überdies, dass das BAG nicht nur auf das auffällige Missverhältnis zwischen Leistung und Gegenleistung abstellt, sondern den Gesamtcharakter des Rechtsgeschäfts beurteilt, also mithin den Inhalt, den Beweggrund und den Zweck des Vertrags in seine Erwägungen einbezieht.[1063]

c) Ergebnis

Der Nachteil bei der Bestimmung von Mindestlöhnen durch die Anwendung des Lohnwuchers liegt in der vorausgesetzten Vergleichbarkeit mit anderen üblichen Löhnen. Wie bereits festgestellt, setzt der Lohnwucher keine absolute Lohnuntergrenze.

Schwierig ist in diesem Zusammenhang, dass repräsentative Lohnerhebungen kaum zu finden sind.[1064] Die Sittenwidrigkeitswerte sind individuell und abhängig davon, wie branchen- und gebietsübliche Löhne festgesetzt sind.[1065] Durch diese relative Bestimmung eines Niedriglohns wird in Branchen, die durch die Niedriglohnarbeit gekennzeichnet sind, ein Lohnwucher selten bis überhaupt nicht festgestellt werden. So verhielt es sich im Fall einer Friseurin im nordöstlichen Brandenburg. Sie verdiente durchschnittlich 3,00 EUR netto pro Stunde. Ihre Klage, mit der sie 900,00 EUR brutto für eine 30-Stunden-Woche begehrte, blieb erfolglos, da sie keine höhere übliche Vergütung schlüssig darlegen konnte.[1066]

Lohnwucher wird durch den Vergleich mit ortsüblichen Löhnen also nur dann vorliegen, wenn ein Arbeitnehmer im Vergleich zu den Arbeitnehmern aus seiner Branche einen unverhältnismäßig geringen Lohn erhält.

Dies kann insbesondere auch dann vorliegen, wenn ein Arbeitnehmer zwar objektiv betrachtet ein hohes Arbeitsentgelt erzielt, dieses Entgelt aber im Vergleich zu den Löhnen in seiner Branche niedrig ist. Lohnwucher kann also auch bei Gut- und Spitzenverdienern vorliegen.[1067]

Lohnwucher muss wiederum jedoch nicht vorliegen, weil ein Arbeitnehmer wenig verdient, wenn dies in seiner Branche vergleichsweise üblich ist.[1068] *Peter* beschreibt dies treffend: „Das Problem dreht sich im Kreis: [denn] Die

---

für Maurer betrug zu dieser Zeit 19,05 DM pro Stunde. Somit entsprach der tatsächlich gezahlte Lohn genau 66,67 % des üblichen Tariflohns.

1063 BAG, Urteil vom 26.04.2006 – 5 AZR 549/05 = NZA 2006, 1354 (1355).
1064 *Rieble*, in: ders./u.a. (Hrsg.), Mindestlohn als politische und rechtliche Herausforderung, 17 (20).
1065 *Helmrich*, Mindestlohn zur Existenzsicherung, S. 87.
1066 ArbG Eberswalde, Urteil vom 15.11.2005 – 5 Ca 1234/05 = BeckRS 2009, 69628; näher dazu *Böggemann*, NZA 2011, 493 (496).
1067 *Hejma*, Deutsche Wege zur Lohngerechtigkeit, S. 184.
1068 Vgl. *Nassibi*, Schutz vor Lohndumping in Deutschland, S. 87.

Üblichkeit der gezahlten Niedriglöhne legitimiert niedrige Löhne geradezu".[1069] Der „Hungerlohn"[1070] ist somit nicht zwingend ein Wucherlohn.[1071]

Die Festlegung von Mindestlöhnen anhand von § 138 BGB ist somit immer eine relative, an den üblichen Löhnen gemessene Komponente und nicht für den Niedriglohnsektor geeignet. Korrigiert werden können über § 138 BGB lediglich sog. „Marktausreißer", denn sofern ein Wirtschaftszweig strukturell und wirtschaftlich schwach ist, hilft die Lohnwucherkontrolle nicht weiter.[1072]

Teilweise wird vertreten, dass durch die Einführung des Mindestlohngesetzes der Lohnwuchertatbestand hinfällig sei, da ein Lohn über 8,50 EUR nicht sittenwidrig sein könne.[1073] Dem ist nicht zuzustimmen. Wie oben ausgeführt wurde, bedarf es zwar einer Gesamtbetrachtung des Rechtsgeschäfts, dennoch muss auf den objektiven Wert der Arbeitsleistung abgestellt werden. Als Vergleichswert ist hierfür auch nicht der gesetzliche Mindestlohn, sondern nur die übliche Vergütung maßgeblich.[1074] Hierzu werden vergleichbare Löhne herangezogen. Tarifliche Stundenlöhne können in einigen Branchen 15,00 EUR erreichen oder sogar überschreiten, sodass ein auffälliges Missverhältnis im Vergleich zu einem Bruttolohn von 8,50 EUR weiterhin möglich ist.[1075] Dafür sprechen auch Beispiele aus der Rechtsprechung. Hier wurde der Tatbestand des Lohnwuchers im Rechtsstreit eines Lehrers angenommen, dessen Stundenlohn weit über 10,00 EUR lag.[1076] Auch in anderen Berufen, in denen üblicherweise sehr hohe Gehälter gezahlt werden, ist es weiterhin denkbar, dass die Entlohnung des Einzelnen weit unter der üblich hohen Vergütung liegt.

Zu beachten ist auch, dass das MiLoG Bereichsausnahmen des Anwendungsbereichs festlegt.[1077] Hiervon betroffen sind unter anderem Beschäftigte unter 18 Jahren ohne eine abgeschlossene Berufsausbildung, zur Berufsausbildung Beschäftigte oder Langzeitarbeitslose in den ersten Monaten ihrer Tätigkeit. Die Entgelte der Arbeitnehmer, die vom Anwendungsbereich des MiLoG ausgeschlossen werden, sind weiterhin am Maßstab des § 138 BGB zu messen.

1069 *Peter*, Gesetzlicher Mindestlohn, S. 116.
1070 Die Bezeichnung „Hungerlohn" wurde geprägt durch das BAG, Urteil vom 10.03.1960 – 5 AZR 426/58 = BeckRS 1960, 31396748.
1071 *Picker*, RdA 2014, 25 (32).
1072 *Picker*, RdA 2014, 25 (32).
1073 Vgl. dazu Interview Prof. Dr. Arnd Diringer mit LTO online: https://www.lto.de/recht/hintergruende/h/arbeitsrecht-mindestlohn-ausnahmen-gesetzgebung-interview-diringer/ (zuletzt abgerufen am 19.12.2021); *Diringer*, FAZ vom 26.11.2013, Nr. 275, S. 11.
1074 BAG, Urteil vom 18.11.2015 – 5 AZR 814/14 = NZA 2016, 494.
1075 So auch *Bauer* und *Klebe* in *Bauer/Klebe/Schunder*, NZA 2014, 12 (13) sowie *Däubler*, NJW 2014, 1924 (1927).
1076 Siehe zur Entlohnung eines Lehrers BAG, Urteil vom 26.04.2006 – 5 AZR 549/05 = NZA 2006, 1354 (1355).
1077 Siehe hierzu Kapitel 4, § 2 II 1. c).

2. Mindestlöhne durch Kollektivvereinbarungen der Sozialpartner

a) Einführung

Tarifverträge sind Ausdruck sozialer Selbstverwaltung. Hierbei handelt es sich um schriftliche Verträge zwischen den Tarifvertragsparteien, also den Arbeitgeber- und Arbeitnehmervertretern.[1078] Die Rechtsnormen eines Tarifvertrags legen Mindestarbeitsbedingungen zugunsten der Arbeitnehmer fest und wirken zwingend und unmittelbar auf die Tarifgebundenen i.S.v. § 3 TVG nach § 4 Abs. 1 S. 1 TVG. Die Vereinbarung von Löhnen ist dabei zentraler Inhalt von Tarifverträgen.[1079]

Tarifverträge haben eine sog. Doppelnatur inne. Sie bestehen aus einem schuldrechtlichen und einem normativen Teil. Der schuldrechtliche Teil regelt die Rechte und Pflichten zwischen den Parteien (§ 1 Abs. 1 Hs. 1 TVG), wohingegen im normativen Teil Rechtsnormen über den Inhalt, den Abschluss und die Beendigung des Arbeitsverhältnisses enthalten sind (§ 1 Abs. 1 Hs. 2 TVG).[1080]

Die Tarifautonomie, also die Garantie, dass die Sozialpartner die Arbeits- und Wirtschaftsbedingungen ihrer Mitglieder autonom verhandeln können, wird durch Art. 9 Abs. 3 GG gewährleistet.[1081] Aufgrund dieses verfassungsrechtlichen Schutzes bestand in Deutschland stets der Vorrang von Tarifverträgen vor staatlich vorgegebenen Regelungen. Im Gegensatz zu anderen Ländern konnte die Legislative hier also im Rahmen ihrer Gesetzgebungskompetenz nur subsidiär und korrigierend und nicht gestaltend handeln[1082] und hatte sich somit aus der Regelung der Arbeitsbedingungen weitgehend zurückgezogen.[1083]

Die aus den Tarifverträgen hervorgehenden Bestimmungen entfalten ihre Wirkung jedoch nur innerhalb ihrer Mitglieder, also zwischen den gebundenen Gewerkschaftsmitgliedern und den jeweiligen Unternehmen bzw. Mitgliedern des Arbeitgeberverbandes.[1084] Durch die Möglichkeit einer Allgemeinverbindlicherklärung kann nach § 5 Abs. 4 TVG der normative Teil eines Tarifvertrages auch die bisher nicht gebundenen Arbeitgeber und Arbeitnehmer erfassen. Die kollektiv vereinbarten Löhne wirken somit in allen Arbeitsverhältnissen im Geltungsbereich des jeweiligen Tarifvertrags. Die Allgemeinverbindlicherklärung wird daher auch als „Brücke zwischen staatlicher und kollektiver Lösung"[1085] bezeichnet.

1078 *Waas*, in: Rolfs/Giesen/Kreikebohm/Udsching, BeckOK Arbeitsrecht, § 1 TVG, Einleitung.
1079 *Peter*, Gesetzlicher Mindestlohn, S. 70.
1080 *Franzen*, in: Müller-Glöge/Preis/Schmidt, ErfK, § 1 TVG, Rn. 19.
1081 Dies ergibt sich aus der Rspr. des BVerfG: Erstmals in BVerfGE 4, 96; siehe auch *Nermerich*, Mindestlohn – eine kritische Einordnung, S. 41.
1082 *Peter*, Gesetzlicher Mindestlohn, S. 69.
1083 BVerfG vom 18.12.1974 – 1 BvR 430/65 und 259/66 = BVerfGE 38, 281 (305 f.); BVerfG vom 24.05.1977 – 2 BvL 11/74 = BVerfGE 44, 322 (340 f.); BVerfG vom 3.04.2001 – 1 BvL 32/97 = BVerfGE 103, 293 (304).
1084 *Rybarz*, Mindestlöhne – Totengräber für Tarifverträge?, S. 24.
1085 *Gamillscheg*, FS-Kim, 35 (37).

In den vergangenen 20 Jahren ging die Gewerkschaftsmitgliedschaft in Deutschland stetig zurück.[1086] Eine Mindestlohngewährleistung allein durch Tarifautonomie war also längst hinfällig, da in Deutschland kein flächendeckendes Netz von tariflichen Mindeststandards zur Einkommenssicherung mehr existierte.[1087] Zunächst behalf man sich mit der Ausweitung von Tarifverträgen auf nicht tarifgebundene Arbeitnehmer durch eine Allgemeinverbindlicherklärung (AVE). Nach und nach wurde jedoch klar, dass tarifgestützte Mindestlöhne durch eine AVE allein nicht die Lösung für den Niedriglohnsektor bleiben konnten. Aus diesem Grund entschied sich der Gesetzgeber, in die Tarifautonomie einzugreifen und durch staatliche Eingriffe die Entgeltpolitik der Arbeitnehmer zu lenken.

b) Das „Problem" der Tarifautonomie

Auf verfassungsrechtliche Probleme gesetzlicher Mindestlöhne, vor allem in Bezug auf die Tarifautonomie, wird im Folgenden nur kurz eingegangen, da diese bereits mehrfach Gegenstand ausführlicher Diskurse waren.[1088]

Aus verfassungsrechtlicher Sicht wurde oft moniert, dass der Staat durch die Einführung des gesetzlichen Mindestlohns in die Tarifautonomie der Gewerkschaften eingreife und somit gegen Art. 9 Abs. 3 GG verstoße.

Die Tarifautonomie umfasst das Recht der Sozialpartner, Arbeits- und Wirtschaftsbedingungen durch Tarifverträge verbindlich zu gestalten und schützt damit die Normsetzungsbefugnis der Tarifvertragsparteien.[1089] Kritisiert wurde in diesem Zusammenhang, dass gesetzliche Mindestlöhne die tarifautonom festgelegten Arbeitsbedingungen verdrängen würden und somit eine Schwächung der Tarifparteien die Folge wäre.[1090] Auch die Gewerkschaften standen staatlichen Interventionen stets skeptisch gegenüber. Tarifautonomie wurde schließlich nicht mit, sondern gegen den Staat erkämpft.[1091]

1086 *Artus,* Krise des deutschen Tarifsystems, passim.
1087 *Bispinck/Schäfer,* in: Schulten/dies. (Hrsg.), Mindestlöhne in Europa, 269 (271); *Bosch,* ZAF 2007, 421 (422).
1088 Vgl. hierzu exemplarisch *Andelewski,* Staatliche Mindestarbeitsbedingungen, S. 48 ff., 255 ff.; *Caspers,* in: Rieble/u.a. (Hrsg.), Mindestlohn als politische und rechtliche Herausforderung, 147 (147 ff.); *Fischer-Lescano/Preis/Ulber,* Verfassungsmäßigkeit des Mindestlohns, S. 90 ff.; *Giesen,* FS-Kempen, 216 (216 ff.); *Haberzettl,* Varianten der Kodifizierung eines Mindestlohns und ihre Vereinbarkeit mit höherrangigem Recht, S. 99 ff.; *Hanau,* FS-Kempen, 235 (249 m.w.N.); *Nermerich,* Mindestlohn – eine kritische Einordnung, S. 43 ff.; *Wiedemann,* NZA 2018, 1587 (1589); auch im Rahmen des AEntG, der AVE und von Tariftreueerklärungen vgl. *Sansone/Ulber,* AuR 2008, 125 (129 m.w.N.) sowie *Barczak,* RdA 2014, 290 (295 ff.).
1089 BVerG, Beschluss vom 3.04.2001 – 1 BvL 32/97 = BVerfGE 103, 293 (304).
1090 *Henssler,* RdA 2015, 43 (44); BDA, Tarifautonomie statt Mindestlohn, S. 4 f. sowie BDA, Stellungnahme zum Gesetzentwurf zur „Stärkung der Tarifautonomie", S. 3.
1091 *Fischer-Lescano/Preis/Ulber,* Verfassungsmäßigkeit des Mindestlohns, S. 64.

So wurde das Artikelgesetz zur Stärkung der Tarifautonomie vom 15.08.2014 spöttisch auch als „Tarifautonomieschwächungsgesetz" [1092] bezeichnet.

Ein Eingreifen des Staates sollte nämlich nur dann erfolgen, „[...] wenn die Koalitionen die ihnen übertragene Aufgabe, das Arbeitsleben durch Tarifverträge sinnvoll zu ordnen, im Einzelfall nicht allein erfüllen können und die soziale Schutzbedürftigkeit einzelner Arbeitnehmer oder Arbeitnehmergruppen [...] [dies] erforderlich macht."[1093]

Durch die verfassungsrechtliche Garantie der Tarifautonomie wurden dem Staat zwei Aufgaben zuteil. Einerseits musste er die Funktionsfähigkeit des Tarifsystems gewährleisten und andererseits war er verpflichtet, die Souveränität der Sozialpartner anzuerkennen.[1094]

Jedoch ging die Tarifbindung seit den 90er-Jahren stetig zurück.[1095] Ein Eingreifen des Staates in die Tarifautonomie war zur Regulierung der Löhne auf Dauer unumgänglich.[1096]

An die Rechtfertigung eines solchen Eingriffs werden hohe Anforderungen geknüpft.[1097] Eine Rechtfertigung kann durch kollidierendes Verfassungsrecht,[1098] aus Gründen des Allgemeinwohls[1099] und unter Wahrung des Verhältnismäßigkeitsgrundsatzes[1100] vorliegen.

Die Rechtfertigung eines Eingriffs in Bezug auf gesetzliche Mindestlöhne wurde unter Erwägung kollidierenden Verfassungsrechts, also der Gewährleistung eines existenzsichernden Einkommens nach Art. 1 Abs. 1 GG i.V.m. dem Sozialstaatsprinzip, und der Schaffung und Durchsetzung angemessener

---

1092 *Henssler*, RdA 2015, 43 (43); ebenfalls kritisch zur Bezeichnung des Tarifautonomiestärkungsgesetzes äußert sich *Franzen*, NZA-Beilage 2017, 66 (66 ff.). Richtigerweise handelt es sich um das Artikelgesetz zur Stärkung der Tarifautonomie – Tarifautonomiestärkungsgesetz, dieses ist am 16.08.2014 in Kraft getreten und beinhaltete das Mindestlohngesetz sowie Änderungsgesetze zum Arbeitsgerichtsgesetz, Schwarzarbeitsbekämpfungsgesetz, Verdienststatistikgesetz, dem TVG sowie dem AEntG.
1093 BVerfG vom 24.05.1977 – 2 BvL 11/74 = BVerfGE 44, 322 (342).
1094 *Gussen*, in: Rolfs/Giesen/u.a., BeckOK Arbeitsrecht, § 1 MiArbG a.K., Rn. 9.
1095 Vgl. *Fischer-Lescano/Preis/Ulber*, Verfassungsmäßigkeit des Mindestlohns, S. 66.
1096 So auch *Waltermann*, RdA 2014, 86 (90).
1097 *Wiedemann*, NZA 2018, 1587 (1589); a.A. *Ulber*, Tarifdispositives Gesetzesrecht im Spannungsfeld von Tarifautonomie und grundrechtlichen Schutzpflichten, S. 78 ff., 86 f., der aufzeigt, dass der faktische Schutz der Tarifautonomie, betreffend der inhaltlichen Regelungen des Arbeitsverhältnisses, stark zurückgeht.
1098 Nach Art. 1 GG i.V.m. Sozialstaatsprinzip, vgl. *Bietmann*, Gesetzliche Wege zu einem systemkonformen Mindestlohn, S. 213.
1099 BVerfG vom 24.04.1996 – 1 BvR 712/86 = NZA 1996, 1157 (1158); BVerfG vom 27.04.1999 – 1 BvR 2203/93 und 1 BvR 897/95 = NJW 1999, 3033 (3034).
1100 *Ulber*, Tarifdispositives Gesetzesrecht im Spannungsfeld von Tarifautonomie und grundrechtlichen Schutzpflichten, S. 77.

Mindestarbeitsbedingungen im Ergebnis jedoch überwiegend befürwortet,[1101] sodass ein gesetzliches Lohnminimum nicht gegen die durch die Verfassung geschützte Tarifautonomie verstößt.

3. Tarifgestützte Mindestlöhne

a) Allgemeinverbindlichkeitserklärung nach § 5 TVG

Durch eine Allgemeinverbindlicherklärung (AVE)[1102] im Sinne von § 5 TVG können Tarifverträge auf Arbeitnehmer und Arbeitgeber erstreckt werden, die ohne diesen Umstand nicht tarifgebunden wären. Das ist vor allem in den Branchen von Bedeutung, die keinen hohen Organisationsgrad der Arbeitnehmer aufweisen, wie bspw. das Baugewerbe, das Hotel- und Gastgewerbe, die Landwirtschaft, der Einzelhandel[1103], das Friseurhandwerk oder das Wach- und Sicherheitsgewerbe.[1104] In diesen Wirtschaftszweigen wird die Notwendigkeit gesehen, den Staat dort schützend eingreifen zu lassen, wo die Tarifautonomie keine ausreichenden Mindestarbeitsbedingungen für die Arbeitnehmer gewährleisten kann.[1105]

Die Allgemeinverbindlicherklärung ist nun mittlerweile mehr als 100 Jahre alt. Sie war bereits in der Tarifvertragsverordnung vom 23.12.1918[1106] festgeschrieben.[1107] Zu Beginn des 20. Jh. hatte sie die Funktion, Arbeitgeber und Arbeitnehmer

---

1101 *Bieback/Kocher*, in: Bieback u.a. (Hrsg.), Tarifgestützte Mindestlöhne, 43 (98); *Bietmann*, Gesetzliche Wege zu einem systemkonformen Mindestlohn, S. 213 f.; *Caspers*, in: Rieble/u.a. (Hrsg.), Mindestlohn als politische und rechtliche Herausforderung, 147 (152 ff.), der eine Rechtfertigung nur in der Sicherung eines Existenzminimums sieht, nicht jedoch in der Sicherung einer „angemessenen" Entlohnung; *Haberzettl*, Varianten der Kodifizierung eines Mindestlohns und ihre Vereinbarkeit mit höherrangigem Recht, S. 218; *Peter*, Gesetzlicher Mindestlohn, S. 233 ff.; *Sittard*, Voraussetzungen und Wirkungen der Tarifnormerstreckung nach § 5 TVG und dem AEntG, S. 466 ff., 471, der einen legitimen Zweck im Schutz der Arbeitnehmer sieht, jedoch an der Erforderlichkeit und Angemessenheit eines branchenübergreifenden Mindestlohns zweifelt.
1102 Nicht eingegangen wird im Folgenden auf die Rechtsnatur der AVE. Nach h.M. handelt es sich um einen Rechtsakt sui generis, vgl. BVerfG, Beschluss vom 24.05.1977 – 2 BvL 11/74 = NJW 1977, 2255 (2255 ff.) m.w.N.; BVerfG, Beschluss vom 15.07.1980 – 1 BvR 24/74 und 439/79 = BeckRS 1980, 106636; siehe auch *Andelewski*, Staatliche Mindestarbeitsbedingungen, S. 77, Fn. 1 m.w.N.
1103 *Giesen*, in: Rolfs/Giesen/Kreikebohm/Udsching, BeckOK Arbeitsrecht, § 5 TVG, Rn. 1; *Lieb*, NZA 1994, 337 (340).
1104 *Bispinck/Schäfer*, in: Schulten/dies. (Hrsg.), Mindestlöhne in Europa, 269 (277).
1105 *Giesen*, in: Rolfs/Giesen/Kreikebohm/Udsching, BeckOK Arbeitsrecht, § 5 TVG, Rn. 1.
1106 Verordnung über Tarifverträge, Arbeiter- und Angestelltenausschüsse und Schlichtung von Arbeitsstreitigkeiten vom 23.12.1918, RGBl., S. 1456; siehe hierzu Kapitel 4 § 1 I. 1. b).
1107 *Däubler*, Das Arbeitsrecht 1, Rn. 91; *Seifert*, FS-Kempen, 196 (202).

vor sog. „Schmutzkonkurrenz" sowie vor Lohndumping zu schützen.[1108] Vor diesem Hintergrund kam der AVE während der Weimarer Zeit auch eine größere praktische Bedeutung als heute zu. Anfang der 20er-Jahre des vergangenen Jahrhunderts unterlagen mehr als 50 % aller tarifgeregelten Arbeitsverhältnisse allgemeinverbindlich erklärten Tarifverträgen.[1109] Nach der Außerkraftsetzung der AVE während des Nationalsozialismus wurde die Regelung durch das TVG am 09.04.1949[1110] wieder eingeführt.[1111]

Im Jahr 2014 waren lediglich 501 von ungefähr 70.000 gültigen Tarifverträgen für allgemeinverbindlich erklärt,[1112] das entspricht ungefähr 0,72 %.

Dennoch war die Allgemeinverbindlicherklärung jahrzehntelang das einzig praktizierte Mindestlohninstrument in der Bundesrepublik Deutschland. § 5 TVG stellt dabei die Grundform der Tarifnormerstreckung dar.[1113]

Eine solche AVE nach dem Tarifvertragsgesetz erfolgt ausschließlich für den normativen Teil eines Tarifvertrags. Somit umfasst sie alle Rechtsnormen eines Tarifvertrags, wie Individualnormen, Abschluss-, Inhalts- und Beendigungsnormen oder auch prozessuale Normen.[1114] Das Verfahren der Allgemeinverbindlicherklärung stellt aber lediglich eine Tarifnormerstreckung dar. Die zu erstreckenden Tarifnormen können somit weder geändert noch erweitert werden.

Ist die Laufzeit der AVE nicht festgelegt, so endet sie mit dem Auslaufen des Tarifvertrags gemäß § 5 Abs. 5 S. 3 TVG.[1115]

Im Gegensatz zur AVE bzw. der Rechtsverordnung nach dem AEntG[1116] handelt es sich bei den allgemeinverbindlichen Tarifverträgen nach dem TVG nicht um international zwingendes Recht, da die tarifvertraglichen Normen nach Ansicht des BAG[1117] wie diejenigen des allgemeinen Arbeitsvertragsrechts wirken.[1118] § 3 AEntG hingegen erklärt die Normen eines Tarifvertrages, wenn der

---

1108 *Zachert*, NZA 2003, 132 (132).
1109 *Zachert*, NZA 2003, 132 (132); so galten im Jahr 1922 im Deutschen Reich 11.488 Tarifverträge für 12.882.874 beschäftigte Personen, vgl. *Jacobi*, Einführung in das Gewerbe- und Arbeitsrecht, S. 68; leicht abweichende Werte für das Jahr 1922 ergeben sich aus *Hueck/Nipperdey*, Lehrbuch des Arbeitsrechts, 1. Band, S. 19, nachdem die Tarifbindung 75 % der Arbeitnehmer umfasst.
1110 Tarifvertragsgesetz vom 09.04.1949, Gesetzblatt der Verwaltung und des vereinigten Wirtschaftsgebietes 1949, S. 55 ff.
1111 *Herschel*, ZFA 1973, 183 (183, 195); zur Entstehung des TVG vgl. *Kittner*, Arbeitskampf, S. 563 ff.; *Seifert*, FS-Kempen, 196 (203 f.).
1112 https://www.dgbrechtsschutz.de/fileadmin/media/PDF/2014-04-01_AVE-Verzeichnis.pdf (zuletzt abgerufen am 19.12.2021).
1113 *Sittard*, RdA 2013, 301 (301).
1114 *Franzen*, in: Müller-Glöge/Preis/Schmidt, ErfK, § 5 TVG, Rn. 6.
1115 *Nielebock*, FS-Kempen, 181 (190).
1116 Siehe hierzu Kapitel 4 § 1 II. 3. b).
1117 BAG, Urteil vom 04.05.1977 – 4 AZR 10/76 = NJW 1977, 2039 (2039).
1118 *Nielebock*, FS-Kempen, 181 (190).

Tarifvertrag i.S.d. § 3 S. 1 Nr. 1 AEntG für allgemeinverbindlich erklärt oder eine Rechtsverordnung nach §§ 7, 7a AEntG erlassen worden ist, zu international zwingenden Normen i.S.v. Art. 9 Rom-I-VO.

Wann eine AVE nach § 5 TVG erlassen werden kann, richtet sich nach den materiell-rechtlichen (§ 5 Abs. 1 TVG) sowie den formellen (§ 5 TVG i.V.m. TVGDV[1119]) Voraussetzungen der AVE.

aa) Die materiell-rechtlichen Voraussetzungen einer AVE nach § 5 Abs. 1 TVG

Zunächst einmal setzt eine AVE einen wirksamen Tarifvertrag voraus. Das Bundesministerium für Arbeit und Soziales als zuständige Behörde für den Erlass einer AVE kann in diesem Zusammenhang jedoch nur von einem formalen Prüfungsrecht Gebrauch machen. Das materielle Prüfungsrecht beschränkt sich hierbei nämlich auf die Feststellung des *öffentlichen Interesses* nach § 5 Abs. 1 S. 1, 2 TVG.[1120]

Die AVE kann sowohl nur einen Teil des Tarifvertrags umfassen als auch den gesamten. Dabei bezieht sie sich auf den räumlichen, den persönlichen und den fachlichen Geltungsbereich des Tarifvertrags. Den zeitlichen Geltungsbereich kann die AVE indes nicht erweitern, muss ihn allerdings auch nicht ausreizen.[1121]

Bis zur Neuregelung des TVG im Jahr 2014[1122] wurde des Weiteren verlangt, dass die tarifgebundenen Arbeitgeber mindestens 50 % der Arbeitnehmer beschäftigen, die in den persönlichen, räumlichen und fachlichen Anwendungsbereich des für die AVE vorgesehenen Tarifvertrags fallen, und die AVE im öffentlichen Interesse geboten erschien. Durch das Inkrafttreten des Tarifautonomiestärkungsgesetzes im Jahr 2014 wurden diese Voraussetzungen jedoch dahin gehend heruntergefahren, dass das 50 %-Quorum abgeschafft wurde. Seit der Neuregelung des § 5 TVG bedarf es also lediglich eines „öffentlichen Interesses" für den Erlass der AVE.[1123] Diese Entscheidung ist begrüßenswert, da gerade in den Bereichen, in denen die AVE besonders erforderlich ist, die nötigen Quoren oft nicht erreicht wurden.[1124]

Bei dem Begriff des „öffentlichen Interesses" handelt es sich um einen unbestimmten Rechtsbegriff.[1125] Zur teleologischen Interpretation nimmt *Andelewski*[1126] auf den Zweck der Allgemeinverbindlicherklärung Bezug. Angebracht wird in diesem Rahmen unter anderem die Sicherung und Erhaltung der Tarifautonomie sowie der Schutz vor Lohndumping und Schmutzkonkurrenz unter den

---

1119 Verordnung zur Durchführung des Tarifvertragsgesetzes.
1120 *Zdjelar,* Ein Minimum für jeden?, S. 70.
1121 *Franzen,* in: Müller-Glöge/Preis/Schmidt, ErfK, § 5 TVG, Rn. 7–10.
1122 Zu den Änderungen des Gesetzes vgl. *Forst,* RdA 2015, 25 (28 ff.).
1123 *Franzen,* in: Müller-Glöge/Preis/Schmidt, ErfK, § 5 TVG, Rn. 11.
1124 So auch *Bepler,* FS-Richardi, 189 (197); näher zur Abschaffung des Quorums *Nielebock,* FS-Kempen, 181 (186 ff. m.w.N.).
1125 *Waltermann,* RdA 2018, 137 (141).
1126 *Andelewski,* Staatliche Mindestarbeitsbedingungen, S. 81.

Unternehmen. Weiterhin diene die Allgemeinverbindlicherklärung der Sicherung und Schaffung angemessener Arbeitsbedingungen für Tarifaußenseiter sowie allgemein der Schaffung gleichartiger Arbeitsbedingungen. Ein weiterer Zweck liege im Wettbewerbsschutz.[1127]

Im Anschluss muss eine umfangreiche Abwägung aller Interessen der Allgemeinheit erfolgen. Zu berücksichtigen sind dabei vor allem auch die Grundrechte nichtorganisierter Arbeitnehmer (denn auch das Recht auf negative Koalitionsfreiheit ist nach Art. 9 Abs. 3 GG verfassungsrechtlich geschützt).[1128] Das öffentliche Interesse an der AVE muss daher äußerst gewichtig sein. Wann ein solches öffentliches Interesse gegeben ist, kann nur im Einzelfall bestimmt werden, wobei die Verfolgung eines legitimen Ziels ein Indiz für das Vorliegen darstellt.[1129]

Zusammenfassend ist festzustellen, dass ein öffentliches Interesse zumindest dann anzunehmen ist, wenn ohne die AVE wesentliche Nachteile für eine beachtliche Anzahl von Arbeitnehmern entstünde.[1130] Die Rechtsprechung bejaht das Erfordernis des öffentlichen Interesses überdies dann, wenn ein anerkanntes Interesse des Gesetzgebers besteht,[1131] Tarifverträgen zu mehr Durchsetzungskraft verholfen wird und Außenseitern angemessene Arbeitsbedingungen gewährleistet werden.[1132]

Bei der Beurteilung, ob ein öffentliches Interesse existiert, steht dem Bundesministerium für Arbeit und Soziales ein weiter Spielraum zu.[1133] Dies war auch die Intention des Gesetzgebers.[1134] Auch die Anforderung, dass eine solche AVE „geboten" (§ 5 Abs. 1 S. 2 TVG) sein muss, deutet eine beschränkte Überprüfungsmöglichkeit der Gerichte und ein freies Ermessen des BMAS an.[1135]

Im Zusammenhang mit Entgeltfragen ist eine AVE zumindest dann von öffentlichem Interesse, wenn man „angemessene Arbeitsbedingungen und faire und funktionierende Wettbewerbsbedingungen [...] gewährleisten [will, um], sozialversicherungspflichtige Beschäftigungen zu erhalten und die Ordnungs- und Befriedigungsfunktion der Tarifautonomie gewahrt zu sehen."[1136] Im Laufe der

---

1127 *Andelewski*, Staatliche Mindestarbeitsbedingungen, S. 81 f. m.w.N.; a. A. *Stütze*, Die Kontrolle der Entgelthöhe im Arbeitsrecht, S. 244 f.
1128 Weitere Abwägungspunkte legt *Nermerich*, Mindestlohn – eine kritische Einordnung, S. 67 fest.
1129 *Andelewski*, Staatliche Mindestarbeitsbedingungen, S. 81 ff. m.w.N.
1130 *Seifert*, in: Kempen/Zachert, Kommentar TVG, § 5, Rn. 54; *Wank*, in: Wiedemann, Kommentar TVG, § 5, Rn. 71; *Witteler*, BB 2007, 1620 (1622).
1131 BAG, Urteil vom 28.03.1990 – 4 AZR 536/89 = NJW 1990, 3036 (3037); BVerfG, Beschluss vom 10.09.1991 – 1 BvR 561/89 = AP TVG § 5 Nr. 27.
1132 BVerfG, Beschluss vom 24.05.1977 – 2 BvL 11/74 = NJW 1977, 2255 (2256).
1133 BAG, Urteil vom 24.01.1979 – 4 AZR 377/77 = AP TVG § 5 Nr. 16; BAG, Urteil vom 28.03.1990 – 4 AZR 536/89 = NJW 1990, 3036 (3036).
1134 Vgl. *Herschel*, ZfA 1973, 183 (195); dafür spricht ebenfalls der Wortlaut von § 5 Abs. 1 S. 1 TVG „kann", vgl. *Lieb*, NZA 1994, 337 (340).
1135 BAG, Beschluss vom 21.09.2016 – 10 ABR 33/15 = AP TVG § 5 Nr. 35.
1136 *Waltermann*, RdA 2018 137 (141).

Zeit haben sich dazu einige Fallkonstellationen entwickelt, in denen das öffentliche Interesse bejaht wurde:[1137] die Gefährdung des Arbeitsfriedens durch Aushöhlung von Tarifverträgen[1138], zur Gewährleistung der Funktionsfähigkeit von gemeinsamer Einrichtungen[1139] oder wenn die AVE den konkreten Zielsetzungen des Gesetzgebers entspricht[1140].

Seit der Neuregelung des TVG enthält § 5 Abs. 1 S. 2 TVG darüber hinaus zwei Regelbeispiele, die der Konkretisierung des öffentlichen Interesses dienen. Ein solches öffentliches Interesse liegt in der Regel dann vor, wenn entweder der Tarifvertrag in seinem Geltungsbereich für die Gestaltung der Arbeitsbedingungen eine überwiegende Bedeutung erlangt hat (§ 5 Abs. 1 S. 2 Nr. 1 TVG) oder wenn die Absicherung der Wirksamkeit der tarifvertraglichen Normensetzung gegen die Folgen wirtschaftlicher Fehlentwicklung eine AVE verlangt (§ 5 Abs. 1 S. 2 Nr. 2 TVG).[1141]

bb) Die formellen Voraussetzungen einer AVE – das Verfahren

Das Verfahren zum Erlass einer AVE richtet sich nach § 5 TVG i.V.m. der Verordnung zur Durchführung eines Tarifvertrags (TVGDV).

Das Verfahren wird durch einen Antrag beim Bundesministerium für Arbeit und Soziales (BMAS) eröffnet. Die Antragstellung muss gemeinsam von den Parteien des für allgemeinverbindlich zu erklärenden Tarifvertrags erfolgen.[1142] Die Antragstellung ist dabei unbefristet möglich und selbst im Nachwirkungszeitraum noch zulässig.[1143]

In einem weiteren Schritt überprüft das BMAS die Aussicht auf Erfolg des Antrags. Sofern die Voraussetzungen des § 5 Abs. 1 TVG offensichtlich nicht vorliegen, lehnt es den Antrag gemäß § 4 Abs. 2 TVGDV ab. Ansonsten macht das BMAS den Antrag nach § 4 Abs. 1 TVGDV im Bundesanzeiger bekannt. Innerhalb einer dreiwöchigen Frist haben anschließend die in § 5 Abs. 2 TVG genannten Stellen Zeit zur Stellungnahme.[1144]

1137 *Zachert*, NZA 2003, 132 (136).
1138 BVerfG, Beschluss vom 25.05.1977 – 2 BvL 11/74 = AP TVG § 5 Nr. 15.
1139 BAG, Urteil vom 28.03.1990 – 4 AZR 536/89 = NZA 1990, 781
1140 BAG, Urteil vom 28.03.1990 – 4 AZR 536/89 = NZA 1990, 781 (781); BVerG, Beschluss vom 10.09.1991 – 1 BvR 561/89 =NZA 1992, 125.
1141 *Waltermann*, RdA 2018, 137 (137, 141).
1142 Nach der alten Gesetzesfassung genügte der Antrag einer Partei. Ziel dieser Änderung war die Gewährleistung, dass die Abstützung der tariflichen Ordnung aus Sicht sämtlicher Parteien des Tarifvertrages erforderlich schien, BT-Drs. 18/1558, S. 48.
1143 *Giesen*, in: Rolfs/Giesen/Kreikebohm/Udsching, BeckOK Arbeitsrecht, § 5 TVG, Rn. 20.
1144 *Giesen*, in: Rolfs/Giesen/Kreikebohm/Udsching, BeckOK Arbeitsrecht, § 5 TVG, Rn. 21.

Nach dem Ablauf der Bekanntgabefrist beruft das BMAS den Tarifausschuss zu Verhandlungen bezüglich der AVE ein. Der Tarifausschuss muss dem Antrag zwingend zustimmen, anderenfalls kann eine AVE nicht erlassen werden. In diesem Zusammenhang ist das Einvernehmen des Tarifausschusses als Zustimmungsvorbehalt ausgestaltet.[1145] Der Tarifausschuss ist gemäß § 1 TVGDV ein innerhalb des BMAS eingerichtetes ständiges Mitwirkungsorgan und setzt sich aus jeweils drei Vertretern der Spitzenorganisationen der Arbeitgeber- und Arbeitnehmerseite zusammen. Vorgeschlagen werden die Mitglieder des Tarifausschusses von der BDA und dem DGB, wobei eine Person aus der Spitzenorganisation selbst und die zwei weiteren Personen aus einem der jeweiligen Mitgliedsverbände stammen. Dabei wird regelmäßig darauf geachtet, dass die AVE eines Tarifvertrags in dem jeweiligen Mitgliedsverband keine größere Bedeutung besitzt, um Interessenkonflikte zu vermeiden.[1146]

Im Anschluss an die Beratung und Entscheidung des Tarifausschusses folgt die Entscheidung des BMAS. Diese kann sowohl in Form einer Ablehnung als auch einer Bestätigung erfolgen. In seiner Entscheidungsfindung ist das BMAS selbstständig und kann unabhängig vom Urteil des Tarifausschusses handeln. Es kann sich somit auch noch gegen den Erlass einer AVE entscheiden. Ausschließlich für die Bestätigung der AVE benötigt es die vorherige Zustimmung des Tarifausschusses.[1147]

Sowohl der Erlass als auch die Aufhebung der AVE werden gemäß § 5 Abs. 7 TVG i.V.m. § 11 S. 1 TVGDV im Bundesanzeiger bekannt gegeben und im Tarifregister eingetragen. Die Bekanntgabe im Bundesanzeiger ist dabei eine Wirksamkeitsvoraussetzung der AVE.[1148]

b) Arbeitnehmerentsendegesetz

Bei der Tarifnormerstreckung[1149] durch Rechtsverordnung und AVE nach dem AEntG handelt es sich neben § 5 TVG um eine weitere Möglichkeit zur Ausweitung tarifgestützter Mindestlöhne.[1150]

1145 *Nielebock*, FS-Kempen, 181 (189).
1146 Ausführlich dazu *Seifert*, FS-Kempen, 196 (200).
1147 *Franzen*, in: Müller-Glöge/Preis/Schmidt, ErfK, § 5 TVG, Rn. 23.
1148 *Franzen*, in: Müller-Glöge/Preis/Schmidt, ErfK, § 5 TVG, Rn. 24.
1149 Umstritten ist der Begriff der „Tarifnormerstreckung" im Zusammenhang mit dem AEntG, da, anders als bei § 5 TVG, nicht die Normen des Tarifvertrags zwischen den Parteien gelten, sondern die erlassene Rechtsverordnung. Die Normen des Tarifvertrags werden durch die RVO also unmittelbar zu staatlichem Recht, das im Anschluss zwischen den Parteien gilt. Nach dieser Ansicht handelt es sich mithin nicht um eine Tarifnormerstreckung sondern vielmehr eine „Tarifnormtransformation", dem entgegen sprechen jedoch Normhistorie sowie der Wortlaut des § 7 AEntG, vgl. *Sittard*, RdA 2013, 301 (303).
1150 *Hejma*, Deutsche Wege zur Lohngerechtigkeit, S. 131.

aa) Entwicklung des AEntG

Das AEntG[1151] wurde 1996 erlassen und ging der Entsenderichtlinie 96/71/EG[1152] voraus, die vorsieht, dass Unternehmer im Rahmen der Arbeitnehmerentsendung ihren Beschäftigten die Mindeststandards des jeweiligen Aufnahmelandes gewährleisten müssen.

Das Gesetz in seiner ursprünglichen Fassung diente dem Schutz des einheimischen Tarifniveaus[1153] sowie der Vermeidung von „Dumpinglöhnen", die dadurch entstanden, dass ausländische Arbeitgeber ihre Arbeitnehmer auf den deutschen Markt entsandten und diesen niedrige Löhne zahlten.[1154] Somit konnten ausländische Arbeitgeber gegenüber denen in Deutschland in Lohnkonkurrenz treten und die Befürchtung trat auf, dass dies zu einer Verdrängung deutscher Unternehmen vom Markt führen würde.

Durch die Öffnung des deutschen Arbeitsmarktes für ausländische Arbeitnehmer stieg die Anzahl der entsandten Arbeitnehmer stetig an. In den 1990er-Jahren war Deutschland im europäischen Vergleich das Land mit den meisten entsandten Arbeitskräften.[1155] Die ausländischen Arbeitnehmer kamen überwiegend aus den „Billiglohnländern" der EU, in denen wesentlich schlechtere Arbeitsbedingungen als in der Bundesrepublik herrschten.[1156] Folge war somit auch eine deutliche Expansion des Niedriglohnsektors ab Mitte der 1990er-Jahre.[1157] Aufgrund dieser Entwicklung mussten das deutsche produzierende Gewerbe und das Dienstleistungsgewerbe immer häufiger ausländischer Niedriglohnkonkurrenz gegenübertreten.[1158]

Primär betroffen von der Arbeitnehmerentsendung aus dem Ausland war die Baubranche, weswegen das AEntG in seiner ursprünglichen Fassung auch ausschließlich auf das Baugewerbe[1159] zugeschnitten war. In den folgenden Jahren erfuhr das Gesetz einige Reformen. Im Jahr 2007 wurden diesbezüglich das erste[1160]

1151 Gesetz über zwingende Arbeitsbedingungen bei grenzüberschreitenden Dienstleistungen (Arbeitnehmer-Entsendegesetz AEntG) vom 26.02.1996, BGBl. I, S. 227.
1152 Richtlinie 96/71/EG des Europäischen Parlaments und Rates vom 16.12.1996 über die Entsendung von Arbeitnehmern im Rahmen der Erbringung von Dienstleistungen (ABl. 1997, L 18, S. 1).
1153 *Bieback*, RdA 2000, 207 (211).
1154 *Bieback*, RdA 2000, 207 (207); *Wank*, RdA 2015, 88 (93).
1155 *Selmayr*, ZfA 1996, 615 (618) m.w.N.; *Worthmann/Zühlke-Robinet*, in: Hunger/Santel (Hrsg.), Migration im Wettbewerbsstaat, 91 (91).
1156 *Sahl/Stang*, AiB 1996, 652 (653).
1157 *Rhein*, NZA-Beilage 2009, 91 (92).
1158 *Rieble/Klebeck*, ZIP 2006, 829 (833).
1159 Sowie nach § 1 Abs. 2 AEntG im Bereich der Seeschifffahrtsassistenz. Die Seeschifffahrtsassistenz ist allerdings wegen praktischer Bedeutungslosigkeit aus dem Anwendungsbereich entfernt worden, vgl. Erstes Gesetz zur Änderung des Arbeitnehmer-Entsendegesetzes (1. AEntGÄndG) vom 25.04.2007, BGBl. I, S. 576.
1160 Erstes Gesetz zur Änderung des Arbeitnehmer-Entsendegesetzes vom 25.04.2007 (BGBl. I S. 576).

und das zweite[1161] Gesetz zur Änderung des AEntG erlassen. Im Jahr 2009 erfolgte eine Neugestaltung des AEntG.[1162] Nach § 4 AEntG 2009 wurde nunmehr ein Branchenkatalog festgesetzt, der über das Baugewerbe hinaus auch die Gebäudereinigung, Briefdienstleistungen, Sicherheitsdienstleistungen, die Abfallwirtschaft und weitere Branchen erfasste. Das neue Gesetz bezweckte die Schaffung sowie die Durchsetzung angemessener Mindestarbeitsbedingungen für grenzüberschreitend sowie für regelmäßig im Inland beschäftigte Arbeitnehmer und sollte faire und funktionierende Wettbewerbsbedingungen auf dem Arbeitsmarkt gewährleisten (§ 1 AEntG). Auch in der Pflegebranche wurde durch das Gesetz von 2009 eine gesonderte Regelung in den §§ 10–13 AEntG eingeführt.

Zu beachten ist, dass sich das Gesetz seitdem nicht mehr nur auf die Setzung von Arbeitsbedingungen bei grenzüberschreitenden Sachverhalten beschränkt, sondern auch für deutsche Arbeitgeber, die innerhalb Deutschlands Arbeitnehmer beschäftigen, gilt[1163] und dadurch einen branchenbezogenen Mindestlohn gestaltet.[1164] Dies zeigt sich bereits durch die Änderung der Gesetzesbezeichnung vom „Gesetz über zwingende Arbeitsbedingungen bei grenzüberschreitenden Dienstleistungen" (i.d.F. von 1996) zum „Gesetz über zwingende Arbeitsbedingungen für grenzüberschreitend entsandte und für regelmäßig im Inland beschäftigte Arbeitnehmer und Arbeitnehmerinnen" und durch die Erweiterung des Branchenkatalogs auf solche Branchen, die kaum grenzüberschreitende Bezüge aufweisen.

Insgesamt werden nunmehr also inländische Arbeitnehmer vor Lohndumping und ausländische Arbeitnehmer vor unangemessenen Arbeitsbedingungen geschützt.[1165]

Durch das Gesetz zur Stärkung der Tarifautonomie vom 11.08.2014[1166] wurde § 4 AEntG nochmals erweitert. Nach § 4 Abs. 2 AEntG kann eine Tarifnormerstreckung nicht mehr nur noch in den nach § 4 Abs. 1 AEntG genannten Branchen erfolgen, sondern in jeder Branche, wenn die Erstreckung der Rechtsnormen im öffentlichen Interesse geboten erscheint, um die nach § 1 AEntG genannten Ziele (Schaffung und Durchsetzung angemessener Mindestarbeitsbedingungen sowie Gewährleistung fairer und funktionierender Wettbewerbsbedingungen, Erhaltung sozialversicherungspflichtiger Beschäftigung und Wahrung der Ordnungs- und

---

1161 Zweites Gesetz zur Änderung des Arbeitnehmer-Entsendegesetzes vom 21.12.2007 (BGBl. I S. 3140).
1162 Gesetz über zwingende Arbeitsbedingungen für grenzüberschreitend entsandte und für regelmäßig im Inland beschäftigte Arbeitnehmer und Arbeitnehmerinnen (Arbeitnehmer-Entsendegesetz) vom 20.04.2009, BGBl. I, S. 799.
1163 *Naujoks*, Die Rechtsformen gesetzlicher Mindestlöhne und ihre zivilrechtlichen Sanktionen, S. 98 f., 106; *Schwab*, NZA-RR 2010, 225 (228); *Sittard*, NZA 2009, 346 (346); *Stütze*, Die Kontrolle der Entgelthöhe im Arbeitsrecht, S. 247.
1164 Vgl. *Sittard*, ZIP 2007, 1444 (1446).
1165 *Nielebock*, FS-Kempen, 181 (184).
1166 Gesetz zur Stärkung der Tarifautonomie (Tarifautonomiestärkungsgesetz) vom 11.08.2014, BGBl. I, S. 1348.

Befriedungsfunktion der Tarifautonomie) zu erreichen und damit insbesondere einem Verdrängungswettbewerb über die Lohnkosten entgegenzuwirken. Mittlerweile dient das AEntG somit vorrangig der Setzung nationaler Mindestlöhne.[1167] Es wurde damit zu einem rein innerdeutschen Gesetz umfunktioniert.[1168]

Durch die Richtlinie 2018/957/EU[1169], umgesetzt am 10.07.2020,[1170] wird der Arbeitnehmerschutz darüber hinaus noch erweitert. Die Arbeitnehmerentsenderichtlinie verlangt, dass den entsandten Arbeitnehmern zukünftig nicht nur gesetzliche Mindestentgelte, sondern auch tarifliche Entgelte („Entlohnung") zustehen.[1171]

bb) Systematik des AEntG

Wenn man von Mindestlöhnen nach dem AEntG spricht, muss man zwischen vier unterschiedlichen Instrumenten differenzieren:[1172]

(1) den Arbeitsentgelten[1173] in Rechts- oder Verwaltungsvorschriften nach § 2 Nr. 1 AEntG (als Eingriffsnormen i.S.d. Rom-I-VO)[1174],
(2) den Mindestlöhnen aus Tarifverträgen durch eine verstärkte Allgemeinverbindlicherklärung nach § 3 S. 1 Nr. 1 AEntG,[1175]
(3) den Mindestlöhnen aus Tarifverträgen durch Rechtsverordnungen nach §§ 7, 7a AEntG (§ 3 S. 1 Nr. 2 AEntG)[1176] und
(4) den Mindestlöhnen in der Pflegebranche.

Auf die Sonderregelung zur Leiharbeit nach § 8 Abs. 3 AEntG[1177] und Pflegebranche nach §§ 10 – 13 AEntG[1178] wird in dieser Arbeit nicht näher eingegangen.

1167 So bereits *Bietmann*, Gesetzliche Wege zu einem systemkonformen Mindestlohn, S. 85 f. vor der Erweiterung des § 4 AEntG durch das Tarifautonomiestärkungsgesetz von 2014.
1168 *Wank*, RdA 2015, 88 (93).
1169 Richtlinie 2018/957/EU des Europäischen Parlaments und des Rates vom 28.06.2018 zur Änderung der Richtlinie 96/71/EG über die Entsendung von Arbeitnehmern im Rahmen der Erbringung von Dienstleistungen (ABl. 2018, L 173, S. 16).
1170 BGBl. I, 2020, S. 1657.
1171 Art. 3 Abs. 1 lit. c) Richtlinie 2018/957/EG; BT-Drs. 19/19371, S. 25.
1172 *Sittard*, RdA 2013, 301 (302); *Wank*, RdA 2015, 88 (93 f.).
1173 AEntG i.d.F. seit 10.07.2020; in der vorherigen Fassung wurden nur „Mindestentgeltsätze" erfasst.
1174 Siehe hierzu sogleich unter (1).
1175 Siehe hierzu sogleich unter (2) (aa).
1176 Siehe hierzu sogleich unter (2) (bb).
1177 *Löwisch*, RdA 2009, 215 (217); *Schwab*, NZA-RR 2010, 225 (228); näher zu den Mindestlöhnen in der Leiharbeit vgl. *Stiebert/Pötters*, RdA 2013, 101 (102, 105 f.); *Sittard*, RdA 2013, 301 (305).
1178 *Haberzettl*, Varianten der Kodifizierung eines Mindestlohns und ihre Vereinbarkeit mit höherrangigem Recht, S. 163 f.; *Löwisch*, RdA 2009, 215 (219); *Nassibi*, Schutz vor Lohndumping in Deutschland, S. 181; *Naujoks*, Die Rechtsformen gesetzlicher

(1) Mindestarbeitsbedingungen aus Gesetzen, Rechtsverordnungen oder Verwaltungsvorschriften nach § 2 AEntG

Im Zusammenhang mit der Regelung des § 2 AEntG sind die Regelungen des internationalen Privatrechts zu beachten, insbesondere die Rom-I-VO über das auf vertragliche Schuldverhältnisse anzuwendende Recht.

Nach Art. 8 Abs. 1 S. 1 Rom-I-VO können die Parteien eines Arbeitsvertrags mit Auslandsberührung grundsätzlich frei bestimmen, welches Recht für die Ausübung der Beschäftigung maßgeblich sein soll. Dies ist Ausdruck der Parteiautonomie.[1179] Fehlt eine solche wirksame Rechtswahl i.S.v. Art. 3 Rom-I-VO, so unterliegt der Arbeitsvertrag dem Recht des gewöhnlichen Arbeitsortes des Arbeitnehmers, selbst wenn er vorübergehend in einen anderen Staat entsandt worden ist (Art. 8 Abs. 2 S. 1 Alt. 1 Rom-I-VO). Das bedeutet, dass bei einer kurzfristigen Entsendung weiterhin die Regelungen des Heimatlandes gelten würden.[1180]

Durch die Entsenderichtlinie 96/71/EG[1181] wurde das Kollisionsrecht weiter vereinheitlicht. Die Entsenderichtlinie ist dabei *lex specialis* zu Art. 8 Rom-I-VO.[1182]

Der aufnehmende Staat hat demnach dafür Sorge zu tragen, dass einem entsandten Arbeitnehmer nicht die Arbeitsbedingungen versagt werden können, die an dem Ort, an dem die Arbeitsleistung vorübergehend abgeleistet wird, für Tätigkeiten gleicher Art gelten.[1183] Dies gilt vor allem in Bezug auf Entgeltsätze, auf die im Folgenden näher eingegangen wird.

§ 2 AEntG, der der Umsetzung von Art. 3 der Entsenderichtlinie 96/71/EG und Art. 1 der Änderungsrichtlinie 2018/957/EU dient, legt einen Katalog zwingender Arbeits- und Beschäftigungsbedingungen fest, die bei einem Arbeitsort in Deutschland unabhängig davon gelten, welchem Recht das Arbeitsverhältnis im Übrigen unterliegt.[1184] Diese Mindestarbeitsbedingungen können aus Gesetzen,

---

Mindestlöhne und ihre zivilrechtlichen Sanktionen, S. 110 ff.; *Papperger*, Mindestlohn in der Pflege, S. 73 ff.; *Schwab*, NZA-RR 2010, 225 (229); *Sittard*, RdA 2013, 301 (304); *Stiebert/Pötters*, RdA 2013, 101 (102, 106 f.); *Stütze*, Die Kontrolle der Entgelthöhe im Arbeitsrecht, S. 252.

1179 *Martiny*, in: Säcker/Rixecker/Oetker/Limperg, MüKo zum BGB, Art. 8 Rom-I-VO, Rn. 29.
1180 *Martiny*, in: Säcker/Rixecker/Oetker/Limperg, MüKo zum BGB, Art. 8 Rom-I-VO, Rn. 65; *Franzen*, in: Müller-Glöge/Preis/Schmidt, ErfK, § 1 AEntG, Rn. 4.
1181 Richtlinie 96/71/EG des Europäischen Parlaments und Rates vom 16.12.1996 über die Entsendung von Arbeitnehmern im Rahmen der Erbringung von Dienstleistungen (ABl. 1997, L 18, S. 1).
1182 *Tscherner*, Arbeitsbeziehungen und Europäische Grundfreiheiten, S. 416.
1183 *Martiny*, in: Säcker/Rixecker/Oetker/Limperg, MüKo zum BGB, Art. 8 Rom-I-VO, Rn. 8.
1184 BAG, Urteil vom 18.04.2012 – 10 AZR 200/11 = NZA 2012, 1152 (1153) m.w.N.; *Sittard*, RdA 2013, 301 (302).

Rechtsverordnungen oder Verwaltungsvorschriften abgeleitet werden.[1185] § 2 Nr. 1 AEntG bestimmt, dass die in Rechts- oder Verwaltungsvorschriften enthaltenen Regelungen über die Entlohnung, einschließlich der Überstundensätze, auch auf Arbeitsverhältnisse zwischen einem im Ausland ansässigen Arbeitgeber und seinen im Inland beschäftigten Arbeitnehmern zwingende Anwendung finden.

Die Normen des Empfangsstaates werden durch den zwingenden Charakter somit zu sog. Eingriffsnormen i.S.d. Art. 9 Abs. 1 Rom-I-VO. Eingriffsnormen sind zwingende Vorschriften, deren Einhaltung für die Wahrung des öffentlichen Interesses von besonderer Bedeutung sind. Inländische Gesetze erfüllen die Voraussetzungen einer Eingriffsnorm dann, wenn sie entweder ausdrücklich oder nach ihrem Sinn und Zweck ohne Rücksicht auf kollidierende Normen gelten sollen.[1186] Nicht ausreichend ist, dass die Norm als Arbeitnehmerschutznorm einseitig zwingend und günstiger für den jeweiligen Arbeitnehmer ist, denn Eingriffsnormen müssen nicht nur auf den Schutz von Individualinteressen gerichtet sein, sondern zumindest auch öffentliche Gemeinwohlinteressen verfolgen.[1187]

Somit gilt der Grundsatz, dass die Regelungen des Entsendelandes auch bei einer kurzfristigen Entsendung zur Anwendung kommen nicht bei Eingriffsnormen nach Art. 9 Rom-I-VO. Diese zwingenden Arbeitsbedingungen finden also auch dann Anwendung, wenn das Arbeitsverhältnis eines entsandten Arbeitnehmers im Übrigen dem Recht des Herkunftslandes unterliegt.[1188]

§ 2 Abs. 1 AEntG enthält solche zwingenden Vorschriften i.S.d. Art. 9 Abs. 1 ROM-I-VO. Dies wird bereits aus dem Wortlaut des § 2 Abs. 1 AEntG klar, der eine Reihe von Arbeitsbedingungen (unter anderem auch die Entlohnung) auf Arbeitsverhältnisse zwischen einem im Ausland ansässigen Arbeitgeber und seinen im Inland beschäftigten Arbeitnehmern für „zwingend" anwendbar erklärt. Somit gelten sowohl gesetzliche als auch tarifliche Regelungen über die Entlohnung in allen Arbeitsverhältnissen unabhängig davon, welchem Recht der Arbeitsvertrag im Übrigen unterliegt.

(2) Tarifnormerstreckung i. S. d. § 3 AEntG

Durch § 3 AEntG wird die Möglichkeit geboten, die in einem Tarifvertrag nach § 5 AEntG geregelten Arbeitsbedingungen in den durch § 4 AEntG genannten Branchen, auch nicht tarifgebundenen Arbeitnehmern zu gewährleisten. Dabei sind die Ausnahmebedingungen des § 6 AEntG zu beachten. Der tarifrechtliche

---

1185 *Löwisch*, RdA 2009, 215 (216); *Franzen*, in: Müller-Glöge/Preis/Schmidt, ErfK, § 2 AEntG, Rn. 1.
1186 *Spickhoff*, in: Bamberger/Roth/Hau/Poseck, BeckOK BGB, Art. 9 Rom-I-VO, Rn. 10.
1187 *Spickhoff*, in: Bamberger/Roth/Hau/Poseck, BeckOK BGB, Art. 9 Rom-I-VO, Rn. 11 f.
1188 *Naujoks*, Die Rechtsformen gesetzlicher Mindestlöhne und ihre zivilrechtlichen Sanktionen, S. 106; *Rybarz*, Mindestlöhne – Totengräber für Tarifverträge?, S. 27; *Selmayr*, ZfA 1996, 615 (623 ff.).

Anwendungsbereich des AEntG ist auf die jeweilig normierten Arbeitsbedingungen beschränkt.[1189]

In seiner ursprünglichen Fassung aus dem Jahr 1996[1190] war eine solche Erstreckung von Tarifverträgen nur für das Bauhaupt- und Baunebengewerbe und für die Seeschifffahrtsassistenz[1191] bestimmt. Im Laufe der vergangenen Jahre wurde dieser Katalog jedoch nach und nach erweitert.[1192] Gemäß § 4 Abs. 2 AEntG können mittlerweile auch Branchen, die nicht in Abs. 1 aufgelistet sind, eine Erstreckung von Tarifverträgen beantragen, denn durch das Tarifautonomiestärkungsgesetz aus dem Jahr 2014 wurde der Anwendungsbereich nach § 4 Abs. 2 AEntG für alle Berufszweige geöffnet.[1193]

Der Tarifvertrag muss dafür entweder nach § 5 TVG für allgemeinverbindlich erklärt worden sein oder nach § 7 AEntG (i.V.m. § 4 Abs. 1 AEntG) bzw. § 7a AEntG (i.V.m. § 4 Abs. 2 AEntG) von einer Rechtsverordnung erfasst werden.[1194] Hierbei handelt es sich um zwei verschiedene Wege der Tarifnormerstreckung.[1195]

(aa) Die Allgemeinverbindlicherklärung nach § 3 S. 1 Nr. 1 AEntG
Nach § 3 S. 1 Nr. 1 AEntG kann unter den Voraussetzungen der §§ 4 – 6 AEntG ein nach § 5 TVG für allgemeinverbindlich erklärter Tarifvertrag auch auf Arbeitsverhältnisse zwischen einem Arbeitgeber mit Sitz im Ausland und seinen im räumlichen Geltungsbereich dieses Tarifvertrages beschäftigen Arbeitnehmern zwingende Anwendung finden. Hintergrund dieser Regelung ist, dass eine AVE nach § 5 TVG nur innerhalb des jeweils anwendbaren Tarifvertrags gilt.[1196] Durch die Ausweitung des Adressatenkreises nach § 3 AEntG werden auch solche Arbeitgeber erfasst, die ihren Sitz im Ausland haben und Arbeitnehmer im Inland beschäftigen.[1197] Denn eine AVE nach § 5 TVG besitzt grundsätzlich keine international zwingende Durchsetzungskraft. Durch § 3 S. 1 Nr. 1 i.V.m. § 8 Abs. 1 AEntG wird die internationale Wirkung angeordnet.[1198]

1189 *Sittard*, RdA 2013, 301 (302).
1190 Gesetz über zwingende Arbeitsbedingungen bei grenzüberschreitenden Dienstleistungen (Arbeitnehmer-Entsendegesetz, AEntG) vom 26.02.1996, BGBl. I, S. 227.
1191 Die Seeschifffahrtsassistenz ist wegen praktischer Bedeutungslosigkeit aus dem Anwendungsbereich entfernt worden.
1192 Siehe hierzu soeben Kapitel 4 § 2 II. 3. b) aa).
1193 *Wank*, RdA 2015, 88 (94).
1194 *Franzen*, in: Müller-Glöge/Preis/Schmidt, ErfK, § 3 AEntG, Rn. 1.
1195 *Nassibi*, Schutz vor Lohndumping in Deutschland, S. 174; *Schwab*, NZA-RR 2010, 225 (228); *Sittard*, NZA 2009, 346 (347).
1196 Allgemeinverbindliche Tarifverträge waren keine zwingenden Normen i.S.d. Art. 34 EGBGB a.K., eine Änderung dieser Rechtslage erfolgte durch Einführung des AEntG, vgl. *Selmayr*, ZfA 1996, 615 (626 f., 638).
1197 BT-Drs. 13/2414, S. 8.
1198 *Nielebock*, FS-Kempen, 181 (191).

Aus diesem Grund wird diese Form der Tarifnormerstreckung auch als „Super-Allgemeinverbindlicherklärung" bezeichnet.[1199]

(bb) Rechtsverordnung nach § 3 S. 1 Nr. 2 AEntG
Anders als bei der klassischen AVE nach § 5 TVG erfolgt die Tarifnormerstreckung nach § 7 AEntG nicht durch einen Akt *sui generis*, sondern durch eine Rechtsverordnung i.S.d. Art. 80 GG.[1200] Die Möglichkeit einer Rechtsverordnung wurde für die Fälle geschaffen, in denen eine AVE mangels eines Einvernehmens des Tarifausschusses scheitert.[1201]

Im Unterschied zur AVE nach § 5 TVG ist die auf einer Rechtsverordnung beruhende Erstreckung vom zugrunde liegenden Tarifvertrag unabhängig.[1202]

Eine Tarifnormerstreckung kann nur für die abschließend genannten Arbeitsbedingungen nach § 5 AEntG[1203] erfolgen und nicht für den gesamten Tarifvertrag.

Die Tarifnormerstreckung nach dem AEntG ist in der Praxis der wichtigste Weg zur Schaffung branchenspezifischer Mindestlöhne.[1204]

Nach § 7a AEntG wird ein gesondertes Verfahren für diejenigen Branchen geregelt, die nicht im Katalog des § 4 Abs. 1 AEntG aufgelistet sind. Es orientiert sich weitgehend an § 7 AEntG, verlangt aber zusätzliche Voraussetzungen.[1205] Entsprechend § 7 Abs. 1 AEntG kann die Erstreckung eines Tarifvertrages in jeder Branche beantragt und vom BMAS erlassen werden, sofern dies im öffentlichen Interesse geboten scheint, um die Ziele des § 1 AEntG zu erreichen. Im Gegensatz zu § 7 AEntG gilt nach § 7a Abs. 3 AEntG ein deutlich weiteres Anhörungsgebot.

i. Verfahren

Das Bundesministerium für Arbeit und Soziales ist nach § 7 Abs. 1 AEntG auch ohne Zustimmung des Bundesrats berechtigt, Tarifverträge durch eine Rechtsverordnung auf nicht tarifgebundene Arbeitnehmer zu erstrecken. Nur in

---

1199 *Rieble*, Arbeitsmarkt und Wettbewerb, Rn. 303.
1200 *Sittard*, RdA 2013, 301 (302).
1201 *Sahl/Stang*, AiB 1996, 652 (658).
1202 BT-Drs. 14/45, S. 26; siehe auch *Sittard*, Voraussetzungen und Wirkungen der Tarifnormerstreckung nach § 5 TVG und dem AEntG, S. 29, nach dem die Akzessorietät zwischen Tarifvertrag und Tarifnormerstreckung aufgrund einer gleichwertigen Norm wie § 5 Abs. 5 S. 3 TVG fehlt.
1203 Bei den Arbeitsbedingungen i.S.v. § 5 AEntG handelt es sich um Mindestentgelte einschließlich Überstundensätze, die Dauer des Erholungsurlaubs sowie Urlaubsentgelt, vom Arbeitgeber zur Verfügung gestellte Arbeitsunterkünfte, Höchstarbeits- und Mindestruhezeiten, Bedingungen zur Arbeitnehmerüberlassung, Arbeitssicherheit und Gesundheitsschutz, Bedingungen zur Gleichbehandlung, Schutzmaßnahmen Schwangerer und Jugendlicher und dem Antidiskriminierungsschutz.
1204 *Stiebert/Pötters*, RdA 2013, 101 (101).
1205 *Franzen*, in: Müller-Glöge/Preis/Schmidt, ErfK, § 7a AEntG, Rn. 1.

Ausnahmefällen werden diese Rechtsverordnungen durch die Bundesregierung erlassen (§ 7 Abs. 5 S. 3 AEntG).[1206]

Zunächst bedarf es eines gemeinsamen Antrags beider Parteien des Tarifvertrags. Einigkeit muss zumindest in der Beurteilung ihres Interesses am Erlass der Rechtsverordnung sein. Sofern nur eine Partei den Tarifvertrag für erstreckungsfähig hält, kann das Verfahren nicht in Gang gesetzt werden.[1207] Bei einem erstmaligen Antrag muss der Tarifausschuss nach § 7 Abs. 5 AEntG einbezogen werden.[1208]

Voraussetzung für den Erlass einer Rechtsverordnung ist weiterhin ein Tarifvertrag, der die Voraussetzungen nach § 3 AEntG erfüllt.

Die Entscheidung über den Erlass trifft das Bundesministerium für Arbeit und Soziales nach einer umfangreichen Prüfung i.S.d. § 7 Abs. 1 S. 1 AEntG darüber, ob der Erlass einer Rechtsverordnung im öffentlichen Interesse[1209] liegt. Dem Verordnungsgeber kommt im Rahmen seiner Gesamtabwägung ein Einschätzungs- und Prognosespielraum zu.[1210]

Die in den Geltungsbereich der geplanten Rechtsverordnung fallenden Arbeitgeber, Arbeitnehmer und Tarifparteien haben ab Bekanntgabe des Rechtsverordnungsentwurfs eine Frist von drei Wochen zur Stellungnahme (§ 7 Abs. 4 AEntG).

ii. Rechtsfolge

Durch die Rechtsverordnung nach § 7 AEntG sowie die AVE wird der Geltungsbereich des Tarifvertrags erweitert.[1211] Auf den Inhalt des Tarifvertrages hat die Verordnung indes keine Auswirkungen.

Im Gegensatz zur AVE nach § 5 TVG werden hier jedoch nur einzelne tarifliche Arbeitsbedingungen erfasst und nicht der komplette Tarifvertrag (vgl. § 5 i.V.m. § 3 AEntG).[1212] Außerdem gilt abweichend von der AVE nach § 5 Abs. 5 S. 3 TVG, dass die Rechtswirkungen nicht an die Laufzeit des Tarifvertrags direkt gebunden sind. Falls eine Rechtsverordnung kein Beendigungsdatum vorsieht, muss diese aufgehoben oder ersetzt werden.[1213]

Die erstreckten Tarifnormen gelten somit nach § 8 AEntG für alle im In- oder Ausland ansässigen Arbeitgeber,[1214] was bedeutet, dass zumindest die durch die

---

1206 *Stiebert/Pötters*, RdA 2013, 101 (101).
1207 *Franzen*, in: Müller-Glöge/Preis/Schmidt, ErfK, § 7 AEntG, Rn. 4.
1208 *Nielebock*, FS-Kempen, 181 (189); *Schwab*, NZA-RR 2010, 225 (229); *Seifert*, FS-Kempen, 196 (198).
1209 Vergleichbar mit dem „öffentlichen Interesse" nach § 5 TVG, vgl. *Sittard*, NZA 2009, 346 (348); wobei die in § 1 AEntG genannten Gesetzesziele konstitutiv für die Bestimmung des „öffentlichen Interesses" ist, *Löwisch*, RdA 2009, 215 (216).
1210 *Gussen*, in: Rolfs/Giesen/u.a., BeckOK Arbeitsrecht, § 7 AEntG, Rn. 1, 2; näher zur Abwägung siehe auch *Stiebert/Pötters*, RdA 2013, 101 (103 ff.).
1211 *Gussen*, in: Rolfs/Giesen/u.a., BeckOK Arbeitsrecht, § 7 AEntG, Rn. 6.
1212 *Sittard*, RdA 2013, 301 (303); *Wank*, RdA 2015, 88 (90).
1213 *Nielebock*, FS-Kempen, 181 (191).
1214 BT-Drs. 16/10486, S. 13; *Löwisch*, RdA 2009, 215 (217); *Sittard*, NZA 2009, 346 (348).

AVE oder durch die Rechtsverordnung erstreckten Arbeitsbedingungen gewährt werden müssen und dass diese zu zwingenden Vorschriften im Sinne des internationalen Privatrechts werden und ein abweichend geltendes Recht verdrängt wird.[1215]

Auf günstigere Bedingungen hat das AEntG keinen Einfluss, da es sich bei der Tarifnormerstreckung lediglich um Mindeststandards handeln soll.[1216]

4. Tarifunabhängige Mindestlöhne

Neben den tarifgestützten Mindestlöhnen nach dem TVG oder dem AEntG gibt es auch tarifunabhängige Mindestlöhne für einzelne Beschäftigtengruppen. Hierbei handelt es sich um die bereits erwähnten § 138 BGB sowie § 17 Abs. 1 BBiG, § 59 HGB, §§ 19, 21 Abs. 1, 22 HAG und § 221 Abs. 2 SGB IX.

Eine weitere Möglichkeit zur Determinierung von Mindestentgelten wurde bei der Vergabe öffentlicher Aufträge und durch Landesmindestlöhne geschaffen.

a) Landesvergabe- und Landesmindestlohngesetze

Vor dem Inkrafttreten des MiLoG, das einen Mindestlohn einheitlich für das gesamte Bundesgebiet festlegt, gab es auch in den einzelnen Bundesländern bereits gesetzliche Mindestlöhne, die mit den Mitteln des öffentlichen Vergaberechts durchgesetzt werden konnten sowie solche, die über die öffentlichen Aufträge hinaus auf alle öffentlichen Zuwendungen und Konzessionen Anwendung fanden.[1217]

In den meisten Bundesländern sind eigene Landesvergabegesetze in Kraft, die Regelungen zur Tariftreue enthalten.[1218] Einige Bundesländer verfügen dabei über einen eigenen vergabespezifischen Mindestlohn,[1219] während andere Länder Bezug auf den gesetzlichen Mindestlohn[1220] nehmen. Der eigene vergabespezifische

---

1215 *Schwab*, NZA-RR 2010, 225 (229).
1216 *Naujoks*, Die Rechtsformen gesetzlicher Mindestlöhne und ihre zivilrechtlichen Schranken, S. 110.
1217 *Böhlke/Schulten*, in: Umsetzung und Kontrolle von Mindestlöhnen, 30 (37)
1218 Bsp.: Baden-Württemberg: LTMG – Landestariftreue- und Mindestlohngesetz vom 16.04.2013, GBl.2013, S. 50 (zuletzt geändert durch Gesetz vom 21.11.2017, GBl. S. 597, 606); Berlin: BerlAVG – Berliner Ausschreibungs- und Vergabegesetz vom 22.04.2020, GVBl. 2020, S. 276; Hamburg: HmbVgG – Hamburgisches Vergabegesetz vom 13.02.2006, GVBl. S. 57 (zuletzt geändert durch Gestez vom 18.07.2017, GVBl. S. 222); Rheinland-Pfalz: LTTG – Landestariftreuegesetz vom 1.12.2010, GVBl. 2010, S. 426 (zuletzt geändert durch Gesetz vom 16.11.2019, GVBl. 2019, S. 333); Schleswig-Holstein: VGSH – Vergabegesetz von Schleswig-Holstein vom 08.02.2019, GVOBl. S. 40; Thüringen: ThürVgG vom 18.04.2011, GVBl. 2011, S. 69 (zuletzt geändert durch Gesetz vom 23.01.2020, GVBl. 2020, S. 29).
1219 Bsp.: Berlin: § 9 Abs. 1 Nr. 3 BerlAVG; Schleswig-Holstein: § 4 Abs. 1 VGSH; Thüringen: § 10 Abs. 4 ThürVgG.
1220 Bsp.: Baden-Württemberg: § 4 LTMG; Hamburg: § 3 HmbVgG.

Mindestlohn ist dabei wesentlich höher als der gesetzliche Mindestlohn ausgestaltet. In Berlin beträgt dieser bspw. 12,50 EUR pro Stunde[1221], in Schleswig-Holstein 9,99 EUR pro Stunde[1222] und in Thüringen 11,42 EUR pro Stunde[1223].

Darüber hinaus existieren in derzeit zwei Bundesländern[1224] (Berlin[1225] und Bremen[1226]) sog. Landesmindestlöhne, die auch über die öffentliche Auftragsvergabe hinaus im Rahmen von öffentlichen Zuwendungen und Konzessionen gelten bzw. für Mitarbeiter in eigenen Landesunternehmen zu zahlen sind.[1227] In Hamburg wird derzeit über die Wiedereinführung eines Landesmindestlohns diskutiert.[1228] Der Landesmindestlohn in Berlin beträgt derzeit 12,50 EUR je Stunde[1229] und in Bremen 11,12 EUR je Stunde[1230].

Diese Landesvergabe- und Landesmindestlöhne gelten jedoch nicht flächendeckend und finden im privaten Sektor keine Anwendung.

Zu beachten ist, dass seit der Einführung des gesetzlichen Mindestlohns im Jahr 2015 eine umfassende Mindestlohnregelung auf Bundesebene erlassen wurde, die aufgrund konkurrierender Gesetzgebung eine Sperrwirkung gegenüber den Landesmindestlohngesetzen i.S.v. Art. 72, 74 Abs. 1 Nr. 12 GG entfalten könnte.[1231] Eine solche Sperrwirkung tritt immer dann ein, wenn der Bund mit dieser Regelung die betreffende Materie erschöpfend und abschließend geregelt hat. Ob es sich beim MiLoG um eine solche abschließende Bestimmung handelt, bedarf einer Gesamtwürdigung des Regelungskomplexes unter Berücksichtigung des Gesetzeszwecks,

---

1221 § 9 Abs. 1 Nr. 3 BerlAVG.
1222 § 4 Abs. 1 VHSH.
1223 § 10 Abs. 4 ThürVgG.
1224 Bis zum 31.12.2018 auch in Schleswig-Holstein, dieser Landesmindestlohn wurde jedoch zum 01.01.2019 durch das Gesetz zur Aufhebung des Landesmindestlohns vom 05.07.2018, GVOBl. S. 388 aufgehoben.
1225 LMiLoG Bln vom 18.12.2013, GVBl. S. 992 (zuletzt geändert durch Erstes Gesetz zur Änderung des Landesmindestlohngesetzes vom 22.04.2020, GVBl. S. 275).
1226 MindLohnG Bremen vom 17.07.2012, GBl. S. 300 (zuletzt geändert durch Gesetz vom 03.03.2020, GBl. S. 41)
1227 *Barczak,* RdA 2014, 290 (294 f.); *Böhlke/Schulten,* in: Umsetzung und Kontrolle von Mindestlöhnen, 30 (37).
1228 Der Landesmindestlohn in Hamburg ist erstmals im Jahr 2013 in Kraft getreten. Zum 01.01.2017 wurde dieser jedoch durch das Gesetz zur Aufhebung des Hamburgischen Mindestlohngesetzes, der Hamburgischen Mindestlohnverordnung und zur Änderung des Hamburgischen Vergabegesetzes vom 15.12.2015 (GVBl. S. 361) abgeschafft. Derzeit wird jedoch erneut über die Einführung eines Landesmindestlohns in Höhe von 12,00 EUR diskutiert, vgl. dazu nur https://www.welt.de/regionales/hamburg/article176426960/Buergerschaft-Mindestlohn-von-zwoelf-Euro-fuer-Hamburg-kommt.html (zuletzt abgerufen am 19.12.2021).
1229 § 9 Abs. 1 LMiLoG Bln.
1230 § 9 Abs. 1 MindLohnG Bremen.
1231 *Tugendreich,* NZBau 2015, 395 (396).

der Gesetzgebungsgeschichte und der Gesetzgebungsmaterialien sowie der Systematik der grundgesetzlichen Kompetenzverteilung.[1232]
Die Absicht, die Mindestlohnthematik abschließend zu regeln, lässt sich jedoch weder aus dem ausdrücklichen Wortlaut des Gesetzes noch im Wege der Auslegung ermitteln.[1233] Im Ergebnis ist daher festzuhalten, dass das MiLoG keine Sperrwirkung gegenüber den Landesmindestlöhnen entfaltet.[1234] Außerdem sind die einschlägigen Landesmindestlohngesetze dem Kompetenztitel des Art. 74 Abs. 1 Nr. 11 GG, also dem Recht der Wirtschaft, zuzuordnen.[1235]

b) Vergaberecht und Tariftreuegesetze

Bei der Vergabe von öffentlichen Aufträgen bestimmen einige Bundesländer[1236], dass ein Unternehmer seine Angestellten während der Ausführung des öffentlichen Auftrags nach dem am Arbeitsort maßgeblichem Tariflohn zu vergüten hat.[1237] Geregelt wird dies in den Tariftreuegesetzen der einzelnen Bundesländer.[1238] Bei der Tariftreueerklärung wird das Arbeitsortprinzip zugrunde gelegt, was bedeutet, dass Auftragnehmer ihren Arbeitnehmern während der Ausführung des öffentlichen Auftrags mindestens das Entgelt zahlen müssen, das an dem betreffenden Ort ansässige Unternehmen üblicherweise ihren Arbeitnehmern zahlen.[1239]

Regelungen über die Vergabe öffentlicher Aufträge blicken auf eine lange Geschichte zurück. Beginnend in der Antike entwickelten sie sich bis zum Ende des 19. Jh. in eine Richtung, die Befriedigung auf allen Seiten anstrebte und in einem Verwaltungserlass vom 17.07.1885[1240] gipfelte.[1241] Inhalt dieses Erlasses waren zwar keine Lohnvorgaben, jedoch sollten Angebote von der Auftragsvergabe ausgeschlossen werden, die der Ausschreibung zugrunde liegenden Bedingungen nicht gerecht wurden. Einige deutsche Städte machten bereits zu dieser Zeit bestimmte Lohnklauseln zur Voraussetzung der Auftragserteilung.[1242]

1232 Vergabekammer Rheinland-Pfalz, Beschluss vom 23.02.2015 – VK 1 – 39/14, Rn. 55 (juris).
1233 Vergabekammer Rheinland-Pfalz, Beschluss vom 23.02.2015 – VK 1 – 39/14, Rn. 58 (juris).
1234 Vergabekammer Rheinland-Pfalz, Beschluss vom 23.02.2015 – VK 1 – 39/14, Rn. 59 (juris).
1235 BVerfG Beschluss vom 11.07.2006 – 1 Bv 4/00=NZA 2007, 42 (43), Rn. 56 f.; *Barczak*, RdA 2014, 290 (295).
1236 Der Versuch, ein bundeseinheitliches Tariftreuegesetz zu erlassen, scheiterte, vgl. *Nassibi,* Schutz vor Lohndumping in Deutschland, S. 205.
1237 *Nermerich*, Mindestlohn – eine kritische Einordnung, S. 65.
1238 *Wank*, FS-Buchner, 898 (908); zur Ablehnung eines Bundes-Vergabegesetzes: BT-Drs. 13/9340, S. 2.
1239 *Löwisch*, DB 2004, 814 (814).
1240 Abgedruckt in: *Huber,* Das Submissionswesen, S. 29 ff.
1241 *Dietlein/Fandrey*, in: Byok/Jaeger, Kommentar zum Vergaberecht, Einl., Rn. 14–19.
1242 Siehe hierzu Kapitel 4 § 1 I. 1. d).

Auch um die Jahrhundertwende blieb die Auftragsvergabe ein Problem. Aus diesem Grund beschloss der Reichstag im Jahr 1913 eine Kommission einzurichten, die sich mit dem Erlass eines Reichssubmissionsgesetzes beschäftigen sollte. Aufgrund des Ausbruchs des Ersten Weltkriegs rückte diese Debatte jedoch in den Hintergrund.[1243] Regelungen zum Vergaberecht wurden durch den Erlass der VOB (Verdingungsordnung für Bauleistungen) am 06.05.1926 sowie durch den Erlass der VOL (Verdingungsordnung für Leistungen – ausgenommen Bauleistungen)[1244] geschaffen. Diese Verdingungsordnungen enthielten jedoch keine Vorschriften zur Tariftreue. Ein entscheidender Wandel des Vergaberechts folgte durch die Einflussnahme des Europarechts.[1245]

Das Bundesministerium für Arbeit und Soziales hat gemeinsam mit dem Bundesministerium der Finanzen im März 2021 ein Eckpunktepapier veröffentlicht, in dem es Bestrebungen zur Einführung eines Bundestariftreuegesetzes zeigt.[1246]

aa) Konstitutive Tariftreueerklärungen

Unter einer konstitutiven Tariftreueerklärung versteht man die Verpflichtung eines Unternehmers, seinen Arbeitnehmern die für Tarifvertragsparteien geltenden Entgelttarife zu zahlen. Dies gilt unabhängig davon, ob der Unternehmer an einen Tarifvertrag gebunden ist oder von dessen Geltungsbereich erfasst wird.[1247]

(1) Entscheidung des EuGH in der Rechtssache *Rüffert*

Im Jahr 2008 entschied der EuGH in der Rechtssache *Rüffert*[1248], dass eine konstitutive Tariftreueregelung nicht unionsrechtskonform sei. Gegenstand der Entscheidung war die Frage, ob eine Tariftreueregelung des niedersächsischen Vergabegesetzes gegen die europarechtliche Dienstleistungsfreiheit i.S.v. Art. 56 AEUV (ex-Art. 49 EGV) verstoße, wenn dadurch ausländische Auftraggeber verpflichtet würden, ihren Arbeitnehmern deutsche Tariflöhne zu zahlen. Die Besonderheit im

---

1243 *Dietlein/Fandrey*, in: Byok/Jaeger, Kommentar zum Vergaberecht, Einl., Rn. 20.
1244 *Dietlein/Fandrey*, in: Byok/Jaeger, Kommentar zum Vergaberecht, Einl., Rn. 21, 23.
1245 *Däubler*, ZIP 2000, 681 (682); *Dietlein/Fandrey*, in: Byok/Jaeger, Kommentar zum Vergaberecht, Einl., Rn. 27 ff.
1246 Eckpunkte zur Weiterentwicklung des Mindestlohns und Stärkung der Tarifbindung, S. 4, vgl. https://www.bmas.de/DE/Service/Presse/Meldungen/2021/eckpunktepapier-mindestlohn-vorgestellt.html (zuletzt abgerufen am 19.12.2021).
1247 In Abgrenzung zur deklaratorischen Tariftreueerklärung vgl. *Dobmann*, Die Tariftreueerklärung bei der Vergabe öffentlicher Aufträge, S. 21 f. sowie *Seifert*, ZfA 2001, 1 (4).
1248 EuGH vom 03.04.2008 Rs. C-346/06, ECLI:EU:C:2008:189 – *Rüffert*; näher zur *Rüffert*-Entscheidung und deren Auswirkung auf die Tariftreue vgl. *Steiff/André*, NZBau 2008, passim; *Tugendreich*, NZBau 2015, 395 (398 f.); *Wank*, FS-Buchner, 898 (908); *Wittjen*, ZfBR 2009, passim.

Fall *Rüffert* war, dass sich die Tariftreueerklärung auf einen Tarifvertrag bezog, der nicht für allgemeinverbindlich erklärt wurde.

Eine Rechtfertigung anhand der Entsenderichtlinie 96/71/EG[1249], die den Mindestlohn regelnde Rechts- oder Verwaltungsvorschriften bzw. allgemeinverbindliche Tarifverträge auch für ausländische Arbeitgeber verbindlich macht, war nicht ersichtlich.[1250]

Art. 3 Abs. 1 der Entsenderichtlinie legt fest, dass die Mitgliedstaaten, unabhängig von dem sonst auf das jeweilige Arbeitsverhältnis anwendbaren Recht, dafür Sorge tragen müssen, dass Unternehmen den in ihr Hoheitsgebiet entsandten Arbeitnehmern solche Arbeits- und Beschäftigungsbedingungen garantieren, die in ihrem Hoheitsgebiet durch Rechts- oder Verwaltungsvorschriften und/oder durch für allgemein verbindlich erklärte Tarifverträge festgelegt sind. Zu den Arbeits- und Beschäftigungsbedingungen zählten nach Art. 3 Abs. 1 lit. c) Entsenderichtlinie 96/71/EG insbesondere Mindestlohnsätze einschließlich der Überstundensätze.[1251]

Der niedersächsische Tarifvertrag war weder für allgemeinverbindlich erklärt worden, noch enthielt das Landesvergabegesetz Niedersachsen einen eigenen Mindestlohnsatz, der eine „Rechtsvorschrift" i.S.d. Art. 3 Abs. 1 Unterabs. 1, 1. Gedankenstrich dargestellt hätte.[1252]

Folge dessen war, dass seit diesem Zeitpunkt die landesrechtlichen Vergaberegelungen angepasst wurden.[1253] Tariflich festgesetzte Mindestlöhne konnten nur noch dann bindend für öffentliche Auftragnehmer sein, wenn diese zuvor für allgemeinverbindlich erklärt wurden. Konstitutive Tariftreueregelungen sind seit der *Rüffert*-Entscheidung somit unionsrechtswidrig.

1249 Richtlinie 96/71/EG des Europäischen Parlaments und Rates vom 16.12.1996 über die Entsendung von Arbeitnehmern im Rahmen der Erbringung von Dienstleistungen (ABl. 1997, L 18, S. 1).

1250 Eine Rechtfertigung in die Verletzung der Dienstleistungsfreiheit ist dann gegeben, wenn zwingende Gründe des Allgemeinwohls vorliegen. Eine solche Verpflichtung gehe über das hinaus, was zum Schutz der Arbeitnehmer erforderlich sei. Was zum Schutz der Arbeitnehmer erforderlich sei, ergebe sich aus dem Arbeitnehmer-Entsendegesetz vom 26.02.1996, vgl. EuGH vom 03.04.2008 Rs. C-346/06, ECLI:EU:C:2008:189, Rn. 15 – *Rüffert*.

1251 Seit der RL 2018/957/EU wird nunmehr über die Mindestlohnsätze hinaus die „Entlohnung" erfasst.

1252 EuGH vom 03.04.2008 Rs. C-346/06, ECLI:EU:C:2008:189, Rn. 30 – *Rüffert*; siehe auch *Kocher*, DB 2008, 1042 (1043).

1253 Vgl. *Opitz*, in: Burgi/Dreher, Beck'scher Vergaberechtskommentar, Band 1, § 129 GWB, Rn. 18–20.

(2) Entscheidung des EuGH in der Rechtssache *Bundesdruckerei*

In seiner Entscheidung *Bundesdruckerei*[1254] musste sich der EuGH erneut mit der Unionsrechtskonformität eines Landesvergabegesetzes auseinandersetzen. Das Landesvergabegesetz von Nordrhein-Westfalen sah eine Vergabe von öffentlichen Aufträgen nur an solche Unternehmen vor, die sich gegenüber ihrem Auftraggeber zur Zahlung eines Mindeststundenentgeltes von 8,62 EUR verpflichteten. Die Stadt Dortmund schrieb im Wege eines öffentlichen Vergabeverfahrens einen Auftrag zur Digitalisierung von Akten aus. Die Bundesdruckerei war an einer Bewerbung bezüglich des öffentlichen Auftrags interessiert und unterrichtete die Stadt Dortmund davon, dass sie plane, die Dienstleistung an ein in Polen ansässiges Nachunternehmen (hierbei handelte es sich um eine 100 %ige Tochtergesellschaft) zu vergeben, ohne die Zahlung eines Mindestlohns gewähren zu wollen. Die Stadt Dortmund lehnte die Bundesdruckerei mit einem Verweis auf die Verpflichtung zur Zahlung des Mindestentgelts nach dem Landesvergabegesetz ab.

Der EuGH kam zunächst zu dem Ergebnis, dass im Fall *Bundesdruckerei* die Entsenderichtlinie 96/71 EG, anders als in der *Rüffert*-Entscheidung, keine Anwendung finden könne, da es sich nicht um einen grenzüberschreitenden Sachverhalt handele. Dies ergebe sich daraus, dass der Bieter nicht beabsichtige, den öffentlichen Auftrag durch Entsendung von Arbeitnehmern seines Nachunternehmers, einer 100 %igen Tochtergesellschaft mit Sitz in Polen, in Deutschland auszuführen. Hierbei handele es sich somit nicht um eine länderübergreifende Maßnahme i.S.d. Art. 1 Abs. 3 der Richtlinie 96/71/EG, weswegen die Richtlinie keine Anwendung finde.[1255]

Weiterhin kam der EuGH zu dem Ergebnis, dass eine Mindestlohnverpflichtung i.S.d. Landesvergabegesetzes eine Beschränkung der Dienstleistungsfreiheit i.S.v. Art. 56 Abs. 1 AEUV darstelle.[1256] Eine solche nationale Maßnahme könne zwar grundsätzlich durch Ziele des Arbeitnehmerschutzes gerechtfertigt sein,[1257] das sei im vorliegenden Fall jedoch gerade nicht ersichtlich; denn eine nationale Maßnahme, die wie im Fall der *Bundesdruckerei* nur auf öffentliche Aufträge Anwendung findet, ist nicht geeignet, Ziele des allgemeinen Arbeitnehmerschutzes zu erreichen, wenn es keine Anhaltspunkte dafür gibt, dass Arbeitnehmer im privaten Sektor eines vergleichbaren Schutzes bedürfen.[1258] Des Weiteren sei die nationale Regelung hier unverhältnismäßig, da sich die Regelung zwar auf eine angemessene Entlohnung der Arbeitnehmer beziehe, jedoch nicht die entsprechenden Lebenshaltungskosten berücksichtige. Die Regelung gehe somit über das hinaus,

---

1254 EuGH vom 18.09.2014 Rs. C-549/13, ECLI:EU:C:2014:2235 – *Bundesdruckerei*; siehe auch *Kienast/Jansen*, DB 2014, 2654 (2654 f.).
1255 EuGH vom 18.09.2014 Rs. C-549/13, ECLI:EU:C:2014:2235, Rn. 25, 27 – *Bundesdruckerei*.
1256 EuGH vom 18.09.2014 Rs. C-549/13, ECLI:EU:C:2014:2235, Rn. 30 – *Bundesdruckerei*.
1257 EuGH vom 18.09.2014 Rs. C-549/13, ECLI:EU:C:2014:2235, Rn. 31 – *Bundesdruckerei*.
1258 EuGH vom 18.09.2014 Rs. C-549/13, ECLI:EU:C:2014:2235, Rn. 32 – *Bundesdruckerei*.

was zur Erreichung des Arbeitnehmerschutzes angemessen sei.[1259] Auch das Ziel der Stabilität der sozialen Sicherungssysteme rechtfertige vorliegend einen Eingriff in die Dienstleistungsfreiheit nach Art. 56 AEUV nicht, da nicht klar sei, wie die Verpflichtung zur Zahlung eines Mindestlohns an polnische Arbeitnehmer der Sicherung des deutschen Sozialsystems diene.[1260]

Der EuGH setzt damit seine Rechtsprechung in Bezug auf Vergabemindestlöhne fort und bestätigt die *Rüffert*-Entscheidung. Somit ist zu erkennen, dass Vorschriften zur Zahlung von Mindestlöhnen, die ausschließlich im Bereich der öffentlichen Auftragsvergabe gelten, als unionsrechtswidrig anzusehen sind, da ein nur selektiver Mindestlohn nicht den Zielen des Arbeitnehmerschutzes diene.

(3) Entscheidung des EuGH in der Rechtssache *RegioPost*

Die Rechtssache *RegioPost*[1261] betraf erneut die Auslegung vergabespezifischer Mindestlöhne im Lichte der Entsenderichtlinie sowie die Auslegung der Richtlinie über die Koordinierung der Verfahren zur Vergabe öffentlicher Bauaufträge, Lieferaufträge und Dienstleistungen[1262].

Grundlage dieser Entscheidung war eine öffentliche Ausschreibung der Stadt Landau, die Postdienstleistungen zum Inhalt hatte. Die Vergabeunterlagen enthielten eine Mustererklärung, durch die sich potenzielle Bieter zur Zahlung eines Mindestentgeltes im Sinne des Rheinländischen Tariftreuegesetzes (LTTG) verpflichteten.

Der EuGH stellte insofern zunächst fest, dass es sich bei der Mindestlohnvorschrift nach § 3 LTTG, anders als in der Rechtssache *Rüffert*, um eine „Rechtsvorschrift" i.S.d. Art. 3 Abs. 1 Unterabs. 1, 1. Gedankenstrich der Entsenderichtlinie handele.[1263] Dass sich vergabespezifische Mindestlöhne nur im Bereich der öffentlichen Auftragsvergabe finden ließen, spiele in diesem Zusammenhang keine Rolle, da eine allgemeine Verbindlichkeit nur für Tarifverträge, nicht aber für gesetzliche Regelungen gefordert werde.[1264]

Anders als im Fall *Rüffert* könne der Eingriff in die Dienstleistungsfreiheit nach Art. 56 AEUV somit gerechtfertigt werden, da es sich um eine „Rechtsvorschrift" und nicht nur um einen Tarifvertrag handele. Diese Rechtsvorschrift gewährleiste außerdem ein Mindestmaß an sozialem Schutz, da weder das AEntG noch eine

---

1259 EuGH vom 18.09.2014 Rs. C-549/13, ECLI:EU:C:2014:2235, Rn. 34 – *Bundesdruckerei*.
1260 EuGH vom 18.09.2014 Rs. C-549/13, ECLI:EU:C:2014:2235, Rn. 35 – *Bundesdruckerei*.
1261 EuGH vom 17.11.2015 Rs. C-115/14, ECLI:EU:C:2915:760 – *RegioPost*.
1262 Richtlinie 2004/18/EG des Europäischen Parlaments und Rates vom 31.03.2004 über die Koordinierung und Verfahren zur Vergabe öffentlicher Bauaufträge, Lieferaufträge und Dienstleistungsaufträge (ABl. L 134, S. 114, berichtigt in ABl. 2004, L 351, S. 44 und ABl. 2008 L 198, S. 74).
1263 EuGH vom 17.11.2015 Rs. C-115/14, ECLI:EU:C:2915:760, Rn. 62 – *RegioPost*.
1264 EuGH vom 17.11.2015 Rs. C-115/14, ECLI:EU:C:2915:760, Rn. 63 – *RegioPost*.

andere gesetzliche Regelung im maßgeblichen Zeitraum einen niedrigeren Mindestlohn für die Branche der Postdienstleistungen vorsah.[1265]

Kern und wesentlicher Unterschied zur Entscheidung *Bundesdruckerei* lag für den EuGH darin, dass keine Branchenmindestlöhne oder allgemeingültige gesetzliche Mindestlöhne für die Postzusteller Anwendung fanden. In diesem Rahmen spielt es nach Ansicht des EuGH auch keine Rolle, dass der infrage stehende Vergabemindestlohn nur auf den Bereich der öffentlichen Auftragsvergabe begrenzt war. Grundlage der Argumentation war hier, dass Art. 26 Richtlinie 2004/18/EG[1266] die Vorgabe eines Vergabemindestlohns gestattet, sofern die Verpflichtung zur Zahlung eines Mindestlohns soziale Aspekte betrifft. Dies werde hier durch den Arbeitnehmerschutz gewährleistet.[1267]

(4) Zusammenfassung

Aus den Entscheidungen *Rüffert* und *RegioPost* lässt sich schlussfolgern, dass eine Tariftreueerklärung dann nicht unionsrechtswidrig ist, wenn sich diese auf einen Mindestlohn bezieht, der allgemein verbindlich ist. Dies kann einerseits dadurch erreicht werden, dass ein Vergabemindestlohn gesetzlich festgeschrieben ist, durch bspw. ein Landesvergabegesetz, da in einem solchen Fall eine „Rechtsverordnung" i.S.v. Art. 3 Abs. 1 Unterabs. 1, 1. Gedankenstrich der Entsenderichtlinie existiere. Andererseits kann ein Vergabemindestlohn auch dann allgemeine Gültigkeit haben, wenn er sich aus einem Tarifvertrag ergibt, der für allgemeinverbindlich erklärt worden ist (Art. 3 Abs. 1 Unterabs. 1, 2. Gedankenstrich der Entsenderichtlinie).[1268] Außerdem ist entscheidend, dass die Tariftreueerklärung und der darin aufgegriffene Mindestlohn dem Schutz der Arbeitnehmer dienen. Dies hat der EuGH in der Entscheidung *Bundesdruckerei* für den Fall abgelehnt, in dem ein Mindestlohn nur im Bereich der öffentlichen Auftragsvergabe wirkt.[1269] Eine Kehrtwende schlug der EuGH sodann im Fall *RegioPost* ein, nach dem ein Vergabemindestlohn dann eine zulässige Beschränkung der Dienstleistungsfreiheit sei, selbst wenn dieser nur im Bereich der öffentlichen Auftragsvergabe gelte, solange keine anderweitige Sicherung durch Branchen- oder gesetzliche Mindestlöhne bestehe.

bb) Deklaratorische Tariftreueerklärungen

Durch eine deklaratorische Tariftreueerklärung verpflichtet sich ein Auftragnehmer zur Zahlung eines Mindestlohns, der durch einen für allgemeinverbindlich erklärten Tarifvertrag (§ 5 TVG) oder durch einen mittels Rechtsverordnung

---

1265 EuGH vom 17.11.2015 Rs. C-115/14, ECLI:EU:C:2915:760, Rn. 76 – *RegioPost*.
1266 Der Anwendungsbereich i.S.v. Art. 7 lit. b RL ist hier eröffnet, vgl. EuGH vom 17.11.2015 Rs. C-115/14, ECLI:EU:C:2915:760, Rn. 48 – *RegioPost*.
1267 EuGH vom 17.11.2015 Rs. C-115/14, ECLI:EU:C:2915:760, Rn. 66, 76 – *RegioPost*.
1268 EuGH vom 03.04.2008 Rs. C-346/06, ECLI:EU:C:2008:189, Rn. 29, 39 – *Rüffert*.
1269 EuGH vom 18.09.2014 Rs. C-549/13, ECLI:EU:C:2014:2235, Rn. 32 – *Bundesdruckerei*.

erstreckten Tarifvertrag (§§ 7, 11 AEntG) gilt. Bei einer solchen deklaratorischen Erklärung stimmen Auftragnehmer also lediglich der Einhaltung ohnehin zwingender tariflicher Regelungen zu.[1270]

Die Nichtabgabe einer solchen Erklärung hat regelmäßig den Ausschluss aus dem Vergabeverfahren zur Folge. Die Nichteinhaltung kann zu Vertragsstrafen oder außerordentlichen Kündigungen führen.[1271] Einige Bundesländer regeln in ihren Landesvergabegesetzen eine auf den gesetzlichen Mindestlohn bezogene Mindestlohnverpflichtung. Dadurch wird die Möglichkeit geboten, die Einhaltung des Bundesrechts besonders zu erklären. In den meisten Bundesländern bestehen darüber hinaus gesetzliche Regelungen, die spezielle tarifliche Vorgaben bei der Vergabe im Verkehrssektor schaffen. Außerdem gibt es Länder, die selbst einen vergabespezifischen Mindestlohn festlegen, zu dessen Zahlung sich ein Auftragnehmer verpflichten muss. Bei Letzterem handelt es sich nicht um einen tariflichen Mindestlohn, sondern um einen durch das Landesvergabegesetz direkt festgelegten Mindestlohn.[1272]

Ziel der vergabespezifischen Mindestlöhne ist die Garantie einer ausreichenden Entlohnung im Bereich der öffentlichen Aufträge und der Eindämmung von Lohnunterbietung durch konkurrierende Unternehmen.[1273]

III. Zusammenfassung zu § 1: historische Entwicklung und Systematik der Mindestlöhne in Deutschland

Einen gesetzlichen branchenübergreifenden Mindestlohn kennt das deutsche Recht erst seit Kurzem. Eine lange Tradition haben hingegen tarifliche Mindestlöhne, die durch die Sozialpartner autonom festgelegt werden. Bereits Ende des 19. Jh. wurden gesetzliche Rahmenbedingungen geschaffen, die die Entwicklung der Gewerkschaften fördern sollten. Im Jahr 1918 wurde durch die Tarifvertragsverordnung die bindende Geltung von tariflichen Regelungen festgelegt. Ab diesem Zeitpunkt konnten also auch Löhne, die durch Tarifverträge vereinbart wurden, rechtlich durchgesetzt werden.[1274] Die Freiheit der Gewerkschaften und die autonome Festlegung von Mindestlöhnen nahm jedoch während der Zeit des Nationalsozialismus ein Ende. In den Jahren 1933/34 wurden die Gesetze über die Treuhänder der Arbeit und das Gesetz zur Ordnung der nationalen Arbeit erlassen,

---

1270 *Seifert*, ZfA 2001, 1 (30).
1271 *Kühnast*, in: Bornkamm/Montag/Säcker, MüKo Europäisches und Deutsches Wettbewerbsrecht, § 97 GWB, Rn. 200.
1272 *Kühnast*, in: Bornkamm/Montag/Säcker, MüKo Europäisches und Deutsches Wettbewerbsrecht, § 97 GWB, Rn. 202–204; *Tugendreich*, NZBau 2015, 395 (395).
1273 *Kühnast*, in: Bornkamm/Montag/Säcker, MüKo Europäisches und Deutsches Wettbewerbsrecht, § 97 GWB, Rn. 204.
1274 Siehe hierzu Kapitel 4 § 1 I. 1. b).

die eine staatliche Festlegung der Arbeitsbedingungen anstelle kollektiv ausgehandelter Verträge bestimmten.[1275]

Neben der Vereinbarung von Mindestlöhnen durch die Tarifpartner wurden bereits Anfang des vergangenen Jahrhunderts sektorale Lohnuntergrenzen gesetzlich unterstützt. Wenngleich hier nicht die Rede von gesetzlichen Mindestlöhnen sein kann, so konnten doch für die Beschäftigten der Kaliindustrie oder für Heimarbeiter durch gemeinsame Räte und Ausschüsse Vorschläge für Mindestentgelte eingereicht werden.[1276]

Ein weiteres Einfallstor staatlicher Lohnpolitik war die Bildung von Schlichtungsstellen in der Zeit von 1923 bis 1934, die durch Zwangsschiedssprüche zwingende Lohnuntergrenzen festlegen konnten.[1277]

Nach dem Zweiten Weltkrieg wurde eine Stärkung der Tarifautonomie erneut in Angriff genommen. Durch die Einführung des TVG im Jahr 1949 und der daraus resultierenden Möglichkeit einer Allgemeinverbindlicherklärung konnten nun auch Tarifverträge auf sog. „Tarifaußenseiter" erstreckt werden.[1278] Das kurz darauf erlassene Mindestarbeitsbedingungsgesetz aus dem Jahr 1952 diente darüber hinaus der Festsetzung von Mindestarbeitsbedingungen in tarifschwachen Wirtschaftszweigen. Bis zu seiner Abschaffung fand es jedoch nie Anwendung.[1279]

Im Jahr 1996 wurde mit Blick auf die Europäische Entsenderichtlinie das AEntG erlassen. Dieses diente ursprünglich der Verbindlichkeit von Mindestarbeitsbedingungen im Rahmen der Arbeitnehmerentsendung und sollte somit Lohndumping und einer Ausbeutung von Arbeitnehmern vorbeugen. Das AEntG fand zunächst nur auf einen abgrenzbaren Wirtschaftsbereich Anwendung und wurde in den vergangenen Jahren immer weiter ausgedehnt.[1280]

Für partielle Beschäftigtengruppen wurden durch das BBiG (für Auszubildende), das HGB (für Handlungsgehilfen), das HAG (für in Heimarbeit Beschäftigte) und das SGB IX (für Menschen mit Behinderung) gesetzliche Grundlagen zur Gewährleistung eines Lohnminimums geschaffen.[1281]

Neben diesen sektoralen und partiellen Mindestlöhnen existieren darüber hinaus in wenigen Bundesländern auch regionale Mindestlöhne, nämlich Landesmindestlöhne und Tariftreuegesetze, die einen Mindestlohn bei der Vergabe öffentlicher Aufträge vorschreiben.[1282]

1275 Siehe hierzu Kapitel 4 § 1 I. 1. b), g) aa).
1276 Siehe hierzu Kapitel 4 § 1 I. 1. c).
1277 Siehe hierzu Kapitel 4 § 1 I. 1. e).
1278 Siehe hierzu Kapitel 4 § 1 II. 3. a).
1279 Siehe hierzu Kapitel 4 § 1 I. 2.
1280 Siehe hierzu Kapitel 4 § 1 II. 3. b).
1281 Siehe hierzu Kapitel 4 § 1 II.
1282 Siehe hierzu Kapitel 4 § 1 II. 4.

Darüber hinaus wurden Lohnuntergrenzen lange Zeit durch den sog. „richterlichen Mindestlohn" nach § 138 BGB festgelegt.[1283]

§ 2 Das Mindestlohngesetz der Bundesrepublik Deutschland

I. Einführung

Das deutsche MiLoG wurde nach langen und hitzigen Debatten durch das Gesetz zur Stärkung der Tarifautonomie, in Kraft getreten am 16.08.2014, mit Wirkung zum 01.01.2015 eingeführt. Durch das MiLoG sollte ein flächendeckendes und allgemeingültiges Lohnminimum in der Bundesrepublik etabliert werden.

Dass Deutschland ein breites Spektrum an branchenbezogenen und regionalen Lohnuntergrenzen aufweisen kann, wurde bereits gezeigt. Auch die Verhandlungen durch die Sozialpartner spielten einen langen Zeitraum eine entscheidende Rolle bei der Lohnsicherung.

Um jedoch ein allgemeingültiges Lohnminimum der Arbeitnehmer zu sichern, erwog die Koalition um SPD und CDU/CSU die Einführung eines Mindestlohngesetzes.

Das Vereinigte Königreich führte bereits im Jahr 1999 den *National Minimum Wage* ein; Deutschland weitere 16 Jahre später. In seiner Gesetzesbegründung zum MiLoG und auch in vorherigen Debatten ist vermehrt auf die Erfahrungen aus dem Vereinigten Königreich Bezug genommen worden. So wird unter anderem ein Vergleich zwischen der britischen *Low Pay Commission* und der Mindestlohnkommission[1284] vorgenommen und auf die Besonderheiten im Anwendungsbereich bezüglich junger Arbeitnehmer[1285] hingewiesen.

Wie der gesetzliche Mindestlohn in Deutschland ausgestaltet wurde, wird im Anschluss näher beleuchtet. Hierzu folgen Ausführungen zum Anwendungsbereich des MiLoG, zur Anpassung der Mindestlohnhöhe durch die Mindestlohnkommission, zur Berechnung des Mindestlohns und zu dessen rechtlicher Durchsetzbarkeit.

II. Anwendungsbereich

Der Anwendungsbereich des Mindestlohngesetzes umfasst sowohl persönliche, räumliche, zeitliche als auch sachliche Aspekte und Probleme.

1283 Siehe hierzu Kapitel 4 § 1 II. 1.
1284 Vgl. dazu BT-Drs. 18/1558, S. 62.
1285 Vgl. dazu BT-Drs. 18/2010 (neu), S. 11.

1. Der persönliche Anwendungsbereich des gesetzlichen Mindestlohns

a) Grundsatz

Das MiLoG wendet sich gemäß § 22 Abs. 1 S. 1 an alle Arbeitnehmer und Arbeitnehmerinnen[1286].

Eine Legaldefinition des Arbeitnehmers geht aus dem MiLoG selbst nicht hervor. Aus diesem Grund wird ein Rückgriff auf den allgemeinen arbeitsrechtlichen Arbeitnehmerbegriff i.S.d. § 611a S. 1 BGB vorgenommen.[1287] Demnach ist ein Arbeitnehmer derjenige, der im Dienste eines anderen zur Leistung weisungsgebundener, fremdbestimmter Arbeit in persönlicher Abhängigkeit verpflichtet ist.

Nicht vom Anwendungsbereich des Mindestlohns erfasst werden somit konsequenterweise Selbstständige, Sologselbstständige und freie Mitarbeiter[1288] sowie in Heimarbeit Beschäftigte und sonstige arbeitnehmerähnliche Personen.[1289]

Ob im konkreten Fall die Arbeitnehmereigenschaft vorliegt, bedarf einer Gesamtwürdigung aller maßgebenden Umstände des Einzelfalls (§ 611a Abs. 1 S. 5 BGB). Eine andere Bezeichnung des Arbeitsverhältnisses durch die Parteien darf nicht zur Umgehung der gesetzlichen Schutzregelungen führen. Widersprechen sich also Vereinbarung und die tatsächliche Durchführung der Tätigkeit, so ist auf Letztere abzustellen.[1290]

Auch geringfügig Beschäftigte sind in den Geltungsbereich einbezogen.[1291]

b) Einzelfälle

aa) Scheinselbstständige

Selbstständig Tätige fallen schon konsequenterweise aus dem Anwendungsbereich des MiLoG heraus, da diese keine Arbeitnehmer sind. Nach § 84 Abs. 1 S. 2 HGB ist derjenige selbstständig, der im Wesentlichen seine Tätigkeit frei gestalten und seine Arbeitszeit selbst bestimmen kann.

1286 Im Folgenden wird aus Gründen der besseren Lesbarkeit ausschließlich die männliche Form verwendet. Sie bezieht sich jedoch auf die Personen beiderlei Geschlechts.
1287 *Riechert/Nimmerjahn*, Mindestlohngesetz Kommentar, § 22 MiLoG, Rn. 3; nicht Bezug genommen wird auf den unionsrechtlichen Arbeitnehmerbegriff oder sozial- und steuerrechtliche Vorgaben, vgl. ebenda, Rn. 3, 9.
1288 Jedoch können Angehörige freier Berufe auch in einem Arbeitsverhältnis beschäftigt sein, siehe nur § 1 Abs. 2 PartGG, § 18 Abs. 1 Nr. 1 S. 2 EStG, vgl. *Riechert/Nimmerjahn*, Mindestlohngesetz Kommentar, § 22 MiLoG, Rn. 10.
1289 *Viethen*, NZA-Beilage 2014, 143 (144); siehe hierzu sogleich b) bb), cc).
1290 Ständige Rspr. des BAG, vgl. BAG, Urteil vom 9.04.2014 – 10 AZR 590/13 = AP BGB § 611 Nr. 127.
1291 Vgl. *Barczak*, RdA 2014, 290 (291 f.); *Hilgenstock*, Das Mindestlohngesetz, Rn. 56; *Schubert/Jerchel*, in: Düwell/Schubert (Hrsg.), Mindestlohngesetz Handkommentar, § 22 MiLoG, Rn. 9

Eine Ausnahme bilden nach *Viethen* jedoch Scheinselbstständige.[1292] Bei diesen Personen handelt es sich um erwerbstätige Personen, die als selbstständige Unternehmer auftreten, obwohl nach Art und Ausführung ihrer Tätigkeit eine abhängige Beschäftigung vorliegt.[1293]

Bei der *echten* Scheinselbstständigkeit wird vorsätzlich ein Rechtsgeschäft, bei dem beiden Parteien bewusst ist, dass es sich um einen Arbeitsvertrag handelt, als Werkvertrag oder Subunternehmervertrag bezeichnet.[1294] Ziel eines solchen Scheingeschäfts ist meist die Einsparung von Lohnsteuer- und Sozialversicherungsabgaben. Das Scheingeschäft ist in einem solchen Fall nach § 117 BGB nichtig und das verdeckte Geschäft, also ein Arbeitnehmerverhältnis, kommt zur Anwendung.[1295]

Scheinselbstständige sind somit Arbeitnehmer i.S.d. MiLoG.

bb) Arbeitnehmerähnliche Personen

Bei arbeitnehmerähnlichen Personen handelt es sich um Personen, die lediglich wirtschaftlich und nicht auch persönlich abhängig und mit einem Arbeitnehmer vergleichbar sozial schutzbedürftig sind. Sie sind aufgrund eines Dienst- oder Werkvertrages überwiegend für eine Person tätig, erbringen ihre Leistungen persönlich und im Wesentlichen ohne Mitarbeit von Arbeitnehmern. Die Beschäftigung ist für die arbeitnehmerähnliche Person in der Regel wesentlich, da die hieraus fließende Vergütung zur Sicherung ihrer Existenzgrundlage dient.[1296]

Arbeitnehmerähnliche Personen werden nicht vom Anwendungsbereich des MiLoG erfasst. Zwingende Voraussetzung des MiLoG ist die Arbeitnehmereigenschaft einer Person.[1297] Dies gilt selbst dann, wenn die arbeitnehmerähnliche Person von ihrem Auftraggeber wirtschaftlich abhängig und vergleichbar einem Arbeitnehmer auch sozial schutzbedürftig ist.[1298]

Insofern ist der Anwendungsbereich des MiLoG enger als der des britischen *Minimum Wage Act*, der den Mindestlohn auch einem *worker*, also einem Beschäftigten, der ähnlich einem Arbeitnehmer (*employee*) schutzbedürftig ist.[1299]

1292 *Viethen*, NZA-Beilage 2014, 143 (144).
1293 *Brügge*, in: Obenhaus/ders./Herden/Schönhöft, Kommentar Schwarzarbeitsbekämpfungsgesetz, § 1 SchwarzArbG, Rn. 70.
1294 *Mette*, NZS 2015, 721 (721).
1295 *Mette*, NZS 2015, 721 (721).
1296 BAG, Beschluss vom 11.04.1997 – 5 AZB 33/96 = NZA 1998, 499; *Preis*, in: Müller-Glöge/Preis/Schmidt, ErfK, § 611a BGB, Rn. 80.
1297 Wortlaut des § 22 Abs. 1 S. 1 MiLoG.
1298 *Boemke*, JuS 2015, 385 (386).
1299 Zum Begriff des *worker* siehe Kapitel 3 § 4 II. 1. a); zum Vergleich des persönlichen Anwendungsbereichs der Mindestlohngesetze siehe Kapitel 5 § 1 IV. 1.

cc) Heimarbeiter und Hausgewerbetreibende

Unter einem Heimarbeiter bzw. Hausgewerbetreibenden i.S.d. § 1 Abs. 1 HAG versteht man eine Person, die in selbstgewählter Arbeitsstätte (eigene Wohnung oder selbstgewählte Betriebsstätte) im Auftrag von Gewerbetreibenden erwerbsmäßig arbeitet, jedoch die Verwertung der Arbeitsergebnisse dem auftraggebenden Gewerbetreibenden überlässt (Heimarbeiter, vgl. § 2 Abs. 1 HAG) bzw. wer in eigener Arbeitsstätte (eigene Wohnung oder Betriebsstätte) mit nicht mehr als zwei fremden Hilfskräften oder Heimarbeitern im Auftrag von Gewerbetreibenden Waren herstellt, bearbeitet oder verpackt und dabei selbst wesentlich am Stück mitarbeitet, jedoch die Verwertung der Arbeitserzeugnisse dem auftraggebenden Gewerbetreibenden überlässt (Hausgewerbetreibender, vgl. § 2 Abs. 2 HAG). Heimarbeiter und Hausgewerbetreibende sind keine Arbeitnehmer, da sie persönlich unabhängig sind.[1300] Aufgrund der mangelnden Arbeitnehmereigenschaft ergibt sich also auch für Heimarbeiter und Hausgewerbetreibende kein Anspruch auf den Mindestlohn nach dem MiLoG, jedoch finden hier die Spezialregelungen des § 19 Abs. 1 HAG Anwendung, nach dem ein sog. Heimarbeitsausschuss bindende Festsetzungen zu Entgelten oder sonstigen Vertragsbedingungen treffen kann.[1301]

dd) Behinderte Menschen

Für behinderte Menschen ergeben sich verschiedene Betrachtungsweisen. Sofern die Beschäftigung in einer Werkstatt für behinderte Menschen der Rehabilitation und der Therapie dienen soll, handelt es sich um ein arbeitnehmerähnliches Rechtsverhältnis, in dem das Arbeitsentgelt abschließend durch § 221 Abs. 2 SGB IX geregelt ist.[1302] Sofern die Beschäftigung allerdings die Erbringung einer wirtschaftlichen Leistung zum Ziel hat, liegt ein Arbeitsverhältnis vor und ein Anspruch nach dem MiLoG ist gegeben.[1303]

ee) Strafgefangene

Strafgefangene, die nach § 41 StVollzG zur Arbeit verpflichtet sind, sind ebenfalls keine Arbeitnehmer im rechtlichen Sinne, da deren Beschäftigung der Resozialisierung und nicht Erwerbszwecken dient. Das MiLoG findet daher auf ihr Beschäftigungsverhältnis keine Anwendung. Anders ist die Rechtslage bei sog. Freigängern nach § 39 StVollzG, wenn diese außerhalb der Anstalt einer regelmäßigen Beschäftigung nachgehen.[1304]

1300 BAG, Urteil vom 10.07.1963 – 4 AZR 273/62 = BAGE 14, 245 (248).
1301 Siehe hierzu Kapitel 4 § 1 II.
1302 Siehe hierzu Kapitel 4 § 1 II.
1303 *Riechert/Nimmerjahn*, Mindestlohngesetz Kommentar, § 22 MiLoG, Rn. 16; zu den Besonderheiten im Rahmen von Integrationsprojekten/Inklusionsbetrieben vgl. ebenda, Rn. 17.
1304 *Hilgenstock*, Das Mindestlohngesetz, Rn. 65; *Riechert/Nimmerjahn*, Mindestlohngesetz Kommentar, § 22 MiLoG, Rn. 19 m.w.N.

ff) Praktikanten

Praktikanten i.S.v. § 26 BBiG[1305] gelten nach § 22 Abs. 1 S. 2 MiLoG als Arbeitnehmer.

Legaldefiniert wird der Begriff des Praktikanten in § 22 Abs. 1 S. 3 MiLoG. Unter Praktikanten versteht man Personen, die sich nach der tatsächlichen Ausgestaltung und Durchführung des Vertragsverhältnisses für eine begrenzte Dauer zum Erwerb praktischer Kenntnisse und Erfahrungen einer bestimmten betrieblichen Tätigkeit zur Vorbereitung auf eine berufliche Tätigkeit unterziehen.[1306] Bei der Regelung des § 22 Abs. 1 S. 2 MiLoG handelt es sich um eine gesetzliche Fiktion, die nicht auf andere arbeitsrechtliche Regelungsbereiche übertragen werden kann.[1307] Praktikanten haben somit dem Grunde nach Anspruch auf die Zahlung des gesetzlichen Mindestlohns, es sei denn, dass einer der Ausnahmetatbestände des § 22 Abs. 1 S. 2 Nr. 1 bis 4 MiLoG einschlägig ist. Demnach werden Pflichtpraktika[1308] (§ 22 Abs. 1 S. 2 Nr. 1 MiLoG), Orientierungspraktika[1309] (§ 22 Abs. 1 S. 2 Nr. 2 MiLoG) und begleitende Praktika (§ 22 Abs. 1 S. 2 Nr. 3 MiLoG) sowie Einstiegsqualifizierungen (§ 22 Abs. 1 S. 2 Nr. 4 MiLoG) vom Anwendungsbereich des MiLoG herausgenommen.

Die Ausnahme der begleitenden Praktika i.S.d. Nr. 3 bereitet insofern Diskussionsbedarf. Ausgenommen vom Anwendungsbereich des MiLoG ist danach ein Praktikantenverhältnis nur, wenn *nicht bereits zuvor* mit demselben Arbeitgeber *ein solches* bestand. Entscheidend dabei ist die konkrete Ausgestaltung des Praktikums. Somit ist es zulässig, bei demselben Arbeitgeber zunächst ein Pflichtpraktikum und im Anschluss ein berufsbegleitendes Praktikum zu absolvieren. Beide Praktikantenverhältnisse wären in einem solchen Fall vom MiLoG ausgeschlossen.[1310]

1305 Hierbei ist zu beachten, dass § 26 BBiG die „echten Praktikanten" den Berufsauszubildenden gleichstellt, da sowohl beim Praktikum als auch in der Berufsausbildung der Ausbildungszweck überwiegt, vgl. *Picker/Sausmikat*, NZA 2014, 942 (943 f.).
1306 *Natzel*, BB 2014, 2490 (2490 f.).
1307 *Picker/Sausmikat*, NZA 2014, 942 (943 f.); *Riechert/Nimmerjahn*, Mindestlohngesetz Kommentar, § 22 MiLoG, Rn. 26.
1308 Hierbei handelt es sich um Praktika, die verpflichtend neben einer Hochschul-, Fachschul- oder Schulausbildung absolviert werden. Die Regelung hat lediglich deklaratorischen Charakter, vgl. *Burkard-Pötter/Sura*, NJW 2015, 517 (519); *Picker/Sausmikat*, NZA 2014, 942 (946 f.).
1309 Hiervon werden Praktika von einer Dauer bis zu drei Monaten, die zur Orientierung für eine Berufsausbildung oder die Aufnahme eines Studiums dienen, erfasst. Ein Praktikum, das die Dauer von drei Monaten übersteigt, ist von Beginn an mindestlohnpflichtig, vgl. dazu statt vieler *Riechert/Nimmerjahn*, Mindestlohngesetz Kommentar, § 22 MiLoG, Rn. 89. Ein zusammenhängender Zeitraum wird hierbei nicht vom MiLoG gefordert. Sofern eine Unterbrechung in der Person des Praktikanten liegt und die tatsächliche Praktikumsdauer drei Monate nicht übersteigt, besteht kein Anspruch auf Zahlung des gesetzlichen Mindestlohns, vgl. BAG, Urteil vom 30.01.2019 – 5 AZR 556/17 = NZA 2019, 773.
1310 *Riechert/Nimmerjahn,* Mindestlohngesetz Kommentar, § 22 MiLoG, Rn. 107.

Problematisch ist die Formulierung *nicht bereits zuvor*. In diesem Zusammenhang wird vertreten, den Wortlaut des MiLoG eng auszulegen und zu verlangen, dass *niemals* zuvor ein Praktikantenverhältnis mit diesem Arbeitgeber bestanden haben darf.[1311] Dennoch ist auch eine weite Auslegung im Lichte des § 14 Abs. 2 S. 2 TzBfG denkbar, sodass es unschädlich wäre, wenn das Vorpraktikum mehr als drei Jahre zurückliegt.[1312] Das BAG kommt im Falle des § 14 Abs. 2 S. 2 TzBfG, der bestimmt, dass die Befristung eines Arbeitsverhältnisses ohne Vorliegen eines Sachgrundes für die Dauer von zwei Jahren dann nicht zulässig ist, wenn mit demselben Arbeitgeber bereits zuvor ein Arbeitsverhältnis bestanden hat, zu dem Ergebnis, dass eine „zuvor-Beschäftigung" dann nicht gegeben sei, wenn das frühere Arbeitsverhältnis mehr als drei Jahre zurückliegt.[1313] Begründet wurde diese Auslegung mit dem Zweck der Regelung, welcher darauf abzielt, missbräuchliche „Befristungsketten" zu unterbinden.[1314] Nach der Auffassung des BAG soll jedoch kein lebenslanges Verbot der Vorbeschäftigung normiert werden, sondern nur für den Fall der unzulässigen Befristungsketten.

Dass die Anwendung dieser Rechtsprechung des BAG im Rahmen des § 22 Abs. 1 S. 2 Nr. 3 MiLoG jedoch nicht in Betracht kommen kann, wird anhand des unterschiedlichen Wortlauts begründet. So zeigt *Greiner* auf, dass das TzBfG auf eine *„bereits* zuvor"-Formulierung abstellt, wohingegen das MiLoG seinen Ausschlusstatbestand mit den Worten *„nicht* zuvor" ausdrückt. Durch die abweichende Formulierung beabsichtige der Gesetzgeber nach *Greiner* eine unterschiedliche Auslegung der beiden Normen.[1315] Des Weiteren wird angebracht, dass das MiLoG nicht in gleicher Weise grundrechtlich geschützte Positionen des Praktikanten berühre.[1316]

Im Ergebnis ist dem zuzustimmen. Der Wortlaut des § 22 Abs. 1 S. 2 Nr. 3 MiLoG gibt keine Anhaltspunkte auf eine einschränkende Auslegung der Formulierung „nicht zuvor". Sofern der Gesetzgeber beabsichtigt hätte, die Ausnahmeregelung aller drei Jahre zu ermöglichen, hätte er dies mit Wissen um die Auslegung des § 14 Abs. 2 S. 2 TzBfG regeln können.

Des Weiteren ist auf den Schutzzweck der Norm abzustellen. Das MiLoG soll den Missbrauch des sinnvollen Instruments Praktikum einschränken.[1317] Hierzu

---

1311 *Bayreuther,* NZA 2014, 865 (871); *Riechert/Nimmerjahn,* Mindestlohngesetz Kommentar, § 22 MiLoG, Rn. 110 (m.w.N.); *Pötters,* in: Thüsing, Kommentar MiLoG und AEntG, § 22 MiLoG, Rn. 33.
1312 *Heukenkamp,* Gesetzlicher Mindestlohn in Deutschland und Frankreich, S. 121; *Hilgenstock,* Das Mindestlohngesetz, Rn. 30.
1313 BAG, Urteil vom 6.04.2011 – 7 AZR 716/09 = NZA 2011, 905 (905) = BAGE 137, 275 (277 ff.).
1314 BAG, Urteil vom 6.04.2011 – 7 AZR 716/09 = NZA 2011, 905 (907) = BAGE 137, 275 (281).
1315 *Greiner,* NZA 2016, 594 (599).
1316 *Riechert/Nimmerjahn,* Mindestlohngesetz Kommentar, § 22 MiLoG, Rn. 111.
1317 BT-Drs. 18/1558, S. 42.

wurden ausdrücklich Praktikanten in den Anwendungsbereich des MiLoG einbezogen, obwohl diese gerade keine Arbeitnehmer sind. Das macht deutlich, dass Praktikanten in hohem Maße geschützt werden sollen. Eine Ausnahme dieser Regelung darf somit nicht eng ausgelegt werden. Außerdem ist zu berücksichtigen, dass gerade begleitende Praktika während des Studiums hilfreich sind, praktische Einblicke in das künftige Berufsfeld zu erlangen. Die Aussicht auf dauerhaft unentgeltlich zu absolvierende Praktika kann dazu führen, junge Menschen von einem studienbegleitenden Praktikum abzuhalten und sich stattdessen eine entgeltliche Nebenbeschäftigung zu suchen, wenn auch die gesammelten Erfahrungen während eines solchen Praktikums oft von essenzieller Bedeutung sind.

Die Formulierung „nicht zuvor" ist daher als *niemals* zuvor zu lesen.

Keine Praktikanten sind Trainees, da bei den Traineeprogrammen stets die Arbeitsleistung im Vordergrund steht. Diese sind Arbeitnehmer und haben nach § 1 Abs. 1 MiLoG Anspruch auf den gesetzlichen Mindestlohn.[1318]

gg) Sonstige Fallgruppen

Auch Personen, die aufgrund einer Arbeitsgelegenheit mit Mehraufwandsentschädigung (sog. Ein-Euro-Jobber, InJobs, Zusatzjobs) nach § 16d Abs. 1 SGB II beschäftigt werden, haben keinen Anspruch auf einen Mindestlohnsatz, denn hierbei handelt es sich um ein durch das öffentliche Recht ausgestaltetes Rechtsverhältnis und kein Arbeitsverhältnis[1319] i.S.d. MiLoG.[1320] Auch Arbeitsgelegenheiten nach §§ 5, 5a AsylbLG begründen kein privatrechtliches Arbeitsverhältnis und unterfallen aus diesem Grund nicht dem Anwendungsbereich des MiLoG.[1321]

Rechtsreferendare, Beschäftigte in Einführungsverhältnissen, Volontäre und Familienangehörige im Betrieb unterfallen ebenfalls nicht dem Anwendungsbereich des MiLoG.[1322]

c) Ausnahmen

§ 22 Abs. 1 S. 1 MiLoG regelt, dass Arbeitnehmer einen Anspruch auf den gesetzlichen Mindestlohn haben. Dies gilt jedoch nur, sofern nicht ein Ausnahmetatbestand des MiLoG einschlägig ist. Neben dem bereits erwähnten Ausschluss

---

1318 *Picker/Sausmikat,* NZA 2014, 942 (947).
1319 BAG, Urteil vom 26.09.2007 – 5 AZR 857/06 = NZA 2007, 1422 (1423).
1320 *Riechert/Nimmerjahn,* Mindestlohngesetz Kommentar, § 22 MiLoG, Rn. 14.
1321 *Harich,* Giesen/Kreikebohm et al.: BeckOK Sozialrecht, § 16d SGB II, Rn. 18, 19; vgl. § 5 Abs. 5 S. 1 AsylbLG; *Riechert/Nimmerjahn,* Mindestlohngesetz Kommentar, § 22 MiLoG, Rn. 15.
1322 *Hilgenstock,* Das Mindestlohngesetz, Rn. 20 ff., zur Mitarbeit in der Familie siehe ebenda, Rn. 62 f.; *Riechert/Nimmerjahn,* Mindestlohngesetz Kommentar, § 22 MiLoG, Rn. 21–23; zum Einführungsverhältnis siehe *Berndt,* DStR 2014, 1878 (1878 f.); zu den Volontären siehe *Picker/Sausmikat,* NZA 2014, 942 (946).

bestimmter Praktikantenverhältnisse werden auch weitere Personengruppen vom Anwendungsbereich ausgeschlossen.

aa) Unter 18-jährige ohne abgeschlossene Berufsausbildung, § 22 Abs. 2 MiLoG

Nach § 22 Abs. 2 MiLoG gelten Personen nach § 2 Abs. 1, 2 JArbSchG, also Personen vor Vollendung des 18. Lebensjahres, die keine Berufsausbildung abgeschlossen haben, nicht als Arbeitnehmer im Sinne des MiLoG.

Diese Ausnahmeregelung soll der nachhaltigen Integration junger Menschen in den Arbeitsmarkt dienen. Es soll dadurch sichergestellt werden, dass der Mindestlohn keine falschen Anreize setzt, auf eine Berufsausbildung zu verzichten und stattdessen eine mit dem Mindestlohn vergütete Beschäftigung anzunehmen.[1323] Die Ausnahme vom Anwendungsbereich des Mindestlohns gilt auch für Arbeitsverhältnisse, die Jugendliche neben ihrer Berufsausbildung eingehen.[1324]

Das Arbeitsentgelt junger Arbeitnehmer ohne abgeschlossene Berufsausbildung ist jedoch an § 138 BGB zu messen.[1325]

Das Bundesministerium für Arbeit und Soziales und das Bundesministerium der Finanzen beabsichtigen, diese Ausnahme abzuschaffen, sodass in Zukunft auch der Personenkreis der unter 18-Jährigen ohne abgeschlossene Berufsausbildung unter den Anwendungsbereich des MiLoG fällt. Das begründe sich einerseits damit, dass die intendierten Steuerungswirkungen mit dieser Bereichsausnahme nicht erzielt worden seien und andererseits damit, dass der Mindestlohn eine unterste Haltelinie für alle Arbeitnehmer sein soll.[1326]

bb) Zur Berufsausbildung Beschäftigte, § 22 Abs. 3 MiLoG

Auszubildende haben keinen Anspruch auf einen gesetzlichen Mindestlohn nach dem MiLoG (§ 22 Abs. 3 MiLoG). Diese Regelung hat jedoch nur deklaratorischen Charakter, da Auszubildende bereits statusrechtlich keine Arbeitnehmer sind.[1327]

Seit dem 01.01.2020 gilt jedoch auch für diese Beschäftigtengruppe ein gesetzlicher Mindestlohn, nämlich nach § 17 BBiG.[1328] Im BBiG wird dadurch erstmals eine Mindestvergütung für Auszubildende unmittelbar festgeschrieben. Während vorher lediglich ein Anspruch auf eine „angemessene Vergütung" (§ 17 Abs. 1

1323 BT-Drs. 18/1558, S. 42.
1324 *Sagan/Witschen,* jM 2014, 372 (372).
1325 Siehe hierzu Kapitel 4 § 1 II. 1.
1326 Vgl. Eckpunktepapier zur Weiterentwicklung des Mindestlohns und Stärkung der Tarifbindung, S. 3, vgl. https://www.bmas.de/DE/Service/Presse/Meldungen/2021/eckpunktepapier-mindestlohn-vorgestellt.html (zuletzt abgerufen am 19.12.2021).
1327 BT-Drs. 18/1558, S. 43.
1328 Die Änderung des BBiG wurde durch das Gesetz zur Modernisierung und Stärkung der beruflichen Bildung vom 12.12.2019, BGBl. I, S. 2522 vollzogen.

S. 1 BBiG a.F.) bestand, so wurde diese Formulierung zum 01.01.2020 konkretisiert. Auszubildende sollen demnach Anspruch auf einen gestaffelten Vergütungsanspruch haben, der ab dem 01.01.2020 bis zum 01.01.2023 schrittweise angehoben und ab dem 01.01.2024 auf der Grundlage der durchschnittlichen Entwicklung der vertraglich vereinbarten Ausbildungsvergütungen angepasst wird.[1329]

Die Mindestvergütung im ersten Jahr der Berufsausbildung beträgt seit dem 01.01.2020 515,00 EUR im Monat, seit dem 01.01.2021 550,00 EUR im Monat, ab dem 01.01.2022 585,00 EUR im Monat und ab dem 01.01.2023 620,00 EUR im Monat. Im zweiten Ausbildungsjahr muss die Mindestvergütung um 18 Prozent und im dritten Ausbildungsjahr um 35 Prozent im Vergleich zu der Vergütung des ersten Ausbildungsjahres angehoben werden.[1330]

cc) Ehrenamt, § 22 Abs. 3 MiLoG

Personen, die ehrenamtlich tätig sind oder einen freiwilligen Dienst nach § 32 Abs. 4 S. 1 Nr. 2 lit. d EStG (Freiwilliges soziales Jahr, freiwilliges ökologisches Jahr, Freiwilligenaktivität im Rahmen des Europäischen Solidaritätskorps, Bundesfreiwilligendienst) ausüben, sind bereits statusrechtlich keine Arbeitnehmer. Auch diese Ausnahmeregelung hat lediglich klarstellenden Charakter. Ehrenamtlich Tätige erhalten außerdem keine Vergütung, sondern lediglich eine Aufwandsentschädigung, die nicht durch das MiLoG bestimmt wird.[1331]

dd) Einstiegslohn für Arbeitslose, § 22 Abs. 4 MiLoG

Nach § 22 Abs. 4 MiLoG gilt der gesetzliche Mindestlohnanspruch ebenfalls nicht für die ersten sechs Monate der Beschäftigung von Arbeitnehmern, die unmittelbar vor Beginn der Beschäftigung langzeitarbeitslos waren. Ziel dieser Regelung ist die Integration von Arbeitslosen in den Arbeitsmarkt. Gerade für Langzeitarbeitslose ist der Wiedereinstieg in das Arbeitsleben oftmals mit Schwierigkeiten verbunden.[1332] Die Ausnahme vom gesetzlichen Mindestlohn soll somit Arbeitgebern einen Anreiz setzen, Langzeitarbeitslosen eine neue berufliche Perspektive zu bieten.

Langzeitarbeitslosigkeit wird in § 18 Abs. 1 S. 1 SGB III definiert und liegt dann vor, wenn jemand ein Jahr und länger arbeitslos ist. Diese einjährige Arbeitslosigkeit muss ohne Unterbrechungen bestanden haben. Nach § 18 Abs. 1 S. 2 SGB III unterbricht die Teilnahme an einer Maßnahme nach § 45 SGB III (Maßnahmen zur Aktivierung und beruflichen Eingliederung) sowie Zeiten der Krankheit oder sonstiger Nicht-Erwerbstätigkeit bis zu sechs Wochen die Dauer der Arbeitslosigkeit nicht. Satz 2 des § 18 Abs. 1 SGB III wurde im Zusammenhang mit dem MiLoG

1329 BT-Drs. 19/10815, S. 2.
1330 BT-Drs. 19/10815, S. 17.
1331 *Greiner*, NZA 2015, 285 (285).
1332 BT-Drs. 18/1558, S. 43.

durch das Tarifautonomiestärkungsgesetz erlassen und stellt klar, dass nicht jede Unterbrechung der Verfügbarkeit auf dem Arbeitsmarkt auch eine Unterbrechung der Arbeitslosigkeit darstellt.[1333]

Die Ausnahme vom Mindestlohn gilt in den ersten sechs Monaten der Beschäftigung. Sofern die Beschäftigung über diesen Zeitraum andauert, ist ab dem siebten Monat ein gesetzlicher Mindestlohnanspruch gegeben.

Wie soeben erwähnt, dient die Ausnahmeregelung dazu, den Wiedereinstieg Langzeitarbeitsloser in das Arbeitsleben zu erleichtern. In einer Untersuchung des IAB-Forums aus dem Jahr 2017[1334] hat sich jedoch herausgestellt, dass dieser gewünschte Effekt bisher ausblieb. Die Studie hat ergeben, dass die Ausnahmeregelung keinen signifikanten Effekt auf die Einstiegslöhne Arbeitsloser habe. Des Weiteren würde die Ausnahmeregelung kaum genutzt werden. Gründe dafür lägen darin, dass Arbeitgeber trotz dieses Anreizes gewichtige Einwände gegen die Einstellung von Langzeitarbeitslosen haben. Diese würden nicht immer die gewünschte Qualifikation, Kompetenz und Produktivität mit sich bringen. Außerdem gäbe es aufgrund negativer Erfahrungen mit Langzeitarbeitslosen Vorbehalte gegenüber dieser Arbeitnehmergruppe. Des Weiteren sei der Wirkungsbereich der Regelung eingeschränkt, da häufig Branchentarifverträge auf neue Arbeitsverhältnisse Anwendung finden würden, für die diese Ausnahme nicht greife oder da der zu zahlende Lohn in einigen Regionen ohnehin deutlich über dem gesetzlichen Mindestlohn läge.[1335] Auch Arbeitslose selbst zögen kaum Nutzen aus der Möglichkeit der Ausnahmeregelung, da ihnen diese unter Umständen nicht bekannt war bzw. ist.[1336]

Der Gesetzesentwurf sah eine Stellungnahme der Bundesregierung dahin gehend vor, ob die Ausnahmeregelung zur nachhaltigen Integration von Langzeitarbeitslosen beigetragen habe.[1337]

Die Bundesregierung bezog sich in ihrer Stellungnahme vom 09.02.2017[1338] auf die Evaluation des IAB und stellte fest, dass die Ausnahmeregelung keinen signifikanten Effekt auf den Lohn hatte, den ehemals Langzeitarbeitslose kurz nach Eintritt in eine Beschäftigung erwirtschafteten. Die Bundesregierung stellte weiterhin fest, dass nach der Evaluation weder zwingende Gründe für die Abschaffung noch für die Beibehaltung der Ausnahmeregelung bestanden. Sie empfahl aus diesem Grund, zum damaligen Zeitpunkt keine Änderung der Gesetzlage vorzunehmen,

---

1333 *Marschner*, Giesen/Kreikebohm et al.: BeckOK Sozialrecht, § 18 SGB III, Rn. 1.
1334 *Klingert/Lenhart*, Mindestlohn in Deutschland – Effekte der Ausnahmeregelung für Langzeitarbeitslose, IAB-Forum.
1335 *Klingert/Lenhart*, Mindestlohn in Deutschland – Effekte der Ausnahmeregelung für Langzeitarbeitslose, IAB-Forum, S. 6.
1336 *Klingert/Lenhart*, Mindestlohn in Deutschland – Effekte der Ausnahmeregelung für Langzeitarbeitslose, IAB-Forum, S. 7.
1337 BT-Drs. 18/1558, S. 43.
1338 BT-Drs. 18/11118.

die Entwicklung jedoch weiterhin zu beobachten und gegebenenfalls erneut eine Evaluation durchzuführen.[1339]

In dem Eckpunktepapier zur Weiterentwicklung des Mindestlohns aus der Feder des BMAS und des Bundesfinanzministeriums von März 2021 geht die Absicht hervor, die Bereichsausnahme der Langzeitarbeitslosen zu streichen, sodass auch diese Arbeitnehmer in Zukunft ab dem ersten Tag ihrer neuen Beschäftigung vom gesetzlichen Mindestlohn profitieren können. Begründet wird dies damit, dass, wie bei der Bereichsausnahme der unter 18-Jährigen ohne abgeschlossene Berufsausbildung, die beabsichtigte Steuerungswirkung nicht eingetreten ist und dass der Mindestlohn als unterste Haltelinie für alle Arbeitnehmer konzipiert sei.[1340]

ee) Flüchtlinge

Aufgrund der ansteigenden Zahlen von Menschen, die vor politischer Verfolgung oder Bürgerkrieg nach Deutschland flüchten und in die Gesellschaft und den Arbeitsmarkt integriert werden sollen, wurde diskutiert, ob diese, mit dem Ziel der besseren Integration, ebenfalls vom Anwendungsbereich des MiLoG ausgeschlossen werden sollen.[1341]

Untersucht wurde diese Frage zunächst auf ihre Vereinbarkeit mit dem Grundgesetz, vor allem hinsichtlich des allgemeinen Gleichheitssatzes nach Art. 3 Abs. 1 GG. Kritisch wurde hierbei vor allem im Rahmen der Grundrechtsverletzung gesehen, dass eine pauschale und unbefristete Ausnahme von Geflüchteten nicht erforderlich sei und somit dem Verhältnismäßigkeitsgrundsatz widerspreche. Ebenso wie im Rahmen des § 22 Abs. 4 MiLoG könnte der Ausschluss vom Mindestlohn auf die Dauer von sechs Monaten beschränkt sein. Überdies stelle sich eine Regelung als wettbewerbsverzerrend zulasten der übrigen Arbeitnehmer dar.[1342] Die Debatte um den Ausschluss von Geflüchteten ist in den vergangenen Jahren jedoch ruhiger geworden. Dies kann einerseits an der vermeintlichen Verfassungswidrigkeit der Regelung liegen, andererseits an den unzufriedenstellenden Erfahrungen mit der Ausnahmeregelung der Langzeitarbeitslosen, die ähnliche Ziele verfolgt.

1339 BT-Drs. 18/11118, S. 2; BR-Drs. 130/17, S. 4; Gegenreaktion des Bundesrats vom 20.03.2017: BR-Dr. 130/1/17, 130/17(B), mit der Aufforderung an die Bundesregierung, die Ausnahmeregelung aufzuheben.
1340 Eckpunktepapier zur Weiterentwicklung des Mindestlohns und Stärkung der Tarifbindung, S. 3, vgl. https://www.bmas.de/SharedDocs/Downloads/DE/Arbeitsrecht/fairer-mindestlohn.pdf?__blob=publicationFile&v=3 (zuletzt abgerufen am 19.12.2021).
1341 Vgl. zu den einzelnen Forderungen: Wissenschaftliche Dienste Deutscher Bundestag, Ausnahme vom gesetzlichen Mindestlohn für Flüchtlinge vor dem Hintergrund des allgemeinen Gleichheitssatzes aus Art. 3 Abs. 1 GG, S. 4.
1342 Wissenschaftliche Dienste Deutscher Bundestag, Ausnahme vom gesetzlichen Mindestlohn für Flüchtlinge vor dem Hintergrund des allgemeinen Gleichheitssatzes aus Art. 3 Abs. 1 GG, S. 17–19.

2. Der räumliche Anwendungsbereich des gesetzlichen Mindestlohns

a) Grundsatz

Das Mindestlohngesetz setzt eine gesetzliche Lohnuntergrenze einheitlich für ganz Deutschland fest. Der Mindestlohn ist hierbei branchenunabhängig und gilt in jeder Region gleichermaßen.[1343]

§ 1 Abs. 1 MiLoG legt fest, dass jeder Arbeitnehmer Anspruch auf Zahlung eines Arbeitsentgelts mindestens in Höhe des Mindestlohns durch seinen Arbeitgeber hat.

Ergänzend dazu regelt § 20 MiLoG, dass Arbeitgeber mit Sitz im In- oder Ausland verpflichtet sind, ihren im Inland beschäftigten Arbeitnehmern ein Arbeitsentgelt mindestens in Höhe des Mindestlohns nach § 1 Abs. 2 spätestens zu dem in § 2 Abs. 1 S. 1 Nr. 2 genannten Zeitpunkt zu zahlen.

Das MiLoG hat dabei einen engen Inlandsbegriff, der nur das Landgebiet einschließlich der Binnengewässer (Fließ- und Stillgewässer) erfasst.[1344]

Fraglich ist indes, was für inländische Arbeitnehmer bei der Entsendung ins Ausland bzw. bei der Entsendung ausländischer Arbeitnehmer nach Deutschland gilt.

Der Sitz des Arbeitgebers ist für die Zahlung des Mindestlohns zumindest nicht entscheidend.[1345]

Grundsätzlich gilt gemäß Art. 8 Abs. 2 Rom-I-VO für das jeweilige Arbeitsverhältnis, sofern keine abweichende Vereinbarung i.S.d. Art. 8 Abs. 1 Rom-I-VO getroffen wurde, das Recht des Staates, in dem der gewöhnliche Arbeitsort des Arbeitnehmers liegt, auch wenn dieser vorübergehend in einen anderen Staat entsandt worden ist. Somit würde bei der vorübergehenden Entsendung eines deutschen Arbeitnehmers ins Ausland weiterhin deutsches Recht und somit auch das MiLoG gelten. Für ausländische Arbeitnehmer würde weiterhin das Recht ihres Entsendelandes Anwendung finden. Dieser Grundsatz gilt jedoch nicht uneingeschränkt. Nach Art. 9 Rom-I-VO finden zwingende Vorschriften des jeweiligen Staates, die dieser entscheidend für die Wahrung seines öffentlichen Interesses, insbesondere seiner politischen, sozialen oder wirtschaftlichen Organisation ansieht, auch dann Anwendung, wenn nach anderen Vorschriften der Rom-I-VO eigentlich ein anderes Recht auf den jeweiligen Arbeitsvertrag anzuwenden wäre. Diese sog. Eingriffsnormen gelten also zwingend und sollen nicht zur Disposition der Vertragsparteien stehen. Eingriffsnormen sollen außerdem zumindest auch dem Allgemeinwohl und nicht nur den Interessen des Einzelnen dienen.[1346] Gefordert

---

1343 Kritisch dazu *Wank*, RdA 2015, 88 (91).
1344 *Riechert/Nimmerjahn*, Mindestlohngesetz Kommentar, § 20 MiLoG, Rn. 10, 11.
1345 *Mankowski*, RdA 2017, 273 (274).
1346 *Martiny*, in: Säcker/Rixecker/Oetker/Limperg, MüKo zum BGB, Art. 8-Rom-I-VO, Rn. 13.

wird überdies ein Sachverhalt, der einen hinreichenden Bezug zum normsetzenden Staat aufweist.[1347]

Fraglich ist, ob das MiLoG solche Eingriffsnormen enthält, sodass der Mindestlohnanspruch auch für ausländische Arbeitnehmer, die vorübergehend nach Deutschland entsandt werden, gilt. Somit ist zu überprüfen, ob das MiLoG den eben genannten Voraussetzungen gerecht wird. Das MiLoG dient der Stärkung der Tarifautonomie sowie der Sicherstellung angemessener Lebensbedingungen für Arbeitnehmer und Arbeitnehmerinnen[1348], der Unterbindung von Lohndumping durch einen Unterbietungswettbewerb der Unternehmen und der finanziellen Stabilität der sozialen Sicherungssysteme[1349] sowie der Sicherung eines Existenzminimums des Einzelnen[1350]. Insgesamt verfolgt es also nicht nur Ziele, die lediglich dem Einzelnen dienen, sondern auch der Allgemeinheit.

Der Mindestlohnanspruch nach §§ 1, 20 MiLoG stellt somit eine Eingriffsnorm i.S.d. Art. 9 Rom-I-VO dar und findet in Entsendefällen auch auf ausländische Arbeitnehmer Anwendung.[1351]

Für deutsche Arbeitnehmer, die vorübergehend ins europäische Ausland entsandt werden, gilt dieser Grundsatz gleichermaßen, es sei denn, dass die heimischen (also deutschen) Regelungen günstiger als die ausländischen Lohnsätze sind. In diesem Fall finden die deutschen Lohnuntergrenzen Anwendung.[1352]

b) Die Besonderheit der kurzfristigen Entsendung im Rahmen sog.

Transit- oder Kabotagefahrten

Kritisch gesehen wird der geforderte hinreichende Bezug vor allem bei einer nur kurzfristigen Entsendung nach Deutschland, da diese Beschäftigung die Bundesrepublik in zeitlicher und sachlicher Hinsicht nur am Rande berühre und der Zweckerreichung des MiLoG, die Sicherung der Existenzgrundlage des Einzelnen, in einer solchen Konstellation nicht erforderlich sei.[1353] Hiermit sind Sachverhalte

---

1347 *Franzen,* EuZW 2015, 449 (449); *Hohnstein,* NJW 2015, 1844 (1846); *Martiny,* in: Säcker/Rixecker/Oetker/Limperg, MüKo zum BGB, Art. 9 Rom-I-VO, Rn. 124.
1348 BT-Drs. 18/1558, S. 1.
1349 BT-Drs. 18/1558, S. 2, 28.
1350 BT-Drs. 18/1558, S. 2, 28, 61.
1351 *Franzen,* in: Müller-Glöge/Preis/Schmidt, ErfK, § 20 MiLoG, Rn. 1; *Lakies,* ArbRAktuell 2014, 3 (4); *ders.,* AuR 2016, 14 (15); *Müller-Glöge,* in: Säcker/Rixecker/Oetker/Limperg, MüKo zum BGB, § 20 MiLoG, Rn. 1; *Sittard,* NZA 2015, 78 (79); a.A. *Ludwig/Rosenau,* AuA 2015, 144 (144); *Riechert/Nimmerjahn,* Mindestlohngesetz Kommentar, § 1 MiLoG, Rn. 99, nach denen § 1 MiLoG keine Eingriffsnorm i.S.v. Art. 9 Rom-I-VO darstellt, § 20 MiLoG jedoch schon.
1352 *Greiner,* in: Rolfs/Giesen/u.a., BeckOK Arbeitsrecht, § 20 MiLoG, Rn. 3, 4; *Riechert/Nimmerjahn,* Mindestlohngesetz Kommentar, § 1 MiLoG, Rn. 11; als Grundlage für die deutschen Mindestlöhne dient sodann § 1 MiLoG, nicht § 20 MiLoG, vgl. ebenda, § 20 MiLoG, Rn. 7, 8.
1353 *Franzen,* EuZW 2015, 449 (449 f.).

gemeint, in denen Arbeitnehmer aus dem Ausland arbeitsrechtlich gesehen nur eine kurze Zeit deutschen Boden berühren. Das ist beispielsweise dann der Fall, wenn ein polnischer LKW-Fahrer auf der Fahrt nach Frankreich eine deutsche Autobahn benutzt (sog. Transitfahrt[1354]) oder wenn diese nur für Kabotagefahrten deutschen Boden berühren.

Umstritten ist, ob in diesen Fällen der deutsche Mindestlohn zu zahlen ist.

aa) Europarechtliche Bedenken und jüngere Entscheidungen des EuGH

Vor allem im Rahmen der europarechtlichen Dienstleistungsfreiheit sieht man die Mindestlohnverpflichtung bei einer nur kurzfristigen Entsendung als eine unzulässige Beschränkung an.[1355] Umstritten ist insbesondere die Behandlung der Transitfahrten, bei denen Arbeitnehmer nur für eine kurze Zeit Deutschland durchfahren.[1356]

Im Rahmen dieser Diskussion hat die EU-Kommission ein Vertragsverletzungsverfahren nach Art. 258 AEUV gegen Deutschland eingereicht mit der Begründung, eine unbeschränkte Mindestlohnpflicht im Rahmen kurzfristiger Beschäftigungen werde nicht den europäischen Grundfreiheiten der Dienstleistungsfreiheit (Art. 56 ff. AEUV) und der Warenverkehrsfreiheit (Art. 28 ff. AEUV) gerecht.[1357] Folge dessen war am 30.01.2015 die Entscheidung Deutschlands, die Kontrollen der Zollbehörden im Transitbereich vorerst auszusetzen.[1358]

Mittlerweile hat sich auch der EuGH mit der Frage des Transitverkehrs auseinandergesetzt. In der Rechtssache C-815/18[1359] betreffend ein Vorabentscheidungsersuchen hatte sich das Gericht mit der Anwendung der Entsenderichtlinie 96/71/EG auf Kabotagefahrten auseinanderzusetzen. Der niederländische Gewerkschaftsverband FNV und das niederländische Güterkraftverkehrsunternehmen Van den Bosch Transporten schlossen einen Tarifvertrag für den Güterverkehr, der

---

[1354] Bei der Transitfahrt handelt es sich lediglich um die Durchfahrt im grenzüberschreitenden Arbeitsraum, wohingegen im Rahmen der sog. Kabotagefahrt auch eine Arbeitsleistung im jeweiligen Land erfolgt (Bsp.: Be- und Entladen von Waren).

[1355] EuGH, Urteil vom 15.03.2001 Rs. C-165/98, ECLI:EU:C:2001:162, Rn. 22–40 – *Mazzoleni*; a.A. *Riechert/Nimmerjahn*, Mindestlohngesetz Kommentar, § 20 MiLoG, Rn. 19–24.

[1356] Eine umfassende Übersicht zum Meinungsstreit bietet *Riechert/Nimmerjahn*, Mindestlohngesetz Kommentar, § 20 MiLoG, Rn. 13.

[1357] Pressemitteilung der Europäischen Kommission vom 19.05.2015, abrufbar unter: https://europa.eu/rapid/press-release_IP-15-5003_de.htm (zuletzt abgerufen am 19.12.2021); siehe auch: BT-Drs. 18/7436, S. 2 ff.

[1358] *Riechert/Nimmerjahn*, Mindestlohngesetz Kommentar, § 20 MiLoG, Rn. 28; *Sittard/Sassen*, NJW 2016, 364 (364 f.).

[1359] EuGH vom 01.12.2020 Rs. C-815/18, ECLI:EU:C:2020:976 – *FNV gegen Van den Bosch Transporten*.

allerdings nicht für allgemeinverbindlich erklärt wurde.[1360] Deutsche und ungarische Arbeitnehmer der Schwestergesellschaften von Van den Bosch Transporten mit jeweils Sitz in Deutschland bzw. Ungarn gingen einer Tätigkeit im Rahmen von Charterverträgen zwischen den einzelnen Schwestergesellschaften nach. Dabei begannen die deutschen und ungarischen Arbeitnehmer ihre Tätigkeit in den Niederlanden und beendeten ihre Tätigkeit auch dort. Die durchgeführten Beförderungen aufgrund der Charterverträge fanden aber außerhalb des Königreichs der Niederlande statt. Im Raum stand nun die Frage, ob der Tarifvertrag der FNV und Van den Bosch Transporten auf die deutschen und ungarischen Arbeitnehmer Anwendung fände. Die Vorlagefrage des niederländischen Gerichts betraf daher die Anwendbarkeit der Entsenderichtlinie 96/71/EG auf Fahrer im internationalen Güterkraftverkehr. Vor allem wollte das vorlegende Gericht wissen, welcher Maßstab oder welche Gesichtspunkte zugrunde zu legen seien, um zu bestimmen, ob ein Fahrer in das Hoheitsgebiet eines anderen Mitgliedstaates entsendet wird und ob bestimmte Untergrenzen (bspw. in Form eines Mindestzeitraums pro Monat) für Kabotagefahrten gelten müssten.

Der EuGH antwortete, dass auch Entsendungen im Straßenverkehrssektor unter den Anwendungsbereich der Entsenderichtlinie 96/71/EG fielen. Dabei werde die Anwendbarkeit der RL 96/71/EG auf den Straßenverkehrssektor ausdrücklich durch andere Akte der Union, wie etwa die RL 2014/67 und die RL 2020/1057 bestätigt.[1361] Weiter könne nach Ansicht des EuGH ein Arbeitnehmer nur dann in einen anderen Mitgliedstaat als entsandt angesehen werden, wenn seine Arbeitsleistung eine hinreichende Verbindung zu diesem Hoheitsgebiet aufweise.[1362] Hierzu sei eine Gesamtwürdigung aller Umstände und der Merkmale der Dienstleistung vorzunehmen. Bei mobilen Arbeitnehmern, wie im grenzüberschreitenden Verkehr, sei von Bedeutung, wie eng die Verbindung zwischen den Tätigkeiten und dem jeweiligen Hoheitsgebiet sei. Insoweit seien das Be- oder Entladen von Waren, die Instandhaltung oder die Reinigung von Transportfahrzeugen von Bedeutung, sofern die Tätigkeiten von dem betreffenden Fahrer und nicht von Dritten durchgeführt werden. Ein Fahrer, der das Hoheitsgebiet eines Mitgliedstaates im Rahmen eines Gütertransportes nur durchquert, sei hingegen nicht als entsandt i.S.d. Entsenderichtlinie anzusehen.[1363] Ein Arbeitnehmer, der als Fahrer

---

1360 Anders war es beim Tarifvertrag für den gewerblichen Güterkraftverkehr, der allerdings nicht für Van den Bosch Transporten galt.
1361 Die Durchsetzungsrichtlinie 2014/67/EU zur Entsennderichlinie erwähnt in Art 9 Abs. 1 lit b) ausdrücklich „Arbeitnehmer im Transportgewerbe"; die RL 2020/1057/EU stellt in Erwägungsgrund 7 klar, dass die RL 96/71/EG für den Straßenverkehrssektor gilt.
1362 EuGH vom 01.12.2020 Rs. C-815/18, ECLI:EU:C:2020:976 Rn. 45 m.w.N. – *FNV gegen Van den Bosch Transporten*.
1363 EuGH vom 01.12.2020 Rs. C-815/18, ECLI:EU:C:2020:976 Rn. 49 – *FNV gegen Van den Bosch Transporten*.

im Straßenverkehrssektor tätig ist und in einem anderen Mitgliedstaat Kabotagearbeiten ausübt, weise hingegen einen hinreichenden Bezug zu diesem Mitgliedstaat auf und werde somit von der Entsenderichtlinie erfasst, wobei die zeitliche Dauer in diesem Zusammenhang irrelevant ist.[1364]

In einem weiteren Vorabentscheidungsverfahren musste sich der EuGH kurz darauf erneut mit der Auslegung der Entsenderichtlinie auf den Straßenverkehrssektor auseinandersetzen.[1365] Dem vorlegenden Gericht lag ein Rechtsstreit ungarischer Arbeitnehmer zugrunde, die Güterbeförderungen in Frankreich erfüllten und dafür den französischen Mindestlohn von ihrem ungarischen Arbeitgeber verlangten. Bei ihren Kabotagefahrten überquerten die ungarischen Arbeitnehmer mehrfach die Grenze.

Auch in diesem Verfahren bestätigte der EuGH seine Rechtsprechung zur Anwendbarkeit der Entsenderichtlinie 96/71/EG auf die länderübergreifende Erbringung von Dienstleistungen im Straßenverkehrssektor.[1366]

Die vom EuGH aufgegriffene RL 2020/1057/EU[1367], umzusetzen bis zum 02.02.2022, legt in Erwägungsgrund 10 fest, dass rein bilaterale Beförderungen jedoch nicht von dem Anwendungsbereich der Entsenderichtlinie erfasst werden sollen. Bei rein bilateralen Beförderungen sei eine enge Verbundenheit mit dem Entsendestaat vorhanden, sodass eine Anwendung der Entsendevorschriften eine unverhältnismäßige Einschränkung der Dienstleistungsfreiheit i.S.d. Art. 56 AEUV darstellen würde. Auch Transitfahrten stellen nach Erwägungsgrund 11 keine Entsendefälle i.S.d. Entsenderichtlinie dar, da keine Verbindung zwischen den Tätigkeiten des Kraftfahrers und dem im Transit durchfahrenen Mitgliedstaat bestehe. Anders sei es nach Erwägungsgrund 13 bei Kabotagefahrten. Hier besteht ein hinreichender Bezug zum „Aufnahmemitgliedstaat", sodass die Entsenderichtlinie auf diese Fälle Anwendung finde.

bb) Zeitkomponente

Ob auch kurzfristige Entsendungen nach Deutschland vom Anwendungsbereich des MiLoG erfasst werden, wird in der Literatur teilweise über die Parallelvorschriften aus der Arbeitnehmerentsendung beantwortet. Dafür wird auf die Vorschrift des § 1 Abs. 1 S. 1 AEntG verwiesen, der fordert, dass angemessene Mindestarbeitsbedingungen für grenzüberschreitend entsandte und für *regelmäßig* im Inland beschäftigte Arbeitnehmer gelten sollen. Im Rahmen des AEntG wird somit sowohl eine gewisse Dauerhaftigkeit als auch ein Bezug des Arbeitnehmers zu seiner Tätigkeit im Inland gefordert.[1368] Des Weiteren wurde auf die Regelung

---

1364 EuGH vom 1.12.2020 Rs. C-815/18, ECLI:EU:C:2020:976 Rn. 65 – *FNV gegen Van den Bosch Transporten.*
1365 EuGH vom 08.08.2021 Rs. C-428/19, ECLI:EU:C:2021:548 – *Rapidsped.*
1366 EuGH vom 08.08.2021 Rs. C-428/19, ECLI:EU:C:2021:548, Rn. 34–36 – *Rapidsped.*
1367 ABl. der EU vom 31.07.2020, L 249/49.
1368 *Bissels/Falter/Evers*, ArbRAktuell 2015, 4 (4).

des § 6 Abs. 1 S. 1 AEntG a. F. verwiesen, der die Anwendung des Arbeitnehmer-Entsendegesetzes für Erstmontage oder Inbetriebnahme gelieferter Güter ausschloss, wenn die Entsendung die Dauer von acht Tagen nicht überstieg.

Umstritten ist, ob diese Regelungen analog[1369] auf das MiLoG angewandt werden können, denn dieses verwehrt sich einer vergleichbaren Formulierung.[1370]

Dem entgegen wird angebracht, dass im MiLoG ausdrücklich auf das Erfordernis einer solchen zeitlichen Komponente verzichtet wurde. Des Weiteren wird angemerkt, dass die Ausnahmeregelung von § 6 Abs. 1 AEntG a. F. sehr eng auszulegen sei und es fehle zudem an einer hinreichend vergleichbaren Situation zwischen Erstmontage- und Einbauarbeiten und der Zahlung von allgemeingültigen Mindestlöhnen.[1371]

Dem ist zuzustimmen. Vor allem mangels der vergleichbaren Situation zwischen dem engen Anwendungsbereich des § 6 AEntG a. F. auf Erstmontagearbeiten und dem weiten Anwendungsbereich des MiLoG ist eine analoge Anwendung hier abzulehnen und es kann mithin nicht auf starre Fristen ankommen.[1372]

cc) Erfordernis einer „Beschäftigung"

Des Weiteren wird infrage gestellt, ob es sich bei einer kurzfristigen Inlandstätigkeit schon um eine Beschäftigung i.S.v. § 20 MiLoG handelt.[1373]

Hierfür wird teilweise auf den sozialversicherungsrechtlichen Begriff der Beschäftigung verwiesen.[1374] Entscheidend wären demnach die Arbeit nach Weisung und die vollständige Eingliederung in die Arbeitsorganisation des Weisungsgebers (§ 7 Abs. 1 SGB IV).[1375]

Dies ist indes nicht überzeugend. Der Begriff der Beschäftigung darf hierfür nicht aus dem sozialrechtlichen Kontext gezogen werden. Bei der Beschäftigung nach § 20 MiLoG handelt es sich vielmehr um die Verrichtung einer Tätigkeit in rein tatsächlicher Hinsicht, also um die Erbringung einer Arbeitsleistung.[1376]

dd) Das „Wirkungselement"

Wieder andere Ansichten stellen für die Anwendbarkeit des MiLoG nicht auf ein zeitliches Kriterium oder das Erfordernis einer Beschäftigung nach § 7 Abs. 1 SGB IV

1369 So zumindest *Sittard*, NZA 2015, 78 (82); *Kainer*, NZA 2016, 394 (399), der eine Wertung des Art. 3 Abs. 2 Entsenderichtlinie allgemein anwenden will.
1370 Vgl. *Bissels/Falter/Evers*, ArbRAktuell 2015, 4 (4).
1371 *Mankowski*, RdA 2017, 273 (275); *Lakies*, AuR 2016, 14 (15); *Riechert/Nimmerjahn*, Mindestlohngesetz Kommentar, § 20 MiLoG, Rn. 17; *Vogelsang*, in: Schaub (Hrsg.), Arbeitsrechts Handbuch, § 66, Rn. 21.
1372 So im Ergebnis auch *Junker*, EuZA 2015, 399 (399).
1373 *Bissels/Falter/Evers*, ArbRAktuell 2015, 4 (5, 6 f.).
1374 *Bissels/Falter/Evers*, ArbRAktuell 2015, 4 (5); *Hohnstein*, NJW 2015, 1844 (1847).
1375 *Bissels/Falter/Evers*, ArbRAktuell 2015, 4 (5).
1376 So auch *Riechert/Nimmerjahn*, Mindestlohngesetz Kommentar, § 20 MiLoG, Rn. 16.

ab, sondern fordern ein sog. „Wirkungselement". Demnach müsse die Tätigkeit eines (auch kurzfristig) im Inland tätigen Arbeitnehmers Wirkung an einem inländischen Objekt zeigen. Es würde, mit anderen Worten, ein „Wert" geschaffen werden, was dementsprechend auch mit inländischen Mindestentgelten zu vergüten sei.[1377]

Ein solches Wirkungselement sei zumindest bei bloßen Transitfahrten jedoch nicht ersichtlich.[1378]

Dem ist jedoch nicht zuzustimmen. Zwar wird durch die Transitfahrt kein Wert an einem Objekt geschaffen, dennoch kann dies nicht maßgeblich für die Zahlung des Mindestlohns sein. Die Transitfahrt dient der Vorbereitung einer Dienstleistung, nämlich der Be- oder Entladung bestimmter Waren in einem anderen Land. Auch diese Fahrt wird somit ein Teil der gesamten Dienstleistung.[1379] Ob durch diese Fahrt ein Mehr*wert* in dem jeweiligen Transitland geschaffen wird, kann demnach nicht maßgeblich sein.

ee) Ziele des MiLoG im Rahmen einer kurzfristigen Entsendung

Des Weiteren wird bemerkt, dass die Ziele des Mindestlohns, die Entlastung der Sozialversicherungssysteme sowie die Existenzsicherung des Einzelnen, bei kurzfristigen Arbeitseinsätzen oder Transitfahrten nicht von Interesse wären, denn ein ausländischer Arbeitnehmer unterläge in diesen Fällen nicht den deutschen Lebenshaltungskosten.[1380]

In diesem Zusammenhang ist jedoch anzumerken, dass das MiLoG darüber hinaus, wenn auch nicht primär, darauf abzielt, dem Lohnunterbietungswettbewerb Einhalt zu gebieten. Dieser Ansatz ist auch bei einer kurzfristigen Beschäftigung in Deutschland von Bedeutung.

ff) Praxisbezogene Erwägungen

Auch praktische Erwägungen werden berücksichtigt. So würde für Transitfahrten ein zu umfangreicher bürokratischer Aufwand in Bezug auf die Dokumentationspflicht nach §§ 16, 17 MiLoG folgen. Dies sei insbesondere dann unverhältnismäßig, wenn die Fahrt nur wenige Minuten oder Stunden umfasse.[1381]

1377 *Greiner*, in: Rolfs/Giesen/u.a., BeckOK Arbeitsrecht, § 22 MiLoG, Rn. 6; *Moll/Katerndahl*, DB 2015, 555 (557).
1378 *Moll/Katerndahl*, DB 2015, 555 (557).
1379 So bereits *Mankowski*, RdA 2017, 273 (276).
1380 *Sittard*, NZA 2015, 78 (80); *ders./Sassen*, NJW 2016, 364 (364).
1381 *Bissels/Falter/Evers*, ArbRAktuell 2015, 4 (7); *Greiner*, in: Rolfs/Giesen/u.a., BeckOK Arbeitsrecht, § 22 MiLoG, Rn. 3; *Moll/Katerndahl*, DB 2015, 555 (556); *Sittard*, NZA 2015, 78 (81 f.).

Praxisbezogene Erwägungen in Bezug auf die Aufzeichnungspflichten nach §§ 17, 18 MiLoG[1382] sollen für den zivilrechtlichen Mindestlohnanspruch des Arbeitnehmers jedoch keine Rolle spielen.[1383] Nachvollziehbar ist zwar, dass die Melde- und Dokumentationspflichten einen enormen bürokratischen Aufwand für ausländische Arbeitgeber bedeuten. Dies kann jedoch nicht auf die Arbeitnehmer abgewälzt werden, indem diesen der Mindestlohn verwehrt wird. Vorzugsweise sollten zugunsten ausländischer Arbeitgeber Erleichterungen der Melde- und Dokumentationspflichten geschaffen werden, wenn ihre Arbeitnehmer nur kurzfristig in Deutschland tätig sind. Ziel des MiLoG ist der Schutz der Arbeitnehmer. Dieser kann nicht aus bürokratischen Erwägungen zugunsten der Arbeitgeber unterlaufen werden.

gg) Ergebnis – Kurzfristige Entsendung

Im Ergebnis ist also zusammenzufassen, dass § 20 MiLoG aufgrund seines Charakters als Eingriffsnorm auch auf ausländische Arbeitsverhältnisse bei einer vorübergehenden Entsendung nach Deutschland Anwendung findet, ungeachtet des sonst auf das Arbeitsverhältnis geltenden Rechts. Eine Ausnahme betrifft jedoch die bloße Transitfahrt, die, anders als eine Kabotagefahrt, eine reine Durchreise durch das Bundesgebiet darstellt.[1384]

Eine pauschale Anwendung starrer Zeiträume für die Eröffnung des MiLoG, wie im Falle des § 6 Abs. 1 S. 1 AEntG a. F., wird hierbei jedoch abgelehnt.[1385] Auch die Anlehnung an den sozialrechtlichen Begriff der Beschäftigung ist nicht überzeugend. Ob eine Beschäftigung vorliegt, soll im konkreten Einzelfall auch nicht unter der Berücksichtigung des „geschaffenen Wertes" im Sinne einer Arbeitsleistung erfolgen, denn auch bei einer Transitfahrt liegt eine Arbeitsleistung vor, auch wenn diese nur vorbereitenden Charakter hat.[1386]

Jedoch fehlt bei einer Transitfahrt der hinreichende Bezug zum normsetzenden Staat, der im Rahmen des Art. 9 Rom-I-VO und nun auch vom EuGH und der RL 2020/1057 gefordert wird. Hierbei handelt es sich nicht nur um irgendeine Beziehung, sondern um eine tatsächliche „enge Verbindung" zum normsetzenden Staat.[1387] Eine „enge Verbindung" zur Bundesrepublik Deutschland ist bei der ausschließlichen Durchquerung nicht gegeben. Auch die Ziele des MiLoG, die

---

1382 Vgl. dazu auch BT-Drs. 18/7436, S. 5 f.
1383 So im Ergebnis auch *Junker*, EuZA 2015, 399 (400).
1384 So auch FG Baden-Württemberg, Urteil vom 17.07.2018 – 11 K 544/16 = BeckRS 2018, 20192, Rn. 46; *Bissels/Falter/Evers*, ArbRAktuell 2015, 4 (7); *Sittard*, NZA 2015, 78 (80, 82); a.A. *Mankowski*, RdA 2017, 273 (276); *Junker*, EuZA 2015, 399 (399 f.); *Lakies*, AuR 2016, 14 (15).
1385 So auch *Mankowski*, RdA 2017, 273 (275).
1386 Vgl. *Mankowski*, RdA 2017, 273 (276).
1387 *Hilgenstock*, Das Mindestlohngesetz, Rn. 80 f.; *Martiny*, in: Säcker/Rixecker/Oetker/Limperg, MüKo zum BGB, Art. 9 Rom-I-VO, Rn. 124.

Sicherung eines angemessenen Lebensunterhalts, sind nicht auf Fälle einer Transitfahrt ausgelegt, da die Arbeitnehmer nicht den Lebenshaltungskosten Deutschlands unterliegen.

Bei den übrigen kurzfristigen Entsendungen, die über die bloße Transitfahrt hinaus gehen,[1388] muss darauf abgestellt werden, wie lange der Arbeitnehmer den nationalen Lebenshaltungskosten unterlegt ist und ob ein hinreichender Bezug zum normsetzenden Staat besteht. Eine starre Grenze kann hierbei nicht gezogen werden, es muss auf den Einzelfall abgestellt werden.

Somit findet das MiLoG mangels eines ausreichenden Bezugs i.S.d. Art. 9 Rom-I-VO keine zwingende Anwendung auf ausländische Arbeitnehmer bei der Transitfahrt durch Deutschland, eine andere Betrachtung hat aber für die Kabotagefahrt nach den oben genannten Grundsätzen zu erfolgen.

3. Der sachliche Anwendungsbereich

Der sachliche Anwendungsbereich erfasst das Verhältnis des MiLoG zu anderen Gesetzen. Insbesondere sticht hier § 1 Abs. 3 MiLoG hervor, der die Beziehung des MiLoG zum AEntG und dem AÜG regelt.

Nach § 1 Abs. 3 S. 1 MiLoG gehen die Regelungen des AEntG und AÜG und der auf ihrer Grundlage erlassenen Rechtsverordnungen den Regelungen des MiLoG ausdrücklich vor, soweit die Höhe der auf ihrer Grundlage festgesetzten Mindestlöhne die Höhe des gesetzlichen Mindestlohns nicht unterschreitet. Insofern legt das MiLoG hier eine *lex-specialis*-Regelung für die einschlägigen Bestimmungen des AEntG, des AÜG und den auf ihrer Grundlage erlassenen Rechtsverordnungen fest.[1389] Insoweit handelt es sich beim MiLoG um eine einseitig zwingende und nur teilweise dispositive Regelung, von der nur zugunsten und nicht zulasten eines Arbeitnehmers abgewichen werden kann.[1390] Somit gilt in Bezug auf die Lohnhöhe stets das Günstigkeitsprinzip für die Arbeitnehmer.[1391] Dieser Anwendungsvorrang wird vor allem in Bezug auf die Kontrolle der Einhaltung der Mindestlohnzahlung sowie im Hinblick auf die Regelungen zur Fälligkeit und der Führung von Arbeitszeitkonten deutlich.[1392] Von Bedeutung ist hier außerdem die Regelung des § 9 S. 3 AEntG, der die Vereinbarung tariflicher Ausschlussfristen regelt. Solche Ausschlussfristen werden nach § 3 S. 1 MiLoG grundsätzlich für unwirksam erklärt. Gemäß § 1 Abs. 3 MiLoG gilt für die Branchenmindestlöhne nach dem AEntG die Unwirksamkeit der Ausschlussfristen nach § 3 S. 1 MiLoG aber gerade

---

1388 Bspw. im Fall der Kabotagefahrt.
1389 *Lembke*, NJW 2016, 3617 (3618).
1390 *Barczak*, RdA 2014, 290 (293); *Henssler*, RdA 2015, 43 (55).
1391 *Schubert*, in: Düwell/Schubert (Hrsg.), Mindestlohngesetz Handkommentar, Einleitung, Rn. 66.
1392 *Lembke*, NZA 2016, 1 (3).

nicht. Aus diesem Grund sind in den Fällen des § 1 Abs. 3 MiLoG ausnahmsweise auch von § 3 S. 1 MiLoG abweichende Regelungen wirksam.[1393]

4. Der „zeitliche" Anwendungsbereich

Unter dem „zeitlichen" Anwendungsbereich wird im Folgenden kurz auf die Übergangsregelung des § 24 MiLoG eingegangen. Diese ist aufgrund des Zeitablaufs bereits weggefallen und bedarf daher keiner ausführlichen Betrachtung. Sinn und Zweck dieser Regelung war die stufenweise Anhebung der Löhne an das Mindestlohnniveau durch eine hinreichende Vorlaufzeit.[1394] Nach § 24 Abs. 1 MiLoG galten bis zum 31.12.2017 abweichende Regelungen eines Tarifvertrages repräsentativer Tarifvertragsparteien vorrangig, wenn diese verbindlich gemacht wurden.[1395]

In § 24 Abs. 2 MiLoG wurde die Bereichsausnahme der Zeitungszusteller geregelt. Demnach hatten Zeitungszusteller bis zum 31.12.2017 einen geringeren Mindestlohnanspruch als die übrigen Arbeitnehmer. Sinn und Zweck dieser Ausnahme war primär die Sicherung der Pressefreiheit nach Art. 5 Abs. 1 S. 2 GG, da das Zustellen der Zeitungen als notwendige Bedingung für das Funktionieren der Pressefreiheit betrachtet wurde und diese durch die Pflicht zur Zahlung von Mindestlöhnen und damit einhergehender Mehrkosten nicht beeinträchtigt werden sollte.[1396]

III. Inhalt und Umfang des gesetzlichen Mindestlohns

Die Höhe des gesetzlichen Mindestlohns betrug bei Inkrafttreten des Gesetzes am 01.01.2015 8,50 EUR brutto je Zeitstunde. Die Höhe des Mindestlohns kann nach § 1 Abs. 2 S. 2 MiLoG auf Vorschlag einer ständigen Kommission der Tarifpartner (Mindestlohnkommission) durch eine Rechtsverordnung der Bundesregierung geändert werden.

Im Folgenden wird auf die Höhe des Mindestlohns seit dessen Einführung, den Anpassungsmechanismus und auf die Mindestlohnkommission näher eingegangen.

1393 So auch *Lembke*, NZA 2016, 1 (3); *Preis/Ulber*, Ausschlussfristen und Mindestlohngesetz, S. 38.
1394 BT-Drs. 18/1558, S. 43.
1395 Gilt nach § 24 Abs. 1 S. 2 MiLoG ebenfalls für Rechtsverordnungen auf der Grundlage von § 11 AEntG sowie § 3a AÜG.
1396 BT-Drs. 18/2010 (neu), S. 25.

1. Unabdingbarkeit, Fälligkeit und Höhe des gesetzlichen Mindestlohnanspruchs

a) Unabdingbarkeit

Der Mindestlohn stellt einen unabdingbaren Sockelanspruch[1397] dar. Dieser darf nicht unterschritten werden. Dabei steckt in jedem Lohn auch ein Mindestlohn. Die Regelungen des MiLoG gelten jedoch nur, soweit es sich um den gesetzlichen Mindestlohn (den Sockelbetrag) handelt und nicht hinsichtlich des darüber hinausgehenden Entgeltes.[1398]

Nach § 3 S. 1 MiLoG ist eine Vereinbarung, die den Mindestlohn unterschreitet *insoweit* unwirksam. Hiervon erfasst werden Vereinbarungen, die zur Folge haben, dass ein Anspruch auf einen Mindestlohn überhaupt entsteht (Alt. 1), sowie solche, die die Durchsetzung der Geltendmachung eines bereits entstandenen Anspruchs beschränken oder ausschließen sollen (Alt. 2).[1399] Aufgrund der Formulierung *insoweit* handelt es sich um einen Sonderfall einer gesetzlich angeordneten „geltungserhaltenden Reduktion"[1400]. Verstößt eine Vereinbarung gegen die Schutznormen des MiLoG, ist sie nur *insoweit* unwirksam, als dass sie den Mindestlohn betrifft.[1401] So ergibt sich bspw. die Unwirksamkeit für tarifvertragliche Ausschlussklauseln nur in Bezug auf den Mindestlohn, für die darüber hinaus gehenden Lohnbestandteile bleiben die Regelungen über die Ausschlussfristen erhalten (Teilunwirksamkeit der Ausschlussklausel).[1402]

Die Unwirksamkeit einer gegen § 3 S. 1 MiLoG verstoßenden Vereinbarung führt jedoch nicht nach § 612 Abs. 2 BGB zu einem Anspruch auf Zahlung der üblichen Vergütung, denn das MiLoG regelt eigenständig die Rechtsfolge einer Unterschreitung des Mindestlohns.[1403] Dem

---

1397 *Preis/Ulber*, Ausschlussfristen und Mindestlohngesetz, S. 11.
1398 *Lembke*, NZA 2016, 1 (2).
1399 *Riechert/Nimmerjahn*, Mindestlohngesetz Kommentar, § 3 MiLoG, Rn. 7.
1400 Im Gegensatz zur Nichtigkeit nach §§ 307 Abs. 1, 134, 138 BGB, § 9 AÜG, vgl. *Bayreuther*, NZA 2014, 865 (870); ders. NZA, 2015, 385 (385, 387); *Lembke*, NZA 2016, 1 (8); *Sittard*, RdA 2015, 99 (106).
1401 Vgl. *Lakies*, Basiskommentar zum MiLoG, § 3 MiLoG, Rn. 5; *Lembke*, NZA 2016, 1 (8).
1402 BAG, Urteil vom 20.06.2018 – 5 AZR 377/17 = NJW 2018, 3472 (3473 f.); *Lakies*, Basiskommentar zum MiLoG, § 3 MiLoG, Rn. 16; *Riechert/Nimmerjahn*, Mindestlohngesetz Kommentar, § 3 MiLoG, Rn. 9.
1403 Umstritten einen umfassenden Überblick zum Meinungsstreit bietet *Riechert/Nimmerjahn*, Mindestlohngesetz Kommentar, § 3 MiLoG, Rn. 12. Gegen die Anwendung von § 612 Abs. 2 BGB im Falle der Unwirksamkeit nach § 3 MiLoG: BAG, Urteil vom 29.06.2016 – 5 AZR 716/15 = NZA 2016, 1332 (1333), Rn. 20; *Lembke*, NZA 2016, 1 (9); *Sittard*, RdA 2015, 99 (106); *Waltermann*, AuR 2015, 166 (170); für die Anwendung des § 612 Abs. 2 BGB: *Bayreuther*, NZA 2015, 385

Arbeitnehmer steht lediglich ein Anspruch auf die Differenz zum Mindestlohn zu.[1404]

Ein freiwilliger Verzicht auf den Mindestlohn ist nur ausnahmsweise durch gerichtlichen Vergleich nach §§ 794 Abs. 1 Nr. 1, 160 Abs. 3 Nr. 1 ZPO möglich (§ 3 S. 2 MiLoG).[1405]

Auch eine Verwirkung ist nach § 3 S. 3 MiLoG nicht möglich. Unter Verwirkung versteht man die Nichtgeltendmachung eines Anspruchs über einen längeren Zeitraum, obwohl man dazu in der Lage gewesen wäre (Zeitmoment) und das Vertrauen des anderen, dass der Anspruchsberechtigte diesen Anspruch auch in Zukunft nicht geltend machen wird (Umstandsmoment). Es handelt sich um einen Unterfall der unzulässigen Rechtsausübung[1406] nach § 242 BGB.[1407]

Der Anspruch auf Zahlung des gesetzlichen Mindestlohns unterliegt jedoch der regelmäßigen Verjährungsfrist von drei Jahren (§§ 194, 195 BGB).[1408]

b) Fälligkeit

Die Fälligkeit des Mindestlohns ist in § 2 MiLoG geregelt. Demnach muss ein Arbeitgeber seinem Arbeitnehmer den Mindestlohn zum Zeitpunkt der vereinbarten Fälligkeit, spätestens jedoch am letzten Bankarbeitstag[1409] des Monats, der auf den Monat der erbrachten Arbeitsleistung folgt, zahlen.

Eine nicht rechtzeitige Zahlung des Mindestlohns kann eine Bußgeldzahlung von bis zu 500.000 EUR nach § 21 Abs. 1 Nr. 9 MiLoG zur Folge haben.[1410]

Sofern die Arbeitsleistung tage- oder stundenweise abgeleistet wird, so hat die Vergütung nach der Verkehrssitte am Wochenende zu erfolgen.[1411]

---

(387); *ders.*, NZA 2014, 865 (866); *Däubler*, NJW 2014, 1924 (1927) unter Berufung auf Nichtigkeit nach § 134 BGB; ebenso *Lakies*, Basiskommentar zum MiLoG, § 3 MiLoG, Rn. 6; *Moll/Päßler/Reich*, MDR 2015, 125 (128); *Rudkowski*, ZWE 2015, 11 (14); *Sura*, BB 2018, 437 (438).

1404 BAG, Urteil vom 25.05.2016 – 5 AZR 135/16 = NZA 2016, 1327 (1329), Rn. 24; BAG, Urteil vom 21.12.2016 – 5 AZR 374/15 = NZA 2017, 378 (378), Rn. 16.
1405 *Barczak*, RdA 2014, 290 (291).
1406 Zur Möglichkeit sonstiger Fälle unzulässiger Rechtsausübung vgl. *Riechert/Nimmerjahn*, Mindestlohngesetz Kommentar, § 3 MiLoG, Rn. 60, 61 für bspw. den Fall, dass ein Arbeitnehmer zunächst wahrheitswidrig angegeben hat, langzeitarbeitslos gewesen zu sein und nach Ablauf von 6 Monaten einen Mindestlohnanspruch geltend macht oder der Praktikant, der über die Voraussetzung seines Pflichtpraktikums gelogen hat.
1407 *Mansel*, in: Jauernig, Kommentar BGB, § 242 BGB, Rn. 54; *Schubert*, in: Säcker/Rixecker/Oetker/Limperg, MüKo zum BGB, § 242 BGB, Rn. 369.
1408 *Henssler*, RdA 2015, 43 (47); *Lakies*, Basiskommentar zum MiLoG, § 3 MiLoG, Rn. 23 ff.
1409 HFeiertagsG, da Frankfurt am Main als Referenzort festgelegt ist.
1410 *Berndt*, DStR 2014, 1878 (1881).
1411 Vgl. *Preis*, in: Müller-Glöge/Preis/Schmidt, ErfK, § 614 BGB, Rn. 5.

c) Höhe

Der Arbeitgeber ist zur Zahlung einer Geldsumme verpflichtet. Eine Mindestlohnerfüllung durch Sachleistungen ist grundsätzlich nicht möglich.[1412]

Die Höhe des gesetzlichen Mindestlohns wurde erstmals durch das MiLoG festgesetzt. Im Anschluss wurde dieser anhand von Rechtsverordnungen[1413] durch die Bundesregierung aufgrund eines Vorschlags der Mindestlohnkommission[1414] geändert.

Bei der Einführung des MiLoG betrug der Mindestlohn 8,50 EUR. Zurzeit umfasst der Mindestlohn eine Höhe von 9,82 EUR,[1415] wobei seitens der Regierung geplant wird, diesen auf 12,00 EUR ohne Beteiligung der Mindestlohnkommission anzuheben.[1416]

Nach § 9 Abs. 1 S. 2 MiLoG hat die Mindestlohnkommission aller zwei Jahre über die Anpassung der Höhe des Mindestlohns zu beschließen. Hierzu hat die Mindestlohnkommission im Rahmen einer Gesamtabwägung zu überprüfen, welche Höhe des Mindestlohns geeignet ist, zu einem angemessenen Arbeitsschutz der Arbeitnehmer beizutragen, faire und funktionierende Wettbewerbsbedingungen zu ermöglichen und die Beschäftigung nicht zu gefährden (§ 9 Abs. 2 S. 1 MiLoG).

Im Jahr 2020 schlug die Kommission eine stufenweise Erhöhung zum 01.01.2021, zum 01.07.2021, 01.01.2022 und 01.07.2022 vor, der sich die Bundesregierung in der 3. Mindestlohnverordnung angeschlossen hat.[1417]

2. Die Mindestlohnkommission

a) Zusammensetzung §§ 4–7 MiLoG

Die Mindestlohnkommission wird durch die Bundesregierung errichtet (§ 4 Abs. 1 MiLoG) und aller fünf Jahre neu berufen (§ 4 Abs. 2 S. 1 MiLoG). Die Einsetzung für fünf Jahre soll ein hohes Maß an Kontinuität bezwecken.[1418]

1412 Wohl h.M., statt vieler vgl. *Riechert/Nimmerjahn*, Mindestlohngesetz Kommentar, § 1 MiLoG, Rn. 82 m.w.N.; a.A. *Berndt*, DStR 2014, 1878 (1881) mit der Anmerkung, dass es grundsätzlich möglich, praktisch jedoch schwierig umsetzbar ist; *Boemke*, JuS 2015, 385 (390); *Franzen*, in: Müller-Glöge/Preis/Schmidt, ErfK, § 1 MiLoG, Rn. 6.
1413 1. Mindestlohnanpassungsverordnung (MiLoV I) vom 15.11.2016, BGBl. I, S. 2530; 2. Mindestlohnanpassungsverordnung (MiLoV II) vom 20.11.2018, BGBl. I, S. 1876.
1414 Anpassungsbeschlüsse der Kommission vom 28.06.2016 sowie vom 26.06.2018.
1415 Höhe des Mindestlohns in den vergangenen Jahren: 2015: 8,50 EUR, 2016: 8,50 EUR, 2017: 8,84 EUR, 2018: 8,84 EUR, 2019: 9,19 EUR, 2020: 9,35 EUR, 01/2021: 9,50 EUR, 07/2021: 9,60 EUR, 01/2021: 9,81 EUR.
1416 Koalitionsvertrag 2021, S. 6, vgl. https://www.bundesregierung.de/breg-de/service/gesetzesvorhaben/koalitionsvertrag-2021-1990800 (zuletzt abgerufen am 19.12.2021).
1417 MiLoV 3 vom 09.11.2020, BGBl. I 2021, S. 2356.
1418 BT-Drs. 18/1558, S. 35.

Die Mindestlohnkommission besteht nach § 4 Abs. 2 S. 2 MiLoG aus einer oder einem „neutralen" Vorsitzenden[1419], sechs stimmberechtigten Mitgliedern und zwei beratenden Mitgliedern ohne Stimmrecht aus dem Kreis der Wissenschaft. Somit setzt sich die Kommission aus insgesamt neun Mitgliedern zusammen, von denen jedoch nur sieben stimmberechtigt sind.

Die stimmberechtigten Mitglieder werden nach § 5 Abs. 1 MiLoG auf Vorschlag der Spitzenorganisationen[1420] der Arbeitgeber und Arbeitnehmer aus Kreisen der Vereinigungen von Arbeitgebern und Gewerkschaften berufen. Es handelt es sich somit jeweils um drei Vertreter der Arbeitgeber- und der Arbeitnehmerseite,[1421] weshalb sie auch als „Kommission der Tarifpartner" (§ 1 Abs. 2 S. 2 MiLoG) bezeichnet wird.[1422] Die Bundesregierung ist dabei an den Vorschlag der Spitzenorganisation gebunden, sofern die Voraussetzungen des § 5 Abs. 1 S. 1 bis 3 MiLoG erfüllt sind.[1423]

Auch der Vorsitzende der Mindestlohnkommission wird nach § 6 Abs. 1 MiLoG auf gemeinsamen Vorschlag der Spitzenorganisationen der Arbeitgeber und Arbeitnehmer durch die Bundesregierung berufen. Sofern ein gemeinsamer Vorschlag nicht unterbreitet wird, beruft die Bundesregierung nach § 6 Abs. 2 MiLoG zwei Vorsitzende (jeweils einen Vorsitzenden auf Vorschlag der Arbeitgeber- bzw. der Arbeitnehmerspitzenorganisation) ein. Aufgabe des Vorsitzenden ist vorrangig die Position eines Mittlers.[1424] Sofern eine Einigung über die Anpassung des Mindestlohns nicht zustande kommt, ist seine Stimme nach § 10 Abs. 2 MiLoG ausschlaggebend.[1425]

Die zwei beratenden Mitglieder werden nach § 7 Abs. 1 S. 1 MiLoG ebenfalls auf Vorschlag der Spitzenorganisation der Arbeitgeber und Arbeitnehmer von der Bundesregierung ernannt. Diese sollen aus Kreisen der Wissenschaft berufen werden und unabhängig sein, also in keinem Beschäftigungsverhältnis zu einer Spitzenorganisation der Arbeitgeber oder Arbeitnehmer, einer sonstigen Vereinigung der Arbeitgeber oder einer Gewerkschaft oder einer Einrichtung, welche von einer der genannten Vereinigungen getragen wird, stehen (§ 7 Abs. 1 S. 3 MiLoG). Die bloße Mitgliedschaft in einer Gewerkschaft oder einem Arbeitgeberverband gilt aber als unschädlich.[1426] Aufgabe der beratenden Mitglieder ist unter anderem

---

1419 *Sittard,* NZA 2014, 951 (953).
1420 Näher zum Begriff der Spitzenorganisation: *Riechert/Nimmerjahn,* Mindestlohngesetz Kommentar, § 5 MiLoG, Rn. 3 ff., hierbei handelt es sich um Zusammenschlüsse von Gewerkschaften und Arbeitgebervereinigungen, konkret um die BDA (Bundesvereinigung der Deutschen Arbeitgeberverbände) und den DGB (Deutscher Gewerkschaftsbund), vgl. *Franzen,* in: Müller-Glöge/Preis/Schmidt, ErfK, § 12 TVG, Rn. 2; *Jöris/Steinau-Steinrück,* BB 2014, 2101 (2102).
1421 *Berndt,* DStR 2014, 1878 (1882).
1422 BT-Drs. 18/1558, S. 36.
1423 *Riechert/Nimmerjahn,* Mindestlohngesetz Kommentar, § 5 MiLoG, Rn. 2.
1424 BT-Drs. 18/1558, S. 36, vgl. hierzu insb. die Regelung des § 10 Abs. 2 S. 2–4 MiLoG.
1425 *Spielberger/Schilling,* NZA 2014, 414 (417).
1426 *Riechert/Nimmerjahn,* Mindestlohngesetz Kommentar, § 7 MiLoG, Rn. 9.

die Unterstützung bei der Prüfung, welche Höhe des Mindestlohns geeignet ist, einen angemessenen Mindestschutz der Arbeitnehmer zu gewährleisten, faire Wettbewerbsbedingungen zu schaffen und die Beschäftigung nicht zu gefährden (§ 9 Abs. 2 MiLoG). Dazu haben die beratenden Mitglieder das Recht, an den Beratungen der Mindestlohnkommission teilzunehmen, ein Stimmrecht steht ihnen indes nicht zu.

Die Mitglieder der Mindestlohnkommission unterliegen bei der Wahrnehmung ihrer Tätigkeiten keinen Weisungen (§ 8 Abs. 1 MiLoG). Die Norm dient dem Schutz der Kommissionsmitglieder vor äußerer Einflussnahme.[1427] Auch der Umstand, dass es sich bei der Kommissionstätigkeit um ein Ehrenamt handelt (§ 8 Abs. 2 MiLoG), soll der Unabhängigkeit des einzelnen Kommissionsmitglieds Rechnung tragen. Es soll sichergestellt sein, dass die Arbeit der Kommissionsmitglieder nicht durch die Gewährung oder den Entzug materieller Vorteile beeinflussbar ist.[1428]

b) Aufgabe der Mindestlohnkommission § 9 MiLoG

Hauptaufgabe der Mindestlohnkommission ist der Beschluss über die Anpassung des Mindestlohns (§ 9 Abs. 1 MiLoG).

Aufgrund dieser zentralen Bedeutung wurde die Mindestlohnkommission als ständiges Gremium errichtet. Sie wird daher nicht nur von Amts wegen oder auf Antrag tätig.[1429]

Erstmals hatte die Mindestlohnkommission über die Höhe des Mindestlohns zum 01.01.2017 zu entscheiden. Danach sollte die Überprüfung des Mindestlohns aller zwei Jahre erfolgen.

Des Weiteren hat die Mindestlohnkommission die Auswirkungen des Mindestlohns auf den Schutz der Arbeitnehmer, die Wettbewerbsbedingungen und die Beschäftigung zu evaluieren und darüber einen Bericht aller zwei Jahre gemeinsam mit dem Beschluss über die Anpassung des Mindestlohns an die Bundesregierung weiterzuleiten (§ 9 Abs. 4 MiLoG). Die regelmäßige Evaluierung soll dazu dienen, dass die Mindestlohnkommission, ähnlich ihrem britischen Vorbild, nicht lediglich den Vollzug einer Tarifindexierung vornimmt.[1430] Durch diese regelmäßige Evaluierung wird bereits zu einem frühen Zeitpunkt sichergestellt, dass die Auswirkungen des Mindestlohns transparent und nachvollziehbar beleuchtet werden.[1431] In der Evaluation betrachtet die Mindestlohnkommission die Auswirkungen des Mindestlohns auf den Arbeitnehmerschutz, die Wettbewerbsbedingungen und die Beschäftigung.[1432]

1427 *Riechert/Nimmerjahn*, Mindestlohngesetz Kommentar, § 8 MiLoG, Rn. 1.
1428 *Riechert/Nimmerjahn*, Mindestlohngesetz Kommentar, § 8 MiLoG, Rn. 10.
1429 *Riechert/Nimmerjahn*, Mindestlohngesetz Kommentar, § 4 MiLoG, Rn. 4.
1430 *Riechert/Nimmerjahn*, Mindestlohngesetz Kommentar, § 9 MiLoG, Rn. 33.
1431 BT-Drs. 18/2010 (neu), S. 23.
1432 Näher dazu: *Baumann et al.*, ZfEval 2018, 81 (82 ff.).

c) Funktionsweise der Mindestlohnkommission

Die Mindestlohnkommission hat von ihrer Befugnis nach § 10 Abs. 4 S. 3 MiLoG Gebrauch gemacht und sich eine Geschäftsordnung (GO) gegeben. Diese enthält Regelungen über die Sitzungen (§ 1 GO), die Beschlussfassung (§§ 2 ff. GO)[1433], die Geschäftsstelle und sonstigen Pflichten (Unterrichtung der Öffentlichkeit und Verpflichtung zur Verschwiegenheit, § 7 GO) der Mindestlohnkommission.

Gemäß § 12 Abs. 1 S. 1 MiLoG wird die Mindestlohnkommission von einer Geschäftsstelle unterstützt, die sicherstellt, dass die Mindestlohnkommission ihre Aufgaben ordnungsgemäß, unabhängig und „politikfern" ausführen kann.[1434] Die Unterstützung der Geschäftsstelle beinhaltet die wissenschaftliche Zuarbeit, das Koordinieren von Sitzungen, die Vergabe externer Gutachten oder auch die Hilfe beim Erstellen des Evaluationsberichts, indem sie diesen redaktionell und technisch aufbereitet. Außerdem erledigt sie die laufenden Geschäfte der Mindestlohnkommission. Darüber hinaus ist sie Ansprechpartner bei Fragen zum Mindestlohn.[1435]

3. Anpassung

Der Mindestlohn wird gemäß § 4 Abs. 1 MiLoG i.V.m. § 1 Abs. 2 S. 2 MiLoG aufgrund des Vorschlags der Mindestlohnkommission angepasst.

a) Beschluss und Verfahren §§ 9, 10 MiLoG

aa) Der Beschluss nach § 9 MiLoG und die Beschlussfassung i.S.v. § 10 MiLoG

Die Mindestlohnkommission hat über die Anpassung der Höhe des Mindestlohns zu beschließen. Ein solcher Beschluss musste erstmals 2016, danach aller zwei Jahre erfolgen (§ 9 Abs. 1 MiLoG). Der Beschluss bedarf einer schriftlichen Begründung (§ 9 Abs. 3 MiLoG), ist darüber hinaus aber nicht formbedürftig.

Die Mindestlohnkommission hat lediglich die Möglichkeit, die Höhe des Mindestlohns in ihrem Beschluss festzusetzen. Daneben steht ihr keine Änderungsbefugnis im Rahmen des Mindestlohnanspruchs, wie bspw. des Anwendungsbereichs, zu.[1436]

Der Beschluss der Mindestlohnkommission kann auch darin bestehen, die Höhe des Mindestlohns nicht zu ändern.[1437] Eine Erhöhung ist demnach nicht zwingend. Auch die Senkung des Mindestlohns ist vom Wortlaut der Norm erfasst.[1438]

1433 Siehe hierzu Kapitel 4 § 2 III. 3. a) bb).
1434 *Riechert/Nimmerjahn*, Mindestlohngesetz Kommentar, § 12 MiLoG, Rn. 1.
1435 § 5 GO; *Spielberger/Schilling*, NZA 2014, 414 (418).
1436 *Spielberger/Schilling*, NZA 2014, 414 (417).
1437 BT-Drs. 18/1558, S. 37.
1438 Zustimmend *Hilgenstock*, Das Mindestlohngesetz, Rn. 238; *Lakies*, Basiskommentar MiLoG, § 9 MiLoG, Rn. 3; *Riechert/Nimmerjahn*, Mindestlohngesetz Kommentar, § 9 MiLoG, Rn. 5; *Sittard*, NZA 2014, 951 (953); *Spielberger/Schilling*, NZA 2014, 414

Die Mindestlohnkommission kann nicht nur die Höhe des Mindestlohns beschließen, sondern auch, wann diese Änderung in Kraft treten soll (vgl. § 11 Abs. 1 S. 2 MiLoG).

Der Zwei-Jahres-Turnus i.S.v. § 9 Abs. 1 S. 2 MiLoG bezieht sich lediglich auf die Beschlussfassung. Das heißt, dass die Mindestlohnkommission nur aller zwei Jahre einen Beschluss über die Änderung erstellen kann. In dem Beschluss selbst kann jedoch eine gestaffelte Änderung der Mindestlohnhöhe für die folgenden zwei Jahre festgelegt sein. So ist eine Änderung des Mindestlohns auch in zwei aufeinanderfolgenden Jahren möglich. Davon hat die Kommission in ihrem 2. Beschluss als auch 3. Beschluss Gebrauch gemacht und zuletzt im Juni 2021 vorgeschlagen, den Mindestlohn zum 01.01.2021 auf 9,50 EUR, zum 01.07.2021 auf 9,60 EUR, zum 01.01.2022 auf 9,82 EUR und zum 01.07.2022 auf 10,45 EUR brutto je Zeitstunde anzuheben. Die stufenweise Anhebung des Mindestlohns sollte dazu dienen, die Lohnkostensteigerungen für die betroffenen Betriebe vor dem Hintergrund der Corona-Krise tragfähig zu verteilen.[1439]

Die Begründung des Beschlusses ist eine zwingende Voraussetzung. Sie soll eine Auseinandersetzung mit den in Abs. 2 genannten Kriterien, also einem angemessenen Mindestschutz der Arbeitnehmer, faire und funktionierende Wettbewerbsbedingungen und die Nichtgefährdung der Beschäftigung, sowie ihre wesentlichen Entscheidungsgründe, umfassen.[1440]

Die Mindestlohnkommission ist beschlussfähig, wenn mindestens die Hälfte ihrer stimmberechtigten Mitglieder anwesend ist (§ 10 Abs. 1 MiLoG). Stimmberechtigt sind nach § 4 Abs. 2 S. 2 MiLoG die sechs ständigen Mitglieder sowie der Vorsitzende. Nicht stimmberechtigt sind die lediglich beratenden Mitglieder. Beschlussfähig ist die Mindestlohnkommission mithin dann, wenn mindestens vier stimmberechtigte Mitglieder anwesend sind.[1441]

Die Beschlüsse werden mit einfacher Mehrheit der Stimmen der anwesenden Mitglieder gefasst.[1442] Bei der Beschlussfassung hat sich der Vorsitzende zunächst seiner Stimme zu enthalten. Sofern eine Stimmenmehrheit nicht zustande kommen sollte, macht der Vorsitzende einen Vermittlungsvorschlag. Kommt nach diesem Vermittlungsvorschlag nach wie vor keine Stimmenmehrheit zustande, übt der Vorsitzende sein Stimmrecht aus (§ 10 Abs. 2 MiLoG). Bisher sind die Beschlüsse immer einstimmig zustande gekommen.[1443]

---

(417); wobei nach *Barczak*, RdA 2014, 290 (292), *Riechert/Nimmerjahn* (a.a.O.) und *Spielberger/Schilling* (a.a.O.) das Lohnniveau, welches durch das Gesetz (§ 1 Abs. 2) in Höhe von 8,50 EUR festgelegt ist, nicht unterschritten werden kann.

1439 3. Beschluss der Mindestlohnkommission vom 30.06.2020, S. 2.
1440 BT-Drs. 18/1558, S. 38.
1441 *Sittard*, NZA 2014, 951 (954).
1442 § 10 Abs. 2 S. 1 MiLoG i.V.m. § 2 Abs. 3 GO Mindestlohnkommission.
1443 S. 1 Nr. 1 Beschluss vom 28.06.2016, S. 1 Nr. 1 Beschluss vom 26.06.2018, S. 1 Beschluss vom 30.06.2020.

Die Sitzungen der Mindestlohnkommission sind nicht öffentlich. Der Inhalt ihrer Beratungen ist vertraulich (§ 10 Abs. 4 S. 1 MiLoG).

bb) Verfahren §§ 9 Abs. 2, 10 MiLoG

Für ihren Vorschlag über die Anpassung des Mindestlohns prüft die Mindestlohnkommission im Rahmen einer Gesamtabwägung, welche Höhe des Mindestlohns geeignet ist, zu einem angemessenen Schutz der Arbeitnehmer und Arbeitnehmerinnen beizutragen, faire und funktionierende Wettbewerbsbedingungen zu ermöglichen und die Beschäftigung nicht zu gefährden (§ 9 Abs. 2 S. 1 MiLoG). § 9 Abs. 2 S. 2 MiLoG bestimmt darüber hinaus, dass sich die Mindestlohnkommission bei der Festsetzung des Mindestlohns nachlaufend an der Tarifentwicklung orientiert. Wie eben erwähnt, kommt der Beschluss der Mindestlohnkommission mit einfacher Mehrheit ihrer Stimmen zustande (§ 10 Abs. 2 S. 1 MiLoG).

§ 3 Abs. 2 GO sieht in diesem Zusammenhang jedoch vor, dass die Mindestlohnkommission von der Orientierung am Tarifindex des Statistischen Bundesamtes durch Beschluss einer Zweidrittel-Mehrheit abweichen kann, wenn besondere, gravierende Umstände aufgrund der Konjunktur- und Arbeitsmarktbedingungen vorliegen und die Kommission daher im Rahmen der Gesamtabwägung nach § 9 Abs. 2 MiLoG zu dem Ergebnis kommt, dass eine Orientierung am Tarifindex nicht geeignet ist, die Ziele des § 9 Abs. 2 MiLoG zu erreichen.

In diesem Zusammenhang ist zu berücksichtigen, dass die Geschäftsordnung der Mindestlohnkommission nicht im Widerspruch zu den Vorschriften des MiLoG stehen darf. Vor allem darf sich die Mindestlohnkommission keine neuen Befugnisse geben. Eine solche Kompetenz geht aus § 10 Abs. 4 MiLoG nicht hervor.[1444]

Fraglich ist daher, wie die Regelung der Zweidrittel-Mehrheit im Lichte des MiLoG zu werten ist. Zu dieser Frage wurde bereits ein Gutachten beim Wissenschaftlichen Dienst des Bundestages in Auftrag gegeben und diese Problematik war Gegenstand der öffentlichen Anhörung von Sachverständigen in der 67. Sitzung des Ausschusses für Arbeit und Soziales des Deutschen Bundestags am 14.03.2016.[1445]

Nach *Heilmann*[1446] ist die Vorschrift des § 3 Abs. 2 GO nicht mit dem MiLoG vereinbar. Zwar würde der mit der Zweidrittelmehrheit geschlossene Beschluss den Vorgaben des § 10 Abs. 2 S. 1 MiLoG genügen, dennoch regele das MiLoG das erforderliche Quorum abschließend. Überdies wäre bei dem Erfordernis eines Zweidrittelquorums das Stimmrecht des Vorsitzenden überflüssig.

Der Wissenschaftliche Dienst des Bundestages kommt in seiner Untersuchung zu dem Schluss, dass der mit der Zweidrittelmehrheit zu treffende Beschluss

---

1444 *Riechert/Nimmerjahn*, Mindestlohngesetz Kommentar, § 10 MiLoG, Rn. 25.
1445 *Riechert/Nimmerjahn*, Mindestlohngesetz Kommentar, § 10 MiLoG, Rn. 9.
1446 *Heilmann*, in: Düwell/Schubert (Hrsg.), Mindestlohngesetz Handkommentar, § 10 MiLoG, Rn. 3.

i.S.d. § 2 Abs. 3 GO nicht gegen die Regelung über die Beschlussfassung nach § 10 Abs. 2 S. 1 MiLoG verstößt.[1447] Nach dessen Auffassung lege das MiLoG lediglich die Mehrheit fest, die zur Beschlussfassung mindestens erforderlich sei. Damit habe die Mindestlohnkommission einen Spielraum für eine entsprechende Verschärfung des Abstimmungsquorums. Ein gesetzgeberischer Wille, wonach unter allen Umständen die knappere Mehrheit genüge, sei nicht ersichtlich. Des Weiteren führe das Erfordernis eines Zweidrittel-Quorums zu einer breiteren Akzeptanz bei Arbeitnehmern und Arbeitgebern. Nach diesem Quorum genügt es nicht nur, wenn ein Lager (Arbeitgeber- oder Arbeitnehmerseite) zusammen mit dem Vorsitzenden eine Entscheidung trifft, sondern es erfordert, dass auch mindestens ein Mitglied der jeweiligen Gegenseite die Entscheidung mittrage. Dies diene in besonderer Weise der Akzeptanz des Mindestlohns.[1448]

Nach *Riechert/Nimmerjahn* ist außerdem zu berücksichtigen, dass es sich bei der GO um reines Binnenrecht der Kommission handele, wohin für das Verordnungsverfahren weiterhin die gesetzlichen Vorgaben der §§ 9 ff. MiLoG zu berücksichtigen seien. Schlage die Mindestlohnkommission nun abweichend von § 3 Abs. 2 GO mit einfacher Mehrheit eine Abweichung vom Tarifindex vor, so berühre dies die Rechtmäßigkeit des Anpassungsbeschlusses nicht.[1449]

Im Ergebnis ist dem zuzustimmen. Eine Verschärfung des Quorums im Binnenrecht verstößt nicht gegen die Vorgaben des MiLoG. Anders als die Herabsenkung der erforderlichen Mehrheit wird hier sichergestellt, dass der Beschluss eine breitere Akzeptanz bei Arbeitnehmern und Arbeitgebern erfährt. Die Beschlussfassung mit einfacher Mehrheit i.S.d. § 10 Abs. 2 MiLoG ist dabei lediglich als Mindestvoraussetzung zu verstehen, sodass lediglich ein Verstoß gegen dieses Mindestmaß zur Unwirksamkeit des Beschlusses führen würde. Die interne Vorgabe der Mindestlohnkommission, die einen strengeren Maßstab festschreibt, führt damit nicht zur Unwirksamkeit des Beschlusses und damit auch nicht zu einer Unwirksamkeit der Binnenvorschrift aus der GO. Das Argument, die Regelung sei rechtswidrig, weil das Stimmrecht des Vorsitzenden sonst überflüssig wäre, greift ebenfalls nicht. Zwar trifft es zu, dass das Stimmrecht des Vorsitzenden bei einer Zweidrittelmehrheit nicht notwendig ist, jedoch begründet das keinen Verstoß gegen das MiLoG. Das Stimmrecht des Vorsitzenden kommt ohnehin nur zum Tragen, wenn nach § 10 Abs. 1 S. 3 MiLoG eine Stimmenmehrheit nicht zustande kommt. Dies gilt auch im Fall der einfachen Mehrheit. Das Stimmrecht ist außerdem nicht als subjektives Recht des Vorsitzenden gestaltet, sodass das Überflüssigwerden des Stimmrechts keinen Verstoß gegen das MiLoG begründen kann.

Kritisch zu würdigen ist weiter, dass die Mindestlohnkommission in Bezug auf die Anpassung des Mindestlohns gemäß § 3 Abs. 1 S. 2, Abs. 3 ihrer GO die

---

[1447] WD 6 – 3000 – 041/16, S. 6.
[1448] WD 6 – 3000 – 041/16, S. 7 sowie *Riechert/Nimmerjahn*, Mindestlohngesetz Kommentar, § 10 MiLoG, Rn. 9.
[1449] *Riechert/Nimmerjahn*, Mindestlohngesetz Kommentar, § 10 MiLoG, Rn 9.

Entwicklungen des Tarifindex des Statistischen Bundesamtes ohne Sonderzahlungen zugrunde legt, wohingegen das MiLoG lediglich eine Orientierung an der Tarifentwicklung vorsieht (§ 9 Abs. 2 S. 2 MiLoG) und dies im Rahmen der Gesamtabwägung unter Berücksichtigung des Mindestschutzes der Arbeitnehmer, der Ermöglichung fairer und funktionierender Wirtschaftsbedingungen und dem Ziel, die Beschäftigung nicht zu gefährden (§ 9 Abs. 2 S. 1 MiLoG).

In die Berechnung der Tarifindizes des Statistischen Bundesamtes fließen um die 650 ausgewählten Lohn-, Gehalts- und Entgelttarifverträge sowie Besoldungsordnungen der Beamten aus ganz Deutschland ein. Unterschieden wird zwischen Tarifindizes ohne Sonderzahlungen, hierbei handelt es sich um die tarifliche Grundvergütung, und Tarifindizes mit Sondervergütung, diese beinhalten unter anderem Einmalzahlungen wie Urlaubs- und Weihnachtsgeld sowie jährliche gezahlte vermögenswirksame Leistungen. Berechnet werden Tarifindizes anhand einer festen Gewichtung (Wägungsschema). Es werden dazu so viele Tarifverträge in das Wägungsschema der Tarifindizes aufgenommen, bis mindestens 75 % aller Beschäftigten, die nach Tarifverträgen bezahlt werden, abgedeckt sind. In einem nächsten Schritt wird festgelegt, wie viele Beschäftigte mit welchen Tarifverdiensten letztlich die Gewichte des Wägungsschemas bilden.[1450]

Kritisiert wird diesem Zusammenhang also, dass durch die Bezugnahme in der GO, vor allem in § 3 Abs. 3 S. 2 GO, auf ausschließlich die Entwicklung des Tarifindex des Statistischen Bundesamtes, die Mindestlohnkommission lediglich wie ein Notariat tätig werde und eine Gesamtabwägung nicht mehr stattfinde.[1451] Durch diese Regelung werde die Orientierung am Tarifindex zum Regelfall und verstoße daher gegen das MiLoG.[1452] Eine Lohnindexierung, wie sie bspw. im französischen Mindestlohnrecht üblich ist,[1453] wollte der deutsche Gesetzgeber vermeiden,[1454] indem er in § 9 Abs. 2 MiLoG verschiedene Faktoren nennt, die die Mindestlohnkommission im Rahmen einer Gesamtabwägung bei ihrer Beschlussfassung zu berücksichtigen habe.[1455] Zu berücksichtigen hat die Mindestlohnkommission neben der Tarifentwicklung also die Auswirkungen des Mindestlohns auf die Beschäftigung und den Schutz der Arbeitnehmer sowie auf einen fairen und funktionierenden Wettbewerb (§ 9 Abs. 2 MiLoG). Befürchtet wird nunmehr, dass die Mindestlohnkommission aufgrund der ausschließlichen Bezugnahme auf

---

1450 Statistisches Bundesamt: „Monatlicher Index der Tarifverdienste und Arbeitszeiten", abrufbar unter: https://www.destatis.de/DE/Methoden/Qualitaet/Qualitaetsberichte/Verdienste/monatlicher-tarifindex.pdf?__blob=publicationFile (zuletzt abgerufen am 19.12.2021).
1451 Vgl. WD 6 – 3000 – 041/16, S. 9.
1452 *Heilmann*, in: Düwell/Schubert (Hrsg.), Mindestlohngesetz Handkommentar, § 10 MiLoG, Rn. 3.
1453 *Schmidt/Schulten*, in: Schmidt/Bispinck/Schäfer, Mindestlöhne in Europa, 102 (105).
1454 Siehe BT-Drs. 18/2010 (neu), S. 21.
1455 BT-Drs. 18/1558, S. 38.

den Tarifindex des Statistischen Bundesamtes nach § 3 Abs. 1, 3 GO eine solche Gesamtabwägung nur zweitrangig vornimmt und vorrangig den Tarifindex des Statistischen Bundesamtes zugrunde legt.
Diese Befürchtung ist nicht zu teilen.
Durch § 3 Abs. 1, 2 GO hat die Mindestlohnkommission ausschließlich konkretisiert, wie sie die „Tarifentwicklung" i.S.d. § 9 Abs. 2 S. 2 MiLoG bestimmt. Sie hat durch die GO nicht ausgeschlossen, eine Gesamtabwägung unter Berücksichtigung der weiteren Faktoren vorzunehmen. Dies zeigt auch ein Blick in den 3. Beschluss der Mindestlohnkommission. Sie setzt sich dabei ausführlich mit den wirtschaftlichen Auswirkungen der Mindestlohnanpassung in Anbetracht der Corona-Pandemie auseinander. Dies wird auch durch die stufenweise Anhebung deutlich, mit der die Mindestlohnkommission beabsichtigt, dass sich die Lohnkostensteigerung nicht nur einseitig zulasten der Arbeitgeber auswirkt.

In ihrer Gesamtabwägung berücksichtigt die Mindestlohnkommission auch die Tarifentwicklung nach § 9 Abs. 2 S. 2 MiLoG. Hierfür zieht sie den Tarifindex des Statistischen Bundesamtes zurate, legt diesen jedoch nicht als einzigen Faktor bei ihrer Gesamtabwägung zugrunde.

Durch § 3 Abs. 1, 3 GO konkretisiert die Mindestlohnkommission also lediglich die gesetzlichen Vorgaben aus § 9 Abs. 2 S. 2 MiLoG und schränkt Absatz 2 nicht ein. Die GO verstößt damit also nicht gegen das MiLoG. Die Mindestlohnkommission wird somit nicht lediglich als Notariat tätig, sondern berücksichtigt neben der Tarifentwicklung auch weitere Faktoren.

Eine direkte Indexierung wie in Frankreich findet somit nicht statt, wenngleich nicht von der Hand zu weisen ist, dass durch die Berücksichtigung der Tariflohnentwicklung eine mittelbare Indexierung bei der Festlegung des Mindestlohns erfolgt.

Vor ihrer Beschlussfassung hat die Mindestlohnkommission die Möglichkeit, Spitzenorganisationen der Arbeitgeber und Arbeitnehmer, Vereinigungen von Arbeitgebern und Gewerkschaften, öffentlich-rechtliche Religionsgesellschaften, Wohlfahrtsverbände, Verbände, die wirtschaftliche und soziale Interessen organisieren und sonstige Betroffene (z.B.: Arbeitslose) einer Mindestlohnanpassung anzuhören (§ 10 Abs. 3 S. 1 MiLoG).

Darüber hinaus kann sie Informationen und fachliche Einschätzungen von externen Stellen einholen (§ 10 Abs. 3 S. 2 MiLoG). Hierbei handelt es sich nicht um eine formale Sachverständigenanhörung, sondern um schriftliche Stellungnahmen von Verbänden, die von den Sozialpartnern benannt werden.

b) Rechtsverordnung § 11 MiLoG

Die Beschlüsse der Mindestlohnkommission bedürfen zu ihrer allgemeinen Verbindlichkeit der Umsetzung in Gestalt einer Rechtsverordnung durch die Bundesregierung nach § 11 Abs. S. 1 MiLoG. Eine Pflicht zur Umsetzung des Beschlusses besteht allerdings nicht. Sofern sich die Bundesregierung jedoch dazu entschließt, den Mindestlohn zu ändern, ist sie inhaltlich an den Beschluss der Mindestlohnkommission gebunden und kann diesen nicht abändern.[1456]

Der Regierung kommt in diesem Zusammenhang ein Entschließungsermessen bezüglich des „ob" zu. Hinsichtlich des „wie" hat sie indes keine Gestaltungsfreiheit.

Die Rechtsverordnung kann nur erlassen werden, wenn der Kommissionsbeschluss formell ordnungsgemäß ist und dem Beschluss eine schriftliche Begründung sowie ein Evaluationsbericht beiliegt.[1457]

Die Rechtsverordnung kann von der Bundesregierung ohne Zustimmung des Bundesrates erlassen werden (§ 11 Abs. 1 S. 1 MiLoG). Gemäß § 11 Abs. 2 S. 1 MiLoG erhalten die Spitzenorganisationen der Arbeitgeber und Arbeitnehmer, Vereinigungen von Arbeitgebern und Gewerkschaften, die öffentlich-rechtlichen Religionsgesellschaften, die Wohlfahrtsverbände, sowie die Verbände, die wirtschaftliche und soziale Interessen organisieren, die Gelegenheit zur schriftlichen Stellungnahme. Die Frist zur Stellungnahme beträgt drei Wochen und beginnt mit der Bekanntmachung[1458] des Verordnungsentwurfs.

Zur schriftlichen Stellungnahme genügt die Textform, nicht ausreichend ist hingegen die mündliche Übermittlung der Stellungnahme.[1459]

Die Bundesregierung hat die von der Mindestlohnkommission vorgeschlagene Mindestlohnhöhe zu überprüfen. Prüfungsinhalt kann dabei jedoch nur der Beschluss sein, nicht die vorherige Abwägung.[1460]

Die Anpassungsverordnung tritt gemäß § 11 Abs. 1 S. 2 MiLoG am im Beschluss der Mindestlohnkommission bezeichneten Tag, frühestens jedoch am Tag nach der Verkündung in Kraft. Nach § 11 Abs. 1 S. 3 MiLoG gilt die Rechtsverordnung bis zu dem Tag, an dem eine neue Anpassungsverordnung in Kraft tritt.

Bisher hat die Bundesregierung drei Rechtsverordnungen erlassen.[1461]

IV. Berechnungsgrundlagen

Der Mindestlohn beträgt seit dem 01.01.2022 9,82 EUR brutto je Zeitstunde.

Der deutsche Mindestlohn wird gemäß § 1 Abs. 2 MiLoG als Stundenmindestlohn festgesetzt, wobei Löhne jedoch üblicherweise monatlich ausgezahlt werden. Ob ein Arbeitnehmer tatsächlich den gesetzlichen Mindestlohn erhält, wird bestimmt, indem die Zahlungen, die ein Arbeitnehmer im sog. Referenzzeitraum

---

[1456] BT-Drs. 18/1558, S. 39; *Sittard*, NZA 2014, 951 (954); *Spielberger/Schilling*, NZA 2014, 414 (417 f.).
[1457] *Riechert/Nimmerjahn*, Mindestlohngesetz Kommentar, § 11 MiLoG, Rn. 7, 8.
[1458] Im Bundesgesetzblatt oder Bundesanzeiger.
[1459] BT-Drs. 18/1558, S. 39.
[1460] *Riechert/Nimmerjahn*, Mindestlohngesetz Kommentar, § 11 MiLoG, Rn. 15.
[1461] 1. Mindestlohnanpassungsverordnung (MiLoV I) vom 15.11.2016, BGBl. I, S. 2530;
2. Mindestlohnanpassungsverordnung (MiLoV II) vom 20.11.2018, BGBl. I, S. 1876;
3. Mindestlohnanpassungsverordnung (MiLoV III) vom 09.11.2020, BGBl. I, S. 2356.

erhält, entsprechend seiner geleisteten Arbeitsstunden ins Verhältnis gesetzt werden.

1. Referenzzeitraum

Der deutsche Mindestlohn ist *je Zeitstunde* zu zahlen und somit als Stundenlohn ausgestaltet. Da Arbeitnehmer ihre Vergütung aber in der Regel pro Kalendermonat erhalten, ist der jeweilige Kalendermonat als sog. Referenzzeitraum bei der Überprüfung des Mindestlohns maßgeblicher Anknüpfungspunkt.[1462]

Dies ist nicht immer unproblematisch. So zeigt *Sittard* am folgenden, hier leicht abgeänderten, Beispiel[1463] die unterschiedlichen Folgen eines Stunden- bzw. Monatsmindestlohns anhand von Überstundenregelungen, auf die später noch genauer eingegangen werden soll:

> Manager M erhält laut seinem Arbeitsvertrag ein Monatsgehalt von 6.000 EUR brutto für wöchentlich 40 Arbeitsstunden (=160 Arbeitsstunden pro Monat). Somit ergibt sich ein Stundenbruttolohn in Höhe von 37,50 EUR für M (6.000 EUR : 160 Stunden= 37,50 EUR). In einem Monat leistet M jedoch 10 Überstunden. Eine Regelung über die Vergütung von Überstunden enthält sein Vertrag nicht.

Fraglich ist in diesem Fall, ob M nun eine Mindestlohnaufstockung für die geleisteten Überstunden in Höhe von 98,20 EUR (9,82 EUR × 10 Stunden) zusteht, da sich aus dem Vertrag lediglich die Vergütung für 40 Wochenstunden ergibt, denn selbstverständlich gilt die Mindestlohnpflicht auch für Überstunden.[1464]

Nach Ansicht der überwiegenden Auffassung ist der Arbeitgeber in diesem Fall jedoch seiner Mindestlohnverpflichtung nachgekommen (170 Arbeitsstunden × 9,82 EUR = 1.669,40 EUR), da M mit 6.000 EUR monatlich vergütet wird.[1465] Auch eine transparente Überstundenabgeltungsklausel, die die pauschale Abgeltung von Überstunden festschreibt, ist nicht per se nach § 3 S. 1 MiLoG unwirksam.[1466] Entscheidend ist in jedem Fall, dass das Arbeitsentgelt nach Teilung des geleisteten Bruttomonatslohns durch die tatsächlich geleisteten Arbeitsstunden (inkl. Überstunden) noch ein Bruttoentgelt in Höhe des gesetzlichen Mindestlohns je Stunde ergibt.[1467] Demnach soll eine monatliche Durchschnittsbetrachtung zur Ermittlung

---

1462 *Baeck/Winzer/Kramer*, NZG 2015, 265 (266); *Bayreuther*, NZA 2014, 865 (867); *Lembke*, NJW 2016, 3617 (3620); a.A. *Sittard*, NZA 2014, 951 (952), nachdem auch ein Referenzzeitraum von zwei Monaten zulässig ist.
1463 Leicht abgewandelter Fall aus *Sittard*, NZA 2014, 951 (951).
1464 *Moll/Päßler/Reich*, MDR 2015, 125 (126).
1465 Eine andere Frage ist in diesem Fall, ob die geleisteten Überstunden mangels Überstundenabgeltungsklausel zusätzlich zu vergüten sind, vgl. *Preis*, in: Müller-Glöge/Preis/Schmidt, ErfK, § 611 BGB, Rn. 488. Im vorliegenden Fall wurde lediglich die Einhaltung der Mindestlohnpflicht betrachtet.
1466 *Lembke*, NZA 2016, 1 (4).
1467 Ebenso *Moll/Päßler/Reich*, MDR 2015, 125 (126 f.).

der Mindestlohnzahlung dienen.[1468] Wenn der durchschnittlich stündlich gezahlte Bruttolohn die Grenze von 9,82 EUR nicht unterschreitet, so ist der Arbeitgeber seiner Mindestlohnverpflichtung in dem jeweiligen Monat nachgekommen.

Ein weiteres Problem stellt sich bei der Akkord- und Stücklohnvergütung. Nach der Gesetzbegründung[1469] soll jedoch auch hier gewährleistet werden, dass der Mindestlohn für die geleistete Arbeitsstunde gezahlt wird. Um das sicherzustellen, sind die einzelnen Vergütungsbestandteile, die nicht zeitbezogen sind, einer Durchschnittsbetrachtung zu unterziehen.[1470] Diese Herangehensweise stößt bei Praktikern auf Kritik. So wird angeführt, dass eine solche Regelung zulasten der Arbeitnehmer geht, die aufgrund von Leistungsschwankungen nicht dem jeweils geltenden Mindestlohn gerecht werden können.[1471]

Anders als das britische Recht[1472] unterscheidet das deutsche MiLoG nicht zwischen den unterschiedlichen Arbeitsformen und setzt somit keine Vorgaben, wie die Arbeitszeit einzelner Arbeitnehmer zu bestimmen ist. Es bedarf insofern einer konkreten Betrachtung, was im Einzelnen unter Arbeitszeit zu verstehen ist und wie der entsprechende Stundenlohn zu berechnen ist.

1468 *Bayreuther,* NZA 2014 865 (867); *Lembke,* NJW 2016, 3617 (3620); *ders.,* NZA 2016, 1 (4); *Riechert/Nimmerjahn,* Mindestlohngesetz Kommentar, § 1 MiLoG, Rn. 95; *Sittard,* NZA 2014, 951 (951); *ders.,* RdA 2015, 99 (100); ablehnend zur Durchschnittsbetrachtung: *Lakies,* AuR 2016, 14 (16) und *Düwell,* in: ders./Schubert, MiLoG-HK, § 1, Rn. 21, der der Auffassung folgt, dass jede Überstunde mit 8,50 EUR zu vergüten sei, weil das Gesetz anordne, dass der Mindestlohn „je Zeitstunde" zu zahlen ist.
1469 BT-Drs. 18/1558, S. 34.
1470 Vgl. dazu *Lembke* NZA 2016, 1 (4); *Kocher,* AuR 2015, 173 (174); *Lembke* NZA 2016, 1 (4); *Riechert/Nimmerjahn,* Mindestlohngesetz Kommentar, § 1 MiLoG, Rn. 95; *Zundel,* NJW 2015, 134 (135); anders wohl *Sittard,* RdA 2015, 99 (103), der eine Aufstockung vorschlägt, sobald kein Mindestlohn ausgezahlt wird oder eine Aufsattelung des Stück- und Akkordlohns auf einen mindestlohnkonformen Grundlohn in Betracht zieht, vgl. dazu Bsp. von *Riechert/Nimmerjahn,* Mindestlohngesetz Kommentar, § 1 MiLoG, Rn. 93: Arbeitnehmer A erhält je gefertigtem Stück 0,10 EUR und wird monatlich vergütet. Im Mai 2020 fertigt A in 160 Arbeitsstunden insg. 1.600 Stück und erhält eine Vergütung i.H.v. 1.600 EUR. In diesem Monat überschreitet seine Vergütung den Mindestlohn i.H.v. 9,35 EUR je Stunde (160 Arbeitsstunden * 9,35 EUR = 1.496 EUR). Allerdings hat A in manchen Stunden dabei langsamer gearbeitet und somit einzeln betrachtet den Mindestlohn nicht erreicht. In Betracht käme hier also eine Aufstockung, wie sie *Sittard* vorschlägt.
1471 Vgl. dazu *Schweibert/Leßmann,* DB 2014, 1866 (1868).
1472 Die *National Minimum Wage Regulations* 2015 unterscheidet Zusammenhang zwischen *salaried hours work, time work, output work* und *unmeasured work,* reg. 21, 30, 36, 44. Siehe hierzu Kapitel 3 § 4 III. 2. c).

2. Arbeitszeit im Sinne des MiLoG

Es wurde soeben dargestellt, dass der mindestlohnrelevante Stundenlohn zu errechnen ist, indem der Monatsbruttolohn durch die monatliche Arbeitszeit dividiert wird.

Grundsätzlich besteht der Anspruch auf den Mindestlohn für jede geleistete Zeitstunde.[1473] Das MiLoG gibt nicht vor, was Arbeitszeit i.S.d. MiLoG ist. Es bedarf daher stets einer Auslegung im Einzelfall unter Berücksichtigung der bisherigen Rspr. des BAG. Im Folgenden wird kurz auf einige problematische Fallgruppen bei der Bestimmung der vergütungspflichtigen Arbeitszeit[1474] eingegangen.

a) Bereitschaftsdienst

Differenziert betrachtet wird die Mindestlohnpflicht für Bereitschaftsdienste. Dazu ist zwischen der Arbeitsbereitschaft[1475], dem Bereitschaftsdienst im engeren Sinn[1476] und der Rufbereitschaft[1477] zu unterscheiden.

Der EuGH betrachtet den Bereitschaftsdienst als Arbeitszeit, die Rufbereitschaft hingegen nicht.[1478] Auch das BAG stimmt dem zu und bekräftigte bereits

---

1473 BAG, Urteil vom 25.05.2016 – 5 AZR 135/16 = NZA 2016, 1327 (1329), Rn. 19; BAG, Urteil vom 29.06.2016 – 5 AZR 716/15 = NZA 2016, 1332 (1333), Rn. 13, 24; *Lembke*, NZA 2016, 1 (4); a.A. *Waltermann*, AuR 2015, 166 (169 f.); diff. *Franzen*, in: Müller-Glöge/Preis/Schmidt, ErfK, § 1 MiLoG, Rn. 20.

1474 Nicht gleichzusetzen ist der Begriff der vergütungsrechtlichen Arbeitszeit mit der Arbeitszeit i.S.d. § 87 Abs1 Nr. 2 BetrVG und der Arbeitszeit im öffentlich-rechtlichen Arbeitsschutz nach dem ArbZG, wenngleich sowohl in der Rspr. des BAG als auch in Teilen der Literatur die Begriffe oft verschmelzen.

1475 Hierbei handelt es sich um Zeiten wacher Aufmerksamkeit im Zustand der Entspannung, die sich ein Arbeitnehmer an seinem Arbeitsplatz bereithält, vgl. BAG, Urteil vom 17.07.2008 – 6 AZR 505/07 = BeckRS 2008, 56368, Rn. 20.

1476 Hierbei handelt es sich um Zeiten, in denen sich ein Arbeitnehmer am Arbeitsplatz oder an einer anderen von dem Arbeitgeber bestimmten Stelle zur Verfügung halten muss, um im Bedarfsfall die Arbeit auf Anordnung aufzunehmen und in denen Zeiten ohne Arbeitsleistung überwiegen, vgl. BAG, Urteil vom 29.06.2016 – 5 AZR 716/15 = NZA 2016, 1332 (1334), Rn. 26; vgl. auch *Bayreuther*, NZA 2015, 385 (388). Bei der Arbeitsbereitschaft hat der Arbeitnehmer von sich aus tätig zu werden, beim Bereitschaftsdienst „auf Anforderung", vgl. BAG, Urteil vom 12.12.2012 – 5 AZR 918/11 = BeckRS 2013, 68694, Rn. 19.

1477 Rufbereitschaft setzt – in Abgrenzung zum Bereitschaftsdienst – vielmehr voraus, dass der Arbeitnehmer nicht gezwungen ist, sich am Arbeitsplatz oder einer anderen vom Arbeitgeber bestimmten Stelle aufzuhalten, sondern – unter freier Wahl des Aufenthaltsorts – lediglich jederzeit erreichbar sein muss, um auf Abruf des Arbeitgebers die Arbeit alsbald aufnehmen zu können, vgl. BAG, Urteil vom 19.11.2014 – 5 AZR 1101/12 = BeckRS 2014, 74316, Rn. 18 m.w.N.

1478 EuGH vom 9.09.2003 Rs. C-151/02, ECLI:EU:C:2003:437 – *Jaeger* = NZA 2003, 1019 (1021), Rn. 52; *Busch/Cordes*, DB 2016, 1821 (1822).

im Zusammenhang mit tariflichen Mindestlöhnen die Mindestlohnpflicht für Bereitschaftsdienste.[1479] Im Rahmen des gesetzlichen Mindestlohns ist die Rechtslage identisch. So hat das BAG entschieden, dass auch Bereitschaftsdienste mit dem Mindestlohn zu vergüten seien.[1480] Zu beachten sei dabei, dass nicht jede Stunde des Bereitschaftsdienstes zusätzlich mit 8,50 EUR [Stand 2016; Entscheidung des BAG vom 29.06.2019] zu vergüten sei, es reiche indes aus, wenn der Arbeitnehmer im Rahmen einer Monatsbetrachtung 8,50 EUR brutto pro Arbeitsstunde erhalte.[1481] Auch in der Literatur schließt man sich der Meinung an, dass die Arbeitsbereitschaft und der Bereitschaftsdienst im engeren Sinn nicht nur im arbeitsschutzrechtlichen Sinn Arbeitszeit, sondern auch im vergütungsrechtlichen Sinn sind.[1482] Sowohl während der Arbeitsbereitschaft als auch im Falle des Bereitschaftsdienstes muss sich der Arbeitnehmer an einem vom Arbeitgeber bestimmten Ort aufhalten.[1483]

Einigkeit besteht in der Rechtsprechung sowie in weiten Teilen der Literatur somit darüber, dass die Arbeitsbereitschaft und der Bereitschaftsdienst mindestlohnrelevante Arbeitszeit darstellen, die Rufbereitschaft hingegen nicht.[1484]

b) Überstunden

Arbeitgeber sind verpflichtet, ihren Arbeitnehmern nach § 1 Abs. 1 i.V.m. § 20 MiLoG jede geleistete Arbeitsstunde mit dem Mindestlohn zu vergüten.[1485]

Teilweise wird vertreten, dass deswegen auch für jede Überstunde die Vergütung in Höhe des Mindestlohns zu zahlen sei.[1486] In diesem Fall wären jedoch

---

1479 BAG, Urteil vom 19.11.2014 – 5 AZR 1101/12 = BeckRS 2014, 74316, Rn. 11.
1480 BAG, Urteil vom 29.06.2016 – 5 AZR 716/15 = NZA 2016, 1332 (1334), Rn. 27; BAG, Urteil vom 11.10.2017 – 5 AZR 591/16 = NZA 2018, 32 (32 f.), Rn. 13.
1481 Vgl. dazu: BAG, Urteil vom 29.06.2016 – 5 AZR 716/15 = NZA 2016, 1332 (1333), Rn. 22 m.w.N.; so bereits ArbG Aachen, Urteil vom 21.04.2015 – 1 Ca 448/15 h, vgl. *Boemke*, jurisPR-ArbR 23/2015, Anmerkung 1.
1482 *Kocher*, AuR 2015, 173 (173): da das MiLoG keinen eigenen Begriff der Arbeitszeit kennt, bestimmt sich dieser voll und ganz nach § 2 ArbZG; vgl. die Abgrenzung zwischen dem öffentlichen Zeitrecht (u.a. aus § 21a ArbZG) und dem MiLoG: *Bayreuther*, NZA 2015, 385 (389): demnach kann das öffentliche Zeitrecht nicht explizit auf das MiLoG übertragen werden, entscheidend soll sein, ob der Arbeitnehmer sicher abschätzen kann, wann er seine Arbeit wieder aufnehmen muss oder nicht – falls er dies sicher abschätzen kann, so liegt Ruhezeit und kein Bereitschaftsdienst vor; a.A. *Thüsing/Hütter*, NZA 2015, 970 (972).
1483 *Düwell*, in: ders./Schubert, MiLoG-HK, § 1, Rn. 33; dies gilt auch für Fernfahrer, während diese lediglich Beifahrer sind, BAG, Urteil vom 16.05.2012 – 5 AZR 347/11 = NZA 2012, 939 (940), Rn. 9.
1484 Vgl. *Lakies*, AuR 2016, 14 (15 f.); *ders.*, Basiskommentar zum MiLoG, § 1 MiLoG, Rn. 29 ff.; *Lembke*, NZA 2015, 70 (73); *Däubler*, NJW 2014, 1924 (1926); differenziert dazu *Thüsing/Hütter*, NZA 2015, 970 (973).
1485 *Riechert/Nimmerjahn*, Mindestlohngesetz Kommentar, § 1 MiLoG, Rn. 16.
1486 *Lakies*, AuR 2016, 14 (15); *Düwell*, in: ders./Schubert, MiLoG-HK, § 1, Rn. 21.

transparente Überstundenabgeltungsklauseln, die die pauschale Abgeltung etwaiger Überstunden durch den Grundlohn anordnen, nach § 3 S. 1 Alt. 1 MiLoG unwirksam.[1487]

Die Rechtsprechung[1488] und die überwiegende Ansicht in der Literatur[1489] vertreten jedoch die Auffassung, dass der Durchschnittslohn im maßgeblichen Referenzzeitraum ausschlaggebend sein soll (sog. Referenzprinzip[1490]). Sofern ein Arbeitnehmer also im Durchschnitt je Zeitstunde zum Mindestlohn entlohnt wird, liegt kein Verstoß gegen den Grundsatz nach § 3 S. 1 MiLoG vor. Demnach wäre auch eine transparente Überstundenabgeltungsklausel nicht unwirksam, solange sie nicht dazu führt, dass der Mindestlohn im Referenzzeitraum im Durchschnitt unterschritten wird.[1491]

c) Sonstige Zeiten der Nichtarbeit

Auch in Zeiten der Nichtarbeit, bspw. aufgrund von Feiertagen, haben Arbeitnehmer Anspruch auf den Mindestlohn. Anspruchsgrundlage für die Lohnfortzahlung ist aber § 2 Abs. 1 EFZG i.V.m. dem einzelnen Arbeitsvertrag und nicht das MiLoG selbst. Lediglich im Falle des Unterschreitens des Mindestlohns führt § 3 MiLoG zu einem Differenzanspruch.[1492] Gleiches gilt während der Entgeltfortzahlung im Krankheitsfall.[1493]

3. Arbeitsentgelt im Sinne des MiLoG

Das MiLoG selbst enthält keine Definition des Lohnbegriffs. Es enthält auch zur Anrechenbarkeit von Leistungen bzw. Lohnbestandteilen keine ausführlichen Vorgaben, anders als die *National Minimum Wage Regulation* 2015, die negativ regelt,

---

1487 *Arnold,* in: ders./Fischinger (Hrsg.), Mindestlohn – Interdisziplinäre Betrachtungen, 67 (76); *Lembke,* NZA 2016, 1 (4).
1488 BAG, Urteil vom 25.05.2016 – 5 AZR 135/16 = NZA 2016, 1327 (1329), Rn. 26.
1489 *Franzen,* in: Müller-Glöge/Preis/Schmidt, ErfK, § 1 MiLoG, Rn. 3 m.w.N.; *Greiner,* in: Rolfs/Giesen/u.a., BeckOK Arbeitsrecht, § 1 MiLoG, Rn. 50; *Lembke,* NZA 2016, 1 (4); *Riechert/Nimmerjahn,* Mindestlohngesetz Kommentar, § 1 MiLoG, Rn. 28; *Sittard,* NZA 2014, 951 (951).
1490 *Lembke,* NJW 2016, 3617 (3620); ablehnend zur Durchschnittsbetrachtung vgl. *Lakies,* AuR 2016, 14 (16).
1491 *Bayreuther,* NZA 2015, 385 (387); *Lembke,* NZA 2016, 1 (4); *ders.,* NJW 2016, 3617 (3620); *Sura,* BB 2018, 437 (442); a.A. *Lakies,* AuR 2016, 14 (15), der Pauschalabgeltungsklauseln für unwirksam hält.
1492 BAG, Urteil vom 21.12.2016 – 5 AZR 374/16 = NZA 2017, 378 (378), Rn. 13; BAG, Urteil vom 20.09.2017 – 10 AZR 171/16 = NZA 2018, 53 (54), Rn. 13.
1493 BAG, Urteil vom 21.12.2016 – 5 AZR 374/16 = NZA 2017, 378 (378), Rn. 13; BAG, Urteil vom 20.06.2018 – 5 AZR 377/17 = NJW 2018, 3472, Rn. 10 ff.; *Düwell,* Ausschuss-Drs. 18(11)148, S. 73; *Kocher,* AuR 2015, 173 (176).

was nicht auf den Mindestlohn anrechenbar ist.[1494] Nach der Gesetzesbegründung[1495] zum MiLoG ist dafür auf die bisherige Rspr. des EuGH und des BAG abzustellen. Die Verwendung des Terminus „Lohn" im MiLoG erfordert keine anderweitige Auslegung als der im Arbeitsrecht üblicherweise angewandte Begriff des Arbeitsentgelts. Eine Beschränkung des Anwendungsbereichs ist durch diese Begriffswahl nicht beabsichtigt.[1496]

a) Rechtsprechung des EuGH und des BAG

Der EuGH hat sich mittlerweile in drei Rechtssachen mit der Anrechenbarkeit besonderer Leistungen auf den Mindestlohn auseinandersetzen müssen. In der Rechtssache *Kommission/Deutschland*[1497] ging es um die Anrechenbarkeit von Qualitä̈t,- Schmutz- und Erschwerniszulagen sowie Sonderzahlungen[1498], in der Rechtssache *Isbir*[1499] wurde die Anrechenbarkeit tariflicher Sonderzahlungen sowie vermögenswirksamer Leistungen überprüft[1500] und in der Rechtssache *Sähköalojen ammattiliitto ry/Elektrobudowa Spółka Akcyjna*[1501] musste sich der Gerichtshof mit der Reichweite des Begriffs „Mindestlohnsatz" auseinandersetzen.

Der unionsrechtliche Hintergrund dieser Entscheidungen war die Entsenderichtlinie 96/71/EG.[1502]

Nach Ansicht des EuGH wird eine Anrechnung von Arbeitgeberleistungen nur dann befürwortet, wenn sich das Verhältnis zwischen der Leistung des Arbeitnehmers und der Gegenleistung des Arbeitgebers nicht verändert.[1503] Das bedeutet wiederum, dass eine Anrechnung für die Zulagen erfolgt, die ihrem Zweck nach nur die *normale* Arbeitsleistung des Arbeitnehmers vergüten sollen. Eine Anrechnung wird demnach nicht für Zuschläge vorgenommen, die voraussetzen, dass ein Arbeitnehmer eine *besondere* Leistung erhält, die darin begründet ist, dass er ein *Mehr* an Arbeit unter besonderen Umständen erfüllt hat (Zuschläge für die Arbeit

---

1494 *Reg.* 10 *Regulations* 2015; siehe hierzu Kapitel 3 § 4 III. 2. b).
1495 BT-Drs. 18/1558, S. 67.
1496 BAG, Urteil vom 25.05.2016 – 5 AZR 135/16 = NZA 2016, 1327 (1330), Rn. 29.
1497 EuGH, Urteil vom 14.04.2005 Rs. C-341/02, ECLI:EU:C:2005:220 – *Kommission/ Deutschland* = NZA 2005, 573 ff. (im Folgenden: EuGH *Kommission/Deutschland*, NZA 2005, 573).
1498 *Brors*, NZA 2014, 938 (939).
1499 EuGH, Urteil vom 07.11.2013 Rs. C-522/12, ECLI:EU:C:2013:71 – *Isbir* = NZA 2013, 1359 ff. (im Folgenden: EuGH *Isbir*, NZA 2013, 1359).
1500 Näher zur Entscheidung *Isbir* vgl. *Ulber*, RdA 2014, 176 (177).
1501 EuGH, Urteil vom 12.02.2015 Rs. C – 396/13, ECLI:EU:C:2015:86 – *Sähköalojen ammattiliitto ry/Elektrobudowa Spółka Akcyjna*, NZA 2015, 345 ff. (im Folgenden: EuGH *Sähköalojen ammattiliitto ry/Elektrobudowa Spółka Akcyjna*, NZA 2015, 345).
1502 *Berndt*, DStR 2014, 1878 (1880).
1503 EuGH *Kommission/Deutschland*, NZA 2005, 573 (574 f.), Rn. 39.

zu besonderen Zeiten, wie bspw. an Feiertagen oder nachts, Zuschläge für unangenehme, beschwerliche, körperlich oder psychisch belastende oder gefährliche Arbeiten, wie bspw. Schmutz- oder Gefahrenzulagen, Akkordprämien oder Qualitätsprämien).[1504] Für den EuGH kommt es also entscheidend darauf an, welcher Zweck mit der Leistung verfolgt wird. Werden nach Ansicht des EuGH Leistungen, die über die reguläre Arbeitsleistung hinausgehen, vergütet, dann soll keine Anrechnung auf den Mindestlohn erfolgen.[1505] Der EuGH merkt dabei an, dass die Mindestlohnsätze nach den jeweiligen Besonderheiten des nationalen Landes zu bestimmen sind. Da die Entsenderichtlinie 96/71/EG keine Definition eines Mindestlohns liefert, ist dieser nach dem Recht des betreffenden Mitgliedstaates festzulegen.[1506]

Auch das BAG hat sich mit der Anrechenbarkeit von Zahlungen auf den Mindestlohn mehrfach auseinandersetzen müssen. Im Rahmen von branchenbezogenen Mindestlöhnen stellte das BAG in den Jahren 2012 bis 2014[1507] auf die funktionale Gleichwertigkeit bzw. Äquivalenz der Leistungen (Entgeltzahlung und Arbeitsleistung) ab.[1508] Funktional gleichwertig sind nach Ansicht des BAG die Arbeitgeberleistungen, die nach ihrer Zweckbestimmung als Gegenleistung für die *Normal*leistung erbracht werden.[1509] Hierbei ist es erforderlich, die „Funktion" der Arbeitgeberleistung zu bestimmen.[1510] Die Zweckbestimmung einer Lohnzahlung kann auch durch eine Mindestlohnregelung im Tarifvertrag geregelt werden. Eine solche Mindestlohnregelung kann unter Umständen auch Zuschläge als anrechnungsfähig erklären, wenngleich der Arbeitgeber nicht lediglich die

---

1504 EuGH *Kommission/Deutschland*, NZA 2005, 573 (575), Rn. 38–40; *Berndt*, DStR 2014, 1878 (1880); EuGH *Isbir*, NZA 2013, 1359 (1361), Rn. 38 f.; in seiner neuesten Entscheidung *(Sähköalojen ammattiliitto ry/Elektrobudowa Spółka Akcyjna)* greift der EuGH jedoch nicht mehr explizit auf das Äquivalenzprinzip zurück, näher dazu: *Bayreuther*, NZA 2015, 385 (389).
1505 So auch *Hund*, AuA 2014, 662 (662); eine Übersicht der Rspr. des EuGH zur Anrechenbarkeit bzw. Nichtanrechenbarkeit bietet *Sittard/Sassen*, NJW 2016, 364 (365 f.)
1506 EuGH *Kommission/Deutschland*, NZA 2005, 573 (575), Rn. 39; EuGH *Isbir*, NZA 2013, 1359 (1361), Rn. 36 ff.; EuGH *Sähköalojen ammattiliitto ry/Elektrobudowa Spółka Akcyjna*, NZA 2015, 345 (346), Rn. 23, 36.
1507 Hierbei handelt es sich um folgende Entscheidungen: BAG, Beschluss vom 18.04.2012 – 4 AZR 168/10 (A) = NZA 2013, 386; BAG, Urteil vom 18.04.2012 – 4 AZR 139/10 = NZA 2013, 392; BAG, Urteil vom 16.04.2014 – 4 AZR 802/11 = NZA 2014, 1277.
1508 BAG, Beschluss vom 18.04.2012 – 4 AZR 168/10 (A) = NZA 2013, 386 (389), Rn. 19 m.w.N.; BAG, Urteil vom 18.04.2012 – 4 AZR 139/10 = NZA 2013, 392 (394 f.), Rn. 28; BAG, Urteil vom 16.04.2014 – 4 AZR 802/11 = NZA 2014, 1277 (1280), Rn. 39, 40.
1509 BAG, Urteil vom 16.04.1014 – 4 AZR 802/11 = NZA 2014, 1277 (1280), Rn. 40.
1510 BAG, Beschluss vom 18.04.2012 – 4 AZR 168/10 (A) = NZA 2013, 386 (389), Rn. 19.

*Normal*leistung vergüten will.[1511] Hiernach sah das BAG im Falle eines Gebäudereinigers eine Erschwerniszulage als anrechenbar an, da der Zweck dieser dem Zweck des Mindestlohns gleichwertig war. Dies ergab sich daraus, dass der Haustarifvertrag dieselbe (erschwerte) Tätigkeit durch den Mindestlohn als abgegolten ansah.[1512]

Das führt jedoch auch zu einer Unklarheit, bei welchen Tätigkeiten einem Arbeitnehmer ein Zuschlag zusteht. Während in der einen Mindestlohnregelung eine Tätigkeit noch als *Normal*leistung deklariert wird, stellt diese in der nächsten Mindestlohnregelung schon ein *Mehr* an Arbeit dar. So könnten Nachtzuschläge bei Nachtwächtern ebenso wie Schmutzzulagen bei Kanalarbeitern angerechnet werden.[1513]

Zusammengefasst bedeutet das: was über den Zweck der Vergütung der Normalleistung hinaus geht, das ist nicht mehr auf den Mindestlohn anrechenbar. Was als Normalleistung zu verstehen ist, wird dabei durch die einschlägigen Mindestlohnregelungen bestimmt. Somit stellen sowohl der EuGH[1514] als auch das BAG auf eine Zweckbetrachtung der Leistung ab.[1515]

In ihren neueren Entscheidungen[1516] schlagen die Richter am BAG jedoch einen anderen Weg ein. Demnach gilt ein umfassender Entgeltbegriff, der allen im Synallagma stehenden Geldleistungen eines Arbeitgebers Erfüllungswirkung zusprechen will.[1517] Ziel des gesetzlichen Mindestlohns sei es, den Arbeitnehmern ein existenzsicherndes Einkommen zu gewährleisten. Diesen Zweck erfüllt nach Ansicht des Gerichts jede Entgeltzahlung des Arbeitgebers, egal zu welcher Tageszeit oder unter welchen Umständen die Arbeitsleistung erbracht wurde.[1518]

Lediglich die Zahlungen, die ein Arbeitgeber ohne Rücksicht auf die tatsächlich erbrachte Arbeitsleistung eines Arbeitnehmers erbringt oder die auf einer besonderen gesetzlichen Zweckbestimmung (z.B.: Überstundenzuschläge

---

1511 *Ulber*, RdA 2014, 176 (177). Gemeint ist hiermit, dass die Mindestlohnregelung die Erschwerniszuschläge bei der Bemessung des Mindestentgelts bereits berücksichtigt hat und diese somit bereits Vergütung der *Normal*leistung darstellt.
1512 BAG, Urteil vom 18.04.2012 – 4 AZR 139/10 = NZA 2013, 392.
1513 *Jares*, DB 2015, 307 (308).
1514 EuGH *Isbir*, NZA 2013, 1359 (1361), Rn. 37 ff.
1515 *Ulber*, RdA 2014, 176 (179).
1516 BAG, Urteil vom 25.05.2016 – 5 AZR 135/16 = NZA 2016, 1327 ff.; BAG, Urteil vom 21.12.2016 – 5 AZR 374/16 = NZA 2017, 378 ff.; BAG, Urteil vom 06.09.2017 – 5 AZR 317/16 = NZA 2017, 1463; BAG, Urteil vom 06.09.2017 – 5 AZR 441/16 = BeckRS 2017, 129435.
1517 BAG, Urteil vom 25.05.2016 – 5 AZR 135/16 = NZA 2016, 1327 (1330), Rn. 32; BAG, Urteil vom 06.09.2017 – 5 AZR 317/16 = NZA 2017, 1463 (1463), Rn. 11; *Sura*, BB 2018, 437 (438); zu den Arbeitsleistungen im Austauschverhältnis vgl. *Hohnstein*, NJW 2015, 1844 (1845).
1518 BAG, Urteil vom 25.05.2016 – 5 AZR 135/16 = NZA 2016, 1327, (1339), Rn. 30; BAG, Urteil vom 21.12.2016 – 5 AZR 374/16 = NZA 2017, 378 (379), Rn. 23.

i.S.v. § 6 Abs. 5 ArbZG) beruhen, sollen nicht auf den Mindestlohn angerechnet werden.[1519]

Zu beachten ist, dass die neueren Entscheidungen des BAG nach dem Inkrafttreten des MiLoG im Jahr 2015 ergingen. Die vorherigen Entscheidungen bezogen sich indes noch auf tarifgestützte Branchenmindestlöhne und nicht auf den allgemeingültigen flächendeckenden Mindestlohn.

Aufgrund dieser Rspr. des BAG haben sich das BMAS und das BMF in ihrem Eckpunktepapier dazu geäußert, durch einen neu eingefügten § 1a MiLoG zu regeln, dass Zulagen und Zuschüsse grundsätzlich nicht auf den Mindestlohn angerechnet werden dürfen, sofern sie nicht ausnahmsweise als Bestandteil des „Grundlohns" anzusehen sind.[1520]

b) Ansichten der Literatur

In der Literatur ist die Anrechenbarkeit von Entgeltbestandteilen stark umstritten und soll hier nicht Gegenstand der Untersuchung sein. Lediglich ein kurzer Einblick auf verschiedene Lösungsansätze wird im Folgenden gegeben.

So wird, im Gleichlauf zu neueren Rprs. des BAG[1521], nach der sog. *Entgelttheorie* vertreten, dass sämtliche Zahlungen des Arbeitgebers den Mindestlohnanspruch des Arbeitnehmers erfüllen.[1522] Demnach ziele das MiLoG allein auf eine dauerhafte Existenzsicherung ab, womit nur entscheidend sein könne, dass dem Arbeitnehmer am Ende des Monats ein Betrag zur Verfügung steht, der im Ergebnis dem Stundenäquivalent des Mindestlohns in Höhe von 9,82 EUR brutto entspricht.[1523] Das MiLoG mache den Anspruch überdies nicht von einer zeitlichen Lage der Arbeit oder den Umständen der Arbeitsleistung abhängig.[1524] Nicht anrechenbar sind nach dieser Ansicht lediglich Zahlungen ohne Entgeltcharakter, die also ohne Rücksicht auf die erbrachte Arbeitsleistung geleistet werden, wie Abfindungen

---

1519 BAG, Urteil vom 25.05.2016 – 5 AZR 135/16 = NZA 2016, 1327 (1330), Rn. 32; BAG, Urteil vom 21.12.2016 – 5 AZR 374/16 = NZA 2017, 378 (379), Rn. 23; BAG, Urteil vom 06.09.2017 – 5 AZR 317/16 = NZA 2017, 1463 (1463), Rn. 11; BeckRS 2017, 129435, BAG, Urteil vom 06.09.2017 – 5 AZR 441/16 = Rn. 14.
1520 Eckpunktepapier zur Weiterentwicklung des Mindestlohns und Stärkung der Tarifbindung, S. 2.
1521 BAG, Urteil vom 25.05.2016 – 5 AZR 135/16 = NZA 2016, 1327 (1330), Rn. 32.
1522 *Bayreuther*, NZA 2014, 865 (868 f.); *Bepler/Hanau*, Ausschuss-Drs. 18(11)148, S. 142 (143); *Boemke*, JuS 2015, 385 (390 f.); *Jares*, DB 2015, 307 (308 f.); *Lembke*, NZA 2015, 70 (74); *Moll/Päßler/Reich*, MDR 2015, 125 (127); *Sittard*, RdA 2015, 99 (103); *ders.*, NZA 2014, 951 (952); *Sittard/Sassen*, NJW 2016, 364 (366); *Schweibert/Leßmann*, DB 2014, 1866 (1869); *Spielberger/Schilling*, NZA 2014, 414 (415 f.); *Sura*, BB 2018, 437 (438 f.); *Weigert*, NZA 2017, 745 (745 ff.).
1523 *Moll/Päßler/Reich*, MDR 2015, 125 (127); *Jares*, DB 2015, 307 (309).
1524 *Lembke*, NJW 2016, 3617 (3621); so bereits auch BAG in Bezug auf tarifliche Mindestlöhne, BAG, Urteil vom 16.04.2014 – 4 AZR 802/11 = NZA 2014, 1277 (1280 f.), Rn. 43, 49.

oder Aufwendungsersatzleistungen oder die Erstattung tatsächlich entstandener Kosten sowie Trinkgelder, da diese keine Arbeitgeberleistungen darstellen.[1525]
Dem gegenüber steht die *Normalleistungs-* bzw. *Grundlohntheorie*, die besagt, dass die Entgeltzahlungen nicht auf den Mindestlohn anrechenbar sind, die ein *Mehr* an Arbeit bzw. die besonderen Umstände einer Arbeitsleistung (z.B.: Nachtarbeitszuschläge, Schichtzulagen, Schmutzzulagen, Überstundenzuschläge, Zuschläge für Wochenendarbeiten) vergüten sollen, denn diese Zahlungen dienen nicht dem gleichen Zweck wie ein Mindestlohn und sind daher auch nicht äquivalent.[1526] Anzurechnen sind, in Anlehnung an die Rspr. des EuGH, also nur die Leistungen, die nicht das Verhältnis zwischen der Leistung und Gegenleistung verändern. Kritisiert wird in diesem Zusammenhang von der Gegenauffassung, dass die Bestimmung eines Grundlohns schwierig sei. So könnten auch bspw. Wechselschichten als „Normalleistung" bezeichnet werden, sodass für diese dann auch nur ein „Grundlohn" fällig wäre.[1527]

c) Einzelne Vergütungsbestandteile

Im Folgenden ist kurz auf die Konsequenzen der unterschiedlichen Lösungsansätze seitens der Rspr. und der Literatur zur Anrechenbarkeit von Vergütungsbestandteilen einzugehen.[1528]

aa) Sonderzahlungen

Nach der Gesetzesbegründung[1529] und Stimmen der Literatur sollen Sonderzahlungen, wie Weihnachtsgeld oder Urlaubsgeld nur anrechenbar sein, wenn diese dem Arbeitnehmer zu einem anteiligen Betrag im jeweiligen Referenzzeitraum (monatlich) ohne Rückholmöglichkeit zufließen.[1530] Das ist bei Sonderzahlungen

---

1525 *Moll/Päßler/Reich,* MDR 2015, 125 (127); *Müller-Glöge,* in: Säcker/Rixecker/Oetker/Limperg, MüKo zum BGB, § 1 MiLoG, Rn. 26.
1526 So in seinen früheren Entscheidungen das BAG, Beschluss vom 18.04.2012 – 4 AZR 168/10 (A) = NZA 2013, 386 (389), Rn. 19 m.w.N.; BAG, Urteil vom 18.04.2012 – 4 AZR 139/10 = NZA 2013, 392 (394 f.), Rn. 28; BAG, Urteil vom 16.04.2014 – 4 AZR 802/11 = NZA 2014, 1277 (1280), Rn. 39, 40; sowie *Riechert/Nimmerjahn,* Mindestlohngesetz Kommentar, § 1 MiLoG, Rn. 109 m.w.N.; *Brors,* NZA 2014, 938 (940 f.); *Däubler,* NJW 2014, 1924 (1926); *Lakies,* AuR 2016, 14 (16); dem Grunde nach auch *Franzen,* in: Müller-Glöge/Preis/Schmidt, ErfK, § 1 MiLoG, Rn. 12–14; *Ulber,* RdA 2014, 176 (176 f.); *Vogelsang,* in: Schaub (Hrsg.), Arbeitsrechts Handbuch, § 66, Rn. 29; *Waltermann,* AuR 2015, 166 (171 f.).
1527 *Bayreuther,* NZA 2014, 865 (869).
1528 Einen kurzen Überblick über die verschiedenen Vergütungsbestandteile bietet: *Hund,* AuA 2014, 662 (662 ff.) sowie *Wortmann,* ArbRB 2014, 346 (348 ff.).
1529 BT-Drs. 18/1558, S. 67.
1530 So auch *Bayreuther,* NZA 2014, 856 (868); *Berndt,* DStR 2014, 1878 (1880); *Franzen,* in: Müller-Glöge/Preis/Schmidt, ErfK, § 1 MiLoG, Rn. 15; *Jares,* DB 2015, 307 (310); *Lembke,* NZA 2015, 70 (76); *Moll/Päßler/Reich,* MDR 2015, 125 (127); *Sittard,* NZA

jedoch regelmäßig nicht der Fall, denn diese werden in der Regel als Einmalzahlung geleistet. Dieses anteilige Zuflussprinzip erklärt sich bereits aus dem Sinn und Zweck des MiLoG. Der Mindestlohn dient der Gewährleistung einer Existenzsicherung. Dafür ist es von Bedeutung, wann die Zahlung erfolgt, denn der Arbeitnehmer wird seinen existenzsichernden Lohn monatlich benötigen.[1531] Auch das BAG stellt in diesem Rahmen auf eine anteilige Zahlung ab und sah die Verpflichtung zur Mindestlohnzahlung in einem Fall erfüllt an, in dem ein Arbeitgeber die Jahressonderzahlung anteilig auszahlte.[1532]

Zur Einhaltung des Mindestlohns ist nach Ansicht des BAG und Teilen der Literatur somit eine ratenweise, in Zwölfteln erfolgte Zahlung, notwendig. Wird diese nur einmalig ausgezahlt, kann diese Zahlung auch nur in dem ausgezahlten Monat Berücksichtigung finden.[1533]

Neben der Frage der generellen Anrechenbarkeit von Sonderzahlungen ist in einem zweiten Schritt zu überprüfen, ob die konkrete Sonderzahlung überhaupt Entgeltcharakter aufweist und somit anrechenbar ist. Übereinstimmend werden Leistungen, die gar keinen Entgeltcharakter aufweisen, also ohne Rücksicht auf die tatsächliche Arbeitsleistung erbracht wurden, nicht angerechnet. Es ist dabei unter Berücksichtigung des BAG entscheidend, ob die Sonderzahlung in einem synallagmatischen Verhältnis zur Arbeitsleistung steht.[1534]

Während Urlaubsgeld nach der wohl h.M. keinen Entgeltcharakter aufweist, da dieser der Erholung dient und keine Gegenleistung darstellt,[1535] sind das Weihnachtsgeld[1536] und das 13. Monatsgehalt als „aufgespartes Sondergehalt"[1537] auf den Mindestlohn anrechenbar, da diese Vergütungen eine Gegenleistung des Arbeitgebers für erbrachte Leistungen darstellen und somit Entgeltcharakter aufweisen.

Keinen Entgeltcharakter weisen nach weiten Teilen der Literatur und der Rspr. unter anderem Treue- und Halteprämien oder die reine Beteiligung an den erhöhten Aufwendungen einer Weihnachtsfeier auf.[1538] Nicht anrechenbar sollen

---

2014, 951 (952); ders., RdA 2015, 99 (103); *Schweibert/Leßmann*, DB 2014, 1866 (1869); kritisch: *Spielberger/Schilling*, NZA 2014, 414 (415 f.).

1531 *Sittard*, NZA 2014, 951 (952); *Ulber*, RdA 2014, 176 (180).
1532 BAG, Urteil vom 25.05.2016 – 5 AZR 135/16 = NZA 2016, 1327 (1329), Rn. 21.
1533 So im Ergebnis auch das BAG, Urteil vom 6.09.2017 – 5 AZR 441/16 = BeckRS 2017, 129435, Rn. 18, 20; *Lembke*, NZA 2015, 70 (76); *Sittard*, NZA 2014, 951 (952); *ders.*, RdA 2015, 99 (104).
1534 BAG, Urteil vom 18.01.2012 – 10 AZR 667/10 = NZA 2012, 620 (621), Rn. 15.
1535 BAG, Urteil vom 22.07.2014 – 9 AZR 981/12 = NZA 2014, 1136 (1137 f.), Rn. 26 f.; *Lakies*, AuR 2016, 14 (17); *Ulber*, RdA 2014, 176 (181); so i.E. auch *Sura*, BB 2018, 437 (440); *Jares*, DB 2015, 307 (309).
1536 BAG, Urteil vom 25.05.2016 – 5 AZR 135/16 = NZA 2016, 1327 (1330), Rn. 33.
1537 *Sura*, BB 2018, 437 (439).
1538 BAG, Urteil vom 14.11.2012 – 10 AZR 793/11 = NZA 2013, 273 (274); *Jares*, DB 2015, 307 (309); sowie *Lembke*, NJW 2016, 3617 (3621 f.), nach denen Treue- oder Sonderzuwendungen keinen Entgeltcharakter haben; zustimmend *Boemke*, JuS

außerdem solche Leistungen sein, die aus sozialen Gründen gezahlt werden und keinen konkreten Bezug zur Arbeitsleistung haben, wie bspw. Kinderzuschläge oder Jubiläumszusagen.[1539] Der Entgeltcharakter sog. Leistungslöhne, also jährliche Sonderzahlungen wie Boni, Gewinnbeteiligungen, Tantiemen[1540] und Provisionen[1541] wird von den Vertretern der Entgelttheorie und denen der Grundlohntheorie unterschiedlich bewertet.[1542]

bb) Zulagen und Zuschläge

Besonders umstritten ist die Behandlung von Zulagen und Zuschlägen.

Zulagen und Zuschläge, die gezahlt werden, weil Arbeitnehmer zu *besonderen Zeiten* (z.B.: Zuschläge für Sonn- und Feiertag, Nachtzuschläge, Schichtzuschläge, Überstundenzuschläge) oder *unter besonders unangenehmen, belastenden oder gefährdenden Umständen* (z.B.: Schutzzulage oder Gefahrenzulage) arbeiten, werden laut Gesetzesbegründung nicht bei der Zahlung des Mindestlohns berücksichtigt.[1543] Auch hier verweist die Gesetzesbegründung auf die funktionale Gleichwertigkeit von Leistung und Gegenleistung und bezieht sich dabei auf die Rspr. des EuGH, die besagt, dass eine Zulage nur dann als Bestandteil des Mindestlohns anzusehen ist, wenn diese zusammen mit anderen Leistungen des Arbeitgebers ihrem Zweck nach die Arbeitsleistung des Arbeitnehmers vergüten sollen, die mit

---

2015, 385 (391); *Däubler,* NJW 2014, 1924 (1927); *Lakies,* AuR 2014, 360 (361); *Schweibert/Leßmann,* DB 2014, 1866 (1869); *Ulber,* RdA 2014, 176 (179); a.A: *Franzen,* in: Müller-Glöge/Preis/Schmidt, ErfK, § 1 MiLoG, Rn. 15; *Moll/Päßler/Reich,* MDR 2015, 125 (127); BAG, Urteil vom 22.03.2017 – 5 AZR 424/16 = NZA 2017, 1073 (1075), Rn. 38 f., da die Treueprämie in diesem Fall Vergütung für tatsächlich geleistete Arbeit war.

1539 *Bayreuther,* NZA 2015, 385 (391); *Schweibert/Leßmann,* DB 2014, 1866 (1869); *Sura,* BB 2018, 437 (440).
1540 *Vogelsang,* in: Schaub (Hrsg.), Arbeitsrechts Handbuch, § 66, Rn. 31.
1541 *Bayreuther,* NZA 2014, 865 (868).
1542 Hier wird von Vertretern der Entgelttheorie die Anrechnung von Leistungslöhnen auf den Mindestlohn befürwortet, vgl. BAG, Urteil vom 21.12.2016 – 5 AZR 374/16 = NZA 2017, 378 (378), Rn. 23 ff.; BAG, Urteil vom 06.09.2017 – 5 AZR 371/16 = NZA 2017, 1463 (1463), Rn. 14; *Jares,* DB 2015, 307 (309); *Sittard,* RdA 2015, 99 (104); während Vertreter der *Grundlohntheorie* sich dem EuGH anschließen und diese als „zusätzliche" Leistung bewerten und die Anrechenbarkeit somit ausschließen, vgl. *Ulber,* RdA 2014, 176 (181).
1543 BT-Drs. 18/1558, S. 67; BT-Drs. 18/2010 (neu), S. 15; ebenso *Däubler,* NJW 2014, 1924 (1926); a.A. *Bayreuther,* NZA 2014, 865 (868 f.); *Lembke,* NZA 2015, 70 (76), der danach differenzieren will, ob der Zulage oder dem Zuschlag durch Gesetz eine besonderer Zweck verliehen wurde, denn anderenfalls gilt er als Normaltätigkeit und ist auf den Mindestlohn anrechenbar, vgl. auch *Ulber,* RdA 2014, 176 (181), wobei sich *Lembke* und *Ulber* im Schatten der EuGH Rspr. bewegen, die sich auf Mindestlohnregelungen aus Tarifverträgen bezieht.

dem Mindestlohn zu entlohnen sind. Dies ist bei zusätzlichen Leistungen (Mehr an Arbeit oder Arbeit unter besonderen Bedingungen) gerade nicht der Fall.

Die Vertreter der Entgelttheorie sowie das BAG sind hier anderer Ansicht. Nach deren Ansicht sei es das Ziel des Mindestlohngesetzes, dass jeder Arbeitnehmer eine Existenzgrundlage erhalte. Wie sich diese zusammensetzt, ob aus dem „reinen" Arbeitsentgelt oder zusätzlichen Zahlungen aufgrund von Zeit- oder Erschwerniszuschlägen, soll dafür irrelevant sein. Somit sind nach dieser Auffassung auch Zuschläge auf den Mindestlohn anrechenbar.[1544] Kritisiert wird in diesem Zusammenhang auch die Bezeichnung des *Normal*lohns sowie dessen Grundlage für die Mindestlohngewährung. Zunächst einmal hat der Begriff *Normal*leistung keinen Eingang in den Wortlaut des Mindestlohngesetzes gefunden.[1545] So unterscheide sich von Arbeitnehmer zu Arbeitnehmer, was *normale* Arbeit sei. Während bei einigen Arbeitnehmern die Arbeit zu außergewöhnlichen Zeiten (z.B.: Bäcker) oder unter erschwerenden Umständen (z.B.: Reinigung von besonders beschmutzten Flächen) als *Normal*leistung gelte und Zuschläge in ihrem Fall auf den Mindestlohn anrechenbar seien, so würden Zuschläge bei anderen Arbeitnehmern nicht mehr zur *Normal*arbeit zählen und daher auch nicht auf den Mindestlohn angerechnet werden.[1546]

Teilweise wird hier aber berücksichtigt, dass die Zahlungen, die aufgrund einer zwingenden gesetzlichen Grundlage erfolgen (z.B.: § 6 Abs. 5 ArbZG), nicht auf den Mindestlohn anrechenbar sein sollen.[1547]

1544 BAG, Urteil vom 25.05.2016 – 5 AZR 135/16 = NZA 2016, 1327 (1330), Rn. 35 ff.; BAG, Urteil vom 18.11.2015 – 5 AZR 761/13 = NZA 2016, 828 (830), Rn. 24; BAG, Urteil vom 22.03.2017 – 5 AZR 424/16 = NZA 2017, 1073 (1075), Rn. 38 für Schichtzulagen; BAG, Urteil vom 24.05.2017 – 5 AZR 431/16 = NZA 2017, 1387 (1388), Rn. 15 ff. und BAG, Urteil vom 17.01.2018 – 5 AZR 69/17 = BeckRS 2018, 9206, Rn. 16 f. für Sonn- und Feiertagszuschläge; *Bayreuther,* NZA 2014, 865 (868 f.); *Sittard,* NZA 2014, 951 (952) mit Bezug auf die Entscheidung des BAG, Urteil vom 13.11.2013 – 10 AZR 848/12 = NZA 2014, 368 (389), Rn. 13, nach dem Zulagen und Zuschläge auf den Mindestlohn angerechnet werden dürfen, weil diese als Gegenleistung erbracht werden und somit der konkrete Bezug zur Arbeitsleistung vorliegt; *Sittard,* RdA 2015, 99 (194), da der Zweck der Zulage im Hinblick auf die Existenzsicherung irrelevant sei; *Schweibert/Leßmann,* DB 2014, 1866 (1869).
1545 BAG, Urteil vom 6.09.2017 – 5 AZR 317/16 = NZA 2017, 1463 (1463), Rn. 13 m.w.N.
1546 *Weigert,* NZA 2017, 745 (747).
1547 Somit wird eine Anrechenbarkeit von Nachtschichtzuschlägen abgelehnt, wohingegen andere Zuschläge auf den Mindestlohn anrechenbar bleiben, vgl. *Sura,* BB 2018, 437 (441); *Jares,* DB 2015, 307 (307, 309) mit Bezug auf die Rpsr. des BAG, Urteil vom 16.04.2014 – 4 AZR 802/11 = RdA 2015, 361 im Rahmen von tarifvertraglichen Spätschichtzulagen; *Weigert,* NZA 2017, 745 (748 f.); *Schweibert/Leßmann,* DB 2014, 1866 (1869) sowie BAG, Urteil vom 21.12.2016 – 5 AZR 374/16 = NZA 2017, 378 (379), Rn. 23 und BAG, Urteil vom 25.04.2018 – 5 AZR 25/17 = BeckRS 2018, 17761, Rn. 42 ff.

Vertreter der Grundlohntheorie machen darauf aufmerksam, dass die „vollständige Anrechnung aller Leistungen des Arbeitgebers [...] dazu führen [würde], dass der unterschiedliche Leistungszweck von Grundlohn und Zulagen für besondere Leistungen oder Erschwernisse nivelliert wird"[1548]. Überdies läge es auch im Interesse des Arbeitgebers, solche Zahlungen nicht auf den Mindestlohn anzurechnen, da diese häufig einen ökonomischen Anreiz für Arbeitnehmer zur Ableistung solcher Tätigkeiten darstellen. Deswegen wird teilweise erwogen, Zuschläge für besondere Leistungsmodalitäten grundsätzlich nicht anzurechnen.[1549] Auch nach Ansicht des EuGH kann eine Leistung des Arbeitgebers, die aufgrund der *Mehrarbeit* des Arbeitnehmers geleistet wird, nicht auf den Mindestlohn angerechnet werden.[1550] Außerdem wird sich darauf bezogen, dass im Rahmen von Nachtschichtzuschlägen überdies § 6 Abs. 5 ArbZG zu beachten ist, der regelt, dass ein angemessener Zuschlag auf das dem Arbeitnehmer zustehende Bruttoarbeitsentgelt zu zahlen ist.[1551] Dieser Zuschlag ist somit nicht anrechenbar auf den gesetzlichen Mindestlohn.

Zustimmung gebührt der Entgelttheorie. Der derzeitige Wortlaut des MiLoG spricht von „Arbeitsentgelt"[1552], was nach § 2 Abs. 1 Nr. 6 NachwG auch Zuschläge, Zulagen, Prämien und Sonderzahlungen („sowie *andere Bestandteile* des Arbeitsentgelts") einbezieht.[1553]

Auch das Telos des Gesetzes spricht für eine umfassende Anrechenbarkeit.[1554] Ziel des Mindestlohns ist die Sicherung eines Existenzminimums des einzelnen Arbeitnehmers.[1555] Entscheidend soll also sein, dass dem Arbeitnehmer eine Lohnuntergrenze sichergestellt wird, die elementaren Gerechtigkeitsanforderungen genügt. Auf einen umfassenden Schutz der Arbeitnehmer kommt es im Gegensatz zum Tarifvertrag nicht an.[1556] Wie sich dieser existenzsichernde Mindestlohn zusammensetzt, ist dafür irrelevant. Der Mindestlohn ist also grundsätzlich neutral hinsichtlich des Inhalts, Orts, der Zeit und den Umständen der Arbeitsleistung.[1557] Das MiLoG zielt nicht darauf ab, besondere Umstände (Arbeit zu

---

1548 *Ulber,* RdA 2014, 176 (176).
1549 *Brors,* NZA 2014, 938 (940 f.); *Lakies,* AuR 2016, 14 (17); *Ulber,* RdA 2014, 176 (181 m.w.N.).
1550 EuGH *Kommission/Deutschland,* NZA 2005, 573 (575), Rn. 40; *Ulber,* RdA 2014, 176 (181).
1551 *Ulber,* RdA 2014, 176 (181).
1552 § 1 Abs. 1 MiLoG: „Jede Arbeitnehmerin und jeder Arbeitnehmer hat Anspruch auf Zahlung eines Arbeitsentgelts [...]".
1553 Vgl. *Preis,* in: Müller-Glöge/Preis/Schmidt, ErfK, § 2 NachwG, Rn. 17 f.; *Weigert,* NZA 2017, 745 (746).
1554 Ausführlich zur systematischen und teleologischen Auslegung vgl. *Weigert,* NZA 2017, 745 (746).
1555 BT-Drs. 18/1558, S. 28.
1556 BT-Drs. 18/1558, S. 28.
1557 So auch *Lembke,* NZA 2016, 1 (7).

außergewöhnlichen Zeiten oder unter erschwerenden Umständen) der Arbeit zu vergüten. Dies ist Aufgabe von Spezialgesetzen. Eine spezielle Regelung wurde hier bspw. durch das ArbZG in § 6 Abs. 5 ArbZG geschaffen, der zwingend die Zahlung von Nachtarbeitszuschlägen festschreibt. Aufgrund des zwingenden Charakters der Norm kann diese Regelung auch nicht durch Anrechnung auf den gesetzlichen Mindestlohn umgangen werden. Eine Anrechnung der Nachtarbeitszuschläge auf den Mindestlohn kann daher nicht erfolgen.[1558]

Des Weiteren ist die Bezeichnung des *Normal*lohns schlecht gewählt. Es kann nicht darauf ankommen, was in dem jeweiligen Arbeitsverhältnis *normal* ist. Eine solch subjektive Betrachtung würde den einen Arbeitnehmer, der bspw. regelmäßig nachts arbeitet oder in einem lauten Umfeld tätig ist, demjenigen gegenüber benachteiligen, für den diese Umstände nicht „normal" sind.[1559] Der Mindestlohn versteht überdies jede Arbeitstätigkeit als *Normal*leistung, da, wie bereits dargelegt, eine neutrale Betrachtungsweise bezüglich des Inhalts, der Zeit oder Umstände der Arbeitsleistung vorgenommen werden muss.[1560] Zuschlägen muss in jedem Fall eine objektive Betrachtungsweise zugrunde gelegt werden. Anhaltspunkte könnten hier Gesetze liefern. Beispielsweise kann dafür das ArbZG herangezogen werden, das für Nachtschichten (§ 6 Abs. 5 ArbZG) Zuschläge anordnet. Mangels weiterer zwingender gesetzlicher Regelungen zur Zahlung von Zulagen ist dies jedoch schwierig.[1561]

Eine Gesetzesänderung, wie bspw. durch Einfügung eines § 1a MiLoG, der ausdrücklich die Anrechenbarkeit von Zulagen und Zuschlägen ausschließt, würde dies ändern. Nach dem MiLoG in der derzeitigen Fassung muss eine Anrechnung von Zulagen und Zuschlägen vom Wortlaut und Telos des Gesetzes her vorgenommen werden. Der bisherige Verweis der Gesetzesbegründung zum Tarifautonomiestärkungsgesetz[1562] genügt indes nicht, da sich die Rspr. des EuGH auf tarifliche

---

1558 So auch st. Rspr. des BAG NZA 2016, 1327 (1330), Rn. 32; BAG NZA 2017, 378 (379), Rn. 23; BAG NZA 2017, 1463 (1463), Rn. 11; BeckRS 2017, 129435, Rn. 14.
1559 Bsp. nach *Weigert*, NZA 2017, 745 (748): In den meisten Arbeitsverhältnissen gehört ein Arbeitsbeginn um 4:00 Uhr morgens nicht zur Normalleistung, während dies für Bäcker hingegen üblich ist. Dementsprechend wären Frühschichtzuschläge bei Bäckern auf den Mindestlohn anrechenbar. Folge wäre demnach, dass ein Bäcker weniger vom Mindestlohn profitiert, *weil* seine Tätigkeit belastender ist; so auch *Jares*, DB 2015, 307 (308).
1560 So auch *Lembke*, NZA 2016, 1 (7) m.w.N.
1561 § 21a ArbZG (Beschäftigung im Straßentransport) habe diesbezüglich allein arbeitszeitschutzrechtliche Bedeutung und ist für die Vergütung ohne Belange, vgl. BAG, Urteil vom 21.12.2016 – 5 AZR 362/16 = BeckRS 2016, 116751, Rn. 30; auch § 11 Abs. 3 ArbZG sieht als Ausgleich für Sonn- und Feiertagsarbeit lediglich Ersatzruhetage vor und keine zusätzliche Vergütungspflicht, BAG, Urteil vom 24.05.2017 – 5 AZR 431/16 = NZA 2017, 1387 (1388), Rn. 17.
1562 Vgl. BT-Drs. 18/1558, S. 67.

Mindestlöhne nach der Entsenderichtlinie und nicht auf gesetzliche Mindestlöhne bezieht.[1563]

cc) Sonstige Entgeltbestandteile

Trinkgelder haben nach einhelliger Ansicht keinen Entgeltcharakter.[1564] Dass diese nicht zum Entgelt gehören, wird auch anhand der Steuerbefreiung nach § 3 Nr. 51 EStG begründet.[1565] Trinkgelder stellen überdies keine Leistungen des Arbeitgebers, sondern einen Zuschlag zum fremden Lohn dar.[1566] Sie sind daher nicht auf den Mindestlohn anrechenbar.[1567]

Ebenfalls nicht berücksichtigungsfähig ist das Überlassen von Dienstbekleidung oder Arbeitsgeräten zu dienstlichen Zwecken, da diese Leistungen keinen Entgeltcharakter aufweisen.[1568]

Bei der Behandlung von Sachbezügen, wie bspw. der Überlassung von Dienstwägen, Mobiltelefonen oder Werkdienstwohnungen auch zu privaten Zwecken oder der Bereitstellung von Kost besteht jedoch Uneinigkeit. Während eine Ansicht die Anrechnung der Sachbezüge auf den Mindestlohn aufgrund eines Vergleichs zwischen Wortlaut und Telos von § 1 Abs. 1 und 2 MiLoG („zu zahlen", „Euro") sowie § 107 Abs. 1 GewO[1569] ablehnt[1570], sehen andere die Sachbezüge wegen § 107 Abs. 2 GewO als Teil des Arbeitsentgelts an, weswegen diese auf den Mindestlohn anrechenbar seien.[1571] Zustimmung findet hier die erste Ansicht. Die Überlassung von Mobiltelefonen, Werkdienstwohnungen oder auch die Bereitstellung von Kost soll mangels ausdrücklicher Regelung keine Anrechnung auf den Mindestlohn finden. Dafür spricht auch der Wortlaut des MiLoG (zu *zahlen*). Zwar können nach § 107 Abs. 2 GewO auch Sachleistungen als Teil des Arbeitsentgelts vereinbart werden, dies darf jedoch nicht als mindestlohnrelevantes Arbeitsentgelt bewertet werden. Sinn und Zweck des Mindestlohns liegt unter anderem in der Existenzsicherung von Arbeitnehmern. Eine Anrechnung von Sachbezügen des

---

1563 Zur unterschiedlichen Anrechenbarkeit gesetzlicher und tariflicher Mindestlöhne vgl. *Wortmann*, ArbRB 2014, 346 (347).
1564 *Bayreuther*, NZA 2015, 385 (391); *Lembke*, NZA 2015, 70 (75); *ders.*, NZA 2016, 1 (6); *Viethen*, NZA-Beilage 2014, 143 (147).
1565 *Däubler*, NJW 2014, 1924 (1926).
1566 *Jhering*, Das Trinkgeld, S. 15, 17.
1567 *Berndt*, DStR 2014, 1878 (1881); *Sittard*, RdA 2015, 99 (105).
1568 *Lembke*, NZA 2015, 70 (75).
1569 § 107 Abs. 1 GewO: „Das Arbeitsentgelt ist in Euro zu berechnen und auszuzahlen."
1570 *Bayreuther*, NZA 2015, 385 (390); *Jares*, DB 2015, 307 (310); *Lembke*, NZA 2015, 70 (75); *ders.*, NJW 2016, 3617 (3621); *ders.*, NZA 2016, 1 (6); *Sittard*, RdA 2015, 99 (105).
1571 *Boemke*, JuS 2015, 385 (390); *Franzen*, in: Müller-Glöge/Preis/Schmidt, ErfK, § 1 MiLoG, Rn. 6; *Spielberger/Schilling*, NJW 2014, 2897 (2899); *Weigert*, NZA 2017, 745 (750).

Arbeitgebers würde den existenzsichernden Mindestlohn schmälern, was den Zielen des MiLoG zuwiderlaufen würde.

V. Durchsetzung und Überwachung

Wie bereits gezeigt wurde, haben Selbstständige keinen Anspruch auf den gesetzlichen Mindestlohn. Auch die Mehrheit der Praktikantenverhältnisse scheidet aus dem Anwendungsbereich aus. So könnten Arbeitgeber einen Nutzen daraus ziehen und unter dem Vorwand der selbstständigen Dienstleistungen[1572] Arbeitnehmer beschäftigen. Auch die Bezeichnung eines Praktikantenverhältnisses im Sinne einer der Ausschlusstatbestände nach § 22 Abs. 1 MiLoG kann zur Umgehung der Mindestlohnpflicht führen. Insofern ist es wichtig, dass Mechanismen geschaffen wurden, durch die die Einhaltung des MiLoG überwacht und dessen Durchsetzung geregelt werden kann.

1. Überwachung und Sanktionen

a) Prüfung der Zollbehörden

Nach § 14 MiLoG sind für die Prüfung der Einhaltung Mindestlohnpflicht gemäß § 20 MiLoG die Behörden der Zollverwaltung zuständig.[1573] Die Finanzkontrolle der Schwarzarbeit (FKS) kontrolliert dabei neben dem gesetzlichen Mindestlohn auch die Zahlung von Branchenmindestlöhnen, Lohnuntergrenzen in der Leiharbeit und in den sensiblen Branchen nach § 2a SchwarzArbG.[1574]

Hinsichtlich der Befugnisse der Zollbehörden verweist § 15 S. 1 MiLoG auf die §§ 2–6, 14, 15, 20, 22, 23 SchwarzArbG, mit der Maßgabe, dass die dort genannten Behörden auch Einsicht in Arbeitsverträge, Niederschriften nach § 2 NachwG und andere Geschäftsunterlagen nehmen können, die mittelbar oder unmittelbar Auskunft über die Einhaltung des Mindestlohns geben, und dass die nach § 5 Abs. 1 SchwarzArbG zur Mitwirkung Verpflichteten, also Arbeitgeber, Arbeitnehmer und Dritte, die bei einer Prüfung angetroffen werden, diese Unterlagen vorzulegen haben.

Die Zollbehörden haben während ihrer Kontrollen besondere Vorgehensweisen bei der Umgehung der Mindestlohnzahlung festgestellt. Unter anderem wurden unzulässigerweise die Gewährung von Kost und Logis auf den Mindestlohn angerechnet, Pauschalvergütungen ohne Berücksichtigung des Mindestlohns oder der tatsächlichen Arbeitszeit vereinbart und Arbeitszeiten als Pausen ausgewiesen. Auch unrichtige Führungen der Arbeitszeitkonten wurden festgestellt.[1575] Das Prüfgeschehen der Zollbehörden konzentriert sich dabei insbesondere auf die

---

1572 *Rieble/Klebeck*, ZIP 2006, 829 (830).
1573 *Maschmann*, NZA 2014, 929 (929 f.).
1574 BT-Drs. 19/18583, S. 1.
1575 BT-Drs. 18/12755, S. 16.

in § 4 AEntG und die in § 2a SchwarzArbG genannten Branchen- und Wirtschaftszweige. Seit 2015 hat die Prüfung der Zollbehörden insgesamt abgenommen, da seit der Einführung des MiLoG ein der Qualität geschuldeter Mehraufwand eintrat.[1576]

Im Jahr 2016 wurden durch die Zollbehörden insgesamt 21.821 Ordnungswidrigkeitsverfahren eingeleitet. Davon betrafen 1.651 Verfahren einen Verstoß gegen § 21 Abs. 1 Nr. 9 MiLoG (Nichtzahlung des Mindestlohns entgegen § 20 MiLoG) und 2.001 Verfahren betrafen Verstöße gegen die Aufzeichnungspflichten nach § 21 Abs. 1 Nr. 7, 8 MiLoG. Aufgrund dieser Verfahren wurden 2,5 Mio. EUR an Bußgeldern verhängt.[1577] Im Jahr 2019 wurden von der FKS insgesamt 54.733 Arbeitgeber[1578] geprüft. Insgesamt hat die FKS im Jahr 2019 146.296 Ermittlungsverfahren eingeleitet[1579], davon 3.010 wegen der Nichtgewährung des gesetzlichen Mindestlohns i.S.d. MiLoG.[1580] Im Jahr 2019 wurden Geldbußen in Höhe von 57,4 Mio. EUR festgesetzt, davon 9,5 Mio. EUR wegen der Nichtgewährung des Mindestlohns nach dem MiLoG.[1581]

b) Betriebsprüfung der Rentenversicherung

Neben dem allgemeinen Mindestlohnanspruch besteht außerdem ein selbstständiger sozialversicherungsrechtlicher Beitragsanspruch nach § 22 SGB IV für die Arbeitnehmer. Die Einhaltung der Beitragsentrichtung wird dabei nach § 28p SGB IV von den Betriebsprüfern der Rentenversicherung vorgenommen.[1582]

c) Melde- und Aufzeichnungspflichten §§ 16, 17 MiLoG

Das MiLoG regelt in § 16 MiLoG die Meldepflicht für Arbeitgeber mit Sitz im Ausland. § 17 MiLoG regelt die Dokumentationspflicht, die unabhängig vom Sitz des Arbeitgebers gilt.

Nach § 16 Abs. 1 S. 1, Abs. 3 S. 1 MiLoG sind Arbeitgeber mit Sitz im Ausland, die eine Arbeitnehmerin oder einen Arbeitnehmer in den in § 2a SchwarzArbG genannten Wirtschaftszweigen oder Wirtschaftsbereichen[1583] beschäftigen,

---

1576 BT-Drs. 18/12755, S. 28.
1577 BT-Drs. 18/12755, S. 28 f.
1578 Im Jahr 2018 waren es 53.491 Arbeitgeber, im Jahr 2017 waren es 52.209 Arbeitgeber und 2016 waren es 40.374 Arbeitgeber (BT-Drs. 19/875, S. 5).
1579 Im Jahr 2018 waren es 139.470 Ermittlungsverfahren, im Jahr 2017 waren es 134.045 und 2016 126.316 Ermittlungsverfahren (BT-Drs. 19/875, S. 7).
1580 BT-Drs. 19/18583, S. 7.
1581 BT-Drs. 19/18583, S. 10.
1582 *Berndt,* DStR 2014, 1878 (1884).
1583 Hierbei handelt es sich um das Baugewerbe, das Gaststätten- und Beherbergungsgewerbe, das Personenbeförderungsgewerbe, das Speditions-, Transport- und damit verbundene Logistikgewerbe, das Schaustellergewerbe, Unternehmen der Forstwirtschaft, das Gebäudereinigungsgewerbe, die Fleischwirtschaft, das

verpflichtet, vor Beginn jeder Werk- oder Dienstleistung bzw. Arbeitnehmerüberlassung eine schriftliche Anmeldung in deutscher Sprache bei der zuständigen Behörde der Zollverwaltung vorzulegen. Die Anmeldung ist in diesen Gewerben vor allem deswegen notwendig, weil sich diese durch eine hohe Fluktuation auszeichnen.[1584] Eine solche Meldung kann seit dem 01.01.2017 auch online abgegeben werden. Dies dient einem schnellen und unkomplizierten Verfahren.[1585]

Die Anmeldung muss bei der Erbringung von Dienstleistungen nach Abs. 1 und bei der Arbeitnehmerüberlassung nach Abs. 3 verschiedenen Angaben enthalten. Hierbei handelt es sich um den Familien- und Vornamen sowie das Geburtsdatum des Arbeitnehmers, den Beginn und die Dauer der jeweiligen Tätigkeit, den Ort der Beschäftigung, den Ort im Inland, an dem die nach § 17 MiLoG erforderlichen Unterlagen bereitgehalten werden, den Familien- und Vornamen sowie das Geburtsdatum und die Anschrift des in Deutschland oder des verantwortlich Handelnden (Abs. 1) bzw. die Anschrift in Deutschland einer oder eines Zustellungsbevollmächtigten des Verleihers (Abs. 3) und den Familien- und Vornamen sowie die Anschrift in Deutschland einer oder eines Zustellungsbevollmächtigten (Abs. 1) bzw. den Familien- und Vornamen oder die Firma sowie die Anschrift des Verleihers (Abs. 3).

Änderungen dieser Angaben sind nach § 16 Abs. 1 S. 3 und Abs. 3 S. 2 MiLoG unverzüglich, also ohne schuldhaftes Zögern[1586], zu melden.

Der Anmeldung ist eine Versicherung beizufügen, dass der Arbeitgeber bzw. der Verleiher die Mindestlohnbestimmungen nach § 20 MiLoG einhält (§ 16 Abs. 2, 4 MiLoG).

Nach § 18 MiLoG arbeiten die Zollbehörden mit den in- und ausländischen Behörden (örtliche Landesfinanzbehörden nach Abs. 1, Behörden anderer Vertragsstaaten nach Abs. 2 oder dem Gewerbezentralregister) zusammen und unterrichten diese über Meldungen nach § 16 MiLoG oder etwaige Verstöße gegen das MiLoG.

Nach § 17 Abs. 1 S. 1, 2 MiLoG hat ein Arbeitgeber den Beginn, das Ende und die Dauer der täglichen Arbeitszeit seiner Arbeitnehmer und Leiharbeitnehmer[1587] spätestens bis zum Ablauf des siebten auf den Tag der Arbeitsleistung folgenden Kalendertages aufzuzeichnen. Diese Aufzeichnung hat der Arbeitgeber alsdann für die Dauer von zwei Jahren aufzubewahren.

Prostitutionsgewerbe, das Wach- und Sicherheitsgewerbe sowie Unternehmen, die sich am Auf- und Abbau von Messen beteiligen.
1584 *Berndt*, DStR 2014, 1878 (1884).
1585 Das Meldeportal-Mindestlohn kann direkt über www.meldeportal-mindestlohn. de oder über die Internetseite des Zolls abgerufen werden.
1586 Vgl. § 121 Abs. 1 BGB.
1587 Dies gilt für Arbeitnehmer und Leiharbeitnehmer nach § 8 Abs. 1 SGB IV sowie in den in § 2a SchwarzArbG genannten Wirtschaftsbereichen- und zweigen.

Für die Kontrolle der Einhaltung seiner Mindestlohnverpflichtung muss der Arbeitgeber nach § 17 Abs. 2 MiLoG erforderliche Unterlagen (z.B.: Lohnabrechnungen oder Zahlungsnachweise) in deutscher Sprache für die gesamte Dauer der tatsächlichen Beschäftigung, höchstens für zwei Jahre, aufbewahren. Auf Verlangen der Prüfbehörde sind diese Unterlagen auch am Ort der Beschäftigung bereitzuhalten. In entsprechender Anwendung des § 5 Abs. 1 SchwarzArbG haben Arbeitgeber und Arbeitnehmer, die bei einer solchen Prüfung zugegen sind, diese zu dulden und mitzuwirken.[1588]

Die Aufzeichnungspflicht gilt nur für Arbeitnehmer und Leiharbeitnehmer nach § 8 Abs. 1 SGB IV[1589], also geringfügig Beschäftigte, sowie für Arbeitnehmer und Leiharbeitnehmer in den nach § 2a SchwarzArbG genannten Wirtschaftszweigen.

Die allgemeinen Aufzeichnungspflichten nach dem ArbZG bleiben von den Regelungen des MiLoG unberührt.[1590]

Eine Sonderregelung wurde diesbezüglich durch die MiLoAufZV[1591] (a. K.) geschaffen. Die MiLoAufZV wurde durch das Bundesministerium der Finanzen im Einvernehmen mit dem BMAS erlassen, wozu es nach § 17 Abs. 4 MiLoG ohne Zustimmung des Bundesrates ermächtigt war. Die MiLoAufZV bestimmte, dass Arbeitgeber in abschließend geregelten Einzelfällen[1592] ihrer Aufzeichnungspflicht auch dann genügten, wenn sie nur die Dauer der tatsächlichen täglichen Arbeitszeit dokumentierten. Die MiLoAufZV wurde durch § 2 MiLoDokV[1593] zum 01.08.2015 aufgehoben. Die MiLoDokV, erlassen durch das BMAS nach § 17 Abs. 3 MiLoG, bestimmt weiter, dass die Pflicht zur Abgabe einer schriftlichen Anmeldung nach § 16 Abs. 1 oder 3 MiLoG bzw. die Pflicht zur Abgabe einer Versicherung nach § 16 Abs. 2 oder 4 MiLoG sowie die Pflicht zum Erstellen und Bereithalten von Dokumenten i.S.v. § 17 Abs. 1 und 2 MiLoG dahin gehend eingeschränkt wird, dass diese nicht für Arbeitnehmer gilt, deren regelmäßiges monatliches Bruttoarbeitsentgelt 2.958 EUR übersteigt.

1588 *Hilgenstock*, Das Mindestlohngesetz, Rn. 265.
1589 Das gilt nicht für geringfügig Beschäftigte in Privathaushalten nach § 8a SGB IV, vgl. § 17 Abs. 1 S. 3 MiLoG.
1590 *Berndt*, DStR 2014, 1878 (1885).
1591 Verordnung zur Abwandlung der Pflicht zur Arbeitszeitaufzeichnung nach dem Mindestlohngesetz und dem Arbeitnehmer-Entsendegesetz vom 18.12.2014 V 1, BAnzAT 29.12.2014.
1592 § 1 Abs. 1 MiLoAufzV a.K.
1593 Verordnung zu den Dokumentationspflichten nach den §§ 16 und 17 des Mindestlohngesetzes und den §§ 18 und 19 des Arbeitnehmer-Entsendegesetzes in Bezug auf bestimmte Arbeitnehmergruppen vom 29.07.2015, BAnzAT 31.07.2015, V 1.

d) Sanktionen

(1) Bußgeldvorschriften

Ein Verstoß gegen die Bestimmungen des MiLoG kann nach § 21 Abs. 3 MiLoG mit einem Bußgeld geahndet werden. Somit ist der Zoll nicht nur Prüf-, sondern auch die zuständige Bußgeldbehörde.[1594] Die Höhe des Bußgeldes richtet sich dabei nach der begangenen Ordnungswidrigkeit. In den Fällen des § 21 Abs. 1 Nr. 9[1595] und Abs. 2[1596] MiLoG beträgt das Bußgeld bis zu 500.000 EUR, in den Fällen des § 21 Abs. 1 Nr. 1–8 MiLoG[1597] bis zu 30.000 EUR. Die Ahndung dieser Ordnungswidrigkeiten ist im Gesetz über Ordnungswidrigkeiten (OWiG) geregelt.[1598]

Darüber hinaus kommt auch eine Strafbarkeit nach § 266a StGB in Betracht.[1599]

(2) Ausschluss von der Vergabe öffentlicher Aufträge

Nach § 19 MiLoG können Unternehmer, gegen die nach § 21 MiLoG bereits eine Bußgeld von mindestens 2.500 EUR verhängt wurde, für eine nicht näher definierte „angemessene Zeit bis zur nachgewiesenen Wiederherstellung ihrer Zuverlässigkeit" von der Teilnahme am Wettbewerb um einen Liefer-, Bau- oder Dienstleistungsauftrag von öffentlichen Auftraggebern i.S.v. § 98 GWB ausgeschlossen werden.[1600] Gemäß § 149 GewO werden rechtskräftige Bußgeldentscheidungen, die mehr als 200,00 EUR betragen, im Gewerbezentralregister eingetragen.[1601]

2. Durchsetzung

Die eben aufgeführten Sanktionen stellen „ein relativ dumpfes Schwert" dar, wenn der Arbeitnehmer zur Durchsetzung seines Anspruchs durch ein Gericht nicht in der Lage ist.[1602] Problematisch ist hierbei nämlich, dass der Arbeitnehmer nicht

---

1594 *Maschmann*, NZA 2014, 929 (936).
1595 „Ordnungswidrig handelt, wer vorsätzlich oder fahrlässig entgegen § 20 MiLoG das dort genannte Entgelt nicht oder nicht rechtzeitig zahlt."
1596 „Ordnungswidrig handelt, wer Werk- oder Dienstleistungen in erheblichem Umfang ausführen lässt, indem er als Unternehmer einen anderen Unternehmer beauftragt, von dem er weiß oder fahrlässig nicht weiß, dass dieser bei der Erfüllung dieses Auftrags entgegen § 20 MiLoG das dort genannte Arbeitsentgelt nicht oder nicht rechtzeitig zahlt oder einen Nachunternehmer einsetzt oder zulässt, dass ein Nachunternehmer tätig wird, der entgegen § 20 das dort genannte Arbeitsentgelt nicht oder nicht rechtzeitig zahlt"; zum Begriff der Erheblichkeit vgl. *Ludwig/Rosenau*, AuA 2015, 144 (146).
1597 „Ordnungswidrig handelt, wer vorsätzlich oder fahrlässig gegen die Bestimmungen der §§ 15–17 MiLoG handelt."
1598 *Berndt*, DStR 2014, 1878 (1885); *Sick*, RdA 2016, 224 (228).
1599 *Sick*, RdA 2016, 224 (227 f.); *Viethen*, NZA-Beilage 2014, 143 (147).
1600 *Spielberger/Schilling*, NZA 2014, 414 (418 f.).
1601 *Jöris/Steinau-Steinrück*, BB 2014, 2101 (2105).
1602 *Däubler*, NJW 2014, 1924 (1928).

sicher damit rechnen kann, dass seine Ansprüche nach einer Intervention der Zollbehörden auch wirklich befriedigt werden.[1603]
Durch die Zollbehörden wird die Einhaltung des Mindestlohns zwar überwacht und der Arbeitgeber, der gegen die Bestimmungen des MiLoG verstößt, wird zur Zahlung eines Bußgelds aufgefordert. Es handelt sich dabei aber lediglich um die staatliche Durchsetzung des MiLoG.[1604]
Dem Arbeitnehmer bleibt bei der Nichtzahlung durch den Arbeitgeber nur der Weg der gerichtlichen Durchsetzung. Dafür enthält das MiLoG jedoch keine prozessualen Sondernormen, es gilt das Verfahrensrecht des ArbGG, ergänzt durch die Vorschriften der ZPO.[1605]
Rechtsschutz gegen Maßnahmen des Zolls kann nach § 14 S. 1 MiLoG i.V.m. § 23 SchwarzArbG vor den Finanzgerichten und gegen Bußgelder vor den ordentlichen Gerichten erwirkt werden.[1606]
Sofern ein Arbeitnehmer die Unterschreitung des gesetzlichen Mindestlohns seines Arbeitgebers monieren und somit einen Differenzvergütungsanspruch geltend machen will, muss er grundsätzlich die tatsächlich geleisteten Arbeitsstunden schlüssig darlegen.[1607]
In den Fällen, in denen ein Praktikant den Mindestlohn geltend machen will, ist zunächst davon auszugehen, dass er einen Mindestlohnanspruch nach dem BBiG hat. Dass eine Bereichsausnahme gegeben ist, muss im Streitfall durch den Arbeitgeber nachgewiesen werden.[1608]

VI. Die bürgengleiche Haftung nach § 13 MiLoG[1609]

Durch den Verweis des § 13 MiLoG auf § 14 AEntG wird eine verschuldensunabhängige Haftung eines Unternehmers für die Mindestlohnverpflichtung seines Subunternehmers angeordnet. Dies gilt dann, wenn der Unternehmer einen Nachunternehmer mit der Erbringung einer Werk- oder Dienstleistung beauftragt.

1603 *Däubler*, NJW 2014, 1924 (1928); anders noch nach § 13 MiArbG 1952, welches den Kontrollbehörden das Recht gab, die Befriedigung der bestehenden Ansprüche anzuordnen, vgl. ebenda.
1604 Vgl. *Maschmann*, NZA 2014, 929 (930).
1605 *Riechert/Nimmerjahn*, Mindestlohngesetz Kommentar, § 1 MiLoG, Rn. 226 ff.; *Schubert/Jerchel/Düwell*, Das neue Mindestlohngesetz, Rn. 282.
1606 *Schubert*, in: Düwell/Schubert (Hrsg.), Mindestlohngesetz Handkommentar, Einleitung Rn. 78.
1607 Zur Darlegungs- und Beweislast vgl. LAG Rheinland-Pfalz, Urteil vom 27.04.2018 – 1 Sa 361/17 = BeckRS 2018, 14857, Rn. 23; BAG, Urteil vom 21.12.2016 – 5 AZR 374/16 = NZA 2017, 378 Rn. 13; LAG Berlin-Brandenburg, Urteil vom 30.08.2018 – 26 Sa 1151/17 = NZA-RR 2019, 14 ff. mit Anmerkungen.
1608 *Burkard-Pötter/Sura*, NJW 2015, 517 (520).
1609 Ausführlich dazu die Dissertationen von *Pütz*, Die Auftraggeberhaftung auf den Mindestlohn und *Tophof*, Die Rechtsnatur der Auftraggeberhaftung.

Entscheidend dabei ist, dass § 13 MiLoG i.V.m. § 14 AEntG nur bei der Übertragung einer eigenen Verpflichtung des Unternehmers Anwendung findet.[1610]

Ein Arbeitnehmer hat somit Anspruch auf Zahlung des Mindestlohns gegen seinen Arbeitgeber sowie dessen Auftraggeber. Insofern stellt sich dem Auftraggeber das Risiko, dass sein Nachunternehmer der Mindestlohnpflicht nicht nachkommt. Bei der Nachunternehmerhaftung nach § 13 MiLoG i.V.m. § 14 MiLoG handelt es sich um einen Fall der gesetzlichen Bürgschaft, aus der die entsprechende Anwendung der §§ 765 ff. BGB folgt.[1611]

Der britische *Minimum Wage Act* weist keine vergleichbare Bürgenhaftung auf.

1610 *Riechert/Nimmerjahn*, Mindestlohngesetz Kommentar, § 13 MiLoG, Rn. 19 m.w.N.; *Rinckhoff*, Die bürgengleiche Haftung im Arbeits- und Sozialrecht, S. 87; a.A. *Heuschmid/Hlava*, NJW 2015, 1719 (1720); *Pütz*, Die Auftraggeberhaftung auf den Mindestlohn, S. 73.

1611 *Heuschmid/Hlava*, NJW 2015, 1719 (1721); ausführlich dazu *Tophof*, Die Rechtsnatur der Auftraggeberhaftung, S. 99 ff.

Kapitel 5 Vergleichende Betrachtung

§ 1 Gegenüberstellung

Der folgende Rechtsvergleich bezieht sich auf die geschichtliche Entwicklung von Mindestlöhnen im Vereinigten Königreich und Deutschland sowie die Rolle der Tarifpartner, alternative Mindestlohnsetzungsmechanismen sowie die gesetzlichen Mindestlöhne in beiden Ländern. Außerdem wird untersucht, inwiefern die Europäische Sozialcharta Einfluss auf die Entwicklung der jeweiligen Mindestlöhne hatte. Der Richtlinienentwurf über Mindestlöhne in der Europäischen Union hat für das Vereinigte Königreich keine Auswirkungen mehr, weswegen eine vergleichende Gegenüberstellung hierzu im Folgenden nicht erfolgt.

I. Einleitung

Für den vorliegenden Rechtsvergleich sind unter anderem die unterschiedlichen Rechtssysteme im Vereinigten Königreich und in Deutschland von Interesse.

Während auf dem kontinentaleuropäischen Raum vorwiegend das sog. *Civil Law* herrscht, wird der angloamerikanische Raum vom sog. *Common Law* bestimmt.[1612]

Der kontinental-europäische Rechtsraum, der sich aus römischen Überlieferungen und germanischen Gewohnheitsrechten entwickelte, zeichnet sich dadurch aus, dass sich das Recht aus positiven Gesetzen ableitet.[1613]

Im englischen *Common Law* hingegen wurde in der Vergangenheit den parlamentarischen Gesetzgebungsakten eine geringere Rolle zuteil, vorrangig fand hier das sog. *Case Law* Anwendung, das sich anhand von Präzedenzfällen fortentwickelt. Im Laufe der Zeit gewann auch im englischen Recht das Gesetzesrecht an Bedeutung, wenngleich die Präjudizien eine übergeordnete Rolle spielen.[1614]

Diese Grundlage spielt in Deutschland und dem Vereinigten Königreich auch eine entscheidende Rolle bei der arbeitsrechtlichen Gesetzgebung. So agierten in Großbritannien vor allem die Gewerkschaften über einen sehr langen Zeitraum gegen staatliche Interventionen in der Lohnpolitik und bauten auf das freie Treiben der politischen Kräfte.[1615] Als Politik des *Laissez-faire* wurde die freiheitliche Bewegung im britischen Raum bekannt, die die staatliche Einmischung in die arbeitsrechtlichen Beziehungen weitgehend ablehnte. Ein Eingriff in die Regelung des Arbeitsvertrages war gleichzusetzen mit einem Eingriff in die persönliche Freiheit.[1616] Dies mag in diesem Zusammenhang auch daher rühren, dass

---

1612 *Rheinstein*, Einführung in die Rechtsvergleichung, S. 77.
1613 *Rheinstein*, Einführung in die Rechtsvergleichung, S. 83 f.
1614 *Rheinstein*, Einführung in die Rechtsvergleichung, S. 91.
1615 Siehe hierzu Kapitel 3 § 3.
1616 *Brentano*, Über Syndikalismus und Lohnminimum, S. 33.

im Vereinigten Königreich kaum gesetztes Recht existierte und man befürchtete, dass das, was einem der Staat „gegeben hat", der Staat ebenso wieder „nehmen konnte"[1617].

Auf dem Gebiet des Deutschen Reiches bzw. der Bundesrepublik Deutschland war es primär das gesetzte Recht, das die Richtlinien des Alltags bestimmte. Die Gesetzgebung, auch in arbeitsrechtlichen Belangen, war hier nicht fremd, weshalb man die staatliche Einmischung teilweise sogar forderte. Dennoch wiesen auch in Deutschland die Gewerkschaften eine gewisse Stärke und Organisation auf.

Umso interessanter ist die Tatsache, dass das Vereinigte Königreich den gesetzlichen Mindestlohn nahezu 15 Jahre vor Deutschland eingeführt hat.

Dies kann zumindest teilweise mit dem weitreichenden und branchenübergreifenden Tarifsystem Deutschlands begründet werden.[1618] Außerdem verfügte Deutschland bereits frühzeitig über das Institut der Allgemeinverbindlicherklärung, was zumindest teilweise zur Sicherung von Lohnuntergrenzen beitrug.[1619]

II. Geschichte des Mindestlohns

Die Geschichte der Mindestlöhne beginnt bereits vor einigen Hundert Jahren. Im Folgenden wird jedoch lediglich auf die Entwicklung ab Beginn des 19. Jh. Bezug genommen.

1. Die Entwicklung der Gewerkschaften

Eine bedeutende Rolle spielt sowohl in der deutschen als auch in der britischen Entwicklung die industrielle Revolution.

Während in England bereits Mitte des 18. Jh. Erfindungen wie die Dampf- oder die Spinnmaschine Einzug in die industrielle Arbeit fanden, neue Arbeitsformen entstanden und die sog. Stadtflucht begann, so ist der Beginn der industriellen Revolution in Deutschland zu Beginn bzw. Mitte des 19. Jh. anzusetzen.

Aufgrund der neu entstandenen Arbeitsformen schlossen sich nach und nach Arbeitnehmer zusammen, um gemeinsam gegen die Missstände und Ausbeute aufgrund der schlechten Arbeitsbedingungen vorzugehen. Diese Zusammenschlüsse waren jedoch lange Zeit verboten und wurden strafrechtlich sanktioniert.[1620]

Sowohl in Deutschland als auch in England wurden in diesem Zusammenhang jedoch zu Beginn des 19. Jh. Fortschritte erzielt und die Koalitionsverbote

---

1617 Siehe hierzu Kapitel 3 § 3; *Kahn-Freund*, Labour Law, in: Selected Writings, 1 (24).
1618 Zur vergleichsweisen Deckung von Tarifverträgen in Deutschland und Großbritannien vgl. *Starr*, Minimum Wage Fixing, S. 4 f.
1619 Vgl. dazu auch den ersten Bericht der LPC, woraus hervorgeht, dass Deutschland nicht zum internationalen Vergleich dient, da es teilweise über gesetzliche Regelungen verfügt, die eine Erstreckung von sektoralen Tarifverträgen ermöglicht, vgl. 1. Report LPC, Appendix 6, Punkt 2.
1620 Siehe hierzu Kapitel 3 § 3 I und Kapitel 4 § 1 I. 1. b).

aufgehoben. In Großbritannien geschah dies 1824/24 durch die *Combinations of Workmen Acts*[1621] und auf dem deutschen Gebiet im Jahr 1862 im Königreich Sachsen, 1869 für den Norddeutschen Bund und 1871 einheitlich für das Deutsche Reich[1622].

Wenngleich das Koalitionsverbot aufgehoben wurde, so bedeutete dies keinesfalls die Anerkennung von Gewerkschaften. In Großbritannien wurden gewerkschaftliche Tätigkeiten, wie Streiks und Streikposten-Stehen, weiterhin unter strafrechtlichen Gesichtspunkten betrachtet.[1623] Erst durch den *Trade Union Act* aus dem Jahr 1871[1624] wurde die Position der Gewerkschaften gestärkt, sodass diese nicht mehr als Behinderung des freien Wettbewerbs betrachtet wurden und auch die Gewerkschaftstätigkeit keine strafrechtlichen Sanktionen mehr zur Folge hatte.

In Deutschland erfolgte die Aufhebung des Koalitionsverbotes bereits 2 Jahre vorher, nämlich 1869. Im Jahr 1872 wurde sogleich die prinzipielle Koalitionsfreiheit von Arbeitnehmern anerkannt, die aber weiterhin unter engen Grenzen stand.[1625] Erst im Jahr 1918 wurde in Deutschland durch das Stinnes-Legien-Abkommen und die Tarifvertragsverordnung eine grenzenlose Anerkennung der Gewerkschaften und der Tarifverträge erzielt.

Sowohl die deutschen als auch die britischen Gewerkschaften mussten zu Beginn des 20. Jh. einigen Rückschlägen trotzen. Die deutschen Gewerkschaften wurden während des Dritten Reichs praktisch niedergeschlagen und durch die sog. Treuhänder der Arbeit ersetzt.

Auch die britischen Gewerkschaften mussten in den 20er-Jahren des vergangenen Jh. und unter der Ära Thatcher mit Verlusten ihrer Rechtspositionen kämpfen.[1626]

Auffällig ist, dass in beiden Rechtsgebieten Gesetze erlassen wurden, die das System der freien Verhandlungen stärken sollten. Der *Trade Boards Act* aus dem Jahr 1909 sowie die dazu ergangenen Änderungsgesetze bezweckten die Setzung von Mindestlöhnen in Gewerben, in denen enorm niedrige Löhne gezahlt wurden und ein System von Kollektivverhandlungen nicht bestand. Die durch das Gesetz ermächtigten Gewerbeämter sollten jedoch nur solange bestehen, bis diese durch ein funktionierendes System der Kollektivpartner abgelöst wurden. Die paritätische Zusammensetzung der Gewerbeämter mit Vertretern der Arbeitgeber- und der Arbeitnehmerseite erinnert dabei sehr stark an die Akteure in Kollektivverhandlungen. Dadurch entstand also indirekt die Förderung der Verhandlungsbereitschaft der Sozialpartner.[1627]

1621 Siehe hierzu Kapitel 3 § 3 I.
1622 Vgl. *Brentano*, Über Syndikalismus und Lohnminimum, S. 12.
1623 *Brentano*, Über Syndikalismus und Lohnminimum, S. 9.
1624 Siehe hierzu Kapitel 3 § 3 I.
1625 Siehe hierzu Kapitel 4 § 1 I. 1. b).
1626 Siehe hierzu Kapitel 3 § 3 I.
1627 Siehe hierzu Kapitel 3 § 2 II.

Auch das in Deutschland erlassene Reichskaligesetz aus dem Jahr 1919 diente der Sicherung der Löhne, sollte aber lediglich subsidiär zu den Tarifverträgen gelten. Der Reichskalirat war nach § 60 Kaligesetz 1919 befugt, Bestimmungen zur Sicherung der Durchschnittslöhne der Arbeiter und Gehälter der Angestellten der Kaliindustrie nach den Maßgaben der §§ 13–16 Kaligesetz 1910 zu treffen. Diese Bestimmungen waren jedoch aufzuheben, sofern ein Tarifvertrag bestand und die vertragschließenden Parteien über die Aufhebung einig waren (§ 60 S. 2 Kaligesetz 1919). Auch das Hausarbeitsgesetz aus dem Jahr 1911, durch das paritätisch besetzte Fachausschüsse gebildet wurden, die Vorschläge zur Zahlung angemessener Löhne unterbreiten konnten, hatte zum Ziel, den Abschluss von Tarifverträgen zu fördern (§ 19 Nr. 5 HAG 1911).[1628]

Bemerkenswert ist somit sowohl die bezweckte und direkte Stärkung des Tarif- bzw. Kollektivsystems in Deutschland und im Vereinigten Königreich durch die positive Gesetzgebung mittels des *Trade Union Act* aus dem Jahr 1871 oder der Tarifvertragsverordnung aus dem Jahr 1818 als auch die indirekte Förderung durch die *Trade Boards Acts* 1909 oder auch das HAG 1911 sowie das Kaligesetz 1919. Sowohl das Vereinigte Königreich als auch Deutschland verfügten daher eine lange Zeit über starke Systeme der Sozialpartner, die jedoch Ende des vergangenen Jahrhunderts zu erodieren begannen. Der Rückgang der Tarif- bzw. Kollektivsysteme war somit Ursache einer zwingenden staatlichen Intervention.

2. Gesetzliche Entwicklungen

Mindestlöhne haben ihren Ursprung fast immer in dem Bedürfnis, die misslichen Zustände von Arbeitern zu verbessern. Vorrangig davon betroffen waren Ende des 19. Jh. die Arbeiter in der Heimarbeit.[1629]

Bekannt waren diese Gewerbe weltweit als „Schwitzgewerbe" bzw. als *sweated trades* – also Industriezweige, in denen überaus schlechte Arbeitsbedingungen herrschten und die Arbeiter unangemessen niedrige Löhne erhielten.[1630]

In Victoria (Australien) versuchte man Ende des 19. Jh. gegen diese Ausbeutergewerbe vorzugehen, indem sog. Lohnämter errichtet wurden, die in einigen Branchen Lohnuntergrenzen festlegen sollten.

Auch Großbritannien und Deutschland beschäftigten sich mit den verheerenden Zuständen in den Schwitzgewerben. Dazu wurde in Berlin im Jahr 1904 eine Ausstellung über diese Gewerbe und die schlechten Arbeitsbedingungen eröffnet.[1631] Auch in London fand zwei Jahre später eine Ausstellung zum Thema Schwitzgewerbe statt. Die Ausstellung in London erfreute sich an mehr als 30.000

1628 Siehe dazu Kapitel 4 § 1 I. 1. c).
1629 *Brentano*, Über Syndikalismus und Lohnminimum, S. 47; *Boehringer*, Die Lohnämter in Victoria, S. 170.
1630 Siehe hierzu Kapitel 3 § 2 I. 1.
1631 *Blackburn*, A Fair Day's Wage for a Fair Day's Work?, S. 91.

Besuchern,[1632] die auf Tafelbildern erkennen konnten, wie viel ein Arbeiter verdiente, wie viel er zum Leben benötigte und wie viel ein von ihm hergestelltes Produkt kostete.[1633]

Die britische Anti-Sweating-Gesellschaft hatte großen politischen Einfluss, da viele ihrer Mitglieder der Liberalen Regierung angehörten. Ihr Erfolg gipfelte in dem *Trade Boards Act* aus dem Jahr 1909[1634], der, seinem australischen Vorbild nachempfunden, in zunächst vier Gewerben Lohnämter errichtete, die individuelle Stunden- oder Stücklöhne in ihren jeweiligen Gewerben festlegen sollten.

Auch fanden in der Folgezeit internationale Kongresse zur Regelung der Heimarbeit statt, denen sämtliche Regierungen Europas beiwohnten, mit der Ausnahme von Deutschland und Österreich.[1635]

Auch bei dem Erlass des Hausarbeitsgesetztes (HAG) aus dem Jahr 1911[1636] zeigte sich Deutschland bei der Festsetzung von Lohnuntergrenzen noch zurückhaltend. Zwar wurden Fachausschüsse gebildet, die gemäß § 19 Nr. 4, 5 HAG 1911 auf Ersuchen der Staats- und Gemeindebehörden die Höhe der Arbeitsentgelte der Hausarbeiter ermitteln und Vorschläge für angemessene Entgelte machen sollten bzw. den Abschluss von Lohnabkommen oder Tarifverträgen fördern sollten, diese Fachausschüsse hatten jedoch keine eigene Kompetenz zur Setzung von Mindestlöhnen in den jeweiligen Gewerben. Diese Möglichkeit wurde erst 1923 nach der Überarbeitung des HAG durch § 20 Nr. 3 i.V.m. §§ 26 ff. HAG 1923 geschaffen. Auch die Regelungen über die Löhne der deutschen Kalimitarbeiter und die der Mitarbeiter der Bäckereien und Konditoreien[1637] waren lediglich zaghafte Schritte in Richtung einer Lohnregulierung und gaben keine Lohnuntergrenzen für die Mitarbeiter in den jeweiligen Gewerben vor. Wichtig ist in diesem Zusammenhang jedoch, dass in Deutschland bereits 1918 die Möglichkeit zum Erlass einer Allgemeinverbindlicherklärung eines Tarifvertrages durch die Tarifvertragsverordnung (§ 2 TVVO) geschaffen wurde. Auch durch das System der Schlichtungen (SchlVO aus dem Jahr 1923) fand die staatliche Lohnkontrolle Einzug in das System der freien Verhandlungen zwischen den Gewerkschaften und Arbeitgebern. Zunächst bestand die Möglichkeit ein Schlichtungsverfahren von Amts wegen zu beginnen, wobei ein Schlichtungsspruch wie ein Tarifvertrag zwingend zwischen den Parteien wirkte, des Weiteren waren die Schlichter dabei an Vorgaben des Ministeriums gebunden.[1638]

Nach der Zeit des Dritten Reichs wurde durch das Gesetz zur Festsetzung von Mindestarbeitsbedingungen (1952) die Möglichkeit geschaffen,

---

1632 *Blackburn*, BJIR 2009, 214 (224).
1633 *Waltman*, Minimum Wage Policy in Great Britain and the United States, S. 47.
1634 Siehe hierzu Kapitel 3 § 2 II. 2.
1635 *Brentano*, Über Syndikalismus und Lohnminimum, S. 48.
1636 Siehe hierzu Kapitel 4 § 1 I. 1. c).
1637 Siehe hierzu Kapitel 4 § 1 I. 1. c).
1638 Siehe hierzu Kapitel 4 § 1 I. 1. e).

Mindestarbeitsbedingungen in den Branchen zu erlassen, in denen kein funktionierendes Tarifsystem bestand. Das Gesetz fand bis zu seiner Außerkraftsetzung nie praktische Anwendung.[1639]

Jedoch wurde bis zum Ende des vergangenen Jahrhunderts weder im Vereinigten Königreich noch in Deutschland ein Gesetz erlassen, das konkrete Lohnuntergrenzen für Arbeiter normierte. Das Vereinigte Königreich ging diesen Schritt erst 1999 – Deutschland weitere 15 Jahre später.

3. Entwicklungen im Bereich öffentlicher Auftragsvergabe

Auch im Bereich der öffentlichen Auftragsvergabe wurden in beiden Ländern bereits sehr früh Vorschriften erlassen, die zur Regelung des Vergaberechts beitrugen.

So sah die britische *Fair Wages Resolution* aus dem Jahr 1891[1640] vor, dass Arbeitergeber, die Aufträge der Regierung annahmen (*government contracts*), ihren Arbeitern Löhne zu zahlen hatten, die auch sonst üblich waren.[1641] Die *Fair Wages Resolution* wurde zwei Mal überarbeitet (1909 und 1946) und im Jahr 1982 aufgehoben.

Zu beachten ist hier, dass eine *Resolution* nicht rechtlich durchsetzbar ist, wie etwa ein Gesetz, da diese ohne die Mitwirkung des Oberhauses (*House of Lords*) allein vom britischen Unterhaus (*House of Commons*) erlassen wird. Unter einer Resolution versteht man in diesem Zusammenhang eine Verwaltungsanordnung.

In der Neuzeit wurde bisher lediglich in Schottland durch den *Procurement Reform (Scotland) Act* von 2014 in *sect.* 15 sichergestellt, dass Arbeitgeber, die öffentliche Aufträge annehmen, gewährleisten, ihren Arbeitnehmern, den sog. *Living Wage* zu zahlen.

Auch auf deutschem Boden wurde die Vergabe öffentlicher Aufträge lediglich durch Verwaltungserlass geregelt. Dieser Verwaltungserlass vom 17.07.1885 forderte allerdings keine Mindestentlohnung der Arbeitnehmer durch die den Zuschlag erhaltenden Arbeitgeber. Der Verwaltungserlass legte nur fest, dass eine Zuschlagserteilung nicht ausschließlich an den niedrigsten Bieter erfolgen durfte. Der Zuschlag sollte somit nur dem Unternehmen erteilt werden, der ein „in jeder Beziehung annehmbares, die tüchtige und rechtzeitige Ausführung der betreffenden Arbeit oder Lieferung gewährleistendes Gebot" abgegeben hatte. In der Folgezeit enthielten jedoch immer mehr Submissionsbedingungen deutscher Städte sog. Lohnklauseln, also Bestimmungen, nach denen sich Unternehmer verpflichteten, vertragsmäßig oder einseitig von der Stadtverwaltung festgesetzte oder orts- und berufsübliche Löhne zu zahlen.[1642]

1639 Siehe hierzu Kapitel 4 § 1 I. 2.
1640 Siehe hierzu Kapitel 3 § 2 I. 2.
1641 Ministry of Labour (Hrsg.), Industrial Relations Handbook, S. 149.
1642 Siehe hierzu Kapitel 4 § 1 I. 1. d).

Heute werden in Deutschland die Lohnuntergrenzen bei der Vergabe öffentlicher Aufträge durch sog. Tariftreueerklärungen geregelt. Durch diese müssen Unternehmen, die einen öffentlichen Auftrag erhalten, zusichern, ihren Arbeitnehmern angemessene und in der jeweiligen Branche übliche Löhne zu zahlen.[1643]

Das Vereinigte Königreich zeigt sich, mit Ausnahme von Schottland, bei der Regelung von Lohnuntergrenzen bei öffentlichen Aufträgen sehr zurückhaltend. In Deutschland finden sich demgegenüber zahlreiche Landesgesetze, die bestimmte Lohnuntergrenzen bei der Auftragsvergabe regeln.[1644]

4. Entwicklungen im Bereich der Schlichtung

Eine staatliche Lohnregulierung war ebenfalls durch das System der Schlichtungen möglich.

So regelte die deutsche Schlichtungsverordnung aus 1923[1645], dass im Fall von Streitigkeiten im Zusammenhang mit dem Abschluss von Tarifverträgen staatliche Schlichtungsstellen eingreifen konnten, die sodann auf Antrag oder auch von Amts wegen die Verhandlungen fortführten und einen Schlichtungsvorschlag unterbreiten konnten. Dieser Vorschlag war grundsätzlich nur verbindlich, wenn dieser von beiden Parteien angenommen wurde, jedoch konnte dieser auch ohne Zustimmung beider Parteien oder im Falle nur einseitiger Zustimmung auch dann verbindlich werden, wenn dies von öffentlichem Interesse war.

Durch eine solche Verbindlicherklärung war die Lohnsetzung also im Schlichtungsverfahren auch durch öffentliche Stellen möglich.

Im Vereinigten Königreich führt die Schlichtung zurück in die Jahre 1889 und 1896 auf den *Arbitration Act* und den *Conciliation (Trades Disputes) Act*[1646]. Der *Arbitration Act* regelte die schiedsrichterlichen Verfahren, in denen der Schiedsspruch einem richterlich bindenden Urteil gleichkam.[1647] Durch den *Conciliation Act* wurde zwar keine ständige Schlichtungsstelle geschaffen, jedoch wurden sog. Einigungsämter anerkannt, die Streitigkeiten zwischen Arbeitern und Unternehmern schiedsrichterlich oder einigungsamtlich beilegen sollten. Durch den *Industrial Courts Act* aus dem Jahr 1919 wurde sodann ein *Industrial Court* geschaffen, der einen ständigen Schlichtungsausschuss darstellt.[1648]

1643 Siehe hierzu Kapitel 4 § 1 II. 4.
1644 Siehe hierzu Kapitel 4 § 1 II. 4. a).
1645 Siehe hierzu Kapitel 4 § 1 I. 1. e).
1646 Abgedruckt in: *Loew*, in: Braun (Hrsg.): Archiv für Soziale Gesetzgebung und Statistik 1896, 583 (586 ff.).
1647 *Loew*, in: Braun (Hrsg.): Archiv für Soziale Gesetzgebung und Statistik 1896, 583 (584).
1648 *Kahn-Freund*, RdA 1952, 361 (365).

Heute bietet der ACAS (*Advisory, Conciliation and Arbitration Service*), eine staatliche Behörde, errichtet durch den *Employment Protection Act* aus dem Jahr 1975, Abhilfe in arbeitsrechtlichen Konflikten.[1649]

So wurden sowohl in England als auch in Deutschland sehr früh staatliche Stellen geschaffen, die im Falle von arbeitsrechtlichen Streitigkeiten schlichtend eingreifen und zu einer friedlichen Einigung beitragen sollten.

III. Mindestlöhne durch Tarifrecht

Lohnregulierung fand in Deutschland und im Vereinigten Königreich über einen langen Zeitraum primär über die Verhandlungen der Sozialpartner statt und nicht durch staatliche Vorgaben. Wie bereits gezeigt wurde, gewannen Gewerkschaften am Ende des 19. Jh. bzw. zu Beginn des 20. Jh. nach und nach an Anerkennung. Somit war es ihnen endlich möglich, kollektive Verträge für die von ihnen vertretenen Arbeiter mit deren Arbeitgebern zu verhandeln.

In Deutschland wurde diese Möglichkeit auch gesetzlich garantiert – nämlich durch die Tarifvertragsverordnung aus dem Jahr 1918 und die Anerkennung der Koalitionsfreiheit in Art. 159 WRV.[1650] Diese in der Weimarer Zeit erkämpften Rechte wurden nach ihrer Aufhebung während des Dritten Reichs erneut bestätigt. Das Tarifvertragsgesetz ist die gesetzliche Grundlage des Tarifrechts. Eine entsprechende Regelung fehlt dem britischen Recht.[1651]

Außerdem wurde die rechtliche Grundlage für Kollektivverhandlungen durch Art. 9 Abs. 3 GG verfassungsrechtlich gesichert. Im Vereinigten Königreich wurde eine derartige verfassungsrechtliche Grundlage nicht geschaffen.[1652] In Deutschland sind Kollektivverhandlungen aufgrund ihres Verfassungsrangs somit stärker vor staatlichen Eingriffen geschützt.[1653]

Inhalt von Kollektivvereinbarungen sind stets Bestimmungen über Lohnuntergrenzen der Arbeiter. Die staatliche Lohnkontrolle sollte bis zur Einführung der gesetzlichen Mindestlöhne also nur dort eingreifen, wo Tarifverträge keine ausreichende Sicherung der Arbeiter gewährleisten konnten.[1654] Ziel dieser staatlichen Eingriffe war unter anderem auch die Förderung von Tarifverträgen.

Tarifverträge in Deutschland werden von den Gewerkschaften als Arbeitnehmervertretern und den Arbeitgebern bzw. den Arbeitgebervertretern abgeschlossen. Die Tarifverträge wirken gemäß § 4 Abs. 1 S. 1 TVG unmittelbar und

---

1649 Zur weiteren Zielsetzung des ACAS vgl. https://www.acas.org.uk/what-we-do (zuletzt abgerufen am 19.12.2021).
1650 Siehe hierzu Kapitel 4 § 1 I. 1. b).
1651 *Gamillscheg*, Internationales Arbeitsrecht, S. 355, 357.
1652 Vgl. auch *Bensinger*, Die Stellung des Gesetzes im englischen Arbeitsrecht, S. 39; *Kulbe*, Kollektivrechtliche Vereinbarungen im englischen Arbeitsrecht, S. 51.
1653 *Bensinger*, Die Stellung des Gesetzes im englischen Arbeitsrecht, S. 45 f.
1654 *Trade Boards Act* von 1909 mit seinen *Amendment Acts* als auch das Mindestarbeitsbedingungsgesetz von 1952, siehe hierzu Kapitel 3 § 2 II. und Kapitel 4 § 1 I. 2.

zwingend zwischen den Tarifgebundenen, die unter den Anwendungsbereich des Tarifvertrags fallen. Tarifgebunden sind nach § 3 Abs. 1 TVG die Mitglieder der Tarifvertragsparteien und der Arbeitgeber, die selbst Partei des Tarifvertrages sind. Im Vereinigten Königreich sind Kollektivvereinbarungen rechtlich nicht durchsetzbar. Diese sind lediglich sog. *gentlemen's agreements*, also nur eine moralische und keine rechtlich durchsetzbare Vereinbarung. In den 1970er-Jahren wurde dies für eine kurze Zeit geändert. Der *Industrial Relations Act* aus dem Jahr 1971 bestimmte, dass Tarifverträge grundsätzlich bindend und rechtlich durchsetzbar waren, wenn diese nicht ein Kürzel (TINA LEA – *this is not a legally enforceable agreement*) enthielten. Diese Regelung wurde im Jahr 1974 durch den *Trade Union and Labour Relations Act* jedoch wieder aufgehoben.

Dennoch zeigt die Erfahrung des TUC, dass die Kollektivvereinbarungen in Gestalt von *gentlemen's agreements* in den überwiegenden Fällen eingehalten werden.[1655]

In Deutschland gibt es darüber hinaus die Möglichkeit, Tarifverträge auf nicht tarifgebundene Arbeiter zu erstrecken.[1656] Hierzu wurden verschiedene Mechanismen geschaffen, die eine Erweiterung des persönlichen Anwendungsbereichs von Tarifverträgen ermöglichen, unter anderem die Allgemeinverbindlicherklärung nach § 5 TVG[1657] sowie die Rechtsverordnungen i.S.v. §§ 7, 7a AEntG[1658]. Eine Erstreckung von Kollektivvereinbarungen auf nicht gebundene Arbeitnehmer oder Arbeitgeber in einem kompletten Industriezweig kennt das britische Recht nicht.[1659] Hierin spiegelt sich der Charakter des Voluntarismus wider, der staatliche Eingriffe in die Arbeitsbeziehungen nicht zuließ und die Verhandlung über Arbeitsbedingungen den Sozialpartnern überlassen wollte, ohne dass deren Vereinbarungen durch Verordnungen auf andere Parteien erstreckt wurden.[1660]

IV. Der gesetzliche Mindestlohn

1. Anwendungsbereich

Der britische Mindestlohn erfasst nach dem *National Minimum Wage Act* aus dem Jahr 1998 *worker*, also Personen, die Arbeit im Vereinigten Königreich aufgrund eines Arbeitsvertrages oder eines sonstigen Vertrags ableisten. Ausgeschlossen sind *worker*, die noch im schulpflichtigen Alter sind.[1661]

1655 Gespräch mit Paul Seller vom TUC am 24.07.2019.
1656 Siehe hierzu § 5 TVG oder AEntG unter Kapitel 4 § 1 II. 3.
1657 Siehe hierzu Kapitel 4 § 1 II. 3. a).
1658 Siehe hierzu Kapitel 4 § 1 II. 3. b).
1659 *Bensinger*, Die Stellung des Gesetzes im englischen Arbeitsrecht, S. 110; *Burgess*, in: Schulten/Bispinck/Schäfer, Mindestlöhne in Europa, 31 (33 f.); *George*, Gesetzlicher Mindestlohn, S. 44.
1660 *Richardson*, Industrial Relations in Great Britain, S. 136.
1661 Siehe hierzu Kapitel 3 § 4 II.

Legaldefiniert wird der Begriff des *worker* in *sect.* 54 (3) des *National Minimum Wage Act* aus dem Jahr 1998. Demnach handelt es sich um eine Person, die eine bestimmte Tätigkeit aufgrund eines Arbeitsvertrages oder eines sonstigen Vertrages, in dem sie sich zur Erbringung höchstpersönlicher Dienste gegenüber einem anderen verpflichtet hat, aufgenommen hat. Der Begriff des *worker* ist weiter als der Begriff des *employee*, der dem deutschen Arbeitnehmerbegriff nahekommt. *Worker* sind eine dabei als eine Zwischenform zu verstehen, die sowohl Merkmale eines Arbeitnehmers als auch eines Selbstständigen vereinen. Einem *Employee* kommt im britischen Recht ein weitreichender Arbeitnehmerschutz zugute. Dieser wird einem *worker* oder auch einem Selbstständigen nicht in diesem Umfang gewährleistet. Durch eine ausdrückliche Inbezugnahme des *worker* in den Anwendungsbereich eines Gesetzes kann dieser jedoch auch vom Arbeitnehmerschutz profitieren. Dies ist durch den *National Minimum Wage Act* geschehen.

Das MiLoG erfasst in seinem persönlichen Anwendungsbereich Arbeitnehmer und Arbeitnehmerinnen (§ 22 Abs. 1 S. 1 MiLoG). Das MiLoG selbst enthält keine Definition des Arbeitnehmerbegriffs, insoweit kann jedoch auf die Legaldefinition des § 611a Abs. 1 BGB zurückgegriffen werden. Arbeitnehmer sind demnach alle Personen, die weisungsgebunden und fremdbestimmt Leistungen in persönlicher Abhängigkeit für einen anderen erbringen.

Keine Arbeitnehmer sind die arbeitnehmerähnlichen Personen. Hierbei handelt es sich Personen, die wirtschaftlich abhängig und mit einem Arbeitnehmer vergleichbar sozial schutzbedürftig sind. Sie sind aufgrund eines Dienst- oder Werkvertrages überwiegend für eine Person tätig, erbringen ihre Leistungen persönlich und im Wesentlichen ohne Mitarbeit von Arbeitnehmern. Sie sind vergleichbar mit dem britischen *worker*.

Nicht vom Anwendungsbereich erfasst werden sowohl nach dem *Minimum Wage Act* als auch nach dem MiLoG selbstständig Tätige.

Während das britische Mindestlohngesetz einen Katalog von bestimmten Arbeitsverhältnissen aufzählt, die ausdrücklich unter den Anwendungsbereich des Mindestlohngesetzes fallen, wie bspw. *Agency worker*, *Home worker* oder *Crown Employees*, schweigt sich das MiLoG dazu aus. Nach dem deutschen Mindestlohngesetz muss somit eine konkrete Einzelfallprüfung erfolgen, ob der Einzelne unter den Arbeitnehmerbegriff des § 611a Abs. 1 BGB fällt.

In Heimarbeit Beschäftigte werden nach dem MiLoG, anders als nach dem *National Minimum Wage Act*, nicht vom persönlichen Anwendungsbereich erfasst.[1662] Für diese Personen gelten jedoch die Sonderregelungen der §§ 19, 21 f. HAG, nach denen Mindestarbeitsbedingungen durch einen Heimarbeitsausschuss festgelegt werden können.[1663]

1662 Siehe hierzu Kapitel 4 § 2 II. 1. b) cc).
1663 Siehe hierzu Kapitel 4 § 1 II.

Auch konkrete Ausnahmefälle werden vom *Minimum Wage Act* ausdrücklich geregelt. Hierzu zählen unter anderem Personen, die den Streitkräften (Marine, Militär, Luft) dienen, Fischer, Strafgefangene sowie ehrenamtlich Tätige.[1664]

Auch in Deutschland fallen Strafgefangene oder ehrenamtlich Tätige nicht in den Anwendungsbereich des Mindestlohngesetzes. Hierzu bedurfte es zwar keiner ausdrücklichen Regelung, da diese bereits statusrechtlich keine Arbeitnehmer sind[1665], wobei für Letztere eine deklaratorische Ausschlussregelung in § 22 Abs. 3 MiLoG Eingang gefunden hat.

Interessant und hoch kontrovers diskutiert ist in beiden Ländern die Ausnahme von bestimmten Altersgruppen, primär den jungen Menschen.

Die britische Gesetzgebung schloss insofern in *reg.* 12(1) *National Minimum Wage Regulations* 1999 alle Personen unter 18 Jahren vom Anwendungsbereich des britischen Mindestlohns aus. Jedoch sind bereits seit der *National Minimum Wage Regulations* von 2004 Mindestlöhne auch für Arbeitnehmer vor dem 18. Lebensjahr zu zahlen.

Das britische Mindestlohngesetz hat sich in diesem Zusammenhang für einen gestaffelten Lohnsatz entschieden. Die verschiedenen Altersstufen sind dabei dem Anhang 3 dieser Arbeit zu entnehmen. Des Weiteren wurde ein separater Lohnsatz für Auszubildende eingeführt.

Verschiedene Lohnstufen für junge Arbeitnehmer hat das deutsche MiLoG abgelehnt.[1666] Das MiLoG legt einen einheitlichen Mindestlohn, unabhängig vom Alter des Arbeitnehmers (§ 1 Abs. 1 MiLoG) fest. Ausgenommen davon sind jedoch Arbeitnehmer, die das 18. Lebensjahr nicht vollendet und keine abgeschlossene Berufsausbildung vorzuweisen haben (§ 22 Abs. 2 MiLoG), zur Berufsausbildung beschäftigt sind (§ 22 Abs. 3 MiLoG) oder ein Praktikumsverhältnis i.S.d. § 22 Abs. 1 S. 2 MiLoG absolvieren.[1667] Diesem Personenkreis steht jedoch kein niedrigerer, sondern gar kein Mindestlohn zu. Seit dem 01.01.2020 wurde für Auszubildende ein gesetzlicher Mindestlohn geschaffen, der sich nach § 17 BBiG richtet.[1668]

Zweifelhaft ist, ob diese Ungleichbehandlung aufgrund des Alters mit § 10 AGG im Einklang steht. Dies wäre der Fall, wenn die Regelung objektiv und angemessen und durch ein legitimes Ziel gerechtfertigt ist. Begründet wurde die Ausnahme der jungen Beschäftigten damit, dass diese nicht auf eine Ausbildung verzichten sollten, um eine mindestlohnpflichtige Beschäftigung einzugehen und um deren Chancen auf dem Arbeitsmarkt zu verbessern. Fraglich ist, ob ein absoluter Ausschluss vom MiLoG noch verhältnismäßig ist. Ein abgestufter Mindestlohnanspruch wäre hier

---

1664 Siehe hierzu Kapitel 3 § 4 II. 1. c).
1665 Siehe Kapitel 4 § 2 II. 1. b) ee) und c) cc).
1666 Eine Debatte zu diesem Thema führen *Amlinger/Schulten/Bispinck*, Jugend ohne Mindestlohn?, WSI Report 14 aus 2014.
1667 Siehe hierzu Kapitel 4 § 2 II. 1. b) ff), c).
1668 Siehe hierzu Kapitel 4 § 2 II. 1. c) bb).

ein wesentlich milderes Mittel. Vor allem wenn man bedenkt, dass junge Menschen vor der Vollendung ihres 18. Lebensjahres auch dann vom MiLoG ausgeschlossen werden, wenn diese neben ihrer Berufsausbildung einer Nebentätigkeit nachgehen. In einem solchen Fall scheint die Regelung des Vereinigten Königreichs vorzugswürdig.

Vor dem Hintergrund der Altersdiskriminierung ist daher begrüßenswert, dass das BMAS in seinem Eckpunktepapier aus März 2021 bekannt gegeben hat, die Bereichsausnahme der jungen Beschäftigten ohne abgeschlossene Berufsausbildung zu streichen, da die intendierten Ziele nicht erreicht wurden.[1669]

Auch das britische Mindestlohngesetz schließt bestimmte Praktikanten gemäß *reg.* 54 *National Minimum Wage Regulations* 2015 vom Anwendungsbereich des gesetzlichen Mindestlohns aus.

Ein Ausschluss Langzeitarbeitsloser, der im MiLoG nach § 22 Abs. 4 in den ersten sechs Monaten ihrer Beschäftigung geregelt ist, ist im britischen Recht so nicht vorgesehen. Allerdings werden nach *reg.* 51 *National Minimum Wages Regulations* 2015 Personen vom Anwendungsbereich ausgeschlossen, die eine Maßnahme absolvieren, die der Aufnahme einer Tätigkeit dient (bspw. durch Förderung nach *sect.* 17B *Jobseeker Act* 1995). Dies gilt nach *reg.* 52 ebenso für einen Probezeitraum von 6 Wochen, wenn die Maßnahme der Arbeitsbeschaffung dient und sie staatlich gefördert ist. Ebenfalls sind solche Personen vom Anwendungsbereich des *National Minimum Wage* ausgeschlossen, die vor Beginn einer Arbeitsmaßnahme obdachlos waren oder in einer Obdachlosenunterkunft lebten und dabei Anspruch auf bestimmte staatliche Leistungen hatten (*reg.* 55(2)(a)) und diese Maßnahme den weiteren Voraussetzungen nach *reg.* 55(3) entspricht.

Somit werden sowohl im Vereinigten Königreich als auch in Deutschland bestimmte Personengruppen besonders gefördert, wenn es sich um die (Wieder-)Erlangung eines Arbeitsplatzes handelt. Beide Gesetze sind unterschiedlich ausgestaltet, was den konkreten Personenkreis und die Dauer des Ausschlusses vom Mindestlohn angeht, dennoch zielen beide darauf ab, Arbeitgebern Anreize zu setzen, solche Personengruppen einzustellen.

Somit dienen die Mindestlohngesetze nicht nur der Sicherung eines angemessenen Lebensstandards, sondern verfolgen darüber hinaus auch arbeitsmarktpolitische Ziele.

2. Lohnbestandteile

Als maßgebliches Arbeitsentgelt in diesem Zusammenhang sind die Zahlungen eines Arbeitgebers zu verstehen, mit denen er seiner Pflicht zur Zahlung des Mindestlohns nachkommt.

[1669] Eckpunktepapier, S. 3, vgl. https://www.bmas.de/DE/Service/Presse/Meldungen/2021/eckpunktepapier-mindestlohn-vorgestellt.html (zuletzt abgerufen am 19.12.2021).

Im britischen Recht[1670] wird vorrangig die Vergütung für standardmäßige Arbeit als mindestlohnrelevantes Arbeitsentgelt gewertet. Auch Bonuszahlungen, erfolgs- und leistungsabhängige Zahlungen, Verkaufsprovisionen und Gratifikationen werden hierbei berücksichtigt. Nicht als Arbeitsentgelt zur Erfüllung der Mindestlohnverpflichtung zählen nach der *National Minimum Wages Regulations* von 2015 Abfindungen im Zusammenhang mit dem Altersruhestand, Geldleistungen aufgrund eines gerichtlichen Vergleichs oder auch Zahlungen des Arbeitgebers, die aufgrund von Trinkgeldern eingenommen wurden.

Auch Prämien, Erschwernis- oder Gefahrenzulagen oder sonstige Zuschüsse sowie Spesen oder Sachleistungen dürfen nicht als mindestlohnrelevantes Arbeitsentgelt berücksichtigt werden.

Während das britische Recht ausdrücklich aufzählt, was als mindestlohnrelevantes Arbeitsentgelt zählt (*reg.* 10 *Regulations* 2015), enthält das deutsche MiLoG in seiner aktuellen Fassung keine Angaben darüber, welche Geldleistungen des Arbeitgebers der Erfüllung seiner Mindestlohnpflicht dienen. In der Gesetzesbegründung[1671] wurde lediglich auf die bisherige Rechtsprechung des EuGH und des BAG verwiesen. Nicht berücksichtigt wurde dabei, dass sich die bisherige Rspr. lediglich auf tarifliche und nicht auf gesetzliche Mindestlöhne bezog.[1672] Somit haben sich im deutschen Recht zwei verschiedene Ansichten durchgesetzt, die bei der Berücksichtigung von Entgeltbestandteilen zu unterschiedlichen Ergebnissen kommen. Während die neuere Rspr. des BAG und Teile der Literatur von einem umfassenden Entgeltbegriff ausgehen, die allen im Synallagma stehenden Geldleistungen eines Arbeitgebers eine Erfüllungswirkung zusprechen wollen und lediglich Zahlungen, die ohne Rücksicht auf die tatsächlich erbrachte Arbeitsleistung geleistet wurden oder die einer besonderen gesetzlichen Zweckbestimmung folgen, vom Mindestlohnbegriff ausschließen, so sehen wiederum andere Ansichten Entgeltzahlungen, die ein „Mehr an Arbeit" bzw. besondere Umstände der Arbeitsleistung honorieren, nicht als äquivalente Entgeltzahlung und somit auch nicht als mindestlohnrelevantes Arbeitsentgelt an.

Eine klare Linie besteht somit vor allem in Bezug auf Zuschläge und Zulage seit dem Inkrafttreten des MiLoG nicht.[1673] Zunächst muss der Entgeltcharakter einer jeden Zahlung untersucht werden und sodann festgestellt werden, ob eine solche Zahlung noch im synallagmatischen Verhältnis zur Arbeitsleistung steht.

Weitgehende Einigkeit besteht darin, Zahlungen, denen jeglicher Entgeltcharakter fehlt, wie Treue- und Halteprämien oder Leistungen aus sozialen Gründen, nicht auf den Mindestlohn anzurechnen. Auch Naturallohn und Sachbezüge sowie

---

1670 Ausführlich zum Arbeitsentgelt nach dem *Minimum Wage Act* siehe Kapitel 3 § 4 III. 2. b).
1671 BT-Drs. 18/1558, S. 67.
1672 Siehe hierzu Kapitel 4 § 2 IV. 3.
1673 Siehe hierzu Kapitel 4 § 2 IV. 3. c) bb).

Trinkgelder[1674] stellen nach überwiegender Ansicht kein mindestlohnrelevantes Arbeitsentgelt dar.

Das BMAS hat in seinem Eckpunktpapier aus März 2021 jedoch bekannt gegeben, dass ein neuer § 1a in das MiLoG eingeführt werden soll, der ausdrücklich die Anrechenbarkeit bzw. Nichtanrechenbarkeit von bestimmten Zahlungen klarstellen soll.[1675]

3. Arbeitszeit

Der *Minimum Wage* wird grundsätzlich für alle Zeiten gezahlt, die ein Arbeitnehmer an seinem Arbeitsplatz verbringt, inklusive aller Überstunden und auch während der Dauer des Stillstandes, sofern der Stillstand nicht in seinen Verantwortungsbereich fällt. Nicht als Arbeitszeit zählen Ruhe- und Urlaubszeiten oder Wegezeiten zwischen Arbeits- und Wohnungsstätte.[1676]

Für Bereitschaftsdienste wird nach Ansicht des *Employment Appeal Tribunal* danach unterschieden, ob ein Arbeitnehmer Arbeit auf Abruf leistet und dabei dem Arbeitgeber zwar zur Verfügung steht, aber nicht am Arbeitsplatz anwesend sein muss oder ob dieser eine sog. Schlafnachtschicht leistet, in der er zwar am Arbeitsplatz anwesend ist, aber keine Arbeitsleistung erbringt. Im ersten Fall handelt es sich nicht um mindestlohnrelevante Arbeitszeit, im Fall der Schlafnachtschicht jedoch schon.[1677]

Auch in Deutschland besteht grundsätzlich für jede geleistete Arbeitsstunde der Anspruch auf den gesetzlichen Mindestlohn.[1678] So werden auch Überstunden mit dem Mindestlohn vergütet. Keine mindestlohnrelevante Arbeitszeit stellt auch in Deutschland die Wegezeit zwischen Wohn- und Arbeitsstätte dar. Ausnahmen können hier jedoch für Geschäftsreisen gelten. Mindestlöhne sind auch während der Zeit der Nichtarbeit zu zahlen. Dies gilt insbesondere auch für Urlaubszeiten sowie im Krankheitsfall.

In Deutschland wird ebenso zwischen verschiedenen Bereitschaftszeiten unterschieden. So wird die Rufbereitschaft, in der der Arbeitnehmer nicht am Arbeitsplatz anwesend sein und erst auf Abruf seine Arbeit aufnehmen muss, ebenfalls nicht als Arbeitszeit berücksichtigt. Anders verhält es sich mit der Arbeitsbereitschaft oder dem Bereitschaftsdienst.[1679]

Während der britische Gesetzgeber die Regierung ermächtigt hat, die für den Mindestlohn relevanten Zeiten selbst durch Verordnung (*Regulations*) festzulegen,

---

1674 Siehe hierzu Kapitel 4 § 2 IV. 3. c) cc).
1675 Eckpunktepapier, S. 2, vgl. https://www.bmas.de/DE/Service/Presse/Meldungen/2021/eckpunktepapier-mindestlohn-vorgestellt.html (zuletzt abgerufen am 19.12.2021).
1676 Siehe hierzu Kapitel 3 § 4 III. 2. c).
1677 EuZA 2015, 383 (383).
1678 Siehe hierzu Kapitel 4 § 2 IV. 2.
1679 Siehe hierzu Kapitel 4 § 2 IV. 2. a).

ist eine solche Klärung in Deutschland der Rechtsprechung im Wege der Gesetzesauslegung überlassen.

4. Anpassung

a) Die Low Pay Commission und die Mindestlohnkommission

Der britische Mindestlohn wird auf Empfehlung einer *Low Pay Commission* (LPC) jährlich angepasst.[1680] Diese britische Niedriglohnkommission wurde 1997 gegründet und besteht aus neun regelmäßig wechselnden Mitgliedern, die sich paritätisch aus jeweils drei Vertretern der Arbeitgeber- und Arbeitnehmerseite, zwei unabhängigen Akademikern sowie einem Vorsitzenden zusammensetzt. Jährlich im Oktober veröffentlicht die LPC ihre Empfehlungen, in denen die künftigen Lohnsätze vorgeschlagen werden. Dabei berücksichtigt die LPC die Auswirkungen des Mindestlohns, vor allem auf die Beschäftigung der Arbeitnehmer.

Zu Beginn ihrer Beratungen gibt die LPC verschiedenen Interessengruppen, wie Gewerkschaften, Arbeitgebervereinigungen oder auch religiösen oder wohltätigen Vereinigungen, die Möglichkeit, Vorschläge für einen neuen Mindestlohnsatz einzureichen. Nach dieser Informationssammlung begutachtet die LPC außerdem die aktuellen Daten des statistischen Amtes und erstellt sodann einen Bericht, der an die Regierung weitergeleitet wird. Das *Secretary of State* (Kabinett) unterliegt jedoch keiner Pflicht, die Empfehlung der LPC umzusetzen.

Die britische *Low Pay Commission* erteilte bereits vor Erlass der ersten *National Minimum Wage Regulations* Vorschläge, in welcher Höhe der Mindestlohn ausgestaltet und wer vom Anwendungsbereich des Gesetzes erfasst sein sollte (*sect.* 5 (2) *National Minimum Wage Act*). Die *Low Pay Commission* erhält im Rahmen ihrer Arbeit von der Regierung jährlich einen bestimmten Aufgabenbereich (*remit*), durch den die Zielsetzung des jährlichen *Reports* vorgegeben ist.[1681] Die Regierung kann beim Erlass der jeweiligen *National Minimum Wage Regulations* von der Empfehlung der LPC abweichen (*sect.* 5 (4) *National Minimum Wage Act*).

Die LPC galt als Vorbild für die deutsche Mindestlohnkommission.[1682] Die Mindestlohnkommission besteht ebenfalls aus neun regelmäßig wechselnden Mitgliedern, die sich aus den Vertretern der Arbeitgeber- und Arbeitnehmerseite sowie einem Vorsitzenden und zwei beratenden Mitgliedern zusammensetzt. Die Hauptaufgabe der Mindestlohnkommission besteht ebenfalls darin, aller zwei Jahre über die Anpassung des Mindestlohns zu beschließen und darüber hinaus die Auswirkungen des Mindestlohns zu evaluieren. Die Vorschläge der Mindestlohnkommission beziehen sich nach § 4 Abs. 1 MiLoG ausschließlich auf die Höhe des

---

1680 Siehe hierzu Kapitel 3 § 4 III. 1.
1681 Vgl. hierzu die *Terms of references* der LPC: https://www.gov.uk/government/organisations/low-pay-commission/about/terms-of-reference (zuletzt abgerufen am 19.12.2021).
1682 BT-Drs. 18/1588, S. 62.

Mindestlohns, nicht auch auf weitere Änderungen des Gesetzes, wie bspw. den Anwendungsbereich. Die Bundesregierung kann den Vorschlag der Mindestlohnkommission durch eine Rechtsverordnung umsetzen – muss dies aber nicht. Dabei ist jedoch zu beachten, dass der Beschluss der Mindestlohnkommission entweder angenommen oder abgelehnt wird. Eine Änderung ist durch die Regierung nicht möglich.

Auch die Mindestlohnkommission hat die Möglichkeit, vor ihrer Beschlussfassung Spitzenorganisationen der Arbeitnehmer und Arbeitgeber sowie religiöse Vereinigungen oder sonstige Wohlfahrtsverbände anzuhören und Informationen und fachliche Einschätzungen von externen Stellen einzuholen.

b) Freiheit der Kommissionen oder doch Lohnindexierung?

Durch die *National Minimum Wages Regulations* 2016 wurde der *National Living Wage* eingeführt. Hierbei handelt es sich um den Lohnsatz für die Beschäftigten ab dem 23.[1683] Lebensjahr. Dieser soll einem Niveau von 60 % des Medianlohns entsprechen. Dieses Ziel wurde dabei von der Regierung als Richtwert für die *Low Pay Commission* vorgegeben. Der Richtwert ist jedoch nicht gesetzlich determiniert, weswegen die LPC daran auch rechtlich nicht gebunden ist und im Falle einer negativen Auswirkung auf die Beschäftigung auch von dieser 60 %-Grenze abweichen kann.[1684]

Die deutsche Mindestlohnkommission hat bei ihrer Empfehlung nach § 9 Abs. 2 MiLoG eine Gesamtabwägung durchzuführen, die einen angemessenen Mindestschutz der Arbeitnehmer berücksichtigt sowie faire und funktionierende Wettbewerbsbedingungen zu gewährleisten hat und die Beschäftigung nicht gefährden soll. Dabei orientiert sie sich an der Tarifentwicklung. Eine Abweichung von der Tarifentwicklung ist nach § 3 Abs. 2 GO nur dann zulässig, wenn besondere, gravierende Umstände aufgrund der Konjunktur- und Arbeitsmarktbedingungen vorliegen und die Mindestlohnkommission daher zu dem Ergebnis kommt, dass eine Orientierung am Tarifindex nicht geeignet ist, die Ziele des § 9 Abs. 2 MiLoG zu erreichen. Durch die Bindung an die Tarifentwicklung ist die Freiheit der Entscheidungsfindung der Mindestlohnkommission beschränkt und es besteht zumindest eine mittelbare Lohnindexierung, wenngleich die Mindestlohnkommission nicht lediglich als Notariat tätig wird.[1685]

Obwohl auf den ersten Blick erhebliche Gemeinsamkeiten zwischen den die Mindestlohnhöhe empfehlenden Kommissionen bestehen, so sind gleichermaßen Unterschiede nicht von der Hand zu weisen. Beide Kommissionen bestehen zu gleichen Teilen aus neun Mitgliedern, zusammengesetzt aus einem Vorsitzenden, unabhängigen Mitgliedern sowie Vertretern der Arbeitgeber- und Arbeitnehmerseite.

1683 Seit 2021, vorher: 25. Lebensjahr.
1684 Siehe hierzu Kapitel 3 § 4 III.
1685 Siehe hierzu Kapitel 4 § 2 III. 3.

Die Empfehlungen erfolgen jeweils für einen Jahresturnus, wobei die deutsche Mindestlohnkommission nur aller zwei Jahre, die britische Mindestlohnkommission hingegen jährlich beisammensitzt.

Während sich die deutsche Mindestlohnkommission eine eigene Geschäftsordnung gegeben hat, besteht ein vergleichbares Regelungsinstrument, eine *standing order*, im britischen Recht nicht. Lediglich durch einen sog. *Code of Conduct* werden der LPC Verhaltensregeln vorgeschrieben, die allerdings von der Regierung und nicht von der PLC selbst erlassen wurden.

Auch die jeweiligen Verfahren unterscheiden sich bei einer genaueren Betrachtung. Zwar sind beide Kommissionen in ihrer Empfehlung frei, jedoch ist die deutsche Mindestlohnkommission durch die Formulierung des § 9 Abs. 2 MiLoG und durch § 3 Abs. 1 S. 2, Abs. 3 GO stärker an die Tarifentwicklung gebunden, wodurch eine zumindest mittelbare Indexierung erfolgt. Nach der hier vertretenen Auffassung wird jedoch durch die Geschäftsordnung der Mindestlohnkommission keine ausschließliche Anknüpfung an der Tariflohnentwicklung vorgeschrieben, sondern weiterhin eine Gesamtabwägung durch die Mindestlohnkommission durchgeführt. Das britische Recht hingegen hat keine Orientierung an der Tariflohnentwicklung gesetzlich normiert. Die britische Regierung hat im Jahr 2015 zwar die Empfehlung gegenüber der LPC ausgesprochen, dass die *adult rate*, also der Lohnsatz für Erwachsene, bis zum Jahr 2020 eine Höhe von 60 % des Medianlohns erreichen sollte. Dies ist aber lediglich als Empfehlung zu verstehen und mangels gesetzlicher Festlegung nicht bindend, sodass die britische LPC grundsätzlich frei in ihrer Entscheidung ist und auch keine Lohnindexierung stattfindet.

Der Aufgabenbereich der britischen LPC wird jährlich durch sog. *remits* seitens der Regierung vorgegeben. Dadurch wird der Vorschlag der Kommission in weiten Teilen beeinflusst. Dennoch ist die LPC in ihrer Entscheidung unabhängig. Sie kann in diesem Zusammenhang sowohl Vorschläge zur Anpassung der Mindestlohnhöhe als auch über den Anwendungsbereich vornehmen. Das *Secretary of State* muss diesen Vorschlag jedoch nicht umsetzen und kann diesen auch abändern. Die deutsche Mindestlohnkommission hingegen beschließt nur über die Höhe des gesetzlichen Mindestlohns, nicht auch über weitere Regelungsbereiche. Beachtlich ist hierbei, dass die deutsche Regierung den Vorschlag nur annehmen oder ablehnen, nicht aber davon abweichen darf.

Die LPC ist im Rahmen ihrer Empfehlung wesentlich freier als die deutsche Mindestlohnkommission, jedoch ist die deutsche Bundesregierung bei der Umsetzung der Empfehlung der Mindestlohnkommission gebundener als das britische *Secretary of State*.

5. Dokumentation, Überwachung und Durchsetzung

Die britische Regulation von 2015 sieht eine umfangreiche Dokumentationspflicht von Arbeitszeiten und gezahlten Löhnen vor.[1686] Diese Aufzeichnungen müssen dann drei Jahre ab der Fälligkeit der Lohnzahlung verwahrt werden, sodass nachvollzogen und überprüft werden kann, ob ein Arbeitnehmer den gesetzlichen Mindestlohn erhalten hat.

Auch das MiLoG enthält entsprechende Regelungen zur Aufzeichnungspflicht.[1687] Nach § 17 MiLoG müssen Arbeitgeber, die geringfügig beschäftigte Arbeitnehmer oder Arbeitnehmer in den nach § 2a SchwarzArbG genannten Wirtschaftszweigen beschäftigen, den Beginn, das Ende und die Dauer der täglichen Arbeitszeit ihrer Arbeitnehmer aufzeichnen und diese Dokumentationen für einen Zeitraum von zwei Jahren aufbewahren.

In Deutschland sind nach Maßgabe des § 14 MiLoG die Zollbehörden für die Überwachung der Einhaltung des MiLoG zuständig.[1688] Im Vereinigten Königreich wurde durch sect. 13 *National Minimum Wage Act* 1998 die Ermächtigung zur Ernennung von *officers* (Vollstreckungsbeamten) geschaffen, die die Einhaltung des *National Minimum Wage Act* zu überwachen haben.[1689]

Im Falle der Nichteinhaltung steht den Arbeitnehmern gegen ihre Arbeitgeber sowohl im Vereinigten Königreich als auch in Deutschland der Weg der gerichtlichen Durchsetzung zur Verfügung.[1690] Hervorzuheben ist im britischen Recht die Regelung, die einen Beschäftigten bei der Durchsetzung seiner Rechte vor einer ungerechtfertigten Kündigung besonders schützt (*sect.* 23–26 *National Minimum Wage Act* 1998).

Ebenfalls besonders ist die Regelung des britischen Rechts, dass die Beamten der Vollstreckungsbehörde, also des HMRC, den britischen Beschäftigten bei der Durchsetzung ihrer Ansprüche zur Seite stehen (*sect.* 19D *National Minimum Wage Act*). Der deutsche Zoll, als vergleichbare Vollstreckungsbehörde, setzt vielmehr nur den staatlichen Anspruch auf Bußgelder durch und dieser Anspruch ist unabhängig vom persönlichen Zahlungsanspruch des deutschen Arbeitnehmers, der seinen Lohnanspruch selbst gerichtlich durchsetzen muss.

Weiterhin besonders ist dem britischen Recht dabei, dass die britische HMRC die Gerichtskosten des Beschäftigten übernimmt.[1691] Eine entsprechende Regelung existiert im deutschen Recht nicht. Hier werden die Verfahrenskosten nach den üblichen Regelungen verteilt.[1692]

1686 Siehe hierzu Kapitel 3 § 4 IV. 1.
1687 Siehe hierzu Kapitel 4 § 2 V. 1. c).
1688 Siehe hierzu Kapitel 4 § 2 V. 1. a).
1689 Siehe hierzu Kapitel 3 § 4 IV. 2. a).
1690 Siehe hierzu Kapitel 3 § 4 IV. 2. b) und Kapitel 4 § 2 V. 2.
1691 Vgl. *Burgess*, in: Umsetzung und Kontrolle von Mindestlöhnen, 12 (17).
1692 Vgl. §§ 12, 12a ArbGG.

Beide Gesetze sehen überdies Sanktionen gegen Arbeitgeber vor, die ihren Pflichten aus dem jeweiligen Mindestlohngesetz nicht nachkommen. So legt der *National Minimum Wage Act* unter anderem eine Geldstrafe gegen die Arbeitgeber fest, die keinen Mindestlohn zahlen oder ihrer Aufzeichnungspflicht nicht ausreichend nachkommen. Des Weiteren besteht die Möglichkeit, diese Arbeitgeber öffentlich zu listen und so zu stigmatisieren.[1693]

Eine Listung, wenn auch mit einer anderen Zielsetzung,[1694] sieht auch das deutsche Recht vor. Gemäß § 149 Abs. 2 Nr. 3 GewO können rechtskräftig ergangene Bußgeldentscheidungen in einem Gewerbezentralregister eingetragen werden. Die Zahlung eines Bußgeldes ist vom MiLoG für die Fälle vorgesehen, in denen ein Arbeitgeber bspw. keinen Mindestlohn zahlt oder seiner Dokumentations- und Aufzeichnungspflicht nicht nachkommt (§ 21 MiLoG).

Neben der behördlichen und gerichtlichen Durchsetzung hat das deutsche Mindestlohnrecht weitere Instrumentarien geschaffen, die der Wahrung des Mindestlohnanspruchs dienen sollen. Zum einen ist die hier die Auftraggeberhaftung nach § 13 MiLoG zu nennen, die bereits im Rahmen der Arbeitnehmerentsendung nach § 14 AEntG geschaffen wurde. Diese sieht vor, dass ein Auftraggeber für die Verpflichtung zur Mindestlohnzahlung seines Nachunternehmers wie ein Bürge haftet.

Zum anderen können Arbeitgeber, die ihrer Mindestlohnpflicht nicht nachgekommen sind und mit einer Geldbuße in Höhe von mindestens 250.000,00 EUR belegt worden sind, von der Vergabe öffentlicher Aufträge nach § 19 MiLoG ausgeschlossen werden.

Das britische Mindestlohnrecht kennt auf nationaler Ebene weder einen Ausschluss bei der Vergabe öffentlicher Aufträge von Arbeitgebern, die ihrer Zahlungsverpflichtung nach dem MiLoG nicht nachkommen, noch Regelungen zur Auftraggeberhaftung. Hierbei handelt es sich also um Durchsetzungsmechanismen, die das deutsche Recht vom britischen unterscheidet.

6. Der freiwillige Mindestlohn – Living Wage

Der im Vereinigten Königreich als „*Living Wage*" bekannte Mindestlohn ist eine Besonderheit des britischen Arbeitsrechts.[1695]

Dieser *Living Wage* bezeichnet eine von den Arbeitgebern freiwillig gezahlte Lohnuntergrenze, auf die Arbeitnehmer keinen gesetzlichen Anspruch haben. Hintergrundgedanke des *Living Wage* sind vor allem die unterschiedlichen

---

1693 Siehe hierzu Kapitel 3 § 4 IV. 3.
1694 Ziel der Norm ist primär der Schutz der Allgemeinheit vor Wiederholungstätern. Einsicht in das Gewerbezentralregister erhalten nur Behörden und nicht auch Konkurrenten oder Private, weswegen datenschutzrechtlichen Vorgaben genüge getan wird, vgl. *Scharlach*, BeckOK GewO, § 149 GewO, Rn. 4.
1695 Siehe hierzu Kapitel 3 § 5.

Lebenshaltungskosten in den britischen Großstädten (vor allem London) und den ländlichen Gebieten. Ein von der *Living Wage Commission* empfohlener Lohnsatz soll die unterschiedlichen Ausgaben der jeweiligen Arbeitnehmer berücksichtigen und eine Lohnuntergrenze festlegen, die den Arbeitnehmern eine menschenwürdige Entlohnung sicherstellt. Im Vereinigten Königreich existieren derzeit zwei verschiedene *Living-Wage*-Sätze. Einer für London und einer für den restlichen Teil des Vereinigten Königreichs.

Eine solche freiwillig gezahlte Lohnuntergrenze, die von einer einheitlichen Kommission vorgeschlagen bzw. empfohlen wird, ist dem deutschen Recht fremd. Der freiwillig zu zahlende *Living Wage* spiegelt die britische Tradition der *good practices* und des Voluntarismus wider. Eine sog. *soft law*, also eine Übereinkunft, deren Einhaltung rechtlich nicht durchsetzbar ist, liegt dem britischen *Common Law* näher als dem deutschen *Civil Law*, das durch rechtlich verbindliche Vereinbarungen geprägt ist. Bereits die unterschiedliche Ausgestaltung der Vereinbarungen der Sozialpartner entstammt diesen unterschiedlichen Systemen. Während britische Kollektivvereinbarungen als moralische Verpflichtungen angesehen werden, sind Tarifverträge in Deutschland rechtlich durchsetzbar. Auch wenn eine freiwillige Lohnuntergrenze im deutschen Recht eher untypisch ist, so ist sie dennoch wünschenswert, denn auch deutsche Großstädte, wie bspw. München und Frankfurt[1696], haben deutlich höhere Lebenshaltungskosten als ländlichere Regionen, was unterschiedliche Lohnuntergrenzen notwendig macht.

V. Die Auswirkung der Europäischen Sozialcharta auf Deutschland und das Vereinigte Königreich

Die Europäische Sozialcharta gewährleistet in Art. 4 Abs. 1 ESC ein gerechtes Arbeitsentgelt und verpflichtet die Vertragsparteien, das Recht der Arbeitnehmer auf ein angemessenes Arbeitsentgelt anzuerkennen, welches ausreichend ist, um einen angemessenen Lebensstandard zu sichern.[1697]

Sowohl Deutschland als auch das Vereinigte Königreich haben Art. 4 Abs. 1 ESC ratifiziert.

Zwar ist die ESC rechtlich nicht durchsetzbar, dennoch haben sich die Mitgliedstaaten zur Einhaltung der Sozialcharta verpflichtet.

Die Einhaltung der Sozialcharta wird vom Europäischen Ausschuss für soziale Rechte überwacht. Dieser stellte in den Jahren 2007[1698] und 2018[1699] sowohl für

---

1696 Vgl. dazu Ranking der Lebenserhaltungskosten https://mobilityexchange.mercer.com/Insights/cost-of-living-rankings (abgerufen am 19.12.2021) Stand 2019, nach dem London weltweit Platz 23, München Platz 67 und Frankfurt Platz 74 einnimmt.
1697 Siehe hierzu Kapitel 2 § 1 I.
1698 Conclusion XVIII-2 (2007), S. 30, 33.
1699 Conclusion XXI-3 (2018).

Deutschland als auch für das Vereinigte Königreich fest, dass diese ihrer Verpflichtung aus Art. 4 ESC nicht gerecht wurden.
In Deutschland erfährt die ESC keine unmittelbare Anwendung.[1700] Die Bestimmung aus Art. 4 Abs. 1 ESC kann lediglich zur Auslegung nationaler Vorschriften, wie bspw. § 138 BGB, herangezogen werden.
Auch im britischen Recht bewirkt die ESC keine subjektiven Rechtspositionen für den Einzelnen, da es bisher an der Inkorporation des völkerrechtlichen Vertrages in nationales Recht fehlt.[1701] Auch die Vorgabe der britischen Regierung, dass der *National Living Wage* auf einem Niveau in Höhe von 60 % des Medianlohns festgesetzt werden soll, hat keinen Bezug zur ESC.
Insgesamt ist daher festzustellen, dass die ESC weder in Deutschland noch im Vereinigten Königreich tatsächlich Bedeutung erlangt hat.

§ 2 Zusammenfassung

Sowohl Deutschland als auch das Vereinigte Königreich hielten sich lange Zeit mit einer staatlichen Mindestlohnpolitik zurück. Beide Länder erließen Gesetze, die der Stärkung des Tarifs- bzw. Kollektivsystems dienen sollten. Zaghaft wagte Deutschland erste Versuche staatlicher Lohnpolitik. Zu nennen sind hier die Zwangsschlichtung durch die SchlVO 1923 oder auch das Gesetz über die Festsetzung von Mindestarbeitsbedingungen 1952. Das Vereinigte Königreich setzte weiterhin auf die Ausweitung der Handelsämter (*Trade Boards Act* 1909), die sich paritätisch aus Vertretern der Arbeitgeber- und Arbeitnehmerseite zusammensetzten und somit in weitem Sinne einer Kollektivverhandlung glichen.
Dabei ist jedoch auch anzumerken, dass die Schlichtungsausschüsse i.S.d. SchlVO oder der Hauptausschuss nach dem MiArbG 1952 ebenfalls paritätisch aus den Vertretern beider Seiten zusammengesetzt waren.
Diese Gestaltung ist nicht überraschend. Beide Länder verfügten über ein starkes Gewerkschaftssystem, das die Lohnverhandlungen primär durch Vereinbarungen der Tarif-/Kollektivpartner regelte.
So ist das Vereinigte Königreich durch das *Common Law* geprägt und hielt sich lange Zeit der Gesetzgebung fern. Auch die Gewerkschaften und Arbeitgebervereinigungen bevorzugten das System des sog. *collective laissez-faire*. Gesetzliche Grundlagen waren lediglich ergänzend und subsidiär und zielten zunächst auf die Stärkung des Kollektivsystems ab. Arbeitsbedingungen wurden *praeter legem* festgelegt[1702] und man vertraute auf das freie Treiben der Kräfte und der Sozialpartner. Auch in Deutschland waren Forderungen in der Mindestlohnpolitik viele Jahrzehnte eher zweitrangig und man überließ hier den Sozialpartnern die Rolle als Hauptakteur. Die Gesetzgebung zielte auch hier überwiegend auf die Stärkung

---

1700 Siehe hierzu Kapitel 2 § 1 III.
1701 Siehe hierzu Kapitel 2 § 1 IV.
1702 *Kahn-Freund*, RdA 1952, 361 (362).

der Tarifverhandlungen ab und sollte nur da greifen, wo kein äquivalentes Tarifsystem bestand (vgl. insbesondere das Gesetz über die Festsetzung von Mindestarbeitsbedingungen aus dem Jahr 1952).

Historisch betrachtet wurde sowohl in Deutschland als auch im Vereinigten Königreich primär auf die Lohnfestsetzung durch Individual- und Kollektivvereinbarungen anstatt durch staatliche Vorgaben gesetzt.

Auch die Rolle der Gewerkschaften innerhalb der jeweiligen Mindestlohngesetze ist zu beachten. Im deutschen Recht ist in § 5 Abs. 1 MiLoG geregelt, dass sich die Mindestlohnkommission aus Vertretern der Arbeitgeberseite und Vertretern der Arbeitnehmerseite zusammensetzt, wobei Letztere aus Kreisen der Gewerkschaften stammen. Die Mitglieder werden nach § 5 Abs. 1 MiLoG von dem DGB als Spitzenverband vorgeschlagen. Weiterhin werden Gewerkschaften im Anpassungsverfahren nach § 10 Abs. 3 MiLoG von der Mindestlohnkommission vor ihrem Beschluss angehört. Gewerkschaften erfahren somit in zweifacher Hinsicht Gehör im Rahmen des Mindestlohnanpassungsverfahrens.

Auch im britischen Recht haben die Gewerkschaften die Möglichkeit, auf den Mindestlohn Einfluss zu nehmen. Gewerkschaftsvertreter sitzen, ebenso wie in Deutschland, in der Mindestlohnkommission. Auch die britische LPC befragt vor ihrem jährlichen Report, der ihre Empfehlung enthält, Gewerkschaften, Arbeitgeberverbände und sonstige Vereinigungen und berücksichtigt dabei die Rückmeldungen bei ihrer Entscheidung. Auch auf diese Weise können Gewerkschaften die jährliche Mindestlohn *Regulation* beeinflussen.

Im konkreten Vergleich wird klar, dass das deutsche MiLoG und der britische *National Minimum Wage Act* viele Gemeinsamkeiten aufweisen. Vor allem die Einschaltung einer unabhängigen Kommission, die Empfehlungen über künftige Lohnhöhen ausspricht, ist nahezu identisch, wenngleich vor allem durch die Bezugnahme zur Tariflohnentwicklung und einer damit zumindest mittelbaren Indexierungen im deutschen Recht ein wesentlicher Unterschied zum britischen Recht besteht. Des Weiteren werden in beiden Ländern Stundenlöhne und keine Monatsmindestlöhne vorgeschrieben. Parallelen finden sich auch bei den Bestimmungen, was Arbeitszeit und was Arbeitslohn im Sinne der Mindestlohngesetze darstellt.

Dadurch wird noch einmal deutlich, dass sich die deutsche Gesetzgebung stark an der britischen orientiert hat. Bereits in den Debatten vor dem Jahr 2014 wurden die Erfahrungen des Vereinigten Königreichs mit Interesse gewürdigt.[1703]

Die ESC hat weder im Vereinigten Königreich noch in Deutschland Auswirkungen auf die Entwicklung der Mindestlöhne gezeigt.

1703 BT-Drs. 17/4665 (neu), S. 6, 7 sowie der Gesetzesantrag des Landes Rheinland-Pfalz vom 4.09.2007, BR-Drs. 622/07, S. 8 oder auch *Bosch/Weinkopf*, WSI Mitteilungen 2006, 125 passim.

Thesen zum Abschluss

1. Die ESC 1965 wurde sowohl von Deutschland als auch vom Vereinigten Königreich ratifiziert. In beiden Ländern existiert das sog. „dualistische" System, das einen weiteren Umsetzungsakt für die nationale Geltung voraussetzt. Deutschland hat die ESC in das nationale Recht umgesetzt, das Vereinigte Königreich hingegen nicht.
2. Art. 4 Abs. 1 ESC spielt weder im deutschen noch im britischen Recht eine entscheidende Rolle im Zusammenhang mit der Mindestlohngesetzgebung. Während in Deutschland Art. 4 Abs. 1 ESC zumindest bei der völkerrechtlichen Auslegung nationaler Vorschriften herangezogen werden kann, hat die ESC im Vereinigten Königreich keine Bedeutung.
3. Die *Conclusions* des Europäischen Ausschusses für soziale Rechte werden bei der völkerrechtlichen Auslegung nationaler Vorschriften im deutschen Recht berücksichtigt.
4. Der Entwurf über eine Richtlinie zur Einführung eines unionsweiten Mindestlohns liegt in der Kompetenz der Europäischen Union.
5. Die Umsetzung der Richtlinie wird vor allem in Bezug auf den persönlichen Anwendungsbereich (Arbeitnehmerbegriff) problematisch.
6. Die *Fair Wages Resolutions* des Vereinigten Königreichs waren keine rechtlich durchsetzbaren Parlamentsgesetze. Hierbei handelte es sich lediglich um Verwaltungsanordnungen des britischen Unterhauses, die verlangten, dass Arbeitgeber, die an öffentlichen Ausschreibungen teilnahmen, eine Erklärung unterzeichnen sollten, in der sie garantierten, ihren Arbeitnehmern *übliche Löhne* zu zahlen. Rechtlich durchsetzbar war die Erklärung jedoch nur, sofern sie Vertragsbestandteil wurde. Hierin spiegelt sich der liberale Freiheitsgedanke der britischen Arbeitsbeziehungen (*laissez-faire*) und das im britischen Recht herrschende *Common Law* wider.
7. Bei den *Trade Boards Acts*, durch die Gewerbeämter errichtet werden konnten, die dann in ihrem jeweiligen Gewerbe Lohnuntergrenzen festlegen konnten, handelte es sich um eine Mindestlohngesetzgebung mit Gelegenheitscharakter. Diese dienten sowohl zur Bekämpfung von Niedriglöhnen als auch zur Stärkung der Gewerkschaftsbewegung und eines funktionierenden Kollektivsystems. Ziel war es, dass die Gewerbeämter nur solange bestehen sollten, bis in dem jeweiligen Gewerbe ein starkes und ausreichendes Kollektivsystem bestand, das diese Gewebeämter ablösen konnte.
8. Tarifverträge und Kollektivvereinbarungen waren sowohl in Deutschland als auch im Vereinigten Königreich primäre Grundlage von Mindestarbeitsbedingungen. Beide Länder verfügten bis zum Ende des vergangenen Jahrhunderts über eine starke Gewerkschaftsorganisation, die eine staatliche Intervention nur selten erforderlich machte. Diese ursprüngliche Stärke der Sozialpartner zeigt sich auch in der Gestaltung der beiden Mindestlohnkommissionen. Diese

bestehen aus Vertretern der Arbeitgeber- und Arbeitnehmerseite sowie aus unabhängigen Mitgliedern. Dass die gesetzlichen Mindestlöhne im Ergebnis durch einen gemeinsamen Beschluss der Arbeitgeber- und Gewerkschaftsseite vorgeschlagen werden, zeigt das tief wurzelnde Vertrauen in die Verhandlungsfähigkeiten der Interessenvertreter und die Tradition „freier" Verhandlungen der Arbeitsbedingungen, im Vereinigten Königreich auch bekannt unter dem von *Otto Kahn-Freund* geprägten Begriff des *collective-laissez-faire*.

9. Die Zusammensetzung der Mindestlohnkommission sowie der LPC, paritätisch aus Vertretern der Arbeitgeber- und Arbeitnehmerseite, hat in Deutschland und dem Vereinigten Königreich Tradition. Bereits die britischen Handelsämter (*Trade Boards*) und die Lohnausschüsse (*Wage Councils*) bestanden aus einer gleichen Anzahl der Interessenvertreter. Auch in Deutschland setz(t)en sich schon die Schlichtungsausschüsse (nach der SchlVO aus dem Jahr 1923), der Hauptausschuss nach dem MiArbG 1952 oder der Tarifausschuss nach dem TVG paritätisch aus den Sozialpartnern zusammen.

10. Der gesetzliche Mindestlohn im Vereinigten Königreich richtet sich an *worker*. Hierbei handelt es sich um eine Zwischenform aus Arbeitnehmern und selbstständig Tätigen. Sie sind dabei unabhängiger als Arbeitnehmer, genießen aber im Gegensatz zu Selbstständigen teilweise Arbeitnehmerschutz. Das MiLoG hingegen schließt arbeitnehmerähnliche Personen aus und verfügt über einen engeren Anwendungsbereich.

11. Im Jahr 2016 wurde der Mindestlohn für Erwachsene vom *Minimum Wage* zum *National Living Wage* umbenannt. Dieser ist nicht zu verwechseln mit dem freiwillig gezahlten *Living Wage*, der wesentlich höher als der gesetzliche Mindestlohn ist. Dieser wird von einer unabhängigen *Living Wage Commission* vorgeschlagen und von Arbeitgebern aus freiem Entschluss gezahlt. Beim *Living Wage* werden die Ausgaben eines Arbeitnehmers berücksichtigt, sodass sein Lohn abzüglich der regelmäßig anfallenden Kosten zur Sicherung eines menschenwürdigen Daseins genügt. Durch die Schaffung einer freiwilligen Lohnuntergrenze werden die im Vereinigten Königreich seit über hundert Jahren verankerten Prinzipien des freien Marktes erneut deutlich.

12. Der gesetzlich normierte *National Living Wage* soll einem Niveau von 60 % des Medianlohnes entsprechen. Die britische Regierung hat sich bei der 60 %-Grenze nicht an den *Conclusions* des Europäischen Ausschusses für soziale Rechte orientiert.

13. Der gesetzliche Mindestlohn im Vereinigten Königreich wird nach dem Alter der Beschäftigten gestaffelt. Die unterschiedlichen Lohnsätze wurden im Hinblick auf das Verbot der Altersdiskriminierung kontrovers diskutiert. Im Ergebnis ist ein Eingriff jedoch aufgrund von legitimen Gründen gerechtfertigt. Hierbei handelt es sich um den Schutz junger Arbeitnehmer auf dem Arbeitsmarkt sowie die Förderung ihrer Beschäftigung, die Vermeidung von Jugendarbeitslosigkeit und die Honorierung von Arbeitserfahrung bei älteren Beschäftigten.

14. Das britische Mindestlohngesetz regelt ausführlich, was unter Arbeitszeit und was unter Arbeitsentgelt im Sinne des *National Minimum Wage Act* zu verstehen ist. Ergänzend dazu wird auf der Internetseite der britischen Regierung ausdrücklich zu den unterschiedlichen Arbeitszeiten und Entgelttatbeständen Stellung genommen. Das deutsche MiLoG hingegen enthält überhaupt keine Regelungen, was unter Arbeitszeit und mindestlohnrelevantem Arbeitsentgelt zu verstehen ist. Ein Blick in die Gesetzesbegründung gibt dabei ebenfalls nur teilweise Aufschluss.
15. Die zu Beginn des 20. Jh. in Deutschland aufkommende selektive Lohnregulierung hatte ebenso wie im Vereinigten Königreich das Ziel, Niedriglöhne zu bekämpfen und das Tarifsystem zu stärken. So bestimmte das Reichskaligesetz aus dem Jahr 1919, dass Bestimmungen des Reichskalirats über die Sicherung der Löhne zu weichen hatten, sofern ein Tarifvertrag bestand und die Parteien hierüber einig waren (§ 62 S. 2 Kaligesetz 1919). Auch das Hausarbeitsgesetz aus dem Jahr 1911, durch das paritätisch besetzte Fachausschüsse gebildet wurden, die Vorschläge zur Zahlung angemessener Löhne unterbreiten konnten, hatte zum Ziel, den Abschluss von Tarifverträgen zu fördern (§ 19 Nr. 5 HAG 1911).
16. Neben dem gesetzlichen Mindestlohn durch das MiLoG besteht der „richterliche Mindestlohn" i.S.v. § 138 BGB. Eine sittenwidrige Entgeltabrede führt zur Nichtigkeit der Entgeltabrede (§ 139 BGB) und zu einer Anhebung des Arbeitsentgelts auf die übliche Vergütung nach § 612 Abs. 2 BGB. Sittenwidrig ist eine Entgeltabrede dann, wenn der vereinbarte Lohn nicht einmal eine Höhe von $^2/_3$ vergleichbarer Löhne erreicht. Zur Festlegung der $^2/_3$-Grenze hat sich das BAG an der Rspr. des BGH in Strafsachen zum Verbot des Lohnwuchers nach § 291 Abs. 1 Nr. 3 StGB (= § 302a Abs. 1 S. 1 Nr. 3 StGB a. F.) orientiert und dabei auch die Rspr. der ArbG und LAG bestätigt. Durch die Einführung des MiLoG hat der richterliche Mindestlohn jedoch längst nicht an Bedeutung verloren. Er gilt weiterhin für die Arbeitnehmer, die nicht vom Anwendungsbereich des MiLoG erfasst werden sowie in den Wirtschaftsbereichen, in denen die üblichen Löhne weit über dem gesetzlichen Mindestlohn liegen.
17. Während der Zeit des Nationalsozialismus wurden die Gewerkschaften niedergeschlagen und durch die Treuhänder der Arbeit ersetzt. Nach § 19 Abs. 1 Nr. 6 i.V.m. § 32 AOG waren die Treuhänder der Arbeit unter anderem zur Festsetzung und Überwachung von Richtlinien und Tarifordnungen befugt, sofern diese „zwingend geboten" waren. Die Setzung der Tarifordnungen erfolgte ausschließlich durch die Treuhänder der Arbeit und ohne Mitwirkung der Gewerkschaften oder Arbeitgeber. Die „freiheitlich demokratische Grundordnung" wurde somit auch im Bereich der Arbeitsverhältnisse aufgehoben und durch Zwangsverordnungen der Treuhänder ersetzt.
18. Sowohl die AVE nach § 5 TVG als auch die Tarifnormerstreckung mittels des AEntG knüpfen an bereits bestehende Tarifverträge an. Wichtig ist in diesem Zusammenhang, dass eine AVE nach § 5 TVG nur dann erlassen wird, wenn ein gemeinsamer Antrag von den Tarifvertragsparteien gestellt wird.

Der Erlass einer AVE von Amts wegen ist somit nicht möglich. Auch der Erlass einer Rechtsverordnung nach § 7AEntG fordert einen gemeinsamen Antrag beider Tarifvertragsparteien.
Die beiden Verfahren zeigen deutlich, dass die Legislative sehr zurückhaltend bei der Regelung der Arbeitsbedingungen – insbesondere der Arbeitsentgelte – war. Selbst die Erstreckung der Tarifverträge wurde dabei zunächst in die Hand der Tarifparteien gelegt. Eine zwangsweise Erstreckung durch den Staat war und ist nicht möglich.

19. Das MiLoG wendet sich an alle Arbeitnehmer und Arbeitnehmerinnen. Eine Definition des Arbeitnehmers enthält das MiLoG dabei nicht, es ist der allgemeine Arbeitnehmerbegriff aus § 611a BGB anzuwenden. Selbstständige und freie Mitarbeiter fallen nicht in den Anwendungsbereich des MiLoG. Ausdrücklich erfasst werden Praktikanten. Diese Regelung soll den Missbrauch des Instruments Praktikum reduzieren. Dennoch wird eine Vielzahl der Praktikantenverhältnisse wiederum vom Anwendungsbereich ausgenommen. Hierbei handelt es sich um verpflichtende und berufs- oder studienbegleitende Praktika (§ 22 Abs. 1 S. 2 Nr. 1–4 MiLoG). Nur deklaratorische Bedeutung hat die Ausnahme der zur Berufsausbildung Beschäftigten sowie der ehrenamtlich Tätigen, denn diese sind bereits statusrechtlich keine Arbeitnehmer i.S.v. § 20 MiLoG. Für Auszubildende wurde jedoch zum 01.01.2020 in § 17 BBiG eine Spezialregelung eingeführt.

20. Ob das MiLoG auch Anwendung auf kurzfristig nach Deutschland entsandte Arbeitnehmer Anwendung findet, ist eine Frage der konkreten Umstände des Einzelfalls. Grundsätzlich sind die Mindestlöhne aus dem MiLoG auch bei der Arbeitnehmerentsendung anzuwenden, da es sich um zwingende Normen, sog. Eingriffsnormen, handelt, die unabhängig davon gelten, welches Recht im Übrigen auf das Arbeitsverhältnis Anwendung findet. Dennoch wird auch ein gewisser Bezug zum normsetzenden Staat gefordert. Dieser ist zumindest bei einer Transitfahrt abzulehnen. Eine pauschale Regelung für alle übrigen kurzfristigen Entsendungen kann nicht getroffen werden. Entscheidend dabei muss sein, ob die Ziele des MiLoG in dem konkreten Fall überhaupt greifen, da ein nur für wenige Stunden nach Deutschland entsandter Arbeitnehmer nicht den nationalen Lebenshaltungskosten unterliegt und das Ziel der Schaffung angemessener Lebensstandards nicht für einen solchen Fall gesetzt wurde.

21. Die LPC wird in ihnen jährlichen Empfehlungen durch die Aufgabenstellung der Regierung durch sog. *remits* beeinflusst. Diese kann entweder Empfehlungen zur Höhe des Mindestlohns oder auch zum Anwendungsbereich umfassen. In ihrer Entscheidungsfindung selbst ist die LPC jedoch frei und unabhängig und nicht an gesetzliche Vorgaben gebunden. Auch die Zielvorstellung der britischen Regierung, dass der Mindestlohn einem Niveau von 60 % des Medialohns entsprechen soll, ist gesetzlich nicht vorgeschrieben und für die LPC nicht bindend. Das *Secretary of State* muss die Empfehlung der LPC jedoch nicht umsetzen, sondern kann diese auch abändern. Die deutsche Mindestlohnkommission spricht ausschließlich über die Höhe des künftigen

Mindestlohnsatzes und nicht auch über andere Regelungsbereiche eine Empfehlung aus. Dabei orientiert sich die Mindestlohnkommission an der Tarifentwicklung. Durch diese Bestimmung wurde eine indirekte Lohnindexierung festgelegt. Die Bundesregierung kann die Empfehlung der Mindestlohnkommission nur ablehnen oder annehmen, nicht jedoch abändern.

22. Die Mindestlohnkommission hat für ihren Beschluss zu berücksichtigen, welche Höhe des Mindestlohns geeignet ist, einen angemessenen Mindestschutz der Arbeitnehmer zu gewährleisten, faire und funktionierende Wettbewerbsbedingungen zu ermöglichen sowie die Beschäftigung nicht zu gefährden. Durch die Orientierung an der Tarifentwicklung (§ 9 Abs. 2 S. 2 MiLoG) findet im Gegensatz zum britischen Mindestlohn eine mittelbare Lohnindexierung statt.

23. Die Empfehlungen der Mindestlohnkommission und der *Low Pay Commission* werden durch eine Verordnung (Rechtsverordnung i.S.v. § 11 MiLoG bzw. *National Minimum Wage Regulations*) durch die Regierungen umgesetzt. Die Rechtsverordnung in Deutschland bezieht sich nur auf die Höhe des gesetzlichen Mindestlohns, während die *National Minimum Wage Regulations* im Vereinigten Königreich auch Änderungen über den Anwendungsbereich des *National Minimum Wage Act* beinhalten können. Insofern ist die Ausgestaltung des britischen Mindestlohns flexibler als die des deutschen MiLoG, bei dem eine Änderung des Anwendungsbereichs nur durch eine formelle Gesetzesänderung realisiert werden kann.

24. Die Überwachung des MiLoG fällt in die Zuständigkeit der Zollbehörden. Untersuchungen finden dabei überwiegend in den durch Schwarzarbeit gekennzeichneten Gewerben (§ 2a Abs. 1 SchwarzArbG) statt. Die Kontrollen beziehen sich dabei auf die Aufzeichnungs-, Dokumentations- und Meldepflichten nach §§ 16, 17 MiLoG sowie die Zahlung des Mindestlohns. Die Verfahren nach dem MiLoG finden häufig parallel zu denen i.S.d. AEntG (§§ 16 ff. AEntG) statt.

25. Der freiwillig zu zahlende *Living Wage* spiegelt die britische Tradition der *good practices* und des Voluntarismus wider. Eine sog. *soft law*, also eine Übereinkunft, deren Einhaltung rechtlich nicht durchsetzbar ist, liegt dem britischen *Common Law* näher als dem deutschen *Civil Law*, das durch rechtlich verbindliche Vereinbarungen geprägt ist.

Anhänge

Anhang 1[1704]

Fair Wages Resolution of 1891
„That in the opinion of this House, it is the duty of the Government in all Government contracts to make provisions against the evils recently disclosed before the Sweating Committee, to insert such conditions as may prevent the abuse arising from sub-letting, and to make every effort to secure the payment of such wages as are generally accepted as current in each trade for competent workmen."

Fair Wages Resolution of 1909
„That, in the opinion of this House, the Fair Wages Clauses in Government contracts should be so amended as to provide as follows: – The Contractor shall, under a penalty of a fine or otherwise, pay rates of wages and observe hours of labour not less favourable than those commonly recognised by employers and trade societies (or in the absence of such recognised wages and hours, those which in practice prevail amongst good employers) in the trade in the district where the work is carried out. Where there are no such wages and hours recognised or prevailing in the district, those recognised or prevailing in the nearest district in which the general industrial circumstances are similar shall be adopted. Further, the conditions of employment generally accepted in the district in the trade concerned shall be taken into account in considering how far the terms of the Fair Wages Clauses are being observed. The Contractor shall be prohibited from transferring or assigning directly, or indirectly, to any person or persons whatever any portion of his contract without the written permission of the Department. Sub-letting other than that which may be customary in the trade concerned, shall be prohibited. The Contractor shall be responsible for the observance of the Fair Wage Clauses by the Sub-Contractor."

Fair Wages Resolution of 1946
"1. *(a)* The contractor shall pay rates of wages and observe hours and conditions of labour not less favourable than those established for the trade or industry in the district where the work is carried out my machinery of negotiation or arbitration to which the parties are organisations of employers and trade unions representatives respectively of substantial proportions of the employers and workers engaged in the trade or industry in the district.
(b) In the absence of any rates of wages, hours or conditions of labour so established the contractor shall pay rates of wages and observe hours and conditions of labour which are not less favourable than the general level of wages, hours and

---

1704 Abgedruckt in: Ministry of Labour (Hrsg.), Industrial Relations Handbook, S. 214 f.

conditions observed by any other employers whose general circumstances in the trade or industry in which the contractor in engaged are similar.
2. The contractor shall in respect of all persons employed by him (whether in execution of the contract or otherwise) in every factory, workshop or place occupied or used by him for the execution of the contract comply with the general conditions required by this Resolution. Before a contractor is placed upon a department's list of firms to be invited to tender, the department shall obtain from him an assurance that to the best of his knowledge and belief he has complied with the general conditions required by this Resolution for at least the previous three month.
3. In the event of any question arising as to whether the requirements of this Resolution are being observed, the question shall, if not otherwise disposed of, be referred by the Ministry of Labour and National Service to an independent Tribunal for decision.
4. The contractor shall recognise the freedom of his workplace to be members of the Trade Unions.
5. The contractor shall at all times during the continuance of a contract display, for the information of his workpeople, in every factory, workshop or place occupied or used by him for the execution of the contract a copy of this Resolution.
6. The contractor shall be responsible for the observance of this Resolution by sub-contractors employed in the execution of the contract, and shall if required notify the department of the names and addresses of all such sub-contractors."

Anhang 2

Trade Boards Act, 20.10.1909[1705]

Establishment of Trade Boards for Trades to which the Act applies.
1. – (1) This Act shall apply to the trades specified in the schedule to this Act and to any other trades to which it has been applied by Provisional Order of the Board of Trade made under this section.

(2) The Board of Trade may make a Provisional Order applying this Act to any specified trade to which it does not at the time apply if they are satisfied that the rate of wages prevailing in any branch of the trade is exceptionally low, as compared with that in other employments, and that the other circumstances of the trade are such as to render the application of this Act to the trade expedient.

(3) If at any time the Board of Trade consider that the conditions of employment in any trade to which this Act applies have been so altered as to render the application of this Act to the trade unnecessary, they may make a Provisional Order that this Act shall cease to apply to that trade.

1705 Gesetz zur Verfügung gestellt vom *Parliamentary Archive, House of Lords*, London. Mit Zustimmung des *Parliamentary Archive* hier abgedruckt.

(4) The Board of Trade may submit to Parliament for confirmation any Provisional Order made by them in pursuance of this section, but no such Order shall have effect unless and until it is confirmed by Parliament.

(5) If, while a Bill confirming any such Order is pending in either House of Parliament, a petition is presented against any Order comprised therein, the Bill, so far as it relates to that Order, may be referred to a select committee, or, if the two Houses of Parliament think fit so to order, to a joint committee of those Houses, and the petitioner shall be allowed to appear and oppose as in the case of Private Bills.

(6) Any Act confirming a Provisional Order made in pursuance of this section may be repealed, altered, or amended by any subsequent Provisional Order made by the Board of Trade and confirmed by Parliament.

2. – (1) The Board of Trade shall, if practicable, establish one or more Trade Boards constituted in accordance with regulations made under this Act for any trade to which this Act applies or for any branch of work in the trade.

Where a Trade Board is established under this Act for any trade or branch of work in a trade which is carried on to any substantial extent in Ireland, a separate Trade Board shall be established for that trade or branch of work in a trade in Ireland.

(2) Where a Trade Board has been established for any branch of work in a trade, any reference in this Act to the trade for which the Board is established shall be construed as a reference to the branch of work in the trade for which the Board has been established.

3. A Trade Board for any trade shall consider, as occasion requires, any matter referred to them by a Secretary of State, the Board of Trade, or any other Government department, with reference to the industrial conditions of the trade, and shall make a report upon the matter to the department by whom the question has been referred.

4. – (1) Trade Boards shall, subject to the provisions of this section, fix minimum rates of wages for timework for their trades (in this Act referred to as minimum time-rates), and may also fix general minimum rates of wages for piecework for their trades (in this Act referred to as general minimum piece-rates), and those rates of wages (whether time or piece-rates) may be fixed so as to apply universally to the trade, or so as to apply to any special process in the work of the trade or to any special class of workers in the trade, or to any special area.

If a Trade Board report to the Board of Trade that it is impracticable in any case to fix a minimum time-rate in accordance with this section, the Board of Trade may so far as respects that case relieve the Trade Board of their duty.

(2) Before fixing any minimum time-rate or general minimum piece-rate, the Trade Board shall give notice of the rate which they propose to fix and consider any objections to the rate which may be lodged with them within three months.

(3) The Trade Board shall give notice of any minimum time-rate or general minimum piece-rate fixed by them.

(4) A Trade Board may, if they think it expedient, cancel or vary any minimum time-rate or general minimum piece-rate fixed under this Act, and shall reconsider any such minimum rate if the Board of Trade direct them to do so, whether an application is made for the purpose or not:

Provided that the provisions of this section as to notice shall apply where it is proposed to cancel or vary the minimum rate fixed under the foregoing provisions in the same manner as they apply where it is proposed to fix a minimum rate.

(5) A Trade Board shall on the application of any employer fix a special minimum piece-rate to apply as respects the persons employed by him in cases to which a minimum time-rate but no general minimum piece-rate is applicable, and may as they think fit cancel or vary any such rate either on the application of the employer or after notice to the employer, such notice to be given not less than one month before cancellation or variation of any such rate.

5. – (1) Until a minimum time-rate or general minimum piece-rate fixed by a Trade Board has been made obligatory by order of the Board of Trade under this section, the operation of the rate shall be limited as in this Act provided.

(2) Upon the expiration of six months from the date on which a Trade Board have given notice of any minimum time-rate or general minimum piece-rate fixed by them, the Board of Trade shall make an order (in this Act referred to as an obligatory order) making that minimum rate obligatory in cases in which it is applicable on all persons employing labour and on all persons employed, unless they are of opinion that the circumstances are such as to make it premature or otherwise undesirable to make an obligatory order, and in that case they shall make an order suspending the obligatory operation of the rate (in this Act referred to as an order of suspension).

(3) Where an order of suspension has been made as respects any rate, the Trade Board may, at any time after the expiration of six months from the date of the order, apply to the Board of Trade for an obligatory order as respects that rate; and on any such application the Board of Trade shall make an obligatory order as respects that rate, unless they are of opinion that a further order of suspension is desirable, and, in that case, they shall make such a further order, and the provisions of this section which are applicable to the first order of suspension shall apply to any such further order.

An order of suspension as respects any rate shall have effect until an obligatory order is made by the Board of Trade under this section.

(4) The Board of Trade may, if they think fit, make an order to apply generally as respects any rates which may be fixed by any Trade Board constituted, or about to be constituted, for any trade to which this Act applies, and while the order is in force any minimum time-rate or general minimum piece-rate shall, after the lapse of six months from the date on which the Trade Board have given notice of the

fixing of the rate, be obligatory in the same manner as if the Board of Trade had made an order making the rate obligatory under this section, unless in any particular case the Board of Trade, on the application of any person interested, direct to the contrary.

The Board of Trade may revoke any such general order at any time after giving three months' notice to the Trade Board of their intention to revoke it.

6. – (1) Where any minimum rate of wages fixed by a Trade Board has been made obligatory by order of the Board of Trade under this Act, an employer shall, in cases to which the minimum rate is applicable, pay wages to the person employed at not less than the minimum rate clear of all deductions, and if he fails to do so shall be liable on summary conviction in respect of each offence to a fine not exceeding twenty pounds and to a fine not exceeding five pounds for each day on which the offence is continued after conviction therefor.

(2) On the conviction of an employer under this section for failing to pay wages at not less than the minimum rate to a person employed, the court may by the conviction adjudge the employer convicted to pay, in addition to any fine, such sum as appears to the court to be due to the person employed on account of wages, the wages being calculated on the basis of the minimum rate, but the power to order the payment of wages under this provision shall not be in derogation of any right of the person employed to recover wages by any other proceedings.

(3) If a Trade Board are satisfied that any worker employed, or desiring to be employed, on time work in any branch of a trade to which a minimum time - rate fixed by the Trade Board is applicable is affected by any infirmity or physical injury which renders him incapable of earning that minimum time-rate, and are of opinion that the case cannot suitably be met by employing the worker on piece-work, the Trade Board may, if they think fit, grant to the worker, subject to such conditions, if any, as they prescribe, a permit exempting the employment of the worker from the provisions of this Act rendering the minimum time-rate obligatory, and, while the permit is in force, an employer shall not be liable to any penalty for paying wages to the worker at a rate less than the minimum time-rate so long as any conditions prescribed by the Trade Board on the grant of the permit are complied with.

(4) On any prosecution of an employer under this section, it shall lie on the employer to prove by the production of proper wages sheets or other records of wages or otherwise that he has not paid, or agreed to pay, wages at less than the minimum rate.

(5) Any agreement for the payment of wages in contravention of this provision shall be void.

7. – (1) Where any minimum rate of wages has been fixed by a Trade Board, but is not for the time being obligatory under an order of the Board of Trade made in pursuance of this Act, the minimum rate shall, unless the Board of Trade direct to the contrary in any case in which they have directed the Trade Board to reconsider the rate, have a limited operation as follows: –

  (a) In all cases to which the minimum rate is applicable an employer shall, in the absence of a written agreement to the contrary, pay to the person employed wages at not less than the minimum rate, and, in the absence of any such agreement, the person employed may recover wages at such a rate from the employer;
  (b) Any employer may give written notice to the Trade Board by whom the minimum rate has been fixed that he is willing that that rate should be obligatory on him, and in that case he shall be under the same obligation to pay wages to the person employed at not less than the minimum rate, and be liable to the same fine for not doing so, as he would be if an order of the Board of Trade were in force making the rate obligatory; and
  (c) No contract involving employment to which the minimum rate is applicable shall be given by a Government department or local authority to any employer unless he has given notice to the Trade Board in accordance with the foregoing provision:
  Provided that in case of any public emergency the Board of Trade may by order, to the extent and during the period named in the order, suspend the operation of this provision as respects contracts for any such work being done or to be done on behalf of the Crown as is specified in the order.

(2) A Trade Board shall keep a register of any notices given under this section:
  The register shall be open to public inspection without payment of any fee, and shall be evidence of the matters stated therein :
  Any copy purporting to be certified by the secretary of the Trade Board or any officer of the Trade Board authorised for the purpose to be a true copy of any entry in the register shall be admissible in evidence without further proof.

8. An employer shall, in cases where persons are employed on piece work and a minimum time-rate but no general minimum piece-rate has been fixed, be deemed to pay wages at less than the minimum rate –

  (a) in cases where a special minimum piece-rate has been fixed under the provisions of this Act for persons employed by the employer, if the rate of wages paid is less than that special minimum piece-rate; and
  (b) in cases where a special minimum piece-rate has not been so fixed, unless he shows that the piece-rate of wages paid would yield, in the circumstances of the case, to an ordinary worker at least the same amount of money as the minimum time-rate.

9. Any shopkeeper, dealer, or trader, who by way of trade makes any arrangement express or implied with any worker in pursuance of which the worker performs any work for which a minimum rate of wages has been fixed under this Act, shall be deemed for the purposes of this Act to be the employer of the worker, and the net remuneration obtainable by the worker in respect of the work after allowing for his necessary expenditure in connection with the work shall be deemed to be wages.

10. – (1) Any worker or any person authorised by a worker may complain to the Trade Board that the wages paid to the worker by any employer in any case to which any minimum rate fixed by the Trade Board is applicable are at a rate less than the minimum rate, and the Trade Board shall consider the matter and may, if they think fit, take any proceedings under this Act on behalf of the worker.

(2) Before taking any proceedings under this Act on behalf of the worker, a Trade Board may, and on the first occasion on which proceedings are contemplated by the Trade Board against an employer they shall, take reasonable steps to bring the case to the notice of the employer, with a view to the settlement of the case without recourse to proceedings.

11. – (1) The Board of Trade may make regulations with respect to the constitution of Trade Boards which shall consist of members representing employers and members representing workers (in this Act referred to as representative members) in equal proportions and of the appointed members. Any such regulations may be made so as to apply generally to the constitution of all Trade Boards, or specially to the constitution of any particular Trade Board or any particular class of Trade Boards.

(2) Women shall be eligible as members of Trade Boards as well as men.

(3) The representative members shall be elected or nominated, or partly elected and partly nominated as may be provided by the regulations, and in framing the regulations the representation of home workers on Trade Boards shall be provided for in all trades in which a considerable proportion of home workers are engaged.

(4) The chairman of a Trade Board shall be such one of the members as the Board of Trade may appoint, and the secretary of the Trade Board shall be appointed by the Board of Trade.

(5) The proceedings of a Trade Board shall not be invalidated by any vacancy in their number, or by any defect in the appointment, election, or nomination of any member.

(6) In order to constitute a meeting of a Trade Board, at least one third of the whole number of the representative members and at least one appointed member must be present.

(7) The Board of Trade may make regulations with respect to the proceedings and meetings of Trade Boards, including the method of voting; but subject to the provisions of this Act and to any regulations so made Trade Boards may regulate their proceedings in such manner as they think fit.

12. – (1) A Trade Board may establish district trade committees consisting partly of members of the Trade Board and partly of persons not being members of the Trade Board but representing employers or workers engaged in the trade and constituted in accordance with regulations made for the purpose by the Board of Trade and acting for such area as the Trade Board may determine.

(2) Provision shall be made by the regulations for at least one appointed member acting as a member of each district trade committee, and for the equal representation of local employers and local workers on the committee, and for the representation of homeworkers thereon in the case of any trade in which a considerable proportion of homeworkers are engaged in the district, and also for the appointment of a standing sub-committee to consider applications for special minimum piece-rates and complaints made to the Trade Board under this Act, and for the reference of any applications or complaints to that sub-committee.

(3) A Trade Board may refer to a district trade committee for their report and recommendations any matter which they think it expedient so to refer, and may also, if they think fit, delegate to a district trade committee any of their powers and duties under this Act, other than their power and duty to fix a minimum time-rate or general minimum piece-rate.

(4) Where a district trade committee has been established for any area, it shall be the duty of the committee to recommend to the Trade Board minimum time-rates and, so far as they think fit, general minimum piece-rates, applicable to the trade in that area, and no such minimum rate of wages fixed under this Act and no variation or cancellation of such a rate shall have effect within that area unless either the rate or the variation or cancellation thereof, as the case may be, has been recommended by the district trade committee, or an opportunity has been given to the committee to report thereon to the Trade Board, and the Trade Board have considered the report (if any) made by the committee.

13. – (1) The Board of Trade may appoint such number of persons (including women) as they think fit to be appointed members of Trade Boards.

(2) Such of the appointed members of Trade Boards shall act on each Trade Board or district trade committee as may be directed by the Board of Trade, and, in the case of a Trade Board for a trade in which women are largely employed, at least one of the appointed members acting shall be a woman :

Provided that the number of appointed members acting on the same Trade Board, or the same district trade committee, at the same time, shall be less than half the total number of members representing employers and members representing workers.

Appointment of Officers and other Provisions for enforcing Act

14. – (1) The Board of Trade may appoint such officers as they think necessary for the purpose of investigating any complaints and otherwise securing the proper observance of this Act, and any officers so appointed shall act under the directions of the Board of Trade, or, if the Board of Trade so determine, under the directions of any Trade Board.

(2) The Board of Trade may also, in lieu of or in addition to appointing any officers under the provisions of this section, if they think fit, arrange with any other Government Department for assistance being given in carrying this Act into effect, either generally or in any special cases, by officers of that Department whose duties bring them into relation with any trade to which this Act applies.

15. – (1) Any officer appointed by the Board of Trade under this Act, and any officer of any Government Department for the time being assisting in carrying this Act into effect, shall have power for the performance of his duties

- *(a)* to require the production of wages sheets or other record of wages by an employer, and records of payments made to outworkers by persons giving out work, and to inspect and examine the same and copy any material part thereof;
- *(b)* to require any person giving out work and any outworker to give any information which it is in his power to give with respect to the names and addresses of the persons to whom the work is given out or from whom the work is received, as the case may be, and with respect to the payments to be made for the work;
- *(c)* at all reasonable times to enter any factory or workshop and any place used for giving out work to outworkers; and
- *(d)* to inspect and copy any material part of any list of outworkers kept by an employer or person giving out work to outworkers.

(2) If any person fails to furnish the means required by an officer as necessary for any entry or inspection or the exercise of his powers under this section, or if any person hinders or molests any officer in the exercise of the powers given by this section, or refuses to produce any document or give any information which any officer requires him to produce or give under the powers given by this section, that person shall be liable on summary conviction in respect of each offence to a fine not exceeding five pounds; and, if any person produces any wages sheet, or record of wages, or record of payments, or any list of outworkers to any officer acting in the exercise of the powers given by this section, knowing the same to be false, or furnishes any information to any such officer knowing the same to be false, he shall be liable, on summary conviction, to a fine not exceeding twenty pounds, or to imprisonment for a term not exceeding three months, with or without hard labour.

16. Every officer appointed by the Board of Trade under this Act, and every officer of any Government Department for the time being assisting in carrying this Act into effect, shall be furnished by the Board or Department with a certificate of his appointment, and when acting under any or exercising any power conferred upon him by this Act shall, if so required, produce the said certificate to any person or persons affected.

17. – (1) Any officer appointed by the Board of Trade under this Act, and any officer of any Government Department for the time being assisting in carrying this Act into effect, shall have power in pursuance of any special or general directions of the Board of Trade to take proceedings under this Act, and a Trade Board may also take any such proceedings in the name of any officer appointed by the Board of Trade for the time being acting under the directions of the Trade Board in pursuance of this Act, or in the name of their secretary or any of their officers authorised by them.

(2) Any officer appointed by the Board of Trade under this Act, or any officer of any Government Department for the time being assisting in carrying this Act into effect, and the secretary of a Trade Board, or any officer of a Trade Board authorised for the purpose, may, although not a counsel or solicitor or law agent, prosecute or conduct before a court of summary jurisdiction any proceedings arising under this Act.

18. – (1) The Board of Trade shall make regulations as to the notice to be given of any matter under this Act, with a view to bringing the matter of which notice is to be given so far as practicable to the knowledge of persons affected.

(2) Every occupier of a factory or workshop, or of any place used for giving out work to outworkers, shall, in manner directed by regulations under this section, fix any notices in his factory or workshop or the place used for giving out work to outworkers which he may be required to fix by the regulations, and shall give notice in any other manner, if required by the regulations, to the persons employed by him of any matter of which he is required to give notice under the regulations :

If the occupier of a factory or workshop, or of any place used for giving out work to outworkers, fails to comply with this provision, he shall be liable on summary conviction in respect of each offence to a fine not exceeding forty shillings.

19. Regulations made under this Act shall be laid as soon as possible before both Houses of Parliament, and, if either House within the next forty days after the regulations have been laid before that House resolve that all or any of the regulations ought to be annulled, the regulations shall, after the date of the resolution, be of no effect, without prejudice to the validity of anything done in the meantime thereunder or to the making of any new regulations. If one or more of a set of regulations are annulled, the Board of Trade may, if they think fit, withdraw the whole set.

20. – (1) His Majesty may, by Order in Council, direct that any powers to be exercised or duties to be performed by the Board of Trade under this Act shall be exercised or performed generally, or in any special cases or class of cases, by a Secretary of State, and, while any such Order is in force, this Act shall apply as if, so far as is necessary to give effect to the Order, a Secretary of State were substituted for the Board of Trade.

(2) Any Order in Council under this section may be varied or revoked by any subsequent Order in Council.

21. There shall be paid out of moneys provided by Parliament –

(1) Any expenses, up to an amount sanctioned by the Treasury, which may be incurred with the authority or sanction of the Board of Trade by Trade Boards or their committees in carrying into effect this Act; and

(2) To appointed members and secretaries of Trade Boards and to officers appointed by the Board of Trade under this Act such remuneration and expenses as may be sanctioned by the Treasury; and

(3) To representative members of Trade Boards and members (other than appointed members) of district trade committees any expenses (including compensation for loss of time), up to an amount sanctioned by the Treasury, which may be incurred by them in the performance of their duties as such members ; and

(4) Any expenses, up to an amount sanctioned by the Treasury, which may be incurred by the Board of Trade in making inquiries, or procuring information, or taking any preliminary steps with respect to the application of this Act to any trade to which the Act does not apply, including the expenses of obtaining a Provisional Order, or promoting any Bill to confirm any Provisional Order made under, or in pursuance of, the provisions of this Act.

22. – (1) This Act may be cited as the Trade Boards Act, 1909.

(2) This Act shall come into operation on the first day of January nineteen hundred and ten.

<u>Schedule.</u>
Trades to which the Act applies without Provisional Order.

1. Ready-made and wholesale bespoke tailoring and any other branch of tailoring in which the Board of Trade consider that the system of manufacture is generally similar to that prevailing in the wholesale trade.
2. The making of boxes or parts thereof made wholly or partially of paper, cardboard, chip, or similar material.
3. Machine-made lace and net finishing and mending or darning operations of lace curtain finishing.
4. Hammered and dollied or tommied chain-making.

Anhang 3[1706]

	01.04. 1999	01.10. 2000	01.10. 2001	01.10. 2002	01.10. 2003	01.10. 2004	01.10. 2005	01.10. 2006	01.10. 2007	01.10. 2008	01.10. 2009	01.10. 2010	01.10. 2011	01.10. 2012	01.10. 2013	01.10. 2014	06.04. 2015	01.10. 2015	01.10. 2016	01.04. 2017	01.04. 2018	01.04. 2019	01.04. 2020	01.04. 2021	01.04. 2022
Lohnsatz Erwachsene	£3,60	£3,70	£4,10	£4,20	£4,50	£4,85	£5,05	£5,35	£5,52	£5,37	£5,80	£5,93	£6,08	£6,19	£6,31	£6,50									
Ab dem 25. Lj (2016–2020) Seit 2021: ab dem 23. Lj.																			£7,20[1707]	£7,50	£7,83	£8,21	£8,72	£8,91	£9,50
Ab dem 21. Lj.																	£6,50	£6,70	£6,95	£7,05	£7,38	£7,70	£8,20	£8,36	£9,18
18–21 Jahre (inkl.) [Ab 2010 18–20 Jahre (inkl.)]	£3,00	£3,20[1708]	£3,50	£3,60	£3,80	£4,10	£4,25	£4,45	£4,60	£4,77	£4,83	£4,92	£4,98	£4,98	£5,03	£5,13	£5,13	£5,30	£5,55	£5,60	£5,90	£6,15	£6,45	£6,56	£6,83
Nach VE 22. Lj.[1709]	£3,20	£3,20	£3,50	£3,60	£3,80	£4,10	£4,25																		
Unter 18-Jährige							£3,00	£3,30	£3,40	£3,53	£3,57	£3,64	£3,68	£3,68	£3,72	£3,79	£3,79	£3,87	£4,00	£4,05	£4,20	£4,35	£4,55	£4,62	£4,81
Ausbildung[1710]												£2,50	£2,60	£2,65	£2,68	£2,73	£2,73	£3,30	£3,40	£3,50	£3,70	£3,90	£4,15	£4,30	£4,81

1706 Die Mindestlohnsätze im Vergleich zwischen 1999 und 2022.
1707 Eingeführt zum 1.04.2016.
1708 Ab dem 1.06.2000 durch die *National Minimum Wage (Increase in Development Rate for Young Workers) Regulations* 2000.
1709 Sect. 13 (2) mit weiteren Voraussetzungen.
1710 Weitere Voraussetzungen vgl. reg. 5 *National Minimum Wage Regulations 1999 (Amendment) Regulations* 2010.

Anhang 4

Verzeichnis ausgewählter britischer Gesetzgebung (*Acts*), Resolutionen und Verordnungen (*Regulations*)

1844/1847/1850/1878	Factories Act
1799/1800	Combination Act
1824/1825	Combinations of Workmen Act
1831/1887/1896	Truck Act
1842	Mines and Collieries Act
1845	Print Works Act
1847	Factory (Ten Hours) Act
1859	Molestation of Workmen Act
1867	Master and Servants Act
1871	Trade Union Act
1871	Criminal Law Amendment Act
1875	Conspiracy and Protection of Property Act
1875	Public Health Act
1876	Trade Union Act
1889	Arbitration Act
1891	Fair Wages Resolution
1896	Conciliation (Trade Disputes) Act
1897	Workmen's Compensation Act
1906	Trade Disputes Act
1909	Trade Boards Act
1911	National Insurance Act
1912	Coal Mines Act
1913	Trade Union Act
1915/1916/1917	Munitions of War Act
1917	Corn Production Act
1918	Trade Boards Act
1919	Industrial Courts Act

1924	Agricultural Wages Act
1925	British Sugar Act
1927	Trades Disputes and Trade Union Act
1938	Road Haulage Act
1943	Catering Wages Bill
1945	Wages Councils Act
1946	Fair Wages Resolution
1948	Agricultural Wages Act
1959	Terms and Conditions of Employment Act
1965	Trade Disputes Act
1965	Redundancy Payments Act
1970	Equal Pay Act
1971	Industrial Relations Act
1974	Trade Union and Labour Relations Act (TULRA)
1975	Employment Protection Act
1976	Trade Union and Labour Relations (Amendment) Act
1980/1982	Employment Act
1984	Trade Union Act
1986	Employment Rights Act
1986	Wages Act
1988/1989/1990	Employment Act
1992	Trade Union and Labour Relations (Consolidation) Act (TULRCA)
1993	Trade Union Reform and Employment Rights Act (TURERA)
1996	Employment Rights Act
1998	National Minimum Wage Act
1999	National Minimum Wage Regulation
1999	Employment Relations Act
2015	National Minimum Wage Regulation

Literaturverzeichnis

Adams, W. G. S.: The Incorporation of Trade Unions: The Position in England, Journal of Political Economy 1902, S. 89 ff.

Adams, Zoe/Deakin, Simon: The Right to a Fair Remuneration, in: The European Social Charter and the Employment Relation (hrsg. v. Niklas Bruun et al.), Oxford u.a. 2017, S. 198 ff.

Alcock, Pete/May, Margaret: Social Policy in Britain, 4. Auflage, London 2014

Alston, Philip: Assessing the Strengths and Weakness of the European Social Charter's Supervisory System, in: Social Rights in Europe (hrsg. v. Gráinne de Búrca und Bruno de Witte), Oxford 2005, S. 45 ff.

Amlinger, Marc/Bispinck, Reinhard/Schulten, Thorsten: Ein Jahr Mindestlohn in Deutschland, Theorie und Praxis der Sozialen Arbeit 2016, S. 125 ff.

Amlinger, Marc/Schulten, Thorsten/Bispinck, Reinhard: Jugend ohne Mindestlohn?, WSI Report 14 aus 2014, abrufbar unter: https://www.boeckler.de/pdf/p_wsi_report_14_2014.pdf

Andelewski, Utz: Staatliche Mindestarbeitsbedingungen – Die Möglichkeiten des Staates zur Setzung von Mindestarbeitsbedingungen unter besonderer Berücksichtigung des Falls der partiellen Machtlosigkeit von Arbeitnehmerkoalitionen, Berlin 2001

Arnold, Christian: Der Mindestlohn – Berechnung und Erfüllung des Mindestlohnanspruchs im Praxistest, in: Mindestlohn. Interdisziplinäre Betrachtungen (hrsg. v. Christian Arnold und Philipp S. Fischinger), Tübingen 2019, S. 67 ff.

Artus, Ingrid: Krise des deutschen Tarifsystems – Die Erosion des Flächentarifvertrags in Ost und West, Wiesbaden 2001

Baeck, Ulrich/Winzer, Thomas/Kramer, Nadine: Neuere Entwicklungen im Arbeitsrecht. Das Mindestlohngesetz – ein erster Überblick, NZG 2015, S. 265 ff.

Bandholz, Emil: Die englischen Gewerkschaften – Organisationstypen, Zielsetzungen, Kampfesweisen von der Gründung bis zur Gegenwart, Köln 1961

Banks, Robert F.: The Reform of British Industrial Relations – The Donovan Report and the Labour Government's Policy Proposals, Industrial Relations 1969, S. 333 ff.

Barczak, Tristan: Mindestlohngesetz und Verfassung, RdA 2014, S. 290 ff.

Barnard, Catherine: EU Employment Law, 4. Auflage, Oxford 2012

Barnes, Denis/Reid, Eileen: A new relationship: trade unions in the Second World War, in: Trade Unions in British Politics: the first 250 years (hrsg. v. Ben Pimlott, Chris Cook), 2. Auflage, London/New York 1991, S. 137 ff.

Bauer, Jobst-Hubertus/Klebe, Thomas/Schunder, Achim: Deutschlands Zukunft gestalten – Koalitionsvertrag zwischen CDU/CSU und SPD, NZA 2014, S. 12 ff.

Baumann, Arne/Bruttel, Oliver/Dütsch, Matthias/Himmelreicher, Ralf/Ohlert, Clemens: Methoden zur Evaluation des gesetzlichen Mindestlohns in Deutschland, Zeitschrift für Evaluation (ZfEval) 2018, S. 81 ff.

Baumgart, Alfred et al.: Arbeitsrecht Grundriß, Berlin 1980

Bayliss, F. J.: British Wages Councils and Full Employment, International Labour Review 1959, S. 410 ff.

Bayreuther, Frank: Der gesetzliche Mindestlohn, NZA 2014, S. 865 ff.

Bayreuther, Frank: Rechtsfragen des Mindestlohns in der betrieblichen und anwaltlichen Praxis – ein Update, NZA 2015, S. 385 ff.

BDA (Bundesvereinigung der Deutschen Arbeitgeberverbände): Tarifautonomie statt Mindestlohn, 2008, abrufbar unter: https://www.arbeitgeber.de/www/arbeitgeber.nsf/res/fd659cdaf6a30df1c12574ef005486bd/$file/bda_mindestlohnbroschuere_neuauflage0908.pdf

BDA (Bundesvereinigung der Deutschen Arbeitgeberverbände): Stellungnahme zum Gesetzesentwurf zur „Stärkung der Tarifautonomie", 2014, abrufbar unter: https://www.arbeitgeber.de/www/arbeitgeber.nsf/res/9EE388B12426853CC1257D4D0031496A/$file/Stn_MiLo.pdf

Becker, Martin: Arbeitsvertrag und Arbeitsverhältnis in Deutschland – Vom Beginn der Industrialisierung bis zum Ende des Kaiserreichs, Frankfurt a.M. 1995

BeckOK Grundgesetz: Hrsg.: Epping, Volker/Hillgruber, Christian; 49. Auflage, München 2021

BeckOK Arbeitsrecht, MiArbG: Hrsg.: Rolfs, Christian/Giesen, Richard/Kreikebohm, Ralf/Udsching, Peter, 34. Auflage, München 2014

BeckOK Arbeitsrecht: Hrsg.: Rolfs, Christian/Giesen, Richard/Kreikebohm, Ralf/Udsching, Peter,61. Auflage, München 2021

BeckOK BGB: Hrsg.: Bamberger, Heinz Georg/Roth, Herbert/Hau, Wolfgang/Poseck, Roman, 60. Auflage, München 2021

BeckOK GewO: Hrsg.: Pielow, Johann-Christian, 55. Auflage, München 2021

BeckOK Sozialrecht: Hrsg.: Giesen, Richard/Kreikebohm, Ralf/Rolfs, Christian/Udsching, Peter, 62. Auflage, München 2021

BeckOGK BGB: Gesamthrsg.: Gsell, Beate/Krüger, Wolfgang/Lorenz, Stephan/Reymann, Christoph/u.a., München 2021

Beck'scher Vergaberechtskommentar Band 1, Gesetz gegen Wettbewerbsbeschränkungen: Hrsg. Burgi, Martin/Dreher, Meinrad, 3. Auflage, München 2017

Benecke, Martina: Mindestlohn und Tarifkontrolle in der Zeitarbeit, in: Mindestlohn als politische und rechtliche Herausforderung (hrsg. v. Volker Rieble, Abbo Junker, Richard Giesen), München 2011, S. 49 ff.

Bensinger, Günter: Die Stellung des Gesetzes im englischen Arbeitsrecht, Göttingen 1967

Bepler, Klaus: Problematische Arbeitsverhältnisse und Mindestlohn, in: Festschrift für Reinhard Richardi zum 70. Geburtstag (hrsg. v. Georg Annuss, Eduard Picker, Hellmut Wissmann), München 2007, S. 189 ff.

Bercusson, Brian: Fair Wages Resolutions, London 1978

Berlins, Marcel/Dyer, Clare: The Law Machine, London 1990

Berndt, Joachim: Arbeits- und sozialversicherungsrechtliche Auswirkungen des Mindestlohngesetzes (MiLoG) – Was gehört zum Mindestlohn?, DStR 2014, S. 1878 ff.

BERR, National Minimum Wage Guide, abrufbar unter: https://webarchive.nationalarchives.gov.uk/+/http:/www.berr.gov.uk/files/file47736.pdf

Biagini, Eugenio F.: British Trade Unions and popular political economy 1860–1880, The Historical Journal 1987, S. 811 ff.

Bieback, Karl-Jürgen: Rechtliche Probleme von Mindestlöhnen, insbesondere nach dem Arbeitnehmer-Entsendegesetz, RdA 2000, S. 207 ff.

Bieback, Karl-Jürgen/Kocher, Eva: Juristische Fragen der gesetzlichen Festlegung eines Mindestentgelts durch erleichterte Allgemeinverbindlicherklärung oder Verweis auf unterste Tarifentgelte, in: Tarifgestützte Mindestlöhne (hrsg. v. Karl-Jürgen Bieback, Thomas Dieterich, u.a.), Baden-Baden 2007, S. 43–101

Bietmann, Julia: Gesetzliche Wege zu einem systemkonformen Mindestlohn, Frankfurt a.M. 2010

Bispinck, Reinhard/Schäfer, Claus: Niedriglöhne und Mindesteinkommen: Daten und Diskussionen in Deutschland, in: Mindestlöhne in Europa (hrsg. v. Thorsten Schulten, dies.), Hamburg 2006, S. 269 ff.

Bissels, Alexander/Falter, Kira/Evers, Markus: Geltung des MiLoG bei Transitfahrten durch das Inland, ArbRAktuell 2015, S. 4 ff.

Blackburn, Sheila C.: Ideology and Social Policy: The origins of the Trade Boards Act, The Historical Journal 1991, S. 43 ff.

Blackburn, Sheila C.: A Fair Day's Wage for a Fair Day's Work?, Sweated Labour and the Origins of Minimum Wage Legislation in Britain, Aldershot 2007

Blackburn, Sheila C.: The problem of riches: from trade boards to a national minimum wage, Industrial Relations Journal 1988, S. 124 ff.

Blackburn, Sheila C.: Curse or Cure? Why Was the Enactment of Britain's 1909 Trade Boards Act so Controversial? BJIR 2009, S. 214 ff.

Blackburn Sheila C.: A very moderate socialist indeed? R. H. Tawney and Minimum Wages, Twentieth Century British History 1999, S. 107 ff.

Bleckmann, Albert: Grundgesetz und Völkerrecht – Ein Studienbuch, Berlin 1975

Boehringer, Robert: Die Lohnämter in Victoria, Leipzig 1911

Boemke, Burkhard: Lohnanspruch (§ 611 I BGB) und Mindestlohn (§ 1 MiLoG), JuS 2015, S. 385 ff.

Böggemann, Stephen: Arbeitsgerichtliche Rechtsprechung zum Lohnwucher, NZA 2011, S. 493 ff.

Böhlke, Nils/Schulten, Thorsten: Die Umsetzung von sektoralen und regionalen Mindestlöhnen in Deutschland, in: Umsetzung und Kontrolle von Mindestlöhnen – Europäische Erfahrungen und was Deutschland von ihnen lernen kann, Studie im Auftrag der G. I. B. – Gesellschaft für innovative Beschäftigungsförderung mbH, S. 30 ff.

Borght, Richard van der: Grundzüge der Sozialpolitik, Leipzig 1904

Bosch, Gerhard/Weinkopf, Claudia: Mindestlöhne in Großbritannien – Ein geglücktes Realexperiment, WSI Mitteilungen 3/2006, S. 125 ff., abrufbar unter: https://www.wsi.de/de/wsi-mitteilungen-mindestloehne-in-grossbritannien-ein-gegluecktes-realexperiment-12041.htm

Bosch, Gerhard: Mindestlohn in Deutschland notwendig – Kein Gegensatz zwischen sozialer Gerechtigkeit und Beschäftigung, ZAF 2007, S. 421 ff.

Brauchitsch, Isabelle von: Arbeitskampf und Schlichtung: Zur negativen Bilanz der Erfahrungen mit Schlichtungswesen und Arbeitskampfrecht in der Weimarer Republik, AuR 1993, S. 137 ff.

Brentano, Lujo: Über Syndikalismus und Lohnminimum – Zwei Vorträge, München 1913

Brors, Christiane: Europäische Rahmenbedingungen für den neuen Mindestlohn und seine Ausnahmen, NZA 2014, S. 938 ff.

Brown, William: The changed political role of unions under a hostile government, in: Trade Unions in British Politics: the first 250 years (hrsg. v. Ben Pimlott, Chris Cook), 2. Auflage, London/New York 1991, S. 274 ff.

Brown, William: The Process of Fixing the British National Minimum Wage, 1997–2007, BJIR 2009, S. 429 ff.

Burgess, Pete: Der gesetzliche Mindestlohn in Großbritannien, in: Mindestlöhne in Europa (hrsg. v. Thorsten Schulten, Reinhard Bispinck, Claus Schäfer), Hamburg 2006, S. 31 ff.

Burgess, Pete/Usher, Alastair: Allgemeinverbindlichkeit und Mindestlohnregelung in Mitgliedstaaten der EU, abrufbar unter: https://www.boeckler.de/pdf/wsi_ids_bericht_mindestloehne.pdf

Burgess, Pete: Die Umsetzung des National Minimum Wage in Großbritannien, in: Umsetzung und Kontrolle von Mindestlöhnen – Europäische Erfahrungen und was Deutschland von ihnen lernen kann, Studie im Auftrag der G. I. B. – Gesellschaft für innovative Beschäftigungsförderung mbH, S. 12 ff.

Busch, Golo/Cordes, Dorothee: Mindestlohn auch für Bereitschaftsdienste, DB 2016, S. 1821 f.

Byok, Jan/Jaeger, Wolfgang: Kommentar zum Vergaberecht. Vergaberechtliche Vorschriften des GWB. 4. Auflage, Frankfurt a.M. 2018

Callies, Christian/Ruffert, Matthias: Kommentar EUV/AEUV. Das Verfassungsrecht der Europäischen Union mit Europäischer Grundrechtecharta, München 2022

Card, David/Krueger, Alan B.: Myth and Measurement – The new economics of the Minimum Wage, Princeton, New Jersey 1995

Caspers, Georg: Mindestlohn und Tarifautonomie, in: Mindestlohn als politische und rechtliche Herausforderung (hrsg. v. Volker Rieble, Abbo Junker, Richard Giesen), München 2011, S. 147 ff.

Cheshire, Geoffrey Chevalier/Fifoot, Cecil Herber Stuart/Furmston, Michael Philip:, Law of contract, 17. Auflage, Oxford 2017

Clegg, Hugh A.: Die Struktur der britischen Gewerkschaften, in: Gewerkschaften in Großbritannien (hrsg. v. Paul Windolf), Frankfurt a. M./New York 1983, S. 121 ff.

Council of Europe: European Social Charter – collected texts, Straßburg 1997

Cushway, Barry: The Employer's Handbook 2017–2018 – An essential guide to employment law, personnel policies and procedures, 13. Auflage, London 2017

D'Arcy, Conor/Finch, David: Making the Living Wage – The Resolution Foundation reviewed of the Living Wage, Juli 2016, abrufbar unter: https://www.resolutionfoundation.org/app/uploads/2016/07/Living-Wage-Review.pdf

Däubler, Wolfgang: Das Arbeitsrecht 1. Leitfaden für Arbeitnehmer, 14. Auflage, Reinbek bei Hamburg 1995

Däubler, Wolfgang: Das Arbeitsrecht 2. Leitfaden für Arbeitnehmer, 4. Auflage, Reinbek bei Hamburg 1986

Däubler, Wolfgang: Tariftreue statt Sozialkostenwettbewerb, ZIP 2000, S. 681 ff.

Däubler, Wolfgang: Der gesetzliche Mindestlohn – doch eine unendliche Geschichte?, NJW 2014, S. 1924 ff.

Däubler, Wolfgang: Kommentar Tarifvertragsgesetz mit Arbeitnehmer-Entsendegesetz, 4. Auflage, Baden-Baden 2016

Dauses, Manfred/Ludwigs, Markus: Handbuch des EU-Wirtschaftsrechts, 53. EL, München 2021

Davidson, Roger: The Board of Trade and Industrial Relations 1896–1914, The Historical Journal 1978, S. 571 ff.

Davies, Anne: Employment Law, London 2015

Davies, Anne: Trade Union Recognition and Collective Bargaining in English Law, EuZA 2010, S. 37 ff.

Davies, Paul/Freedland, Mark: Kahn-Freund's Labour and the Law, 3. Auflage, London 1983

Deakin, Simon/Morris, Gillian S.: Labour Law, 2. Auflage, London u.a. 1998

Deakin, Simon/Morris, Gillian S.: Labour Law, 7. Auflage, London u.a. 2021

Deakin, Simon/Green, Francis: A century of minimum wages in Britain, CentrePiece 2009, S. 6 ff.

Deakin, Simon/Green, Francis: One Hundred Years of British Minimum Wage Legislation, BJIR 2009, S. 205 ff.

Deutsche Verwaltung für Arbeit und Sozialfürsorge der Sowjetischen Besatzungszone in Deutschland: Jahrbuch Arbeit und Sozialfürsorge (1945–1947), Berlin 1945–1947

Dickens, Linda: Falling through the net: employment change and worker protection, Industrial Relations Journal 1988, S. 139 ff.

Digest of the Case Law of the European Committee of Social Rights, 2018

Dobmann, Volker: Die Tariftreueerklärung bei der Vergabe öffentlicher Aufträge, Baden-Baden 2007

Dorfman, Gerald A.: Wage politics in Britain, 1945–1967. Government vs. the TUC, Ames 1973

Düwell, Franz Josef/Schubert, Jens: Mindestlohngesetz Handkommentar, 2. Auflage, Baden-Baden 2016

Eden, Sören: Arbeitsrecht im NS-Staat. Die Treuhänder der Arbeit und die Kriminalisierung der Arbeitsvertragsbrüche, in: Das Reichsarbeitsministerium im Nationalsozialismus (hrsg. v. Alexander Nützenadel), Göttingen 2017, S. 246 ff.

Eichenhofer, Eberhard: Rechtsgutachten im Auftrag des DGB: Statthaftigkeit eines EU-Rechtsrahmens für gesetzliche Mindestlöhne nach dem Entwurf der Kommission über eine Richtlinie für angemessene Mindestlöhne, abrufbar unter: https://www.dgb.de/themen/++co++0e928490-977f-11eb-b5b4-001a4a160123

Emir, Astra: Selwyn's Law of Employment, 20. Auflage, Oxford 2018

Englberger, Josef: Tarifautonomie im Deutschen Reich. Entwicklungen des Tarifwesens in Deutschland von 1870/71 bis 1945 (hrsg. v. Rudolf Escheu, Christian Felkner, Dieter Lutz und Peter Stein), Berlin 1995

Erfurter Kommentar zum Arbeitsrecht: Hrsg.: Müller-Glöge, Rudi/Preis, Ulrich/Schmidt, Ingrid, 22. Auflage, München 2022

Ewin, Keith/Hendy, John: New Perspectives on Collective Labour Law: Trade Union Recognition and Collective Bargaining, Industrial Law Journal 2017, S. 23 ff.

Exell, Richard: Collective bargaining on working time: the UK, in: Collective bargaining on working time. Recent European experiences (hrsg. v. Maarten Keune/Béla Galgóczi), Brüssel 2006

Fabian Society: Fabian Tract No. 130, Home Work and Sweating – The Causes and the Remedies, London 1907

Feltes, N.: Misery or the Production of Misery: Defining Sweated Labour in 1890, Social History 1992, S. 441 ff.

Field, Frank: The Minimum Wage, London 1984

Finn, Dan: The National Minimum Wage in the United Kingdom, Gelsenkirchen 2005

Fischer-Lescano, Andreas/Preis, Ulrich/Ulber, Daniel: Verfassungsmäßigkeit des Mindestlohns, Baden-Baden 2015

Fitting, Karl: Das Gesetz über die Festsetzung von Mindestarbeitsbedingungen, RdA 1952, S. 5 ff.

Flanders, Allan D.: The Tradition of Voluntarism, British Journal of Industrial Relations 1974, S. 352 ff.

Flatow, Georg/Joachim, Richard: Die Schlichtungsverordnung vom 30. Oktober 1923: nebst Ausführungsverordnungen vom 10. und 29. Dezember 1923 und einer Übersicht über die Schlichter- und Schlichtungsausschußbezirke, Berlin 1924

Forst, Gerrit: Die Allgemeinverbindlicherklärung von Tarifverträgen nach dem sogenannten Tarifautonomiestärkungsgesetz, RdA 2015, S. 25 ff.

Francis-Devine, Brigid: Poverty in the UK: statistics, House of Commons Briefing Paper, Number 7096, vom 20.04.2020, abrufbar unter: http://researchbriefings.files.parliament.uk/documents/SN07096/SN07096.pdf

Franzen, Martin/Gallner, Inken/Oetker, Hartmut: Kommentar zum europäischen Arbeitsrecht, 4. Auflage, München 2022

Franzen, Martin: Mindestlohn und kurzzeitige Beschäftigung in Deutschland, EuZW 2015, S. 449 ff.

Franzen, Martin: Tarifautonomie und die gesetzlichen Regulierungen der Jahre 2014/15, NZA-Beilage 2017, S. 66 ff.

Franzen, Martin: Europäischer Regelungsrahmen für Mindestlöhne? EuZA 2021, S. 1 ff.

Freedland, M. R.: The Employment Protection Act 1975. Individual Aspects, The Modern Law Review 1976, S. 561 ff.

Frenz, Walter: Handbuch Europarecht – Europäische Grundrechte, Berlin u.a. 2009

Frese, Matthias: Betriebspolitik im „Dritten Reich". Deutsche Arbeitsfront, Unternehmer und Staatsbürokratie in der westdeutschen Großindustrie 1933–1939, Paderborn 1991

Gamillscheg, Franz: Internationales Arbeitsrecht (Arbeitsverweisungsrecht), Berlin/Tübingen 1959

Gamillscheg, Franz: Überlegungen zur Allgemeinverbindlicherklärung des Tarifvertrags, in: Arbeitsrecht und Zivilrecht in Entwicklung, Festschrift für Hyung-Bae Kim (hrsg. v. Hans G. Leser u.a.), Berlin 1995, S. 35 ff.

Geiger, Rudolf: Grundgesetz und Völkerrecht mit Europarecht, Die Bezüge des Staatsrechts zum Völkerrecht und Europarecht – Ein Studienbuch, 6. Auflage, München 2013

Geldart, William: Elements of English Law, 5. Auflage, London u.a. 1953

George, Roman: Gesetzlicher Mindestlohn – was kann Deutschland von den Nachbarn lernen? Die Erfahrungen mit gesetzlichen Mindestlöhnen in Frankreich und Großbritannien, Marburg 2007

Gieseke, Fabian: Minimum Wages and Youth Employment – European Evidence and Potential Impact on Germany, Jena 2014

Giesen, Richard: Rechtspolitik des Mindestlohns, in: Anforderungen an ein modernes kollektives Arbeitsrecht, Festschrift für Otto Ernst Kempen (hrsg. v. Jens Schubert), Baden-Baden 2013, S. 216 ff.

Goodman, J. F. B.: The Report of the Royal Commission on Trade Union and Employers' Associations in Britain, and it's Implications, The Journal of Industrial Relations 1968, S. 222 ff.

Gori, Gisella: Domestic Enforcement of the European Social Charter: The Way Forward, in: Social Rights in Europe (hrsg. v. Gráinne de Búrca und Bruno de Witte), Oxford 2005, S. 69 ff.

Gowers, Robin/Hatton, Timothy J.: The origins and early impact of the minimum wage in agriculture, Economic History Review 1997, S. 82 ff.

Grabitz, Eberhard/Hilf, Meinhard/Nettesheim, Martin: Das Recht der Europäischen Union, München 2021

Greiner, Stefan: Mindestlohn und Ehrenamt, NZA 2015, S. 285 ff.

Greiner, Stefan: Die Praktikantenregelung in § 22 MiLoG, NZA 2016, S. 594 ff.

Grover, Chris: Social Security and Wage Poverty – Historical and Policy Aspects of Supplementing Wages in Britain and Beyond, Basinkstoke 2016

Haas, Gerhard/Leutwein, Alfred: Die rechtliche und soziale Lage der Arbeitnehmer in der sowjetischen Besatzungszone, Berlin 1959

Haberzettl, Katja: Varianten der Kodifizierung eines Mindestlohns und ihre Vereinbarkeit mit höherrangigem Recht, Baden-Baden 2011

Hachtmann, Rüdiger: Die Deutsche Arbeitsfront im Zweiten Weltkrieg, in: Krieg und Wirtschaft. Studien zur deutschen Wirtschaftsgeschichte 1939–1945 (hrsg. v. Dietrich Eichholtz), Berlin 1999, S. 69 ff.

Hanau, Peter: Das Gesetz zur Verhinderung von Mindestarbeitsbedingungen – und danach, in: Anforderungen an ein modernes kollektives Arbeitsrecht, Festschrift für Otto Ernst Kempen (hrsg. v. Jens Schubert), Baden-Baden 2013, S. 235 ff.

Hartmann, Felix: Negative Vertragsfreiheit im deutschen und europäischen Arbeitsrecht, Tübingen 2014

Hatton, Timothy J.: Trade Boards and minimum wages, 1909–39, Institute of Economic Affairs 1997, S. 22 ff.

Heimburger, Karl: Die Theorie von der industriellen Reservearmee, Halberstadt 1928

Hejma, Martin: Deutsche Wege zur Lohngerechtigkeit – Zielsetzungen gesetzlicher Mindestlöhne, Berlin 2016

Helm, Rolf: Grundfragen des Arbeitsrechts, Berlin 1948

Helmrich, Christian: Mindestlohn zur Existenzsicherung? Rechts- und sozialwissenschaftliche Perspektiven, Baden-Baden 2015

Henssler, Martin/Sittard, Ulrich: Flexibler Mindestlohn durch Konkretisierung des Sittenwidrigkeitstatbestands – Zugleich Besprechung zum Urteil BAG v. 26.04.2006 – 5 AZR 549/05, RdA 2007, S. 159 ff.

Henssler, Martin: Mindestlohn und Tarifrecht, RdA 2015, S. 43 ff.

Henssler, Martin/Pant, Benjamin: Europäischer Arbeitnehmerbegriff – Regulierung der typischen Beschäftigung in Deutschland und der Union, RdA 2019, S. 321 ff.

Hepple, Bob: Recent Cases – Conflicting collective agreements; effect of signed receipt of employment terms, Industrial Law Journal 1974, S. 164 ff.

Hepple, Bob: Individual Labour Law, in: Industrial Relations in Britain (hrsg. v. George Sayers Bain), Oxford 1983, S. 393 ff.

Hepple, Bob: European Social Charter, Industrial Law Journal 1988, S. 124 f.

Herm, M.: Lohn- und Tarifpolitik, Arbeitsschutz, in: Jahrbuch Arbeit und Sozialfürsorge (1945–1947), (hrsg. von der Deutschen Verwaltung für Arbeit und Sozialfürsorge der Sowjetischen Besatzungszone in Deutschland), S. 76 ff., Berlin 1945–1947

Herschel, Wilhelm: Festsetzung von Mindestarbeitsbedingungen, Bundesarbeitsblatt 1952, S. 36 ff.

Herschel, Wilhelm: Zur Entstehung des Tarifvertragsgesetzes, ZFA 1973, S. 183 ff.

Heukenkamp, Elisabeth: Gesetzlicher Mindestlohn in Deutschland und Frankreich, Baden-Baden 2017

Heuschmid, Johannes/Hlava, Daniel: Die Durchsetzungsmechanismen des Mindestlohngesetzes, NJW 2015, S. 1719 ff.

Hilgenstock, Christopher: Das Mindestlohngesetz, München 2014

Hoffmann, Dierk: Aufbau und Krise der Planwirtschaft. Die Arbeitskräftelenkung in der SBZ/DDR 1945 bis 1963, München 2002

Hohnstein, Franziska: Der gesetzliche Mindestlohn – auch Folgen für die Logistikbranche?, NJW 2015, S. 1844 ff.

Holcombe, A. N.: The British Minimum Wages Act of 1909, The Quarterly Journal of Economics 1910, S. 574 ff.

Honeyball, Simon: Great Debates in Employment Law, 2. Auflage, London 2015

Honeyball, Simon/Bowers', John: Textbook on Employment Law, 14. Auflage, Oxford 2016

Horn, Gustav/Joebges, Heike/Logeay, Camille/Sturn, Simon: Frankreich: Ein Vorbild für Deutschland? Ein Vergleich wirtschaftspolitischer Strategien mit und ohne Mindestlohn, IMK Report Nr. 31 aus 2008, abrufbar unter: https://www.boeckler.de/pdf/p_imk_report_31_2008.pdf

Huber, Franz C.: Das Submissionswesen, Tübingen 1885

Hueck, Alfred/Nipperdey, Hans Carl: Lehrbuch des Arbeitsrechts, 1. Band, 7. Auflage, Berlin/Frankfurt a.M. 1963

Hueck, Alfred/Nipperdey, Hans Carl: Lehrbuch des Arbeitsrechts, 2. Band, 7. Auflage, Berlin/Frankfurt a.M. 1966

Hueck, Alfred/Nipperdey, Hans Carl: Grundriß des Arbeitsrechts, 5. Auflage, Berlin/Frankfurt a.M. 1970

Hund, Daniel: Anrechenbarkeit von variablen Vergütungsbestandteilen – Was zählt zum Mindestlohn?, AuA 2014, S. 662 ff.

Jackson, Michael/Leopold, John/Tuck Kate: Decentralization of Collective Bargaining – An Analysis of Recent Experience in the UK, London 1993

Jacobi, Erwin: Einführung in das Gewerbe- und Arbeitsrecht, 5. Auflage, Leipzig 1926

Jarass, Hans D.: Charta der Grundrechte der Europäischen Union, München 2021

Jares, Patricia: Was gehört alles zum Mindestlohn? – Anrechnung von Zulagen, Zuschlägen und anderen Vergütungsbestandteilen, DB 2015, S. 307 ff.

Jauernig, Othmar: Bürgerliches Gesetzbuch Kommentar (hrsg. v. Rolf Stürner), 18. Auflage, München 2021

Jhering, Rudolf von: Das Trinkgeld, Braunschweig 1882

Jöris, Heribert/Steinau-Steinrück, Robert von: Der gesetzliche Mindestlohn, BB 2014, S. 2101 ff.

Junker, Abbo: Gesetzlicher Mindestlohn und Europäische Grundfreiheiten, EuZA 2015, S. 399 ff.

Kabelitz, Stefan: Festsetzung von Mindestarbeitsentgelten nach dem MiArbG im Spannungsverhältnis von Tarifautonomie und der Gewährleistung angemessener Arbeitsentgelte, Kiel 2011

Kahn-Freund, Otto: Legislation Through Adjudication. The Legal Aspect of Fair Wages Clauses and recognised conditions, The Modern Law Review 1948, S. 269 ff., S. 479 ff.

Kahn- Freund, Otto: Minimum Wage Legislation in Great Britain, University of Pennsylvania Law Review 1949, S. 778 ff.

Kahn-Freund, Otto: Über einige charakteristische Grundsätze des britischen Arbeitsrechts, RdA 1952, S. 361 ff. (1. Teil), 405 ff. (2. Teil)

Kahn-Freund, Otto: A note on status and contract in British Labour Law, The Modern Law Review 1967, S. 635 ff.

Kahn-Freund, Otto: Koalitionsfreiheit und Tarifautonomie in Großbritannien, in: Koalitionsfreiheit und Tarifautonomie als Probleme der modernen Demokratie (hrsg. v. Helmut Duvernell), Berlin 1968, S. 79 ff.

Kahn-Freund, Otto: Labour and the Law, 2. Auflage, London 1977

Kahn-Freund, Otto: Selected Writings – Published under the Auspices of the Modern Law Review, London 1978

Kahn-Freund, Otto: The European Social Charter, in: European Law and the Individual (hrsg. v. F. G. Jacobs), Amsterdam/New York/Oxford 1976, S. 181 ff.

Kainer, Friedemann: Mindestlohnregelungen im Lichte der europäischen Grundfreiheiten, NZA 2016, S. 394 ff.

Kaskel, Walter: Das neue Arbeitsrecht – Systematische Einführung, 4. Auflage, Berlin 1922

Kaskel, Walter (überarbeitet von Hermann Dersch): Arbeitsrecht, 4. Auflage, Berlin 1932

Kathmann, Till/Dingeldey, Irene: Landesmindestlöhne: Vom Wegbereiter zum Auslaufmodell?, Reihe Arbeit und Wirtschaft in Bremen, 12/2015, abrufbar unter: http://www.iaw.uni-bremen.de/ccm/publications/material---pdf/ arbeit-und-wirtschaft-in-bremen/landesmindestloehne-vom-wegbereiter-zum-auslaufmodell.de

Keeling, Frederic: The Trade Boards Act, The Economic Journal 1914, S. 157 ff.

Keevash, Stephen: Wages Councils: An Examination of Trade Union and Conservative Government Misconceptions about the Effect of Statutory Wage Fixing, Industrial Law Journal 1985, S. 217 ff.

Keiser, Thorsten: Rechtshistorische Anmerkungen zum Mindestlohn, in: Mindestlohn. Interdisziplinäre Betrachtungen (hrsg. v. Christian Arnold und Philipp S. Fischinger), Tübingen 2019, S. 67 121 ff.

Kelly, Richard: Statutory Instruments, House of Commons Briefing Paper Number 06509 (15.12.2016),abrufbar unter: https://commonslibrary.parliament.uk/research-briefings/sn06509/

Kempen, Otto Ernst/Zachert, Ulrich: Kommentar Tarifvertragsgesetz (hrsg. v. Holger Brecht-Heitzmann, Otto Ernst Kempen, Jens M. Schubert, Achim Seifert), 5. Auflage, Frankfurt a. M. 2014

Keter, Vincent: Posted Workers, House of Commons Library, SNB/BT/301, abrufbar unter: http://researchbriefings.files.parliament.uk/documents/SN00301/SN00301.pdf

Kiel, Heinrich/Lunk, Stefan/Oetker, Hartmut: Münchener Handbuch zum Arbeitsrecht, 4. Auflage, München 2019

Kienast, Rainer/Jansen, Richard: Die Grenzen des Mindestlohns – eine europäische Perspektive, DB 2014, S. 2654 f.

Kittner, Michael: Arbeitskampf. Geschichte, Recht, Gegenwart, München 2005

Klingert, Isabell/Lenhart, Julia: Mindestlohn in Deutschland – Effekte der Ausnahmeregelung für Langzeitarbeitslose, IAB-Forum 2017, abrufbar unter: https://www.iab-forum.de/mindestlohn-in-deutschland-effekte-der-ausnahmeregelung-fuer-langzeitarbeitslose/

Knabe, Adreas/Schöb, Ronnie/Thum, Marcel: Der flächendeckende Mindestlohn, Perspektiven der Wirtschaftspolitik 2014, S. 133 ff.

Kocher, Eva: Die Tariftreueerklärung vor dem EuGH, DB 2008, S. 1042 ff.

Kocher, Eva: „Je Zeitstunde" – zur Auslegung des § 1 Abs. 2 Satz 1 MiLoG, AuR 2015, S. 173 ff.

Kohaut, Susanne: Tarifbindung: Weiterhin deutliche Unterschiede zwischen Ost- und Westdeutschland, in: IAB-Forum 2019, abrufbar unter: https://www.iab-forum.de/tarifbindung-weiterhin-deutliche-unterschiede-zwischen-ost-und-westdeutschland/

Körner, Marita: Mindestlohnanforderungen im internationalen Arbeitsrecht, NZA 2011, S. 425 ff.

Kranig, Andreas: Lockung und Zwang. Zur Arbeitsverfassung im Dritten Reich, Stuttgart 1983

Kühn, Friedrich: Die Schlichtungsstreitigkeit nach der Verordnung über das Schlichtungswesen vom 30. Oktober 1923, Weimar 1933

Kulbe, Ursula Maria: Kollektivrechtliche Vereinbarungen im englischen Arbeitsrecht, Köln 1986

Kunz, Frithjof/Thiel, Wera et al.: Arbeitsrecht, Berlin 1986

Lakies, Thomas: Inhaltskontrolle von Vergütungsvereinbarungen im Arbeitsrecht, NZA-RR 2002, S. 337 ff.

Lakies, Thomas, Basiskommentar zum MiLoG, 5. Auflage, Frankfurt a.M. 2021

Lakies, Thomas: Die „schwarz-rote" Lohnregulierung nach der Koalitionsvereinbarung, ArbRAktuell 2014, S. 3 ff.

Lakies, Thomas: Ein Jahr gesetzlicher Mindestlohn – gelöste und ungelöste Rechtsprobleme, AuR 2016, S. 14 ff.

Leible, Stefan/Lehmann, Matthias: Die Verordnung über das auf das vertragliche Schuldverhältnisse anzuwendende Recht („Rom I"), RIW 2008, S. 528 ff.

Lembke, Mark: Das Mindestlohngesetz und seine Auswirkungen auf die arbeitsrechtliche Praxis, NZA 2015, S. 70 ff.

Lembke, Mark: Mindestlohngesetz – erste Rechtsprechung und praktische Erfahrungen, NZA 2016, S. 1 ff.

Lembke, Mark: Der Mindestlohnanspruch – erste Rechtsprechung zum Mindestlohngesetz, NJW 2016, S. 3617 ff.

Lewis, Roy: The legal enforceability of collective agreements, British Journal of Industrial Relations 1970, S. 313 ff.

Lewis, Roy: Collective agreements: The Kahn-Freund Legacy, The Modern Law Review 1979, S. 613 ff.

Leyen, Ursula von der: „Eine Union, die mehr erreichen will. Meine Agenda für Europa." Politische Leitlinien für die künftige Europäische Kommission 2019–2024, abrufbar unter: https://ec.europa.eu/info/sites/info/files/political-guidelines-next-commission_de.pdf

Lieb, Manfred: Mehr Flexibilität im Tarifvertragsrecht? ``Moderne" Tendenzen auf dem Prüfstand, NZA 1994, S. 337 ff.

Lobinger, Thomas: Mindestlohn und Menschenwürde, in: Verfassungsvoraussetzungen – Gedächtnisschrift für Winfried Brugger (hrsg. v. Michael Anderheiden, Rainer Keil, u.a.), Tübingen 2013, S. 355 ff.

Lockton, Deborah J.: Employment Law, 8. Auflage, Houndsmills/Basingstoke 2011

Loew, Emil: Das Gesetz betreffend die Einigungsämter (Conciliation Trade Disputes Act 1896), in: Archiv für Soziale Gesetzgebung und Statistik (hrsg. v. Heinrich Braun), Berlin 1896, S. 583 ff.

Loewenstein, Karl: Staatsrecht und Staatspraxis von Großbritannien – Band I, Berlin u.a. 1967

Lotmar, Philipp: Der Arbeitsvertrag (durchgesehen und hrsg. v. Manfred Rehbinder), 2. Auflage, Berlin 2001

Lovell, John: Trade Unions and the development of independent labour politics 1889–1906, in: Trade Unions in British Politics: the first 250 years (hrsg. v. Ben Pimlott, Chris Cook), 2. Auflage, London/New York 1991, S. 28 ff.

Löw, Stefan: Lohnwucher – Unangemessene Entgeltvereinbarungen und ihre Folgen, MDR 2004, S. 734 ff.

Löwisch, Manfred: Landesrechtliche Tariftreue als Voraussetzung der Vergabe von Bau- und Verkehrsleistungen, DB 2004, S. 814 ff.

Löwisch, Manfred: Die neue Mindestlohngesetzgebung, RdA 2009, S. 215 ff.

Ludwig, Gero/Rosenau, Marc: Auslandsbezug beim Mindestlohn, AuA 2015, S 144 f.

Machin, Stephen/Manning, Alan: The Effects of Minimum Wages on wage dispersion and employment: evidence from the U.K. Wage Councils, Industrial and Labor Relations Review 1994, S. 319 ff.

Mackenzie, Norman: The Letters of Sidney and Beatrice Webb – Volume I Apprenticeships 1873–1892, Cambridge 1978

Mampel, Siegfried: Reformen im Arbeitsrecht der DDR, NJW 1978, S. 520 ff.

Mankowski, Peter: Die Unionsrechtskonformität des Mindestlohngesetzes – unter besonderer Berücksichtigung des grenzüberschreitenden Straßenverkehrs, RdA 2017, S. 273 ff.

Manning, Alan: Minimum Wages: A View from the UK, Perspektiven der Wirtschaftspolitik 2013, S. 57 ff.

Marburg, Gustav: Soziale Reformen. Ein Programm für die Mittelstandsparteien des Staates, 9. Auflage, Wien 1910

Martiny, Dieter: Europäisches Internationales Vertragsrecht – Erosion der Römischen Konvention?, ZEuP 1997, S. 107 ff.

Maschmann, Frank: Die staatliche Durchsetzung des allgemeinen Mindestlohns nach den §§ 14 ff. MiLoG, NZA 2014, S. 929 ff.

Mason, Alpheus: The British Trades Disputes Act of 1927, The American Political Science Review 1928, S. 143 ff.

Mason, Timothy W.: Sozialpolitik im Dritten Reich. Arbeiterklasse und Volksgemeinschaft, Opladen 1977

Maunz, Theodor/Dürig, Günter: Grundgesetz Kommentar (hrsg. v. Roman Herzog, Rupert Scholz, Matthias Herdegen, Hans H. Klein, u.a.), München 2021

McCarthy, William E. J.: The closed shop in Britain, Oxford 1964

McCready, H. W.: British Labour's Lobby 1967–75, The Canadian Journal of Economics and Political Science 1956, S. 141 ff.

Mckelvey, Jean T.: The „Closed Shop" Controversy in Postwar Britain, Industrial and Labour Relations Review 1954, S. 550 ff.

McMullen, Jeremy: Employment Law under the Tories – A guide to current attack on worker's rights, London 1981

Metcalf, David: Low Pay, Occupational Mobility, and Minimum-Wage Policy in Britain, Washington/London 1981

Metcalf, David: The British National Minimum Wage, BJIR 1999, S. 171 ff.

Metcalf, David: Discussion paper 419 – The British National Minimum Wage, London 1999

Metcalf, David: The Low Pay Commission and the National Minimum Wage, The Economic Journal 2001, S. F46 ff.

Metcalf, David: On the impact of the British National Minimum Wage on pay and employment, abrufbar unter: http://citeseerx.ist.psu.edu/viewdoc/download?doi=10.01.1.169.2096&rep=rep1&type=pdf

Mette, Elisabeth: Brennpunkt Scheinselbständigkeit, NZS 2015, S. 721

Michas, Joachim et al.: Arbeitsrecht der DDR, Berlin 1970

Mikkola, Matti: Social Human Rights of Europe, Porvoo 2010

Ministry of Labour: Industrial Councils. The Whitley Report, London 1917

Ministry of Labour: Industrial Relations Handbook, London 1961

Moll, Wilhelm/Katerndahl, Christoph: Deutscher Mindestlohn auf der „Durchreise"? – Zur Geltung des gesetzlichen Mindestlohns bei Transitfahrten, DB 2015, S. 555 ff.

Moll, Wilhelm/Veit, Päßler/Reich, Astrid: Der gesetzliche Mindestlohn – Grundzüge, Praxisprobleme und Risiken, MDR 2015, S. 125 ff.

Moran, Michael: Die Ursprünge des Industrial Relations Act, in: Gewerkschaften in Großbritannien (hrsg. v. Paul Windolf), Frankfurt a. M./New York 1983

Müller, Günther: Das Ausgleichs- und Schiedsverfahren in Arbeitsstreitigkeiten, Neue Justiz 1947, S. 89 ff.

Münchener Kommentar zum Bürgerlichen Gesetzbuch: Hrsg.: Säcker, Jürgen/Rixecker, Roland/Oetker, Hartmut/Limperg, Bettina, 8. Auflage, München 2020

Münchener Kommentar Europäisches und Deutsches Wettbewerbsrecht: Hrsg.: Bornkamm, Joachim/Montag, Frank/Säcker, Franz Jürgen, 2. Auflage, München 2018

Napier, Brian: Recent Cases – Incorporation of collective agreements, Industrial Law Journal 1986, S. 52 ff.

Napier, Brian: The Contract of Employment, in: Labour Law in Britain (hrsg. v. Roy Lewis), S. 327 ff., Oxford 1986

Nassibi, Ghazaleh: Das Verbot sittenwidriger Löhne und die Europäische Sozialcharta, Kritische Justiz 2010, S. 194 ff.

Nassibi, Ghazaleh: Schutz vor Lohndumping in Deutschland – Eine Untersuchung des Arbeitsrechts, Arbeitsstrafrechts und Arbeitsvölkerrechts, Baden-Baden 2012

Natzel, Ivo: Der Praktikant als Mindestlöhner, BB 2014, S. 2490 ff.

Nermerich, Daniel: Mindestlohn – eine kritische Einordnung, Frankfurt a.M. u.a. 2009

Neubeck, Xenia: Die Europäische Sozialcharta und deren Protokolle, Frankfurt a.M. u.a. 2002

Nielebock, Helga: Allgemeinverbindliche und gesetzliche Mindestentgelte und Mindestarbeitsbedingungen – ausgewählte Aspekte, in: Anforderungen an ein modernes kollektives Arbeitsrecht, Festschrift für Otto Ernst Kempen (hrsg. v. Jens Schubert), Baden-Baden 2013, S. 181 ff.

Nörr, Knut Wolfgang: Grundlinien des Arbeitsrechts der Weimarer Republik, ZfA 1986, S. 403 ff.

Obenhaus, Nils/Brügge, Philipp/Herden, Verena/Schönhöft, Andreas: Schwarzarbeitsbekämpfungsgesetz Kommentar, München 2016

O'Cinneide, Colm: The European Social Charter and the UK: Why it Matters, King's Law Journal 2018, S. 275 ff.

Oertmann, Paul: Hungerlöhne und Arbeitsvertrag, Deutsche Juristen-Zeitung 1913, S. 254 ff.

Orth, John: English Law and Striking Workmen The Molestation of Workmen Act, 1859, The Journal of Legal History 1981, S. 238 ff.

Palmer, Gill: Donovan, The Commission on Industrial Relations and Post-Liberal Rationalisation, BJIR 1986, S. 267 ff.

Papperger, Inka: Mindestlohn in der Pflege, Baden-Baden 2016

Peel, Edwin: The law of contract, 14. Auflage, London 2015

Pennings, Frans/Seeleib-Kaiser, Martin: EU Citizenship and Social Rights. Entitlement and Impediments to Accessing Welfare, Cheltemham/Northampton 2018

Pesl, Ludwig Daniel: Der Mindestlohn, München/Leipzig 1914

Peter, Gabriele: Gesetzlicher Mindestlohn – Eine Maßnahme gegen Niedriglöhne von Frauen, Baden-Baden 1995

Peter, Gabriele/Kempen, Otto Ernst/Zachert, Ulrich: Rechtliche und rechtspolitische Aspekte der Sicherung von tariflichen Mindeststandards, abrufbar unter: https://www.boeckler.de/pdf/wsi_rechtsgutachten_mindeststandards.pdf

Petrache, Lavinia/Rudolph, Karen: Europäischer Mindestlohn, cepInput Nr. 13/ 2020, abrufbar unter: https://www.cep.eu/fileadmin/user_upload/cep.eu/ Studien/cepInput_Europaeischer_Mindestlohn/cepInput_Europaeischer_ Mindestlohn.pdf

Picker, Christian: Niedriglohn und Mindestlohn, RdA 2014, S. 25 ff.

Picker, Christian/Sausmikat, Phillip: Ausnahmsweise Mindestlohn?, NZA 2014, S. 942 ff.

Pitt, Gwyneth: Employment Law, 10. Auflage, London 2016

Pleyer, Klemens/Lieser-Triebnigg, Erika: Funktion und Entwicklung des Arbeitsrechts in der DDR, RdA 1971, S. 65 ff.

Potter, Beatrice: The Lords and the Sweating System, The Nineteenth Century 1890, S. 885 ff.

Preis, Ulrich/Ulber, Daniel: Ausschlussfristen und Mindestlohngesetz – Der Mindestlohn als unabdingbarer Sockelanspruch, Frankfurt a.M. 2014

Preis, Ulrich: Von der Antike zur digitalen Arbeitswelt – Herkunft, Gegenwart und Zukunft des Arbeitsrechts, RdA 2019, S. 75 ff.

Prigge, Wolfgang-Ulrich: Gewerkschaftspluralismus und kooperative Interessenvertretung in Großbritannien, Bochum 1995

Pütz, Hendrik: Die Auftraggeberhaftung auf den Mindestlohn – Ein Beitrag zur Auslegung und verfassungsrechtlichen Bewertung des § 13 MiLoG, Baden-Baden 2018

Pyper, Doug: The National Minimum Wage: historical background, Commons Briefing papers SN06897 aus 2014

Pyper, Doug: The National Minimum Wage: rates and enforcement, Commons Briefing papers CBP06898 aus 2018

Reinecke, Gerhard: Vertragskontrolle im Arbeitsverhältnis, NZA-Beilage 2000, S. 23 ff.

Renshaw, Patrick: The depression years 1918–1931, in: Trade Unions in British Politics: the first 250 years (hrsg. v. Ben Pimlott, Chris Cook), 2. Auflage, London/New York 1991, S. 88 ff.

Rhein, Thomas: Mindestlohn, Mindestsicherung und Mindesteinkommen in wirtschaftswissenschaftlicher Perspektive, NZA-Beil. 2009, S. 91 ff.

Rheinstein, Max: Einführung in die Rechtsvergleichung (hrsg. v. Reimer von Borries), München 1974

Richardson, John Henry: Industrial Relations in Great Britain, Genf 1933

Rideout, R. W.: Statutes – The Industrial Relations Act 1971, The Modern Law Review 1971, S. 655 ff.

Rieble, Volker: Arbeitsmarkt und Wettbewerb – Der Schutz von Vertrags- und Wettbewerbsfreiheit im Arbeitsrecht, Berlin u.a. 1996

Rieble, Volker/Klebeck, Ulf: Gesetzlicher Mindestlohn?, ZIP 2006, S. 829 ff.

Rieble, Volker: Funktionalität allgemeiner und sektoraler Mindestlöhne, in: Mindestlohn als politische und rechtliche Herausforderung (hrsg. v. Volker Rieble, Abbo Junker, Richard Giesen), München 2011, S. 17 ff.

Riechert, Christian/Nimmerjahn, Lutz: Mindestlohngesetz Kommentar, 2. Auflage, München 2017

Rinckhoff, Christopher: Die bürgengleiche Haftung im Arbeits- und Sozialrecht, Berlin u.a. 2019

Rubinstein, David: Trade Unions, politicians and public opinion 1906–1914, in: Trade Unions in British Politics: the first 250 years (hrsg. v. Ben Pimlott, Chris Cook), 2. Auflage, London/New York 1991, S. 48 ff.

Rudischhauser, Sabine: Geregelte Verhältnisse. Eine Geschichte des Tarifvertragsrechts in Deutschland und Frankreich (1890–1918/19), Köln u.a. 2017

Rudkowski, Lena: Mindestlohn bei der Verwaltung von Wohnungseigentum, ZWE 2015, S. 11 ff.

Rybarz, Stefan: Mindestlöhne – Totengräber für Tarifverträge?, Marburg 2010

Sagan, Adam/Witschen, Stefan: Mindestlohn für alle? Zum Anwendungsbereich des Mindestlohngesetzes und dessen Kollision mit vertraglichen Entgeltabreden, jM 2014, S. 372 ff.

Sagan, Adam/Witschen, Stefan/Schneider, Christopher: Der Kommissionsvorschlag für angemessene Mindestlöhne in der Europäischen Union Kompetenzen, Grundrechte und mögliche Folgen für das deutsche Recht, ZESAR 2021, S. 103 ff.

Sahl, Karl-Heinz/Stang, Brigitte: Das Arbeitnehmer-Entsendegesetz und die Europäische Entsenderichtlinie – Taugliche Versuche zur Regulierung des europäischen Bauarbeitsmarktes?, AiB 1996, S. 652 ff.

Samuel, Geoffrey: A Short Introduction to the Common Law, Cheltenham u. a. 2013

Sansone, Piero/Ulber, Daniel: Neue Bewegung in der Mindestlohndebatte?, AuR 2008, S. 125 ff.

Schaub, Günter/Ahrendt, Martina et al.: Arbeitsrechts-Handbuch, Systematische Darstellung und Nachschlagewerk für die Praxis, 19. Auflage, München 2021

Schaum, G.: Arbeitsverfassung- und Koalitionsrecht – sowie – Der Abschluss von Tarifverträgen nach Befehl 61, in: Jahrbuch Arbeit und Sozialfürsorge (1945–1947), (hrsg. von der Deutschen Verwaltung für Arbeit und Sozialfürsorge der Sowjetischen Besatzungszone in Deutschland), Berlin 1945–1947, S. 81 ff., 85 ff.

Schneider, Gernot: Arbeitsbedingungen und Einkommen 1981–85 in der DDR, Deutschland Archiv 1987, S. 402 ff.

Schneider, Rudolf: Geschichte des Arbeitsrechts der Deutschen Demokratischen Republik, Berlin 1957

Schoenmaker, Simon: Die historische Entwicklung des Vergabeverfahrens in Deutschland, Österreich und der Schweiz, Von den antiken Ursprüngen bis zur Gegenwart, Baden-Baden 2019

Schöb, Ronnie/Thum, Marcel: Ein Mindestlohn für Deutschland? in: Die Zukunft der Wohlfahrtsgesellschaft. Festschrift für Hans-Werner Sinn (hrsg. v. Kai A. Konrad, Ronnie Schöb, Marcel Thum, Alfons Weichenrieder), Frankfurt a.M. u.a. 2013, S. 193 ff.

Schubert, Jens/Jerchel, Kerstin/Düwell, Franz Josef: Das neue Mindestlohngesetz. Grundlagen und Auswirkungen, Baden-Baden 2015

Schwab, Brent: Das neue Arbeitnehmer-Entsendegesetz, NZA-RR 2010, S. 225 ff.

Schweibert, Ulrike/Leßmann, Jochen: Mindestlohngesetz – der große Wurf?, DB 2014, S. 1866 ff.

Seifert, Achim: Rechtliche Probleme von Tariftreueerklärungen – Zur Zulässigkeit einer Verfolgung arbeitsmarktpolitischer Zielsetzungen durch die Vergabe öffentlicher Bauaufträge, ZfA 2001, S. 1 ff.

Seifert, Achim: Der salaire minimum interprofessionnel de croissance (SMIC): rechtliche Gestaltung und Erfahrungen, in: Mindestlohn als politische und rechtliche Herausforderung (hrsg. v. Volker Rieble, Abbo Junker, Richard Giesen), München 2011, S. 75 ff.

Seifert, Achim: Der Tarifausschuss beim Bundesministerium für Arbeit und Soziales, in: Anforderungen an ein modernes kollektives Arbeitsrecht, Festschrift für Otto Ernst Kempen (hrsg. v. Jens Schubert), Baden-Baden 2013, S. 196 ff.

Sells, Dorothy: The British Trade Boards system, London 1923

Selmayr, Martin: Die gemeinschaftsrechtliche Entsendungsfreiheit und das deutsche Entsendegesetz, ZfA 1996, S. 615 ff.

Shackleton, Richard: Trade unions and the slump, in: Trade Unions in British Politics: the first 250 years (hrsg. v. Ben Pimlott, Chris Cook), 2. Auflage, London/New York 1991, S. 109 ff.

Sick, Philipp: Das Risiko der „Auftraggeberhaftung" nach dem Mindestlohngesetz (MiLoG), RdA 2016, S. 224 ff.

Simpson, Bob: Implementing the National Minimum Wage – The 1999 Regulations, Industrial Law Journal 1999, S. 171 ff.

Simpson, Mark: Assessing the Compliance of the United Kingdom's Social Security System with its Obligations under the European Social Charter, Human Rights Law Review 2018, S. 745 ff.

Sittard, Ulrich: Deutscher Mindestlohn: Zur Ausdehnung des Arbeitnehmer-Entsendegesetzes und zur Fluchtmöglichkeit für Arbeitgeber, ZIP 2007, S. 1444 ff.

Sittard, Ulrich: Neue Mindestlohngesetze in Deutschland, NZA 2009, S. 346 ff.

Sittard, Ulrich: Voraussetzungen und Wirkungen der Tarifnormerstreckung nach § 5 TVG und dem AEntG. Zugleich ein Beitrag zur Debatte um staatliche Mindestlöhne, München 2010

Sittard, Ulrich: Keine Nachwirkung von Mindestlohntarifverträgen, NZA 2012, S. 299 ff.

Sittard, Ulrich: Im Dschungel der Mindestlöhne – ein Versuch der Systematisierung, RdA 2013, S. 301 ff.

Sittard, Ulrich: Das MiLoG – Ein Ausblick auf die Folgen und anstehende Weichenstellungen, NZA 2014, S. 951 ff.

Sittard, Ulrich: Gilt das Mindestlohngesetz auch beim Kurzeinsatz in Deutschland?, NZA 2015, S. 78 ff.

Sittard, Ulrich: Das neue MiLoG: Mindestlohnberechnung und zivilrechtliche Folgen von Mindestlohnverstößen, RdA 2015, S. 99 ff.

Sittard, Ulrich/Sassen, Merle: Ein Jahr Mindestlohn – ein Update, NJW 2016, S. 364 ff.

Sitzler, Friedrich/Gaßner, Georg: Die Schlichtungsverordnung vom 30. Oktober 1923, 3. Auflage, Berlin 1924

Skidmore, Paul: Enforcing the Minimum Wage, Journal of Law and Society 1999, S. 427 ff.

Smith, Constance: The Working of the Trade Boards Act in Great Britain and Ireland, Journal of Political Economy 1914, S. 605 ff.

Smith, D. W./Sloane, K.: The British Royal Commission on Trade Unions and Employers' associations 1965–1968, Western Australia Law Review 1969, S. 1 ff.

Sodan, Helge/Zimmermann, Markus: Tarifvorrangige Mindestlöhne versus Koalitionsfreiheit – Die Neufassung des Mindestarbeitsbedingungsgesetzes und des Arbeitnehmer-Entsendegesetzes, NJW 2009, S. 2001 ff.

Spielberger, Marc/Schilling, Angela: Der Regierungsentwurf zum Gesetz über die Regelungen eines allgemeinen Mindestlohns (MiLoG) – Eine Darstellung der wesentlichen Regelungen mit ersten kritischen Anmerkungen, NZA 2014, S. 414 ff.

Starr, Gerald: Minimum Wage Fixing – An international review of practices and problems, Genf 1981

Steiff, Jakob/André, Tobias: Konsequenzen aus dem EuGH-Urteil zur Tariftreue, NZBau 2008, S. 364 ff.

Steiger, Karsten: Kooperation, Konfrontation, Untergang. Das Weimarer Tarif- und Schlichtungswesen während der Weltwirtschaftskrise und seine Vorbedingungen, Stuttgart 1998

Stein, Rolf/Rabe von Pappenheim, Henning: Arbeitsrecht in Großbritannien, 1. Auflage, München u.a. 1996

Steinmetz, Willibald: Begegnungen vor Gericht – Eine Sozial- und Kulturgeschichte des englischen Arbeitsrechts (1850–1925), München 2002

Stevenson, John: Early trade unionism: radicalism and respectability, in: Trade Unions in British Politics: the first 250 years (hrsg. v. Ben Pimlott, Chris Cook), 2. Auflage, London/New York 1991, S. 1 ff.

Stiebert, Tom/Pötters, Stephan: Spielräume der Exekutive bei Mindestlöhnen durch Rechtsverordnung, RdA 2013, S. 101 ff.

Streinz, Rudolf: Kommentar EUV/AEUV, München 2018

Stütze, Sebastian: Die Kontrolle der Entgelthöhe im Arbeitsrecht – Zugleich ein Beitrag zu den Grundlagen und Grenzen der Vertragsfreiheit und Tarifautonomie, Baden-Baden 2010

Sura, Stephan: Anrechnungsmöglichkeiten und Berechnungsgrundlagen von anderweitigen Entgeltelementen bei Erfüllung des gesetzlichen Mindestlohns, BB 2018, S. 437 ff.

Świątkowski, Andrzej Marian: Charter of Social Rights of the Council of Europe, Alphen aan den Rijn 2007

Tampke, Jürgen: Bismarcks Sozialgesetzgebung: Ein wirklicher Durchbruch?, in: Die Entstehung des Wohnfahrtstaates in Großbritannien und Deutschland 1850–1950 (hrsg. v. Wolfgang J. Mommsen, Wolfgang Mock), Stuttgart 1982, S. 79 ff.

Taylor, Robert: The trade union 'problem' in the Age of Consensus, in: Trade Unions in British Politics: the first 250 years (hrsg. v. Ben Pimlott, Chris Cook), 2. Auflage, London/New York 1991, S. 173 ff.

Teple, Edwin: Comment – Britain's Industrial Relations Act 1971, Case Western Reserve Journal of International Law 1971, S. 30 ff.

Thalmann, H.: Löhne und Preise, in: Jahrbuch Arbeit und Sozialfürsorge (1945–1947), (hrsg. von der Deutschen Verwaltung für Arbeit und Sozialfürsorge der Sowjetischen Besatzungszone in Deutschland), Berlin 1945–1947, S. 112 ff.

Thiel, Wera: Arbeitsrecht in der DDR. Ein Überblick über die Rechtsentwicklung und der Versuch einer Wertung, Opladen 1997

Thüsing, Gregor: Kommentar Arbeitnehmer-Entsendegesetz (AEntG) und Erläuterungen zum Mindestarbeitsbedingungsgesetz, 1. Auflage, München 2010

Thüsing, Gregor/Hütter, Gisela: Was ist Arbeit? – Oder: Warum Bereitschaftsdienst keine Arbeitszeit im Sinne des MiLoG ist, NZA 2015, S. 970 ff.

Thüsing, Gregor: Kommentar Mindestlohngesetz (MiLoG) und Arbeitnehmer-Entsendegesetz (AEntG), 2. Auflage, München 2016

Tiffin, Richard/Dawson, P. J.: Average earnings, Minimum Wages and Granger-Causality in agriculture in England and Wales, Oxford Bulletin of Economics and Statistics 1996, S. 435 ff.

Tophof, Paul Alexander: Die Rechtsnatur der Auftraggeberhaftung – Einordnung des § 14 AEntG und § 13 MiLoG in das System der Bürgenhaftung, Berlin 2019

Tscherner, Eva Maria: Arbeitsbeziehungen und Europäische Grundfreiheiten, München 2012

Turner, H. A.: The Donovan Report, The Economic Journal 1969, S. 1 ff.

Tugendreich, Bettina: Mindestlohnvorgaben im Kontext des Vergaberechts, NZBau 2015, S. 395 ff.

Ulber, Daniel: Tarifdispositives Gesetzesrecht im Spannungsfeld von Tarifautonomie und grundrechtlichen Schutzpflichten, Berlin 2010

Ulber, Daniel: Die Erfüllung von Mindestlohnansprüchen, RdA 2014, S. 176 ff.

Ulber, Daniel: Der Weg der Betriebsverfassung ins Grundgesetz, RdA 2015, S. 288 ff.

UNISON – Bargaining for the Living Wage, abrufbar unter: https://www.unison.org.uk/content/uploads/2018/07/Living-Wage.pdf

Upex, Robert: The Law of Termination of Employment, 6. Auflage, Bristol 2001

U. S. Department of Labor – Bureau of Labor Statistics: Bulletin of the United States Bureau of Labor Statistics, Whole No. 167, Miscellaneous Series No. 8: Minimum-Wage Legislation in the United States and foreign countries, Washington April 1915

Viethen, Hans Peter: Mindestlohn für Alle: materiell-rechtliche Probleme der Neuregelung, NZA-Beil. 2014, S. 143 ff.

Vitzthum, Wolfgang/Proelß, Alexander: Völkerrecht, 7. Auflage, Berlin u.a. 2016

Waltermann, Raimund: Mindestlohn oder Mindesteinkommen?, NJW 2010, S. 801 ff.

Waltermann, Raimund: Entwicklungslinien der Tarifautonomie, RdA 2014, S. 86 ff.

Waltermann, Raimund: Aktuelle Fragen des Mindestlohngesetzes, AuR 2015, S. 166 ff.

Waltermann, Raimund: Ist die Allgemeinverbindlicherklärung erfolgversprechend reformiert?, RdA 2018, S. 137

Waltman, Jerold: Minimum Wage Policy in Great Britain and the United States, New York 2008

Wank, Rolf: Mindestlöhne – Begründungen und Instrumente, in: Festschrift für Herbert Buchner zum 70. Geburtstag (hrsg. v. Jobst-Hubertus Bauer, Michael Kort, u.a.), München 2009, S. 898 ff.

Wank, Rolf: Der Mindestlohn, RdA 2015, S. 88 ff.

Wank, Rolf: Der Arbeitnehmerbegriff in der Europäischen Union – Praktische Konsequenzen, EuZA 2018, S. 327 ff.

Webb, Sydney/Webb, Beatrice: The History of Trade Unionism, London 1898

Weber, Alfred: in: Schriften zur Wirtschafts- und Sozialpolitik 1897–1932 (hrsg. v. Hans G. Nutzinger u.a.), Marburg 2000

Weddernburn, Kenneth William: The Worker and the Law, 3. Auflage, London 1986

Wedderburn, Kenneth William: Report of the Royal Commission on Trade Unions and Employer's Associations, The Modern Law Review 1968, S. 674 ff.

Wedderburn, Kenneth William: Labour Law: From Here to Autonomy?, Industrial Law Journal 1987, S. 1 ff.

Wedderburn, Kenneth William: Die neue Struktur des Arbeitsrechts in Großbritannien, in: Gewerkschaften in Großbritannien (hrsg. v. Paul Windolf), Frankfurt a. M./New York 1983

Weigert, Daniel-René: Die Anrechenbarkeit von Vergütungsbestandteilen auf den gesetzlichen Mindestlohn, NZA 2017, S. 745 ff.

Weir, Stuart: Unequal Britain. Human rights as a route to social justice, London 2006

Whetham, Edith H.: The Agriculture Act, 1920 and its Repeal – the „Great Betrayal", The Agricultural History Review 1974, S. 36 ff.

Wiedemann, Herbert: Kommentar Tarifvertragsgesetz, 7. Auflage, München 2007

Wiedemann, Herbert: Zur Architektur der Tarifautonomie, NZA 2018, S. 1587 ff.

Willemsen, Josef/Sagan, Adam: Mindestlohn und Grundgesetz, Staatliche Lohnfestsetzung versus Tarifautonomie, NZA 2008, S. 1216 ff.

Wills, Jane/Linneker, Brian: In-work poverty and the living wage in the United Kingdom: a geographical perspective, Transactions of the Institute of British Geographers 2014, S. 182 ff.

Windolf, Paul: Gewerkschaften und industrielle Beziehungen in Großbritannien, in: Gewerkschaften in Großbritannien (hrsg. v. Paul Windolf), Frankfurt a. M./ New York 1983

Wippermann, Sandra: Der Einfluss der Europäischen Sozialcharta auf den Mindestlohn bzw. die Sittenwidrigkeit des Lohnes nach § 138 BGB, Frankfurt a.M. 2013

Wissenschaftliche Dienste Deutscher Bundestag: Ausnahme vom gesetzlichen Mindestlohn für Flüchtlinge vor dem Hintergrund des allgemeinen Gleichheitssatzes nach Art. 3 Abs. 1 GG, 2016, abrufbar unter: https://www.bundestag.de/resource/blob/407276/40875430b65b1a50379382ab6894a336/wd-6-004-16-pdf-data.pdf

Witteler, Michael: Die Allgemeinverbindlichkeitserklärung – kein geeignetes Mittel zur faktischen Einführung von Mindestlöhnen, BB 2007, S. 1620 ff.

Wittjen, Martin: Tariftreue am Ende?, ZfBR 2009, S. 30 ff.

Worthmann, Georg/Zühlke-Robinet, Klaus: Neue Arbeitsmigration im Baugewerbe und ihre Regulierung – Das Arbeitnehmer-Entsendegesetz als Instrument zur Re-Regulierung des Bauarbeitsmarktes, in: Migration im Wettbewerbsstaat (hrsg. v. Uwe Hunger, Bernhard Santel), Opladen, 2003, S. 91 ff.

Wortmann, Florian: Anrechnung von Vergütungsbestandteilen auf den Mindestlohn, ArbRB 2014, S. 346 ff.

Wrigley, Chris: Trade Unions and politics in the First World War, in: Trade Unions in British Politics: the first 250 years (hrsg. v. Ben Pimlott, Chris Cook), 2. Auflage, London/New York 1991, S. 69 ff.

Yang, David: Der Tatbestand des Lohnwuchers – Teil 1, ZJS 2006, S. 430 ff.

Zachert, Ulrich: Reformperspektiven der Allgemeinverbindlicherklärung aus arbeitsrechtlicher Sicht, WSI Mitteilungen 7/2003, S. 413 ff., abrufbar unter: https://www.wsi.de/de/wsi-mitteilungen-reformperspektiven-der-allgemeinverbindlicherklaerung-aus-arbeitsrechtlicher-sicht-11759.htm

Zachert, Ulrich: „Neue Kleider für die Allgemeinverbindlichkeitserklärung?", NZA 2003, S. 132 ff.

Zagelmeyer, Stefan: Governance Structures and the Employment Relationship – Determinants of Employer Demand for Collective Bargaining in Britain, Bern u.a. 2004

Zdjelar, Jovan: Ein Minimum für jeden? Investivlohn, Kombilohn, Mindestlohn. Lohnkonzepte für die Arbeitswelt von Morgen, 2. Auflage, Marburg 2010

Ziegenrücker, Christoph: Arbeitsrecht und Arbeitsverhältnisse in der DDR – zum neuen Arbeitsgesetzbuch, in: Beiträge zur Sozialismusanalyse I (hrsg. v. Peter Brokmeier und Rainer Rilling), Köln 1978, S. 232 ff.

Zundel, Frank: Die Entwicklung des Arbeitsrechts im Jahr 2014 – Gesetzgebung sowie Inhalt und Umfang arbeitsvertraglicher Rechte und Pflichten, NJW 2015, S. 134 ff.

Verzeichnis sonstiger Quellen

1. Reports:

- Report from the Select Committee on home work, London 1908, abrufbar unter: https://babel.hathitrust.org/cgi/pt?id=mdp.39015080343679&view=1up&seq=1
- The Whitley Report: Industrial Councils together with the Letter of the Minister of Labour, London 1918, abrufbar unter: http://digi.econbiz.de/viewer/image/1024229149/1/
- Cave Report: Report to the Minister of Labour of the committee appointed to enquire into the working and effects of the Trade Boards Acts/presented to Parliament by Command of His Majesty, London 1922
- The Donovan Report: Royal Commission on Trade Unions and Employers´ Associations 1965–1968, Cmnd. 3623, London 1968
- Report No. 169, National Board for Incomes and Prices: General Problems of Low Pay, Cmnd. 4648, London 1971

2. Die Entscheidungen der LPC

abrufbar unter:

https://www.gov.uk/government/collections/national-minimum-wage-low-pay-commission-reports (2012–2015)

https://webarchive.nationalarchives.gov.uk/20130708092725/http://www.lowpay.gov.uk/lowpay/rep_a_p_index.shtml (1998–2013)

3. Die *Conclusions* des Europäischen Ausschusses für soziale Rechte

abrufbar unter:

https://www.coe.int/en/web/european-social-charter/governmental-committee-previous-detailed-reports/-/asset_publisher/PkLJYS1FkoFf/content/304th-session-of-the-european-committee-of-social-rights?_101_INSTANCE_PkLJYS1FkoFf_viewMode=view und

https://www.coe.int/en/web/european-social-charter/national-reports

4. Verzeichnis der Gerichtsentscheidungen im Vereinigten Königreich:

(abrufbar unter: https://uk.westlaw.com/Browse/Home/WestlawUk?__lrTS=20200510170237332&transitionType=Default&contextData=%28sc.Default%29 und unter: https://www.bailii.org/)

- *Hornby v Close* [1867] (16. Januar 1867): The Law Reports (Queens Bench Cases) LR 2 QB 153
- *Taff Vale Railway Co v Amalgamated Society of Railway Servants* [1901] A. C. 426 (22. Juli 1901)
- *Ford Motor Co Ltd v Amalgamated Union of Engineering and Foundry Workers* [1969] 1 W.L.R. 339 (3. 4. 5. 6. März 1969)
- *Robertson v British Gas Corp* [1983] I. C. R. 351 (17. Dezember 1982)
- *Gascol Conversions Limited v. Mercer* [1974] EWCA Civ 11 (29. Januar 1974)
- *Torith Ltd v. Flynn* [2002] UKEAT 0017_02_2111 (21. November 2002)
- *James v Redcats (Brands) Ltd* [2007] UKEAT 0475_06_2102 (21. Februar 2007)
- *Esparon (t/a Middle West Residential Care Home) v. Slavikovska* [2014] UKEAT 0217_12_0805, [2014] IRLR 598, [2014] ICR 1037 (8. Mai 2014)
- *Fleet Maritime Services (Bermuda) Ltd, R (on the application of) v The Pensions Regulator* (Rev 1) [2015] EWHC 3744 (Admin) (21. Dezember 2015)

5. Die *Acts* und *Regulations* des Vereinigten Königreichs

-abrufbar unter: http://www.legislation.gov.uk/

Studien zum Arbeitsrecht und zur Arbeitsrechtsvergleichung

Herausgegeben von Manfred Weiss, Bernd Waas und Spiros Simitis

Band	1	Sebastian Fritzsche: Die Vereinbarkeit des Arbeitnehmer-Entsendegesetzes sowie der erfassten Tarifverträge mit höherrangigem Recht. 2001.
Band	2	Arnd Hermann: Outplacement. Eine Untersuchung der individualvertraglichen Gestaltung und kollektivarbeitsrechtlichen Aspekte eines neuen Instruments des Personalabbaus. 2001.
Band	3	Christoph Schmid: Das Personalrecht der Europäischen Zentralbank. Grundlagen und Grenzen der rechtlichen Bindungen der Europäischen Zentralbank unter besonderer Berücksichtigung der Bereiche Arbeitnehmervertretung, Kündigungsschutz und Datenschutz. 2002.
Band	4	Charis Chaldoupis: Auswirkungen neuer Technologien auf die Tarifautonomie. Funktionsfähigkeit und Legitimität qualitativer Tarifpolitik anhand der Rationalisierungsentwicklungen im industriellen Produktionsbereich. 2003.
Band	5	Robert Kretzschmar: Die Rolle der Koalitionsfreiheit für Beschäftigungsverhältnisse jenseits des Arbeitnehmerbegriffs. Zur Abgrenzung abhängiger von selbständiger Beschäftigung und zur Eröffnung kollektiver Handlungsformen für selbständig Beschäftigte durch Art. 9 Abs. 3 GG. 2003.
Band	6	Thilo Mahnhold: Compliance und Arbeitsrecht. Insiderrechtliche Verhaltenskonzepte im nationalen und multinationalen Unternehmen. 2004.
Band	7	Nicole Löblich: Transformation des kollektiven Arbeitsrechts in der Tschechischen Republik. 2004.
Band	8	Lena Huth: Voraussetzungen und Grenzen nachträglicher Sozialplanänderungen. 2004.
Band	9	Nisha Biswas: Vertrauensarbeitszeit und Arbeitszeitfreiheit im arbeitszeitrechtlichen und betriebsverfassungsrechtlichen Kontext. 2004.
Band	10	Dirk Schäfer: Der europäische Rahmen für Arbeitnehmermitwirkung. 2005.
Band	11	Jochen A. Keilich: Die Auswirkungen der Grundrechte / Menschenrechte für das Arbeitsrecht in Deutschland und England. 2004.
Band	12	Boris Kaehler: Rechtsprobleme betrieblicher Personalauswahl. Die Zulässigkeit eignungsdiagnostischer Maßnahmen im arbeitsvertraglichen Anbahnungsverhältnis. 2005.
Band	13	Natascha Ahmad: Rechtsschutz für und durch Gewerkschaften bei tarifwidrigem Arbeitgeberverhalten in Deutschland und Frankreich. 2005.
Band	14	Volker Güntzel: Die Richtlinie über die Arbeitnehmerbeteiligung in der Europäischen Aktiengesellschaft (SE) und ihre Umsetzung in das deutsche Recht. 2006.
Band	15	Peter Gumnior: Die Rechtmäßigkeit des Sympathiestreiks. 2007.
Band	16	Elena Benz: Auf dem Weg zum lebenslangen Lernen? Die Berufsbildungspolitik der Europäischen Union und die tatsächliche und rechtliche Situation der beruflichen Weiterbildung in der Bundesrepublik Deutschland. 2007.
Band	17	Cessy Kühl: Flexibilisierung von Arbeitsbedingungen. Vergleich ausgewählter arbeitsrechtlicher Gestaltungsmittel zwischen dem deutschen und dem tschechischen Individualarbeitsrecht. 2007.

Band	18	Carolin Siegrist: Einschränkung der unternehmerischen Entscheidungsfreiheit durch Arbeitnehmervertreter im deutsch-amerikanischen Vergleich. 2008.
Band	19	Ingebjörg Darsow-Faller: Kündigungsschutz in Deutschland und Spanien. Eine rechtsvergleichende Untersuchung mit besonderer Beachtung der Beendigung des Arbeitsverhältnisses gegen Abfindung. 2008.
Band	20	Enrico Iannone: Die Kodifizierung des Arbeitsvertragsrechts - ein Jahrhundertprojekt ohne Erfolgsaussicht? Eine Untersuchung vorangegangener Bemühungen um ein Arbeitsvertragsgesetz und Analyse möglicher Erfolgsaussichten des Reformprojekts. 2009
Band	21	Max Sleik: Arbeitnehmerbeteiligung in Deutschland und in Schweden. 2011.
Band	22	Christoph Gyo: Diskriminierung aufgrund der Religion im deutschen und französischen Arbeitsrecht. Völker-, europarechtliche und nationale Regelungen.
Band	23	Martina Büter: Die Befristung von Arbeitsverhältnissen in Deutschland und Frankreich. Eine rechtsvergleichende Untersuchung. 2013.
Band	24	Andreas Hofelich: Von der Bereichsausnahme zur Bereichseinschränkung. Grundfragen der dogmatischen Integration des Individualarbeitsrechts in das Recht der Allgemeinen Geschäftsbedingungen. 2013.
Band	25	Elena Heimann: Substantielle Vereinbarungen Europäischer Betriebsräte: Praxis und Recht. 2014.
Band	26	Mathias Kaufmann: Schadensersatz und Entschädigung in Folge von Diskriminierung im deutschen und englischen Arbeitsrecht. Eine rechtsvergleichende Studie unter Berücksichtigung des Europarechts. 2014.
Band	27	Elisa Theresa Hauch: International Framework Agreements. Hintergrund, Rechtsnatur und Justiziabilität. 2015.
Band	28	Christoph Löbig: Einstweilige Verfügungen und neue Arbeitskampfwirklichkeit. 2015.
Band	29	Willem Schulte: Vereinbarungen über die Arbeitnehmermitwirkung nach dem Recht der Europäischen Union. Strukturprinzipien eines neuen Kollektivvertragstypus. 2016.
Band	30	Sebastian Schulte: Die Möglichkeit transnationaler Tarifverträge in Europa anhand eines Vergleichs des britischen und deutschen Tarifvertragsrechts. 2016.
Band	31	Christin Mett: Das Streikrecht im öffentlichen Dienst. Eine arbeitsvölkerrechtliche Untersuchung. 2017.
Band	32	Matthias Broll: Das Potential der institutionellen Arbeitnehmermitwirkung. 2017.
Band	33	Christopher Rinckhoff: Die bürgengleiche Haftung im Arbeits- und Sozialrecht. 2019.
Band	34	Kristina Jahn: Der gesetzliche Mindestlohn in Deutschland und im Vereinigten Königreich. 2022.

www.peterlang.com

Printed by
CPI books GmbH, Leck